临淄文物志

淄博市临淄区文物管理局 编著

文物出版社

序（一）

　　临淄历史悠久，文化灿烂，变革、开放、包容、务实的齐文化成为华夏文明的重要源头之一。在悠久的岁月里，齐地积累了深厚的文化底蕴，留下了丰富的文化遗产。代表齐文化的物质遗存，90%以上都分布在临淄境内，承载着临淄的记忆，彰显了齐文化的魅力，是临淄的宝贵财富和永恒资源。

　　目前，临淄出土各类文物20000件之多，拥有全国重点文物保护单位6处、省级8处、市级34处、区级41处。以志书的方式，借助遗址和文物，能够突破时间和空间的局限，形象直观地还原齐地绵延8000多年的历史风貌，让人们轻松迈进博大精深的齐文化殿堂，从中增长知识、启迪智慧。

　　新修《临淄文物志》历时近三载编纂而成，全志共9章、38节，约23万字，510多个词条，440多幅图片，表述严谨规范，内容图文并茂，语言通俗易懂，学术性、权威性、可读性兼具。这部志书的面世，凝聚着几代文物工作者的辛劳，饱含着临淄的优秀文化和文明成果，为外界认识临淄、认识齐文化，展现了一幅翔实、精美的画卷。

　　文物是"凝固的历史"，是文化传承的载体。相信《临淄文物志》的重修，必将把历史的沉淀和思考照进现实，让齐文化这朵民族文化宝库中的奇葩，绽放更加绚丽的光彩。也相信，勤劳聪慧的临淄人民，必将以新的风貌、新的作为，在这片古老而又充满希望的土地上续写新的辉煌！

　　是为序。

中共淄博市委常委、临淄区委书记　毕荣青

临 淄 区 人 民 政 府 区 长　宋振波

2015 年 5 月

序（二）

  中国有着修志的悠久历史和优良传统，中国的方志在世界上独树一帜。方志作为由当代人编纂的富有时代特色的文献典籍，是具有浓郁地域文化内涵的百科全书式的一方翔实记录，不仅功在当代，而且为后人积累了一笔弥足珍贵的、极具民族性和地域性的文化遗产和精神财富。方志的类型多种多样，而其中重要的一种是专业性方志，即"专志"（专业志）、"分志"，主要是记述某一专业、或某一行业或某一领域的概况及其兴起、发展、变化和大事件等。文物志就属于这样的一种专志。

  临淄是有着悠久历史、灿烂古代文化和光荣革命传统的一方土地，是全国历史文化名城。考古发现表明，至少从8500年前开始，先民们就繁衍生息在这片大地上，后李文化、大汶口文化和龙山文化时期的居民们在这里创造了繁荣的史前文化。夏商时期，先是东夷人在这里活动，形成了岳石文化遗存，后来商人和商文化也逐渐波及到这里。大致在3000年前的西周初年，姜太公封齐建国，并在淄河岸边立都，先都营丘，后都临淄，从此这里成为周代齐国的都城所在。临淄城作为齐国之都，是齐国的政治、经济、文化中心和军事指挥中心，历经638年之久，并且在2300多年前发展成为"临淄之中七万户"的当时全国最为繁华的东方大都市。秦汉时期，临淄作为齐郡（临淄郡）的郡治和齐王国的都城，西汉时期仍然是"齐临淄十万户，市租千金，人众殷富，巨于长安"的东方工商业重镇，新莽时期被称为全国工商业发达的"五都"之一。东汉以后，临淄虽然不再像周代和秦汉时期那样繁荣和发达，但仍然长期作为州、府、县治所在，是历代的区域性政治中心。近代以来，在反帝反封建、抵御外敌侵略、争取民族解放的革命斗争和社会主义建设事业中，临淄这片土地上又上演了一幕幕波澜壮阔的历史活剧，留下了众多的革命史迹，构成临淄历史和文化的重要内涵。正因为悠久的历史和灿烂的文化，使临淄成为拥有丰富的文物古迹和近代革命史迹的宝库，6处全国重点文物保护单位、9处省级文物保护单位、30处市级文物保护单位以及一大批区级文物保护单位就是其代表。也正因为临淄拥有如此丰富和重要的历史文化遗产和近现代革命史迹，使得《临淄文物志》的编写不仅具有丰厚的资源条件和得天独厚的优势，更是势在必然。

  当然，这里的"文物"一词，已经不再仅限于指称"文物古迹"，而是"文物事业"的代名词，即已经扩展到以文物古迹等历史文化遗产为主要内涵、包括这些历史文化遗产的管理、保护、研究、宣传、展示和利用以及博物馆建设等为主要内容的一项社会性文化事业。因此，作为一个地方的文物志，已经不再仅仅是当地文物古迹、风景名胜以及革命史迹的记录和描述，而是已经扩展到对整个文物事业的历史进程和发展现状的客观记述。令人欣喜的是，临淄的文物事业既有长期的历史积淀，更有蓬勃前进的发展现实。如果说元至正年间著名文史学家于钦（1284～1333年）所著《齐乘》对大量临淄文物古迹的记述视作临淄文物事业的滥觞，那么，临淄的文物事业已经走过了六百多年的发展历程。20世纪前半叶，著名的近代考古学家李济、吴金鼎、董作宾，文史专家王献唐，古建筑学家梁思成、林徽因夫妇，以及日本考古学者关野雄等都先后来到临淄，或是对临淄齐故城遗址进行实地调查，或是对临淄出土的封泥进行蒐集和整理，或是考察佛教建筑和石窟寺遗迹等，此为近代以来临淄文物事业的先声。新中国成立以后，临淄的文物事业真正作为一项人民的事业获得新生，逐步走向全面发展。改革开放以来，临淄的文物事业更是进入到一个全面发展繁荣的新的历史阶段。

正是基于临淄丰富的历史文化遗产资源和文物事业的快速发展，"为加强文物古迹的保护和管理，充分发挥其在科学研究、宣传历史唯物主义、提高人民群众的科学文化水平，以及加强'两个文明'建设当中的作用"，1990年秋，第一部《临淄文物志》出版了，时至今日已经过去了23年。这23年间，临淄发生了巨变，临淄的文物事业同样也发生了巨变，尤其是进入21世纪以来的十多年间更是日新月异，成绩斐然：1994年，临淄被国务院批准为"国家历史文化名城"；1997年，《临淄区文物保护管理实施细则》公布实施；1999年、2012年和2013年，临淄区人民政府先后公布第二批（8处）、第三批（21处）和第四批（1处）临淄区重点文物保护单位；2003年，临淄区文物管理局被批准设立；2008～2011年，第三次文物普查全面实施，新发现文物点163处；2013年，临淄齐国故城被国家文物局公布为"国家考古遗址公园"建设立项；目前各级重点文物保护单位，国家级由2处增加到6处，省级由2处增加到9处，市级由9处增加到30处；博物馆也由原来单一的齐国故城遗址博物馆，逐步发展建设成齐文化博物馆、足球博物馆、临淄石刻艺术陈列馆、临淄中国古车博物馆、管仲纪念馆等博物馆系列。在这样的背景之下，《临淄文物志》的重修出版，既是临淄文物事业扎实推进的一个新篇章，更是临淄文物事业迅猛发展的必然要求。

志书的编写，既要继承，更要创新，贵在求实存真。新编《临淄文物志》是这样做的。新编《临淄文物志》坚持科学修志的各项基本原则，从临淄文物事业发展的历史和现状出发，在1990年版《临淄文物志》的基础上，一方面充分吸收原有的资料和成果，同时认真对待传说与史实，采取"无新证则依旧说"的做法，对原有的内容进行了去伪存真的处理和叙述；另一方面，从"详今略古、详近略远、详独略同、述而不论"等修志的基本要求出发，对内容进行了大幅度扩充，就20世纪90年代以来的新发现、新成果、新举措、新进展等进行了充分的客观记述。正因为如此，新编《临淄文物志》可以说既是临淄文物古迹的百科全书，也是临淄文物事业发展历程的历史纪录，更是当今临淄文物事业蓬勃发展的全景画。

中国历来有盛世修志的传统。我作为一名长期游学在外的考古工作者，看到新编《临淄文物志》即将面世，更是欣喜无比。我生于临淄，长于临淄，齐故城就是我的家乡。今日之齐都，还是我曾经洒下过青春汗水的地方。童年之时，齐故城内的遍地残砖碎瓦曾与我为伴，父辈给我讲姜太公钓鱼、管仲箭射齐桓公小白、晏婴"二桃杀三士"、孙膑树下擒庞涓等齐国历史故事；少年之时，还常常到附近的考古发掘工地去"看热闹"；青年之时，当时的临淄文管所离我工作的城关公社机关驻地不远，因工作之故也多次去过。然而，外出求学之前，我对家乡的历史和文化、临淄的文物古迹知之并没有多少。后来步入考古学之门，开始重新感受临淄、重新了解临淄，重新认识临淄。虽然远在他乡求学和工作近四十载，但对家乡的变化、文物事业的发展时常惦记在心，从1976年春临淄齐故城的考古发掘实习和同年暑假期间首次临淄文物陈列的整理布展、到1998年初齐都镇刘家寨镜范出土地的实地调查，从2004年"足球起源于临淄"的论证、到新世纪以来临淄齐故城的冶铸考古，我在齐故城以及齐文化的学术研究上有所体验，对临淄的文物事业也时有参与，由此愈加感到齐文化之博大精深，临淄历史之久远、文明之灿烂，需要我们更好地去保护、去挖掘、去阐释、去弘扬。

新编《临淄文物志》既是承载着临淄悠久历史和优秀文化之物质遗存的系统记述和展示，也是承担着管理、保护、研究、宣传、展示和利用这些珍贵历史文化遗产之文物事业发展历程的记录和总结。它既有服务当代、继往开来之功，又有记录历史、垂鉴后世之利。它承载着历史，也承载着期盼和希望，更昭示着未来。临淄的文物事业已经取得了长足进展和辉煌成就，而今后的路还很长，任务更艰巨、更繁重。我衷心地祝愿并深信：临淄的文物事业将更上一层楼，临淄的文化事业将开创新局面，临淄的各项社会建设事业将迎来更加美好的明天。

在新编《临淄文物志》即将面世之际，作为一名从临淄走出去的考古工作者，写了上面的话，既是感想，更是祝福。

是为序。

白云翔
2014 年国庆佳节于北京

编委会

重修说明

　　临淄是国家级历史文化名城，历史悠久，文化灿烂。早在8500年前的新石器时代，这里就有人类繁衍生息。自周代始，临淄作为齐国都城、汉代齐王城前后长达1000余年。汉代以后，临淄长期作为州、府、县治所而为世人所重视。悠久而辉煌的历史，给临淄大地留下了数不胜数的名胜古迹和珍贵文物，临淄被誉为宏大的"地下博物馆"。在这里，掬起一捧泥土，就是捧起一段历史；捡起一片砖瓦，就是捡起一个故事。这里的每一处名胜古迹、每一件珍贵文物、每一处古墓台基，或在史书上留下了可歌可泣的壮丽诗篇，或在民间流传着脍炙人口的千古佳话，自古以来就对后人有着强烈的激励和借鉴作用。近代，在反帝反封建、抵御外侵、争取民族解放斗争及社会主义建设中，涌现出许多英模人物，留下了众多革命史迹，为临淄的文物古迹又增添了新篇章。为展现齐地历史的悠久灿烂和齐文化的博大精深，加强对文物古迹的保护管理，充分发挥文物在科研、教育、宣传工作中的重要作用，1990年10月，临淄区编纂出版了《临淄文物志》。该书的出版发行，对宣传普及齐文化知识，激发全区人民热爱家乡、建设家乡的热情及对外宣传临淄、提高临淄的知名度，产生了重要作用。

　　光阴荏苒，23年过去。

　　这23年，是我国经济快速发展的历史阶段，也是文化建设大发展大繁荣的重要时期。随着经济发展和城市建设的突飞猛进以及齐文化研究的不断深入，临淄区的文物考古和研究工作呈现出了崭新的局面，有了长足的进步和发展。特别是经过第三次全国文物普查，我区的文物古迹又有了众多新发现，填补了很多史料空白，文物资料更加丰富，1990年《临淄文物志》的内容已经无法适应新形势下我区文物工作的需要，重修文物志极为必要。为此，经区委、区政府研究，决定在1990年《临淄文物志》的基础上，以第三次全国文物普查资料为依据，去伪存真，拾遗补阙，增加至2013年底前新发现的文物资料，重修本志。

　　重修《临淄文物志》的面世，凝聚着临淄几代齐文化研究和文物工作者的辛劳和企盼，记载着临淄人民几千年的奋斗历程和兴衰荣辱，包含着临淄优秀的文化和文明成果。此书的编纂出版将为社会各界全面了解、研究临淄历史文化提供科学而又丰富的文物资料，也必将对文化大市、文化强区建设起到积极的推动作用。

《临淄文物志》编委会

2013 年 12 月

凡　例

一、本志坚持尊重历史、实事求是的原则，客观、准确、全面、系统地记述和反映临淄历史和文物概况。

二、本志所涉及内容上限自新石器时代，下限到2013年年底。

三、本志主体结构采用章、节、条、目的撰写体例。

四、本志编写按照古遗址、古墓葬、古建筑、石刻、重要文物藏品、革命史迹及代表性建筑顺序排列，配以照片或拓片，图文并茂。

五、本志依据第三次文物普查所规定的文物类别分类，以国家颁布标准和名称为准，区级以上文物保护单位以政府颁布名称为准，其他文物以原记载为准，新发现文物以第三次文物普查公布名称为准。新发现、新成果，特别是第三次文物普查的新发现力求全部收入书中。部分章节按照文物现状撰写，加以分类表格，力求科学、全面、系统、准确。

六、在查阅史书资料和调查考证工作中，均采用最权威的学术观点，收集最新的学术成果。凡在若干典籍中有不同说法或争议较大者，均采录各种不同说法之原文或加以说明，以备后人研究参考。

七、无封土的名人墓葬均载明方位。可移动文物均注明收藏处所。未注明收藏处所的均藏于齐国故城遗址博物馆。已迁移他地者仍载明原发现地或坐落处所，以防湮灭无考。重要文物经鉴定系赝品或鉴定有误的，力求叙述明白，以防后世以讹传讹。

八、志中地名除按记叙当时称谓注明外，大部分地名按2013年时称谓。

目　录

第八章　文物管理·齐文化研究 …………218

第九章　历史文化名城保护 …………232

附　录 …………236

后　记 …………287

概　述

临淄区地处鲁中，位于淄博市东北部，北纬36°37′51″～37°00′30″，东经118°06′27″～118°29′30″。东邻青州市，西接张店区与桓台县，南与淄川区、青州市毗连，北与广饶县、博兴县接壤。总面积663.7平方千米。辖金山、凤凰、敬仲、朱台、齐都、皇城、金岭回族等7个镇，辛店、闻韶、雪宫、稷下、齐陵等5个街道，414个行政村，67个社区（含16个企业社区）。2013年底，人口201012户，613018人。

临淄地势南高北低，山清水秀，人杰地灵。南部系峰峦起伏的山地丘陵，山脉相连，沟壑纵横，境内有大小山头91座，多是历史名山，有着丰富的文化内涵。位于齐故城南的牛山，海拔虽不高，却久负盛名。《晏子春秋·内篇·谏上》有"齐景公流涕"的记载，《孟子·告子上》有"牛山之木尝美矣"的记述，明清临淄八景之一"春回牛山雨蒙蒙"即此写照。与其相邻的稷山，以西汉时期的石洞墓群闻名遐迩。西南边的天堂寨，地势险要，风景秀丽，独居群岭之首。西北的路家山，相传是当年齐桓公游猎偶遇愚公、接受其隐语劝谏之地，故又名愚公山。此外，还有凤凰山、金山等等，均在当地享有盛誉。临淄北部是一望无际的广阔平原，土质肥沃，气候温和，历史上水土丰茂，农业发达，素有鲁中粮仓之称。境内有纵横交错的大小河流十多条，大都是典籍记载的古代名水。古老的淄河，自南而北蜿蜒穿过临淄东部，是临淄人的母亲河。闻名遐迩的乌河（溡水、耏水），源于境内黄山北麓，春秋时期，姜纠与小白（齐桓公）争夺君位的乾溡之战就发生于此。多姿的女水，发自鼎足山下。"渑（shéng）池衿带"的渑水（系水），与淄河分别傍古齐城东、西北流，是古齐城的天然护城河。它们不仅见证了先秦临淄的兴衰，而且孕育了光辉灿烂的齐文化，"易牙知味"、"淄渑可辨"的历史典故就出于此。还有因"孟子去齐宿于瀢（huái）"而得名的宿留水（瀢水）、以及因为春秋时期宁戚饭牛吟歌处而闻名的康浪河等，它们虽然都在20世纪70年代干涸，但其历史地位不容忽视。另外，还有著名的泉水天齐渊和龙池。据《史记·封禅书》记载，天齐渊是东方八神之一的天主神所在之地，"齐所以为齐，以天齐也"，历史上秦始皇和汉武帝都曾来此祭拜过。龙池也是临淄名胜之一，临淄八景中"秋入龙池月皎皎"即是写此。临淄资源丰富，物产丰饶，自古就以"蚕桑女红"而闻名，并有"冠带衣履天下"的美称。其地域广阔，交通发达，古有通达四方的驿道，今有纵横交错的铁路和公路，胶济铁路、青银高速公路、309国道横贯东西，广辛路、博临路纵穿南北，交通便利。

临淄历史悠久，早在8500年之前原始社会晚期就有人类在这里繁衍生息。少昊之世，爽鸠氏聚居于斯。虞舜时至夏代，季蒯氏在此安居。殷商时，这里为姜姓逄伯陵氏所辖。商末，为蒲姑氏属地。（殷商时期，临淄一带即称"齐"，《中国历史地图集·商时期中心区域图》标注"齐"为城邑。）

公元前1046年，周武王推翻商朝，建立周朝。次年，封太公姜尚于齐，建立周代齐国，都治营丘。公元前867年，胡公姜静为避纪国侵扰，迁都薄姑（今博兴、桓台一带）。周厉王十九年（前859年），献公姜山率营丘人袭杀其兄姜静，迁都临淄（一说献公返都营丘。因营丘临淄水，故改名临淄），一直沿用至今。姜氏自太公始，经西周、春秋、战国初期，传位32君，治齐达659年，史称姜齐。春秋时临淄境内辖有袁娄邑、棘邑、渠丘邑等邑，其东原为纪国鄑邑，周庄王六年（前691年），纪季以鄑邑归于齐。周安王十六年（前386年），齐相田和迁康公于东海，夺权自立，仍都临淄，改鄑邑为安平，改棘邑为画邑，历经8位君主，治齐165年，史称田齐。周赧王三十一年（前284年），燕将乐毅率军伐齐，攻陷齐国70余城，只有莒、即墨两城未攻下，临淄属燕5年。周赧王三十六年（前279年），田单火牛阵破燕复齐，迎接襄王法章返都临淄。

公元前221年，秦灭齐，统一天下，推行郡县制，始设临淄县，属齐郡，县、郡治所皆在临淄。秦、西汉之间（前209～前203年）田氏族人儋、假、市（fú）、都、荣、广、横等7人相继称齐王，都治临淄。公元前203年，韩信破齐，斩田广，踞临淄。刘邦封韩信为齐王，沿用秦制，仍设临淄县。汉高祖六年（前201年），封庶长子刘肥为齐王，历哀王、文王、孝王、懿王、厉王等，先后皆都临淄。公元9年，王莽篡汉建立新朝，改临淄县为齐陵县，属青州济南郡。东汉建武元年（25年），刘秀灭王莽，复名临淄，再为东汉齐王国的都城，历哀、炀、惠、顷等齐王，直至206年被曹操除国。

三国时，临淄县属魏，隶于齐郡，青州刺史、齐郡太守皆以临淄为治所。晋时，临淄县属青州齐国，临淄为齐王都，青州刺史亦治于此。晋永嘉五年（311年），广县（今属青州市）并入临淄县，青州治所移广固城，齐郡太守仍治临淄。311年至323年，临淄为曹嶷占领，属前赵。晋太宁元年（323年），后赵破青州，临淄并入后赵。350年至356年，段龛占领临淄，称齐王，归顺东晋，被称为镇北将军。晋永和十二年（356年），前燕克广固，临淄归前燕。晋太和五年（370年），前秦灭前燕，临淄归前秦。383年，东晋收复山东，临淄归东晋。399年，南燕夺取广固建都，临淄为广固首邑，设燕都尹。

南北朝时，410年，刘宋克青州，占齐地，分青州地侨置冀州，临淄县先后属刘宋、北魏、东魏、北齐、北周等。南朝宋永初元年（420年），临淄县南境析立广川县，属广川郡；北境析立重合县，属渤海郡。南朝宋元嘉九年（432年），刘宋在临淄县西北境侨置高阳县，属高阳郡；在临淄县南境设东羽阝县，属东清河郡。上述四郡属冀州统辖。其间，临淄县徙治东阳城（今青州市北关），青州刺史同治于此，而临淄故城为高阳郡治。469年，北魏占临淄，在县西境侨置安次县。尔后广川县、高阳县改属齐郡，安次县也属齐郡，同隶青州。北朝北齐天保七年（556年），临淄县与诸郡县俱废，唯存高阳县，属齐郡，仍治临淄城。隋开皇十六年（596年），撤高阳县，复立临淄县，并在其西北境立溡水县，均属青州。隋大业元年（605年），溡水县并入临淄县，县治所移于今高阳故城，属北海郡。

唐代，设临淄县，属河南道青州。唐武德四年（621年），复置溡水、安平二县，皆属青州。唐武德八年（625年），安平、溡水俱废，临淄遂为北海郡属邑，后改隶平卢道。

五代十国，仍沿用唐制。

北宋时，临淄县属青州，金时属益都府。金以前治所均在临淄。元至元三年（1266年），临淄县并入益都县。元至元十五年（1278年），复置临淄县，属益都路。元末，临淄故城圮废，达鲁花赤李仲明于故城南隅另建新的县城。嗣后，临淄县署皆设于其中。

明清两代，临淄县均属青州府。

1912年，废府、州，存县、道，临淄县隶属胶东道。1927年，废道制，隶属于省。1937年七七事变后，国民党临淄县政府撤离。10月，临淄县属中共鲁东工委。1938年5月，属清河特委。10月，建立长（山）、桓（台）、临（淄）、益（都）四县边区行政联防办事处，原临淄县西部村庄划归联防办事处。1939年10月，建立益（都）、寿（光）、临（淄）、广（饶）四县边区行政办事处，原临淄县二区及三区的淄河以东各村划归边区行政办事处，同时将广饶县三区划归临淄县管辖。1940年4月，长桓临益四县边区行政联防办事处及益寿临广四县边区行政办事处撤销，其所辖的临淄地区复归临淄县。1942年，益寿临广四县边区行政办事处再次建立，临淄二区及三区的淄河以东各村又归四县边区行政办事处，同时将二区划为东二区和西二区。同年7月，将博兴县五区划归临淄县。1945年8月，四县边区行政办事处撤销，所辖地区仍归原属。1944年1月，清河行政区与冀鲁边区合并为渤海行政区，临淄属五专署。1945年10月至1948年12月，属三专署，1949年1月，属渤海行政区清河专区。

1950年5月，清河专区撤销，临淄县划归淄博专区。1953年7月，划归昌潍专区。1958年10月，并入益都县，仍属昌潍专区。1961年10月10日，恢复临淄县，仍属昌潍专区。1969年12月16日，临淄县划归淄博市，改称临淄区，并将原隶属张店、淄川的金岭、大武、王寨、边河、南仇等五个公社划入临淄。1974年10月，区委区革委机关迁驻辛店，原县城为城关公社机关驻地，1984年4月，为齐都镇机关驻地至今。

临淄是一座举世闻名的文化古城，从姜尚封齐建国至秦朝统一，作为"春秋五霸之首、战国七雄之一"的周代齐国都城长达800余年。这里涌现出众多著名的政治家、思想家、军事家，人才辈出，灿若星汉。他们或以文治、武功闻名，或以著述、才艺著称，纷纷在这里施展过自己的雄才大略。被称为周师齐祖的著名政治家、军事家姜尚，著名政治家、思想家管仲，名相晏婴，军事家孙武、司马穰苴、孙膑、田单，医学家扁鹊、淳于意，文学家左思等即是其中的代表人物。太公治齐，因俗简礼，尊贤尚功，通工商之业，便鱼盐之利，使齐成为大国，为后来雄霸天下奠定了基础。公元前685年，齐桓公任管仲为相，实行改革，富国强兵，九合诸侯，一匡天下，为春秋五霸之首。战国时期，齐为七雄之一，雄踞东方，呈现出前所未有的繁荣："临淄之途，车毂击，人肩摩，连衽成帷，举袂成幕，挥汗成雨，家敦而富，志高而扬。"（《战国策·齐策一》）两汉时期，临淄为齐王首府，经济仍然十分发达，"齐临菑（淄）十万户，市租千金，人众殷富，巨于长安"（《史记·齐悼惠王世家》），被称为汉"五都"之一。

悠久而又辉煌的历史不仅创造了以变革、开放、务实、包容为特点的齐文化，而且为临淄大地留下了大量的文物古迹，180余处古文化遗址、153座有封土的千年古冢遍布境内。规模大、保存较完好的先秦古城——临淄齐国故城，由大小两城组成，面积约15.5平方千米，至今遗址星罗棋布，如宽阔的宫殿建筑台基，巧夺天工的排水道口，举世无双的东周殉马，奕世相传的孔子闻韶处，雄伟壮观的古城墙残垣，均历历在目。海岱文化区重要的龙山文化城——桐林（田旺）遗址，坐落于今朱台镇桐林村、义和村及凤凰镇田旺村之间，既是新石器时代的龙山文化遗址，也是战国时期的画（同潓，音huái）邑旧址，曾是人烟稠密的早期城镇。西北部的高阳故城，为南北朝时期的侨置高阳郡署址，著名的农学家贾思勰曾在此任太守。淄河东岸的石槽村西，原为齐国的安平城，系战国后期名将田单的封地。在今齐陵街道东、南部的田齐王陵（二王冢和四王冢）巍然耸立，被誉为

"东方金字塔"。牛山北麓有管仲之墓，齐郭城内有名相晏婴之墓，城南有三士冢，城东有田单之墓，城西、南旷野上还有兵法家司马穰苴和汉齐王墓等等。这累累古冢，大都是春秋战国和汉代齐国的国君、公侯墓葬，不禁令人浮想联翩。数座高台建筑基址耸立于故城内外，其中包括田忌赛马的遄台、屈原两次使齐下榻的梧台以及桓公台、雪宫台、鄗（xī）台等等，巍巍壮观，举世闻名。

临淄地下有丰富的文物宝藏，被称为宏大的"地下博物馆"。经多年考古发掘，先后出土文物数万件。后李文化、大汶口文化、龙山文化遗址出土的各种精美的生产、生活用具，记录了古代临淄地区人类活动的轨迹。西周晚期的大铜盂和双龙錾手簋，纹饰清晰，技术精湛；铭文"高子戈"，是古代兵器中的珍品；以树木纹为主纹饰的齐瓦当，具有东方艺术特色；战国时期的错金银青铜牺尊，造型优美；西汉时期的龙纹矩形铜镜，是迄今我国发现的最大铜镜；稷山石洞墓出土的微型鎏金编钟，光彩夺目。这些珍贵文物，是齐地先民智慧的结晶，也是研究我国古代文化的宝贵资料。

齐地人杰地灵，是诗礼之邦。战国时期百家争鸣，源于临淄稷下学宫。《孙子兵法》《孙膑兵法》出自齐国兵家之手，《齐民要术》为北朝高阳郡太守贾思勰所著，《酉阳杂俎》系唐代临淄人段成式的名著。汉代三大医学家之一淳于意，晋代太康诗人左思，"将相兴唐"的贤相房玄龄、名将段志玄，以及清代著名天文学家、数学家薛凤祚等，都出生于临淄大地。这些足以说明，临淄曾是中国东方文化的中心，是人文荟萃之地，对中国文化的发展繁荣做出过重大贡献。

临淄人民具有反抗压迫的光荣传统。历史上曾出现过北魏延兴元年的高阳村农民暴动、清末朱仲平领导的黑旗军起义。在20世纪上半叶，许多革命志士为反帝反封建而英勇奋斗，有1688名革命烈士用自己的生命和鲜血维护了祖国和人民的尊严。

临淄是齐文化的发祥地，现有全国重点文物保护单位6处、省级9处、市级30处、区级47处。1994年被国务院命名为"国家历史文化名城"。世界最早的足球——蹴鞠起源于临淄，2004年7月15日，临淄被国际足联确认为"世界足球起源地"。近年来，临淄区重视齐文化开发，已建成姜太公祠、临淄中国古车博物馆、齐国故城遗址博物馆、临淄东周墓殉马坑、管仲纪念馆及临淄足球博物馆等20余处景点，构成了丰富的齐文化旅游资源。自2004年9月开始，每年举办国际齐文化旅游节。2012年启动了齐文化博物院建设工程。文化是城市的灵魂，临淄区以高度的文化自觉、文化自信，逐步加快由文化资源大区向文化强区的跨越，推动齐文化的传承与弘扬，文化"软实力"正逐步成为经济社会全面发展的"硬支撑"。

改革开放以来，临淄人民发扬光荣传统，在社会主义现代化建设各条战线上励精图治，奋发图强，使整个临淄展现出崭新的面貌，成为全省综合实力强区（县）之一。

环顾临淄大地，抚今追昔，倍感自豪。"绵邈几千载，雄风仍飒然"，恰是今日临淄的真实写照。

大事记

前1045年（周武王二年）

姜尚受封齐地，建立齐国，在营丘建国都。

前859年（周厉王十八年）

齐献公姜山袭薄姑，杀其兄胡公姜静，治临淄。

前219年（秦始皇二十八年）

秦始皇东巡，到临淄天齐渊祭祀。

前201年（汉高祖六年）

1月，汉高祖封庶长子刘肥为齐王，建都临淄。

前134～前105年（汉武帝时期）

齐地方士、临淄人李少君在汉武帝宫中见到一件齐桓公十年（前676年齐桓公小白，或前365年齐桓公田午）的青铜器，此为陈设于柏寝台上的齐国宫廷器物。

前102年（汉武帝太初三年）

1月，汉武帝东巡，到临淄天齐渊祭祀。

196年（汉献帝建安元年）

诸葛亮游览三士冢，写下著名的诗篇《梁父吟》。

312年（西晋永嘉末年）

《史记·齐太公世家》正义引《括地志》记载，齐桓公墓被盗掘，出土几十张蚕箔装盛的

金蚕及珍珠串饰的国君葬衣、玉匣、彩色丝绸、兵器等，还发现很多殉人，尸骨杂乱。

315年（西晋建兴年间）

《太平御览》卷五百五十七引《晋书》记载，青州刺史曹嶷，命人挖掘了管仲墓、齐景公墓，出土的珍宝数量过万。

401年（十六国之南燕建平二年）

临淄秀才晏谟，陪同南燕皇帝慕容德到齐国故城游览，参观营丘（今桓公台）、晏婴冢、汉城阳景王庙、申池、社首山、鼎足山、牛山等地。

527年（北魏孝昌三年）

郦道元完成《水经注》的编纂，其中的"淄水"部分，有大量关于临淄文物古迹的记述。

745年（唐天宝四年）

李白游览临淄，登牛山，巡访孟姜庙、杞梁墓、淳于意墓等古迹。

1097年（北宋绍圣四年）

临淄人王辟之编著《渑水燕谈录》，其中《卷八·事志》中有我国对"瓦当"的最早记载。

1105年（北宋崇宁四年）

李格非（济南章丘人），到临淄游览古迹，创作《过临淄绝句》："击鼓吹竽七百年，临淄城阙

尚依然。如今只有耕耘者，曾得当时九府钱。"

1123年（北宋宣和五年）

据宋代金石学家赵明诚的《金石录·齐钟铭跋》载："宣和五年，青州临淄县民于齐故城耕地，得古器物数十种，其间有钟十枚，有款识尤奇，最多者凡五百字。"另外，《金石录·赵西门豹祠殿基记》中，还有"近岁临淄县人耕地，得巧工司马印"之语。可知北宋时期，临淄曾出土过带有"巧工司马"字样的古玺印。

1351年（元至正十一年）

《齐乘》刊印出版。《齐乘》为元代著名文史学家、今青州市人于钦（1284～1333年）所著，其子于潜在其去世19年后将此书刊印出版。书中记述了大量临淄的文物古迹。

元末

临淄故城圮废，达鲁花赤（官名，有监临官、总辖官的意思）李仲明在故城南隅另筑县城。

1565年（明嘉靖四十四年）

由葛臣（河南固始人）、李春阳（临淄贡生，曹村人）主持编纂的《临淄县志》刊印。此志记录了大量临淄文物古迹。

1671年（清康熙十年）

齐都临淄出土了一批古代齐国的祭器，被山东按察使据为己有。第二年，顾炎武得悉此事，写下了《齐祭器行》一诗。另外，顾炎武曾撰写考证四王冢的论文《齐四王冢记》，其著作《山东考古录》《日知录》中亦有大量关于临淄文物古迹的考据文章。

1672年（清康熙十一年）

临淄知县邓性（南昌进士）、文史名家李

焕章（广饶人）主编的《临淄县志》编竣，书中记录了大量临淄文物古迹。

1704年（清康熙四十三年）

王士禛（即王渔洋）的文集《香祖笔记》写成。卷五中，他记述了临淄农夫郑某没有儿子，一次耕田挖出了一个上面雕着九个猿猴的铜印钮，结果连生九个儿子的趣事；卷十，他还考证了严子陵钓台的位置，认为钓台在临淄县城东南十里淄水附近，"传是子陵古迹"。

1854～1884年（清朝末年）

清末金石名家陈介祺（今潍坊市潍城区人），收藏了大量临淄文物。其中，最著名的是曹望僖造石弥勒像台座（出土于桐林庄，现藏于美国费城）、临淄陶文（约1731件，现藏于青岛市博物馆）等。

1920年

临淄县知事舒孝先（安徽黟县人）、崔象毅（临淄西古城村副贡）等人编写的《临淄县志》完成。此志中有大量关于临淄文物古迹的记述。

1927年

秋，日本人米内山庸夫踏查临淄齐故城，并将有关见闻记述在《支那风土记》中。

1928年

7月5日，高家孝陵于桂林将龙泉寺石佛造像四尊和双龙丈八碑首盗卖给日本商人小林。欲经淄河店车站窃往日本，未得逞。后运往青岛四方机车厂，现收藏于青岛市博物馆。

1930年

8月底～10月初，著名考古学家于道泉、吴金鼎到临淄考察。

10月18日，著名考古学家李济、吴金鼎到临淄考察。

1933年

著名考古学家董作宾到临淄齐国故城调查。

1934年

春，著名考古学家王献唐到临淄勘察刘家寨出土封泥。

1936年

6～7月，著名古建专家梁思成、林徽因夫妇到临淄考察兴国寺以及石佛造像。

1940年

3月～1941年3月，日本学者关野雄先后三次到临淄考察。

1945年

韶院村村民孙良玉在村西耕地时发现大宗青铜器、玉器。被日伪军全部掠去。

1946年

邵家圈村在修建学校时，于河（系水）中挖得石碑一方，上书"稷下"二字。

1952年

临淄县文化馆设文物陈列室，聘宋誉卿为管理员。1958年改聘于爽亭为管理员。

1956年

7月，临淄县人民委员会下达《关于在农业生产建设中保护文物的通知》。

9月4日，临淄县人民委员会公布县第一批文物保护单位（41处）。

是年，在尧王村西凤凰冢出土"国子"铜鼎、铜豆、铜壶16件，交山东省博物馆。

1957年

12月，成立临淄县文物管理委员会，副县长徐文美兼任主任。

1958年

进行文物古迹大普查，查出古墓152座，确定文物保护单位180个，建立文物保护小组，并颁发了文物保护责任书，竖立文物保护标志碑。

是年，山东省文物部门对齐国故城进行局部钻探，是建国后首次对齐城进行考古工作。

1961年

3月4日，国务院公布临淄齐国故城为全国第一批重点文物保护单位。

1963年

山东省文化局组建临淄文物工作队。次年，开始对齐国故城遗址进行全面勘探。

是年，临淄县人民委员会发布由县长谭少贤签署的保护文物布告。

1964年

夏，山东省文化局临淄文物工作队成立。杨子范任队长，黄景略任副队长，开展临淄齐国故城的"四有"（有保护范围、有标志说明、有科学记录档案、有专人管理）工作，开始对齐国故城进行大规模的普探，同时对小城西墙、东墙、北墙和安合铸钱遗址以及大城西公路两侧等进行试掘，并发掘河崖头村西1～4号墓和5号墓殉马坑北边54米，清理出殉马145匹。

是年，在河崖头大队北的断崖上，发现大型盂等12件铜器。县人民政府对有关人员给予表彰奖励。

是年，在商王大队西发现战国时期嵌金银镶绿松石铜镜。

1965年

秋，北京大学考古专业师生参加齐国故城"四有工作"，对阚家寨东南进行发掘。

冬，山东省临淄文物工作队与北京大学考古专业师生对乌河、淄河两岸进行文物调查，发现后李官庄、薛家庄、崔傅庄、田旺、桐林等十几处古文化遗址，并对薛家庄、崔傅庄遗址进行试掘。

是年，山东省临淄文物工作队发掘了于家庄墓地，同时在城关公社西门大队筹建队址，建房19间，占地约700平方米。

1966年

春，齐故城的"四有"工作收尾。接着对齐国故城周围的大墓进行钻探。通过勘探，基本查明了齐故城的范围、形制和城墙、城门的遗存情况，初步了解到城内的文化层堆积、交通干道、排水系统、手工业作坊、宫殿建筑和墓葬遗存的分布，对齐故城的面貌有了概括的认识。在此基础上，划定重点文物保护范围54处，并竖立水泥质地的保护标志，建立了保护小组，实现了齐国故城的"四有"。

5月，"文化大革命"开始后，山东省临淄文物工作队业务人员撤离，钻探技工继续钻探至7月。

1967年

临淄县城南门里雕龙柱石质牌坊被毁。

1968年

"文化大革命"中，社会秩序混乱，藏于南门村小学南院的几百件文物，因房屋倒塌而佚失。

1971年

冬，山东省革命委员会在临淄举办文物干部学习班，再次发掘阚家寨遗址，发现西周晚期的地层。

12月，开始对郎家庄村东大墓进行发掘。

是年，为配合农田基本建设，解决农民取土，重新调整了保护范围，重点保护区由原来的54处减少为48处。

1972年

春，发掘河崖头村西5号墓西侧南端30米殉马坑，清理出殉马83匹。

夏，郎家庄东周殉人墓发掘结束，墓内殉人数量之多（26具）及殉葬形式前所未见，对研究春秋战国时期齐国贵族的殉葬制度提供了重要资料。

是年，《齐故城勘探纪要》发表。

1973年

上半年，河崖头村西5号墓墓室的发掘结束。

冬，配合辛店电厂建设，清理发掘北朝崔氏墓14座，出土崔鸿、崔混等6方墓志和一批文物。

1975年

7月31日，临淄区文物管理所成立。

1976年

上半年，北京大学、山东大学历史系考古专业在齐国故城举办亦工亦农考古训练班，山东省博物馆进行配合。训练班对桓公台东北宫殿建筑遗址和河崖头村西遗址进行发掘。

1977年

12月13日，山东省革命委员会公布临淄墓群、桐林（田旺）遗址为省级文物保护单位。

1978年

11月，淄博市博物馆配合胶济铁路东风车站建设，对大武窝托墓进行发掘。

是年，淄河店墓地出土宋代瓷器69件。

是年，在辛店公社北侧（今临园新村东北角）建设临淄区烈士陵园，占地面积4333.35平方米。

1979年

秋，山东省临淄文物工作队发掘大夫观墓葬，出土编钟、编磬、丝绸等文物。

是年，山东省人民政府拨款修复金岭清真寺。

1980年

11月7日，临淄区文物管理所内的文物展室正式对外开放。

是年，山东省临淄文物工作队发掘东古大队北周代墓地，清理墓葬90余座。

是年，淄博市博物馆抢救清理齐故城大城西墙北部排水道口，并修复整理。临淄区文物管理所建立保护院墙并对外展出。

是年，淄博市博物馆发掘大武窝托墓5个陪葬坑（礼器坑、兵器坑、车马坑、殉狗坑、弓箭坑），出土巨型龙纹大铜镜、鎏金云纹银盘、金鐏铜戈等重要文物1.2万余件，其中刻铭铜器和银器53件，是山东省重要考古发现之一。

1981年

4月15日，临淄区文化局、临淄公安分局发布《关于文物古迹保护管理的通告》。

11月5日，中共中央原主席华国锋到临淄参观出土文物。

是年，山东省临淄文物工作队在东古大队东发掘大城北墙东段，发现奠基殉人及多期城墙的叠压关系。

1982年

春，山东省临淄文物工作队对桐林（田旺）龙山文化遗址进行勘探试掘，出土大型陶甗及鼎、盆、鬶等一批重要文物。

5月28日，山东省副省长王众音到齐国故城遗址视察，对齐国故城维护作出重要指示。此后，三士冢、桓公台及齐国故城城墙上的建筑物、障碍物全部拆除。

7月17日，齐中华等人于商王村西临淄区砖厂发现战国金银错镶嵌铜牺尊。

秋，发掘齐国故城大城西墙与小城北墙结合处。从叠压关系证明大城建筑早于小城。从出土文物分析，小城的建筑年代在战国。临淄区文物管理所建房保护城墙剖面。

10月，临淄区人民政府召开文物工作会，向保护单位颁发委托书。

11月25日，以日中交流协会会长井上靖为团长、著名作家白士吾为秘书长的中日文化交流协会代表团一行8人，参观齐国故城遗址和出土文物。

是年，由国家文物局批准，在河崖头5号墓西面南侧修建殉马坑展厅。

是年，临淄区文物管理委员会人员调整，赵洪祥任主任。

1983年

5月，在临淄区文物管理所西征地10189平方米，拟建齐国故城遗址博物馆文物陈列馆。

8月，河崖头5号墓殉马坑展厅建成。重新发掘已回填的殉马坑36米，清理出殉马106匹，正式对外开放。市、区领导参加开展剪彩仪式。

9月，临淄区文化局、临淄公安分局发布《关于进一步加强保护文物古迹的通告》。

是年，在辛店电厂油罐三区施工中出土北朝崔猷墓志。

是年，稷山发现石洞室墓，出土微型鎏金编钟等重要文物。

1984年

4月10日，中共中央政治局常委、国务院总理赵紫阳参观临淄东周墓殉马坑。

4月12日，中共中央书记处书记、中宣部部长邓力群到临淄视察文物工作。

5月4日，齐国故城遗址博物馆动工兴建，1987年建成。是全国唯一的仿城堡式建筑博物馆。

6月9日～7月22日，山东省临淄文物工作队及部分地、市文物干部，为配合齐鲁乙烯工程施工，在齐鲁石化公司第二化肥厂以南的两醇工地发现春秋战国墓地，发掘清理墓葬321座，出土文物2000余件。

6月28日，淄博市人民政府公布稷山墓群、安平故城、高阳故城、金岭清真寺、北海银行地下印刷所旧址、西天寺石佛、东寺石佛、金陵寺石佛、兴福寺石佛等9处为淄博市第一批文物保护单位。

秋，齐国故城遗址博物馆文物陈列馆动工建设，占地1万平方米，建筑面积2600平方米。1987年建成并对外开放。

冬，对辛店北侧齐鲁乙烯生活区建设工地进行勘探，勘探面积15万平方米，探出汉代墓葬3800余座。

1985年

1月，山东省临淄文物工作队开始对辛店齐鲁乙烯生活区建设工程范围内的墓葬进行发掘，共清理汉代中小型墓葬1600余座。

3月4日，国务院副总理田纪云参观齐国故城遗址博物馆。

3月30日，在齐都镇西关村西北西天寺旧址修建临淄石刻艺术陈列馆，陈列石刻、造像、碑碣等100余件。

4月7日，国务院副总理万里参观齐国故城遗址博物馆和临淄东周墓殉马坑。

6月1日，中央顾问委员会常委、全国政协副主席刘澜涛参观临淄东周墓殉马坑。

秋，发掘齐鲁乙烯厂区内5座大墓。其中有战国时期大型殉人墓4座（6号墓殉人多达40个，殉人数量之多为同期墓葬所罕见）、东汉大型砖

室墓1座。出土文物200多件，有些器物在临淄是首次发现。

1986年

春，配合齐鲁乙烯排海管线建设工程，对董褚遗址进行发掘。

3月6日，国务院副总理姚依林参观临淄东周墓殉马坑。

5月20日，临淄区人大常委会通过《关于加强文物保护工作的决议》。

6月22日，全国地方志编写组副组长董一博参观齐国故城遗址博物馆、临淄东周墓殉马坑。

6～12月，牺尊、鎏金编钟等临淄文物赴日本参加在山口、东京、大阪展出的《大黄河文明展》。

秋，配合辛（店）孤（岛）路建设工程进行勘探，并发掘谭家遗址和相家庄墓地。

是年，对稷山汉墓群中的2号、3号墓进行全面发掘。

1987年

4月4日，临淄区文化局下发《关于密切注意防止破坏文物古迹、加强文物市场管理的通知》。

5月24日，奥地利前任总统基希施莱格及夫人参观临淄东周墓殉马坑。

6月11日，临淄区文物管理委员会人员调整，韩家华任主任。

是年，临淄区进行文物普查，新发现古文化遗址90余处。

是年，配合济青高速公路建设，对临淄段进行勘探。

1988年

1月13日，国务院公布田齐王陵为全国第三批重点文物保护单位。

3月30日，临淄区人民政府公布35处区级文

物保护单位。

3～6月，对临淄东周墓殉马坑马骨进行防潮保护获得成功，创造了既经济又易行的保护大面积半地上、半地下骨类遗址的成功之法。在保护中发现并清理了3座西周时期的小墓葬，出土铜鼎、铜鬲等文物20余件。

春，山东省临淄文物工作队配合济青高速公路建设，对齐陵镇后李遗址进行勘探发掘，面积约6500平方米，发现距今8500～7500年的后李文化。该发现对于研究山东地区新石器早期文化具有重大意义。

4月5日，中央顾问委员会常委胡乔木参观临淄东周墓殉马坑。

5月12日，全国人大常委会副委员长、民革中央主席朱学范参观临淄东周墓殉马坑。

5月26日，临淄区齐文化研究社成立。

6月4日，全国政协副主席、著名科学家钱伟长参观齐国故城遗址博物馆并题词。

夏，在今雪宫街道桑家社区北，配合齐鲁石化研究院扩建工程，发掘战国时期异穴合葬大墓2座。

8月27日，国务委员、国家科学技术委员会主任宋健参观临淄东周墓殉马坑。

8月28日，山东省副省长赵志浩参观齐国故城遗址博物馆。

10月26日，全国政协副主席杨静仁参观齐国故城遗址博物馆，并为临淄石刻艺术陈列馆题写馆名。

是年，山东省文物考古研究所在临淄建设新工作站，占地面积6600平方米，建筑面积3550平方米。

是年，为姜太公衣冠冢、田穰苴墓、田单墓、高傒墓、王蠋墓、孝公墓、黔敖墓、终军墓及遄台、梧台等古遗址立保护标志石碑。

1989年

3月26日，朝鲜劳动党黄海南道委员会代表一行7人参观临淄东周墓殉马坑。

4月25日～7月10日，临淄区人民政府与北京故宫博物院在北京故宫举办临淄齐都文物展览。同时，在齐国故城遗址博物馆举办清廷皇宫文物精品展。

9月，丙午带钩被盗，后破案追回。

是年，山东省临淄文物工作队配合济青高速公路建设，发掘赵王庄战国墓及沿线墓葬30余座。

1990年

1月27日，在齐国故城遗址博物馆举办馆藏名人书画展，展出珍贵作品60余幅。同年秋天，举办临淄革命历史文物展览。

4月9日，全国政协原副主席杨成武参观临淄东周墓殉马坑。

4～11月，山东省临淄文物工作队配合济青高速公路建设，对位于田齐王陵区东北的19号取土场进行勘探发掘，清理战国时期的大型墓葬4座。其中2号墓墓室内随葬20余辆马车、12个殉人。有殉马坑，殉马69匹。出土一批编镈、编钟、编磬和陶礼器。

6月，配合修建济青高速公路进行的后李工地发掘结束，在遗址东部的齐陵镇后李村发现一处春秋时期的大型殉车马坑，内有车10辆、马32匹。2号墓与后李车马坑被评为1990年全国十大考古新发现。

1991年

3月，对已发掘的后李车马坑采用河崖头殉马坑的保护办法，进行防水防潮保护。

8月1日，山东省政协副主席陆懋曾参观齐国故城遗址博物馆。

9月19日，中共中央军委副主席刘华清在山东省省长赵志浩的陪同下参观临淄东周墓殉马坑、齐国故城遗址博物馆。

是日，最高人民法院院长杨易辰参观临淄东周墓殉马坑。

11月2日，中共中央政治局常委、国务院总理李鹏与夫人朱琳在中共山东省委书记姜春云、省长赵志浩的陪同下参观临淄东周墓殉马坑。

是年，山东省临淄文物工作队配合齐鲁石化勇士生活区、事业公司停车场、中心医院、临淄区外贸公司、城乡建委、友联塑料厂等10余个单位建设，进行勘探和发掘，发现古代墓葬1000余座。其中，发掘战国大墓4座，两汉小型墓葬600余座。

1992年

3月，发掘齐鲁石化第九小学（今临淄区雪宫小学）工地有封土的战国大墓1座（单家庄一号墓）。

4月，由郑德新设计的临淄东周墓殉马坑马骨防水、防潮技术，获国家文物局科技进步三等奖和山东省科技进步三等奖。

春，山东省临淄文物工作队对桐林（田旺）龙山文化遗址进行复查、勘探，发现龙山文化城址。

6月5日，山东省人民政府和文化部邀请29个国家驻华使馆文化官员一行48人参观齐国故城遗址博物馆、临淄东周墓殉马坑。

6月20日，山东省人民政府公布后李遗址、董褚遗址、大蓬科遗址、稷山墓群为省级文物保护单位。

是月，姜太公祠开工建设。次年9月5日竣工，10月开放。

7月6日，文化部常务副部长高占祥在山东省副省长宋法棠、省文化厅厅长于占德的陪同下视察齐国故城遗址博物馆。

8月，发掘齐鲁石化中心医院工地有封土的战国大墓1座（单家庄二号墓）。

9月28日，齐国秘史宫对外展出。

是月，临淄封神宫建成开放。

是月至1993年6月，清理商王墓地墓葬102座，有2座"中"字形多台阶并穴合葬墓，墓内随葬的铜器、金银器、玉石器等异常丰富，为本地区同类墓葬所罕见。

秋，开始对田齐王陵进行大规模调查和勘探，勘探面积560余万平方米，包括临淄和青州境内部分地区，发现大、中型陪葬墓70余座，小墓300余座。对于田齐王陵的保护和田齐国君埋葬制度的研究提供了重要资料。

10～12月，对淄河店墓地进行勘探，发现大中型墓葬34座（有封土的12座）。

冬，对河崖头村东取土场进行抢救性发掘，清理中、小型墓葬60余座。

是年，山东省临淄文物工作队配合齐鲁石化勇士生活区2期工程、临淄区农行、保险公司、塑编厂等单位建设进行勘探发掘，清理墓葬500余座。

1993年

3月18日，临淄中国古车博物馆筹建处成立。

5月4日，临淄区人民政府公布《关于基本建设项目施工前进行文物勘探发掘的有关规定》。

5月26日，国际都市人类学会议主席安萨里夫妇一行70余人参观齐国故城遗址博物馆、临淄东周墓殉马坑。

7月5日，临淄区人民政府办公室下发《关于在我区范围内古墓、古遗址周围埋设界桩、标志的通知》。

7月27日，山东省副省长王玉玺参观齐国故城遗址博物馆、临淄东周墓殉马坑并题词："国之瑰宝，天下奇观。"

8月6日，全国人大常委会副委员长雷洁琼参观齐国故城遗址博物馆、临淄东周墓殉马坑并题词："齐秦并举。"

9月9日，全国人大常委会副委员长王丙乾参观临淄东周墓殉马坑。

9月17日，全国人大常委会副委员长、中央民委主席费孝通参观排水道口、临淄东周墓殉马坑并题词："稷下养士，殉马示威。"

10月20日，外交部原副部长姚仲明在山东省文化厅厅长于占德陪同下，参观齐国故城遗址博物馆、临淄东周墓殉马坑并题词："我来求知。"

10月31日，南非共产党总书记恩跨库拉参观齐国故城遗址博物馆、临淄东周墓殉马坑并题词："中华人民共和国万岁。"

是月，牺尊、大铜盂等30余件珍贵文物参加在日本东京、横滨、奈良举行的为期六个月的"孔子文化展"。

10～12月，配合辛店天齐小区建设进行勘探发掘，清理两汉墓葬100余座。

冬，对四王冢取土场进行抢救性发掘，清理战国大墓3座。

1994年

1月4日，临淄被国务院批准公布为国家历史文化名城。

3月21日，中共中央政治局委员、中共上海市委书记吴邦国夫妇，由中共淄博市委书记杜祥荣陪同参观临淄东周墓殉马坑。

4月26日，中共中央政治局原委员宋平夫妇，由中共淄博市委书记杜祥荣陪同参观临淄东周墓殉马坑。

6月24日，中国驻外大使参赞一行42人参观齐国故城遗址博物馆、临淄东周墓殉马坑。

9月7日，全国人大常委会副委员长李沛瑶参观临淄东周墓殉马坑和临淄中国古车博物馆，并在古车馆题词："春秋车马，国之瑰宝。"

9月8日，中共山东省委副书记李春亭参观临淄中国古车博物馆并题词："车萃马魂。"

9月9日，由临淄区政府投资800万元、占地1.36万平方米的临淄中国古车博物馆建成开馆。国务院副总理田纪云、国防部部长张爱萍分别为该馆题写了馆名。中共山东省委原书记谭启

龙、张鲁三，中共山东省委常委、宣传部部长董凤基，中国科协副主席高潮，国家旅游局、中共淄博市委等单位领导参加落成典礼并剪彩。国家旅游局、北京大学、东南大学、中国社科院考古研究所、中国历史博物馆、中国军事博物馆发来了贺信。谭启龙题词："文物奇观。"董凤基题词："春秋车马在，齐国雄风存。"

9月12日，以美国伊利市市长乔伊斯·萨沃齐奥为团长的美国伊利市政府代表团一行16人参观临淄东周墓殉马坑。

9月17日，人民日报社文艺部副主任、著名作家石英参观临淄中国古车博物馆并题词："既有春秋千乘日，更信临淄益辉煌。"

9月18日，全国政协副主席邓兆祥带领全国政协视察团70余人参观临淄东周墓殉马坑、临淄中国古车博物馆。在临淄中国古车博物馆邓兆祥等题词留念。吴荣题词："震古烁今。"

是日，全国残联主席邓朴方参观临淄东周墓殉马坑、临淄中国古车博物馆。

9月20日，山东省省长赵志浩参观临淄中国古车博物馆并题词："历史瑰宝。"

是月，山东省文化厅厅长于若书为临淄中国古车博物馆题词："车辚马啸明珠喧。"临淄籍书画家周光汉题词："春秋首霸雄风。"

10月22日，全国政协副主席谷牧参观临淄中国古车博物馆并题词。

11月3日，中共中央政治局委员、全国人大常委会副委员长田纪云参观临淄中国古车博物馆。

11月7日，国家体委副主任袁伟民参观临淄中国古车博物馆。

12月9日，国家体委主任伍绍祖参观临淄中国古车博物馆并题词："运载千秋。"

12月14日，中共山东省委副书记李文全参观临淄中国古车博物馆。

12月22日，全国卫生城市检查团成员参观临淄中国古车博物馆。

是年，临淄珍贵文物在意大利展出，时间为10个月。

是年，临淄烈士陵园迁建于临淄城区东外环路北侧，东临淄河，南依牛山，占地3.33万平方米。

是年，山东省文物考古研究所和日本山口县土井浜遗址人类学博物馆利用临淄发掘出土的与日本弥生人时代相当的周、汉代人骨资料进行合作研究，于2000年出版合作报告《探索渡来系弥生人大陆区域的源流》。

1995年

2月19日，中共中央组织部副部长刘俊林参观临淄中国古车博物馆。

3月22日，山东省人大常委会副主任苗枫林及全省人大科教文卫会议代表参观临淄中国古车博物馆。

3月27日，临淄区人民政府发布《关于限期迁移古墓葬、古台址上新建坟墓的通告》。

3月30日，山东省人大常委会原秘书长孙志浩参观临淄中国古车博物馆并题词："古为今用。"

是日，由淄博市旅游局组织的全国旅游专家及《中国旅游报》记者一行60余人参观临淄中国古车博物馆。

3月31日，对外经贸部副部长孙振宇参观临淄中国古车博物馆并题词："弘扬齐鲁文化。"

4月13日～5月13日，齐国故城遗址博物馆与抚顺市雷锋纪念馆联合举办雷锋生平展。

4月16日，全国人大常委会原副委员长廖汉生参观临淄东周墓殉马坑、临淄中国古车博物馆并题词："运载千秋。"

4月21日，临淄中国古车博物馆书画根雕工艺品展览开展。

5月19日，齐国故城遗址博物馆被中共淄博市委、淄博市人民政府授予文化工作先进单位。

6月6日，齐国故城遗址博物馆主办的《孔繁森同志事迹展》在辛店开展。

7月7日，全国人大常委会委员、财经委员会主任委员柳随年参观临淄中国古车博物馆并题词："运载千秋。"

8月11日，陕西省西安市旅游局局长李天顺参观临淄中国古车博物馆并题词："弘扬华夏文化，发展旅游事业。"

8月15日，农业部原部长刘中一、山东省政协副主席王裕晏、淄博市政协副主席宋鲁泉等参观临淄中国古车博物馆，刘中一题词："车史渊源。"

8月23日，中国历史博物馆群工部主任齐吉祥参观临淄中国古车博物馆。

是月，齐国故城遗址博物馆被共青团山东省委授予山东省青少年爱国主义教育基地。9月，被山东省文化厅授予山东省爱国主义教育基地。

9月2日，敬仲镇泄柳村村民崔东生发现了鼎、盆等8件青铜器，交齐国故城遗址博物馆收藏。

9月13日，新华社社长夏赞忠参观临淄中国古车博物馆并题名留念。

9月22日，中共中央组织部领导干部考试与测评中心原主任赵洪俊等一行100余人参观临淄中国古车博物馆并题词："车轮滚滚，运载千秋。"

10月11日，临淄东周墓殉马坑进行玻璃防尘保护。

10月12日，临淄中国古车博物馆佛教艺术精品展开展。

10月17日，中共山东省委常委、组织部部长王克玉参观临淄中国古车博物馆。

11月1日，中国军事科学院原顾问石一宸参观临淄中国古车博物馆并题词："古都文辉。"

11月13日，外交部副部长万永祥参观齐国故城遗址博物馆、临淄东周墓殉马坑。

是日，以副市长C·克鲁克里先生为团长的俄罗斯诺夫哥罗德市政府代表团一行16人参观临淄中国古车博物馆。

11月15日，中共山东省委常委、政法委书记张惠来参观临淄中国古车博物馆。

11月16日，全国人大环境保护委员会主任委员曲格平参观临淄中国古车博物馆。

11月17日，以市长铁木拉兹·考马希泽先生为团长的格鲁吉亚巴统市政府代表团参观临淄中国古车博物馆。

12月29日，临淄中国古车博物馆高速公路停车场剪彩。

是月，齐国故城遗址博物馆被授予省级"优秀博物馆"。

是月，由台湾姜氏后裔邱正吉投资100万元建设的丘穆公祠建成。次年4月6日，丘穆公祠举行落成剪彩庆典活动。

1996年

1月13日，由齐国故城遗址博物馆承担的齐鲁石化树脂研究所工地考古发掘工作结束，发掘战国时期中小型墓葬63座，出土各类文物300余件。

是月，临淄区被国家文物局评为全国文物安全保卫工作先进集体。

2月9日，齐国故城遗址博物馆荣立建设临淄集体三等功。

是月，由山东省文物考古研究所承担的临淄区行政办公中心大楼基建工地考古发掘工作开始。至7月，发掘有封土的墓葬6座。

3月9日，国家文物局、山东省文物局一行十几人参观临淄中国古车博物馆。

4月4日，外交部发言人陈建一行10人参观临淄中国古车博物馆并题名留念。

是日，全国法制会议与会人员一行40人参观临淄中国古车博物馆。

是日，全国文物保护先进表彰大会在桂林召开，临淄区被评为文物保护先进集体。

4月9日，山东省副省长邵桂芳参观临淄中国古车博物馆并题名留念。

4月16日，文化部范崇燕司长参观临淄中国古车博物馆并题名留念。

4月21日，日本大阪市政府教育委员会教育长、原日本大阪市立大学校长崎山耕作、日本模具工业协会常任理事细川清志等一行15人，参观临淄中国古车博物馆。

5月18日，国家旅游局局长刘毅视察临淄中国古车博物馆。

6月10日～9月，辛店原轮胎厂内大型古墓葬开始发掘。发掘出陪葬坑5个，出土文物20余件，墓内有积石1200多立方米。

6月28日，临淄中国古车博物馆与青岛市博物馆联合举办的《我们的总设计师——邓小平》大型图片展在临淄中国古车博物馆开展。

7月8日，国家文物局局长张文彬视察临淄中国古车博物馆。

7月24日，中共中央委员毛致用等一行10余人参观临淄中国古车博物馆。

7月25日，最高人民检察院副检察长梁国友参观临淄中国古车博物馆。

8月8日，国家旅游局副局长程文栋参观临淄中国古车博物馆。

8月16日，中共中央政策研究室副主任郑科杨参观临淄中国古车博物馆。

9月9日，临淄中国古车博物馆开馆三周年成就展开展。

9月12日，山东省原副省长马连礼参观临淄中国古车博物馆。

是日，临淄石刻艺术陈列馆北魏石佛被盗。

9月28日，中共辽宁省委副书记王怀远参观临淄中国古车博物馆并题词："万乘之国，巍巍齐风。"

10月1日，齐国故城遗址博物馆改造工程开工建设。

10月2日，外交部副部长张德广夫妇参观临淄东周墓殉马坑。

11月3日，中共中央组织部副部长虞云耀参观临淄中国古车博物馆。

11月6日，沈阳军区司令员佟宝存参观临淄中国古车博物馆并题词："万乘之国，齐风犹存。"

11月7日，以越共中央委员、海兴省委书记范文寿为团长的越共海兴省委代表团一行10人，参观临淄中国古车博物馆。

是日，中共中央委员、解放军总后勤部原政委周克玉参观临淄中国古车博物馆。

11月13日，临淄中国古车博物馆纪念红军长征胜利60周年图片展开展。

是年，山东省文物考古研究所同德国波鸿鲁尔大学联合开展临淄航空摄影考古项目，于2000年3月结束。2000年9月出版《中国临淄文物考古遥感影像图集》。

1997年

4月3日，以美亚女士为团长的芬兰政府代表团参观临淄中国古车博物馆。

4月21日，经济日报社总编蔡丰参观临淄中国古车博物馆并题词："车马奇观，惟其独有。"

是日，出席全国七省十县（市）第五次人大工作研讨会议代表一行50余人参观临淄中国古车博物馆。

5月1日，齐国故城遗址博物馆经过半年的改造正式开馆接待游客，山东省人大常委会副主任苗枫林等省、市领导参加剪彩仪式。

5月18日，中共山东省委书记吴官正，由中共淄博市委书记李新泰、市长李书绅等陪同参观临淄东周墓殉马坑、齐国故城遗址博物馆。

5月30日，山东省原副省长、省政府顾问马连礼夫妇参观齐国故城遗址博物馆。

6月1日，原中纪委领导彭儒参观临淄中国古车博物馆并题词："战车奇观。"

6月5日，共青团中央书记处书记姜大明参观临淄中国古车博物馆。

6月10日，临淄区文物管理委员会人员调整，李建美任主任。

6月11日，日本大阪市立弥生文化博物馆馆长金关恕、山口县教育厅中村彻也所长，由山东省文物局副局长张从军陪同参观齐国故城遗址博物馆、临淄石刻艺术陈列馆。

6月13日，共青团中央组织部部长王松鹤参观临淄中国古车博物馆。

6月17日，辽宁省人大常委会副主任王充闾参观临淄中国古车博物馆。

6月19日，公泉峪古建筑群、西周傅庄窑址、小杜家遗址、石佛堂北魏石佛造像、贾振琨墓等5处古迹被淄博市人民政府公布为市级文物保护单位。

6月21日，以塞拉达尼奥·斯托伊为团长的菲律宾拉布市政府友好代表团一行14人参观临淄中国古车博物馆。

7月3日，临淄区人民政府制定颁布《临淄区文物保护管理实施细则》，这是临淄区第一部地方性文物保护法规。

7月25日，《中国历史文化名城大辞典》"临淄条目"第一版编写完成。

8月9日，临淄中国古车博物馆与天津市博物馆联合举办的《为中华之崛起——周恩来青年时代业绩展览》在临淄中国古车博物馆开展。

8月15日，姜太公旅游中心封神宫失火，宫内人造景观被毁。

9月17日，临淄区文化旅游局、淄博市公安局临淄分局发布《关于严厉打击挖掘、破坏古文化遗址和文物走私倒卖活动的通告》。

10月5日，全国政协副主席钱伟长夫妇参观齐国故城遗址博物馆、临淄中国古车博物馆并题名留念。

10月9日，文化部原部长、全国政协常委、科教委主任王济夫，漫画家丁聪，表演艺术家于洋等参观齐国故城遗址博物馆、临淄中国古车博物馆。在临淄中国古车博物馆王济夫题词："神州文明源远流长。"丁聪题词："车轮载千秋，上下数千年。"

10月19日，为纪念齐国始祖姜太公诞辰3136年，姜太公旅游中心举办"国际姜氏后裔书画精品大展"，展出作品150幅。

10月22日，亚非地区14个国家的驻华大使参观临淄中国古车博物馆。

10月28日，中共中央组织部原部长吕枫参观临淄中国古车博物馆并题名留念。

11月9日，中共中央政治局委员、国务院副总理吴邦国，在中共山东省委书记吴官正等人陪同下参观临淄中国古车博物馆并题词："开发古今文化，振兴临淄经济。"

11月11日，临淄中国古车博物馆与辽沈战役纪念馆联合举办的辽沈战役图片大型展览在临淄中国古车博物馆开展。

是日，财政部副部长张佑才参观临淄中国古车博物馆。

12月，齐国故城遗址博物馆征集到一把"郾王剑"，经鉴定为国家一级文物。

1998年

1月1日，临淄区人民政府对送交博物馆"郾王剑"的齐都镇龙贯村村民韩如水颁发奖金1.5万元。

1月5日，1998年华夏城乡游方案出台，临淄区被列为全国82个古城新貌游城市之一。

2月27日，中共中央组织部副部长顾云飞参观临淄中国古车博物馆。

3月3日，全国劳动模范参观团参观临淄中国古车博物馆。

3月10日，山东省广播电视厅及各地市广播电视局局长一行60人参观临淄中国古车博物馆。

3月14日，共青团中央书记胡春华参观临淄中国古车博物馆。

4月24日，金陵寺石佛头被盗。

6月8日，韩国文物局局长郑文教等一行6人参观齐国故城遗址博物馆、临淄东周墓殉马坑。

6月15日，中国人民解放军总政治部主任于永波参观临淄中国古车博物馆。

6月21日，全国人大常委会副委员长李锡铭参观齐国故城遗址博物馆、临淄中国古车博物馆。

6月24日，中国人民解放军副总参谋长韩怀智及夫人一行参观临淄中国古车博物馆。

7月8日，临淄区文物部门对召口乡北金召村发现的宋金壁画墓进行发掘。

8月10日，举行临淄中国古车博物馆"省级青年文明号"揭牌仪式。

9月25日，全国最高人民法院副院长祝铭山参观齐国故城遗址博物馆、临淄东周墓殉马坑。

是月，齐国故城遗址博物馆被评为省级风景名胜区。

10月5日，在临淄石刻艺术陈列馆西邻的化工厂内发现北魏背屏式石佛造像碑，当日运回齐国故城遗址博物馆收藏。

10月13日，全国人大常委会副委员长蒋正华参观齐国故城遗址博物馆和临淄东周墓殉马坑。

10月15日，罗马尼亚内务部参观团一行12人，在公安部、省公安厅等领导的陪同下参观临淄中国古车博物馆和齐国故城遗址博物馆。

10月18日，《中国历史文化名城大辞典》"临淄条目"第二版编写完成。

10月26日，全国政协原副主席胡绳参观齐国故城遗址博物馆和临淄东周墓殉马坑。

12月1日，临淄区文物保护稽查队被淄博市公安局授予集体三等功。队长王居正被国家文物局评为1997年度全国文物保护先进个人。

1999年

1月9日，文化部部长孙家正由淄博市市长张建国等陪同，参观齐国故城遗址博物馆、临淄中国古车博物馆并题名留念。

1月11日，临淄区人民政府公布第二批文物保护单位8处。

3月6日，山东省副省长陈延明参观临淄中国古车博物馆。

3月8日，大韩民国驻青岛领事馆总领事全英珠一行参观临淄中国古车博物馆。

是月，齐国故城遗址博物馆被评为省级"青年文明号"。

5月19日，全国人大农业和农村工作委员会主任委员高德占参观临淄中国古车博物馆并题词："运载千秋。"

6月16日，共青团中央第一书记周强参观临淄中国古车博物馆。

6月20日，国家文物局副局长郑欣淼视察临淄中国古车博物馆。

12月1日，水利部副部长周文志参观临淄中国古车博物馆。

2000年

春，为配合寿（光）济（南）路建设，对徐旺遗址进行试掘。

6月18日，韩国前总统卢泰愚一行到姜太公祠祭拜祖先。

9月13日，临淄区人民政府发布《关于加强古遗址保护工作的通告》。

9月21日，建设部副部长宋春华参观临淄中国古车博物馆。

2001年

4月15日，驻香港28个国家领事代表团30余人参观临淄中国古车博物馆。

4～7月，为配合师苑小区建设，在石鼓墓地发掘墓葬147座。

6月5日，中共中央政治局委员、中国社会科学院院长李铁映参观齐国故城遗址博物馆、临淄石刻艺术陈列馆、临淄中国古车博物馆。

6月25日，桐林（田旺）遗址被国务院公布为全国重点文物保护单位。

是月，齐国故城遗址博物馆被评为全国十大陈列精品提名奖。

7月27日，齐国故城遗址博物馆被评为国家AA级旅游景点。

8月24日，日本崎玉考古团17人考察临淄中国古车博物馆和临淄东周墓殉马坑。

9月28日，天齐渊仿古景点在齐园竣工。

10月4日，辽宁省人大常委会主任王怀远参观天齐渊和临淄中国古车博物馆。

2002年

1月19日，国家旅游局副局长张希钦视察临淄中国古车博物馆。

2月24日，国家旅游局副局长顾朝曦视察临淄中国古车博物馆。

3月18日，中石化党组书记李克光参观齐国故城遗址博物馆、临淄东周墓殉马坑。

3月28日，临淄区文物管理委员会人员调整，王秀荣任主任。

4月11日，台湾"行政院"原院长郝柏村一行33人参观临淄中国古车博物馆并题词。

4月26日，临淄中国古车博物馆被评为国家AA级旅游景点。

6月7日，解放军总政歌舞团团长郑仁龙参观临淄中国古车博物馆并题词："古齐瑰宝，中华文明。"

7月13日，全国人大常委会副委员长王光英参观临淄中国古车博物馆。

9月26日，临淄中国古车博物馆被评为"全国青年文明号"，并举行揭牌仪式，市、区有关领导参加。

9月28日，北京大学考古文博学院、山东省文物考古研究所、临淄考古工作队联合对国家重点文物保护单位——桐林（田旺）遗址进行考古发掘。

10月20日，中央电视台军事栏目组到齐国故城遗址博物馆拍摄电视专题片。

10～12月，为配合师苑小区建设，在石鼓墓地发掘墓葬153座。

11月11日，临淄中国古车博物馆聘请省电影公司科技部对车马坑进行装修。

是年，齐国故城遗址博物馆的牺尊、郾王剑等文物赴台湾展出。

2003年

1月23日，中国科学院院士、中国工程院院士、中国城市规划学会理事长吴良镛参观齐国故城遗址博物馆。

3月1日，湖北省副省长刘友凡带领省政府考察团参观临淄中国古车博物馆。

3月22日，临淄区齐文化研究中心成立。

3月29日～4月1日，中国社会科学院考古研究所、山东省文物考古研究所联合对临淄齐故城内汉代铸镜作坊址进行专项考古调查。

4月4日，举行管仲纪念馆、中国宰相馆建设工程奠基仪式。

4月5日，国家文物局局长单霁翔到临淄视察文物工作。

4月30日，临淄区文物管理委员会人员调整，张士友任主任。

是月，分别于临淄区齐都镇崔家庄西与齐都镇刘家庄东北竖立"营丘城故址"碑和"稷下学宫遗址"碑。

9月12日，国家文物局委托北京大学、山东省文物考古研究所在临淄举办田野考古培训班，在桐林（田旺）遗址进行发掘培训。

9月23日，以山东省政协常委、香港山东商会主席吕明华为团长的香港山东商会经贸考察团参观临淄中国古车博物馆。

10月31日，云南省副省长李新华参观齐国故城遗址博物馆和临淄中国古车博物馆。

10月～11月12日，配合牛山路西延工程，山东省文物考古研究所、淄博市文物事业管理局、临淄区文化局对路基占压部分进行抢救性考古发掘。

10月～2007年7月，配合国家新村、齐兴花园、学府花园住宅工程建设，发掘战国汉代小型墓葬432座、"甲"字形大墓18座，出土了一批重要文物。

11月3日，中共临淄区十届三次全委（扩大）会议上正式提出"尽快启动申报齐故城、田齐王陵为世界文化遗产工作"。

11月14日，临淄区人民政府向淄博市文物局提交《关于申报世界文化遗产的请示》。

11月29日，中纪委原副书记刘丽英参观临淄中国古车博物馆。

11～12月，勇士区天齐北工地发掘墓葬240座。

12月6日，山东省政协副主席、山东师范大学副校长、齐鲁文化研究中心主任王志民到临淄视察管仲纪念馆、中国宰相馆的建设情况。

12月11日，临淄区机构编制委员会发文公布成立临淄区文物管理局，为文化局正局级内设机构。次年3月25日，临淄区申报世界文化遗产办公室成立。临淄区文物管理局同时挂"临淄区申报世界文化遗产办公室"牌子。

12月25日，临淄区被国家文物局表彰为全国文物工作先进（区）县。是山东省唯一获此殊荣的区县。

2004年

1月5日，临淄区第十五届人民代表大会第二次会议《政府工作报告》提出"全面启动申报世界文化遗产工作"。

3月22日，临淄区人民政府召开古墓绿化工作会议，出台《关于古墓绿化工作的实施方案》。

3月23日，临淄区人民政府上报淄博市文物局《临淄区十一五文物保护规划》。

4月14日，组成"申遗"工作考察队，由中共临淄区委副书记万存周带队，前往河南洛阳考察学习世界文化遗产申报情况。

4月17~26日，对三士冢坍塌围墙进行维修并进行古墓绿化。

5月4日，中共中央宣传部部长赵守义一行8人参观临淄中国古车博物馆并题名留念。

5月9日，中共临淄区委副书记、区长唐福泉视察古墓绿化情况。

5月19日，中共临淄区委常委会议审议有关临淄区申报世界文化遗产材料。

5月24日，临淄区人民政府办公室制定《关于加强全区文物工作的意见》。

6月3日，临淄区申报世界文化遗产动员大会召开。

6月8日，临淄文物稽查队与齐陵派出所在稷山汉墓抓获盗墓犯罪嫌疑人1名，缴获作案工具一宗。

6月9日，"足球起源于临淄"专家论证会召开。

6月14日，临淄区文物管理局正式在齐国故城遗址博物馆院内办公。

6月29日，临淄区组织参加苏州28届世界遗产大会——"自然与人文景观博览会"，制作了"齐国故城——临淄"大型展览参加展示。

7月15日，在北京展览馆举办的中国第三届国际足球博览会上，国际足联主席布拉特郑重宣布：足球起源于中国的临淄。亚足联秘书长维拉番代表国际足联正式宣布：足球起源于2000多年前的临淄城，从一项民间游戏发展为世界上最有魅力的第一运动。并向临淄区颁发足球起源地证书和纪念杯。

7月31日，临淄中国古车博物馆被评为国家AAA级旅游景点。成为全省文博系统唯一一家获此殊荣的博物馆。

8月3日，临淄区人民政府制作完成《临淄区申报世界文化遗产五年规划》。

8月27日，韩国晋州姜氏中央宗会会长姜显松一行到姜太公祠祭祖，并参观正在兴建的韩国姜氏宗会会馆和临淄中国古车博物馆。

9月5日，国家文物局文物司副司长、申报世界遗产处主任郭旃先生，中国社会科学院考古研究所副所长白云翔到临淄指导申报世界遗产工作。对临淄区的"申遗"资源进行了评价，并对下一步的"申遗"工作进行具体指导。

是日，国家文物局局长单霁翔视察齐国故城遗址博物馆。

9月7日，全国政协副主席周铁农参观临淄中国古车博物馆并题名留念。

9月16日，中国·临淄首届国际齐文化旅游节在姜太公广场开幕，全国政协副主席罗豪才、山东省副省长蔡秋芳为管仲纪念馆揭牌，山东省政协副主席王志民及市、区领导参加了揭牌仪式。

是日，全国政协副主席、致公党中央主席罗豪才参观齐国故城遗址博物馆和临淄中国古车博物馆。

9月17日，中国体育博物馆临淄分馆暨临淄足球博物馆建设正式启动，中国足球协会副主席张吉龙、中国体育博物馆负责人参加启动仪式。

10月11日，中共中央政治局委员、全国人大常委会副委员长、中华全国总工会主席王兆国参观临淄中国古车博物馆。

10月18日~11月11日，临淄区文物管理局联合临淄公安分局对全区各乡镇文物保护情况和野外文物分布情况进行全面检查。

11月3日，全国人大农业与农村委员会副主任委员李春亭参观临淄中国古车博物馆、管仲纪念馆和齐国故城遗址博物馆。

11月13日，国家文物局进行第六批全国重点文物保护单位的遴选工作。临淄区的"后李遗址与春秋车马坑"、"董褚遗址"、"稷山墓群"、"晏婴墓"、"临淄西天寺北魏石佛造像"等5处保护单位进入初选。

11月28日，山东省政协、山东省文化厅、北京大学等17家部门单位专家组成的评审委员会，对中国兵家城、东周殉马馆、齐国故城遗址公园项目进行评审论证。

11～12月，临淄大道南侧单家商住楼工地发掘104座古代墓葬。

12月21～26日，中日合作"山东省临淄齐国故城出土镜范的考古学研究"课题第一阶段考察结束。

2005年

1月12日，临淄区齐都中学发现"闻韶书院碑"。

3～11月，配合三星怡水·名城建设工地施工，发掘墓葬164座。其中，有1座大型墓葬。

4月1日，临淄区2005年古墓绿化工作动员会召开。

4月4日，临淄区编写的《齐国故城及齐王陵》申报《世界文化遗产预备清单》文本报送国家文物局申报世界遗产处。

4月18～19日，山东省文物专家张学海、罗勋章来临淄协助修改《齐国故城及齐王陵》申报文本。

4月30日，《齐国故城及齐王陵》申报文本报送国家文物局。

5月20日，国际足联邀请淄博临淄足球起源地代表团赴瑞士参加国际足联百年庆典闭幕式。国际足联主席布拉特和秘书长林茨向临淄颁发足球起源地认定证书和百年庆典纪念牌匾。

7月18日，正式启动"蹴鞠"申报国家级非物质文化遗产工作。9月30日，"蹴鞠"申报材料上报文化部。

8月26日，财政部部长金人庆参观临淄中国古车博物馆。

8月31日，山东省政协副秘书长郭爱玲到临淄视察足球产业发展、推广情况，参观临淄足球博物馆。

9月8日，山东省人大常委会原副主任、党组书记马仲才参观临淄足球博物馆和管仲纪念馆。

9月12日，中国·临淄第二届国际齐文化旅游节在姜太公广场开幕。

是日，中国体育博物馆临淄分馆——临淄足球博物馆正式建成开馆，国际足联主席布拉特发来贺信，亚洲足联发展部主任布兰顿出席开馆仪式并讲话。

9月22日，国家中医药管理局人事与政策法规司副司长桑滨生参观临淄足球博物馆。

9～12月，国家文物局委托北京大学和山东省文物考古研究所，在临淄举办田野考古培训班，在桐林（田旺）遗址进行发掘培训。

10月9日，中共山东省委常委、省总工会主席阎启俊参观临淄足球博物馆。

10月12～13日，临淄区人民政府组织区文物局有关人员对河南殷墟申报世界文化遗产、邯郸赵国故城绿化进行考察学习。

10月17日，山东省政协原主席陆懋曾到临淄足球博物馆参观。

10月25日，中共四川省自贡市常务副书记梁国定带领自贡市党政考察团到临淄足球博物馆参观。

10月31日，多哥人民联盟代表团参观临淄足球博物馆。多哥人民联盟主席达马·德拉马尼题词："热烈祝贺临淄成为世界足球的故乡。"

11月9日，齐国故城和桐林（田旺）遗址被国家文物局列入"十一五"期间全国重点保护100处大遗址之中。

是日，山东省人大常委会副主任王道玉参观临淄足球博物馆。

11月10日，审计署审计长李金华参观临淄足球博物馆。

11月30日，山东省政协副主席林书香视察临淄足球博物馆并题词："临淄蹴鞠，世界足球。"

12月2日，国家体育总局文史委主任袁大

任、副主任朱国平、学术部主任崔乐泉一行视察临淄足球博物馆。袁大任题词："促进东西方体育文化交流。"

12月9日，水利部建管司司长孙继昌参观临淄足球博物馆。

12月13日，山东省人大常委会副主任曹学成视察临淄足球博物馆并题词："华夏人的骄傲。"

2006年

1月4～17日，为配合中国建筑设计研究院建筑历史研究所制作《齐国故城遗址总体保护规划》，区文物管理局组织对齐国故城遗址现状进行调查。

1月9日，石佛堂石佛被盗。

1月26日，中国足协副主席张吉龙一行在中共淄博市委副书记、市委宣传部部长岳长志陪同下视察临淄足球博物馆，张吉龙为博物馆题词："中国足球从这里走上世界。"

2月，齐国故城遗址博物馆和管仲纪念馆被评为国家AAA级旅游景点。

3月上旬，临淄区文物稽查队与敬仲派出所联合抓获了敬仲镇西周傅村盗墓分子20余人，并以此为线索捣毁了3个长期在临淄北部一带盗墓和倒卖文物的犯罪团伙。

3月23日，山东省省长韩寓群参观临淄足球博物馆。

3月26日，中国社会科学院旅游研究中心副主任、高级研究员李明德，中国城市经济学会旅游休闲产业委员会秘书长、香港中国旅游文化产业研究院执行院长张晓军一行参观临淄足球博物馆并题词。

是月，临淄区委托北京建工建筑设计研究院制作的《12号桓公台宫殿遗址抢修保护工程设计方案》完成，并报送国家文物局，通过了国家文物局专家组的评审。

4月14日，山东省对外贸易经济合作厅副厅长郭伟时到临淄足球博物馆等地进行调研。

4月29日，中共中央原总书记、国家主席江泽民参观齐国故城遗址博物馆，观看蹴鞠表演并题词。

5月21日，全国政协常委、山东省人大常委会原主任韩喜凯参观临淄足球博物馆。

5月25日，后李遗址、西天寺造像被国务院公布为第六批全国重点文物保护单位。

是日，山东省人大常委会原主任赵志浩到临淄足球博物馆进行考察，并题词："创新万岁！"

5月26日，国家信访局正局级督查员王天榜一行参观齐国故城遗址博物馆、临淄中国古车博物馆及临淄足球博物馆。

5月27日，文化部提出第一批国家非物质文化遗产名录推荐项目名单。临淄区的"蹴鞠"和"孟姜女传说"列入国家首批非物质文化遗产名录。

5月29日，浙江省政协原主席、全国政协文史委副主任刘枫参观齐国故城遗址博物馆。

6月10日，临淄区在城区部分路段开展"首个中国文化遗产日"系列宣传活动。

6月24日，劳动保障部副部长王东进参观临淄足球博物馆、齐国故城遗址博物馆和临淄中国古车博物馆。

6月～2008年11月，配合绿茵小区建设，在刘家墓地发掘墓葬175座。

8月7～11日，世界足球起源地代表团赴亚足联进行考察、访问，亚足联亚洲展望计划淄博项目开始起步。淄博临淄作为足球起源地应邀组团出席了在德国汉堡举行的"魅力足球展"开幕式。

8月18日，中共山东省委副书记高新亭到临淄足球博物馆进行参观考察。

8月27日，山东省人大常委会副主任时立军视察临淄足球博物馆。

8月31日，由中共山东省委政法委副书记、省综治办主任宋新生带队，全国部分省市综治办主任40余人参观临淄足球博物馆。

9月6日，中共中央委员、国务院发展研究中心党组书记、副主任张玉台参观临淄足球博物馆。

9月7～9日，中国世界文化遗产专家委员会委员陈雍对临淄申报世界文化遗产主体进行考察，对临淄"申遗"的条件以及准备工作表示认可，并提出指导意见。

9月12日，中国·临淄第三届国际齐文化旅游节在姜太公广场开幕。

9月18日，文化部副部长周和平在山东省文化厅厅长杜昌文陪同下参观临淄足球博物馆。

9月中旬，临淄文物稽查队与敬仲派出所联合抓获了敬仲镇褚家村盗挖古墓分子3人。

10月10日，山东省外经贸厅厅长周嘉宾带领2006年山东外经贸秋季研讨会参会人员参观临淄足球博物馆。

10月20日，湖南省政协原主席王克英参观临淄中国古车博物馆、临淄足球博物馆。

10月31日，中共山东省委原书记苏毅然、梁步庭等老领导一行10余人视察临淄足球博物馆，苏毅然题词："发展体育运动，增强人民体质！"

是日～11月14日，全区文物工作大检查。

11月初，临淄文物稽查队收缴齐都镇督府恭村朱某家中北魏背屏式石佛一尊，并与齐都派出所联合抓获犯罪分子5人，缴获作案工具一宗。

11月3日，全国政协常委、外事委员会副主任、京昆室副主任张国祥率全国政协委员考察团一行37人参观临淄足球博物馆。

11月14日，山东省人大常委会副主任曹学成带领《山东省旅游条例》执法检查团视察临淄足球博物馆。

11月28日，淄博市人大常委会副主任曹在堂、市政协副主席张建祥带领省委党校学习班部分学员参观临淄足球博物馆。

12月4日，全国人大常委会常委王怀远参观临淄足球博物馆。

是日，山东省科技厅副厅长翟鲁宁带领驻美国、意大利、芬兰等12个国家的科技外交官参观临淄足球博物馆。

12月7日，临淄区新入选的两处全国重点文物保护单位——西天寺造像、后李遗址保护标志碑揭彩仪式分别在临淄石刻艺术陈列馆前广场和临淄中国古车博物馆举行。

12月15日，国家文物局正式公布了《中国世界文化遗产预备名单》重设目录，全国申报的129个项目经过整合删减，共有35项入选，其中"临淄齐国故都与齐王陵"位列第17位，是山东省唯一入选的单列项目。12月20日，"临淄齐国故都与齐王陵"入选全国"申遗"预备名单新闻发布会召开。

是日，全国政协原副主席王文元参观临淄中国古车博物馆、临淄足球博物馆，并为临淄中国古车博物馆题词："中国古代车乘发展演变历史过程的宝物展示。"

12月～2012年5月，配合凤凰城小区建设，分三期发掘墓葬630余座，其中大中型墓6座。

是年，全区完成古墓绿化工作。

2007年

1月24日，山东省旅游局党组书记于冲到临淄足球博物馆调研。

是月，为配合恒锦花园建设，在张家庄墓地发掘墓葬129座。

2月9～11日，由中、日、韩专家近70人参加的齐都临淄与汉代铜镜铸造业国际学术研讨会在齐都大酒店召开。会议经详细论证，宣布齐都临淄是汉代铜镜铸造中心。

3月3日，山东省非物质文化遗产保护中心、山东省艺术馆等组织有关专家及山东电视台、大众日报社、齐鲁晚报社等新闻媒体在南王镇就"南仇阁子里芯子"申报国家第二批非物质文化遗产保护项目举行座谈会。

是月，在东高新村北部、齐福园建设工地发掘墓葬80座。

是月，《临淄齐墓》（第一集）考古报告出版。

4月25日，亚足联考察团和中国足协官员一行就"亚洲足球展望计划"中国展望淄博项目到临淄足球博物馆进行考察。亚足联展望计划总监布兰顿·蒙顿题词："临淄应该为拥有如此出色的世界足球博物馆感到自豪，更应该为蹴鞠文化感到自豪。"

5月8~10日，齐国故城大遗址保护规划专家论证会召开。

5月18日，在第七届全国博物馆十大陈列展览精品评选中，齐国故城遗址博物馆被评为提名奖。

5月23日，中央电视台体育中心副主任岑传礼参观临淄足球博物馆。

5月28日，全国人大财经委员会副主任委员闻世震参观临淄中国古车博物馆。

是日，世界足球起源地的标志性纪念物"圣球之源"落户国际足联总部。

5~10月，在牛山路东段北侧恒锦花园工地发掘墓葬70座。

7月4日，国资委驻中财集团监事会主席孙广运参观临淄足球博物馆。

7月11日，临淄区文物管理局组织人员参加在福建省漳州市举行的"世界文化遗产（预备名单）保护管理培训班"。

7月25日，中宣部副秘书长官景辉到临淄足球博物馆参观考察。

7月28日，国务院侨办副主任任启亮在淄博市副市长韩家华陪同下参观临淄足球博物馆。

8月22日，临淄区文物管理局调查勘测边河乡北刘征村古建筑，并申报市级文物保护单位。

8月28日~9月2日，由中共临淄区委书记唐福泉带队，赴河南安阳、洛阳和陕西西安等地考

察学习大遗址保护、世界遗产申报、博物馆建设的经验。

9月2日，由全国政协常委、社会和法制委员会副主任伍绍祖率领的调研组到临淄足球博物馆进行专题调研，伍绍祖题词："弘扬古齐文化，促进临淄发展。"

9月12日，中国·临淄第四届国际齐文化旅游节在齐都文化体育城开幕。

是日，来自国内外的数百名姜氏后裔相聚姜太公广场祭祀先祖。

是日，山东省外办主任张伟龄参观临淄足球博物馆、齐国故城遗址博物馆和临淄中国古车博物馆。

9月13日，山东省副省长才利民到临淄足球博物馆参观考察。

9月20日，山东省文化厅副厅长谢治秀、文物处处长由少平实地考察田齐王陵青州市属地的破坏情况，并对田齐王陵临淄属地文物保护情况进行实地考察。

10月，由中共临淄区委副书记、区长毕荣青带队，赴河南省、陕西省考察博物馆建设。

10~12月，为配合太公苑建设，在张家庄墓地发掘墓葬235座。

11月5日，山东省原副省长张昭福参观临淄足球博物馆。

11月13~21日，临淄区文物管理局派员参加山东省第三次文物普查第一期培训班。

11月~2008年10月，在城区东部鸿祥花园工地发掘墓葬175座。

12月，发现山王村陶俑坑。

是年，临淄区文物管理局根据省、市治理田齐王陵周边环境的要求，组织人员在保护范围内竖立保护界桩，实行退耕还林绿化工作，共绿化山坡土地81亩，栽种树木近3万株。

2008年

1月8日，临淄区人民政府下发《关于做好

第三次文物普查工作的通知》。

2月27~28日，临淄区文物管理局根据淄博市文物局、淄博市工商局联合下发的文件，集中对全区的文物市场进行检查，共检查文物店28家。

3月21日，临淄区第三次全国文物普查动员大会召开。5月15日，临淄区第三次全国文物普查正式启动。

3月~2009年9月，山王墓地发掘一批古墓和4座陪葬坑，其中1号坑为综合形式的陶俑坑，国内少见。

4月2日，山东省政协副主席王志民带领驻济省政协委员到临淄足球博物馆对齐文化保护开发工作进行视察。

5月6日，国家非物质文化遗产保护督查组组长、湖北省文化厅副厅长王建刚带领国家非物质文化遗产保护督查组一行5人参观临淄足球博物馆。

5月10日，亚足联主席哈曼、中北美及加勒比海地区足协主席杰克瓦纳及亚洲部分国家足协主席、亚足联亚洲展望足球发展合作伙伴、亚足联工作班子成员一行50余人参观临淄足球博物馆。

6月6日，中共山东省委老干部局局长霍正气参观临淄足球博物馆和管仲纪念馆。

7月18日，中共山东省委组织部原副部长王光先参观临淄足球博物馆并视察齐文化和城市建设工作。

7月31日，国家统计局巡视员韩安国参观临淄足球博物馆。

8月28日，中共山东省委统战部常务副部长张心骥参观临淄足球博物馆。

9月3日，全国人大常委会委员、全国人大外事委员会主任委员、外交部原部长李肇星参观齐国故城遗址博物馆、临淄足球博物馆并题词："历史的辉煌预示着辉煌的未来。"

9月12日，中国·临淄第五届国际齐文化旅游节在齐都文化体育城开幕。

是日，来自海内外的姜太公后裔云集临淄，祭拜齐国的开国之君、齐文化的奠基者姜太公诞辰3147周年。

9月13日，国家体育总局体育文化发展中心蹴鞠文化研究基地在临淄挂牌。

是日，临淄鉴宝暨首届齐国故都民间十大宝物评选活动在齐鲁美术馆举行。

11月2日，国家发改委副主任彭森参观临淄足球博物馆。

11月20日，世界足球起源地木板漆画"足球之源"在亚洲足联总部大厦永久陈列。

12月~2011年12月，配合淄江花园K-03组团建设工程，在范家村南墓地发掘墓葬780座，其中，有3座大型墓葬。

2009年

2月17日~5月6日，对齐国故城遗址进行复探。

3~4月，在西关南村村南临淄中学建设工地，发掘397座战国、汉代墓葬，有4座大型墓葬。

3~12月，在新风家园工地发掘137座墓葬，其中清理7座带墓道土洞墓，对研究元代丧葬文化以及制瓷工艺具有重要价值。

3月~2010年4月，配合淄江花园J-01、C-03、C-1组团建设工程，在范家村南墓地发掘墓葬850余座，其中，有大型墓葬5座。

4月29日，中共淄博市委常委、市政府副市长周连华视察临淄中国古车博物馆改造工程。

是日，电影《蹴鞠》在临淄足球博物馆开机。

5月，临淄区第三次文物普查野外调查阶段完成，复查认定各级文物点311处，新发现不可移动文物点163处。

6月，临淄区文化局被文化部表彰为非物质文化遗产保护工作先进集体。

8月16日，国家旅游局规划处处长窦群率检查组对临淄中国古车博物馆、太公生态文化旅游区检查验收。

9月4日，国家体育总局群体司副司长王建忠参观临淄足球博物馆。

9月12日，中国·临淄第六届国际齐文化旅游节在齐文化生态园太公广场开幕。

9日，姜太公诞辰3148周年祭礼在齐文化生态园太公广场举行。

是日，国家体育总局体育文化发展中心主任孙大光参观临淄足球博物馆。

9月13日，"中国古都学会2009临淄年会暨临淄与先秦古都学术研讨会"在齐都大酒店召开。

9月～2011年1月，配合永流村旧村改造，分期发掘墓葬536座。

10月19日，国家体育总局体育文化发展中心主任、中国体育博物馆馆长孙大光参观临淄足球博物馆。

10月22日，国家体育总局纪委书记吴齐参观临淄足球博物馆。

11月12日，国家外专局副局长刘延国参观齐国故城遗址博物馆。

11月24日，淄博市政协副主席尚秋云带领调研组到临淄区就历史文化遗迹普查与保护利用情况进行专题调研。

12月24日，文化部非遗司副司长刘宁参观临淄足球博物馆。

是年，临淄齐国故城遗址抢救性保护设施建设项目列入2009年第四批扩大内需中央预算内投资计划。

是年，临淄中国古车博物馆被国家旅游局评为AAAA级旅游景区。

2010年

2月，临淄中国古车博物馆地下展厅提升改造。

3月2日，临淄区作为淄博市第三次文物普

查实地调查阶段验收的试点，接受山东省"三普"专家组的验收。验收结果为优秀。

4月9日，中共淄博市委书记刘慧晏率淄博临淄世界足球起源地代表访问国际足联，国际足联主席布拉特为即将规划建设的足球博物馆新馆题写了英文馆名。

4月22日，齐国故城遗址博物馆藏品银豆（又称汉代波斯多瓣银盒），作为山东省惟一一件文物参展上海世界博览会。

4月～2011年9月，在名仕庄园小区工地发掘墓葬131座，其中大型墓葬1座。

5月，临淄中国古车博物馆道路提升改造。

6月11日，山东省出入境检验检疫局局长、党组书记周建安参观临淄足球博物馆。

是日，国家文物局原局长、故宫博物院原院长吕济民到临淄出席首届历代古钱币珍品展示交流会。

6月12日，临淄区非物质文化遗产保护协会成立。

6月～2011年11月，配合南马新村建设分期发掘572座墓葬，其中有大型墓葬10座。

7月9日，山东省文物考古研究所复掘齐国故城大城东北角。

7月17日，管仲纪念馆举行"首届管子后裔临淄祭祖"活动，来自全国各地管子后裔代表300余人，以传统方式祭祀祖先。

是月，临淄中国古车博物馆展品、展橱提升改造。

8～9月，稷山汉墓安全保护设施工程施工。

9月11日，首届中国（临淄）齐文化博览会暨临淄民间收藏展在齐都文化体育城开幕。

9月12日，中国·临淄第七届国际齐文化旅游节在齐文化生态园太公广场开幕。

是日，姜太公诞辰3149周年祭礼在齐文化生态园太公广场举行。

10月4日，亚足联秘书长亚历克斯索斯和亚足联执委会委员、亚青赛亚足联代表团团长达里塔赫参观临淄足球博物馆。

10月～2011年5月，配合淄江花园G组团、A组团南区建设，在范家村南墓地发掘墓葬近800座，其中，大型墓葬10座，出土了一批重要文物。

11月，临淄区文物管理局协同市文物事业管理局竖立第四批市级文物保护单位保护标志碑，共计18处。

12月～2012年5月，配合盛世豪庭一期工程建设，在商王墓地发掘墓葬229座。

2011年

5月4日，齐文化博物院建设领导小组成立。

5月19日，国家统计局副局长谢鸿光参观临淄足球博物馆。

5月26日，山东省文物考古研究所研究员王永波带领检查组到临淄检查国家历史文化名城保护工作。

6月，临淄区人民政府出资维修临淄县衙大堂、齐都王氏庄园两处古建筑。

7月，山东省文物考古研究所完成临淄齐国故城遗址抢救性保护设施建设项目（10号宫殿基址项目）考古勘探工作。

8月27日，山东省文物局副局长由少平带领专家组对齐国故城遗址进行考察并召开评审会，对《齐国故城遗址保护总体规划》进行论证。

9月11日，中央电视台《寻宝》专家鉴宝活动在齐都文化体育城进行节目录制。

9月15日，第二届中国（临淄）齐文化博览会暨临淄民间收藏展在齐鲁国际塑化城开幕。

9月16日，中国·临淄第八届国际齐文化旅游节在齐文化生态园太公广场开幕。

是日，姜太公诞辰3150周年祭礼在齐文化生态园太公广场举行。

9月20日，俄罗斯诺夫哥罗德市第一副市长泽姆利亚科带领当地政府代表团参观临淄足球博物馆。

9月22日，齐文化博物院成立。

10～11月，中国社会科学院考古研究所、山东省文物考古研究所、临淄区文物管理局联合对临淄齐国故城手工业遗存（主要在阚家寨村南一带）进行考古调查、勘探。

2012年

2月13日，齐文化博物院一期工程——民间博物馆聚落奠基。

4月7日，山东省文物考古研究所、临淄区文物管理局共同进行临淄齐国故城遗址抢救性保护设施建设项目（10号宫殿基址项目）考古发掘工作。

4月11日，山东省文物局副局长由少平带领检查组到临淄区检查《中华人民共和国文物保护法》《山东省文物保护条例》执行情况。

4月，在运粮河改造工程施工中，朱台镇桐林村段发现一处水磨遗址。

5月1日，《临淄齐王陵文化旅游区管理规定》颁布实施。

5月31日，山东省文物局领导检查张皇路施工现场。

6月2日，临淄区人民政府发布《关于公布临淄区第三批区级文物保护单位的通知》。

6月8日，全国人大常委会委员、财经委副主任委员、海关总署原署长牟新生参观齐国故城遗址博物馆。

7月，临淄中国古车博物馆"庆七一馆藏书画展"开展。

8月13日，淄博市副市长韩国祥视察齐文化博物院建设工作。

是月，晏婴墓进行整体环境提升改造。

9月11日，第三届中国（临淄）齐文化博览会暨民间收藏展在齐文化博物院民间博物馆聚落开展。

9月12日，中国·临淄第九届国际齐文化旅游节在齐文化生态园太公广场开幕。

是日，姜太公诞辰3151周年后裔宗亲植树祈福活动在姜太公祠举行。

9月14日，淄博市副市长许建国视察齐文化博物院建设情况。

9月15日，淄博市政协主席陈家金视察齐文化博物院建设情况。

是月，临淄中国古车博物馆对地下展厅马骨进行修复保护。

9～10月，中国社会科学院考古研究所、山东省文物考古研究所、临淄区文物管理局联合对临淄齐国故城手工业遗存进行考古发掘。

10月3日，山东省旅游局局长于冲视察临淄足球博物馆。

10月15～21日，中国社会科学院考古研究所对齐国故城10号宫殿基址内出土的彩绘大门痕迹进行了提取、加固，并运至齐国故城遗址博物馆保存。

10月23日，管仲纪念馆举办"首届牛山菊花节"。

12月27日，山东省侨务办公室副主任田西勇参观临淄足球博物馆。

是月，国家文物局批复《田齐王陵（四王冢）安全防范系统工程方案》。

2013年

3月28日，国家文物局博物馆与社会文物司司长段勇一行到临淄区调研博物馆工作，先后到齐文化博物院、临淄中国古车博物馆考察。

3月30日，由中国社会科学院考古研究所、山东省文物考古研究所和临淄区文物管理局联合举办的临淄齐国故城冶铸考古多学科合作现场座谈会在临淄召开，来自全国各有关科研机构和高校的40多名专家学者参加。

3～6月，中国社会科学院考古研究所、山东省文物考古研究所、临淄区文物管理局联合对临淄齐国故城手工业遗存（阚家寨）进行第二次考古发掘。

4月9日，中共淄博市委常委、宣传部部长郭利民一行到临淄区视察齐文化博物院建设和文化产业发展情况，听取了齐文化博物院规划建设和第四届中国（临淄）齐文化博览会暨民间收藏展相关情况汇报。

4月20日，山东省台办主任张雪燕一行参观齐国故城遗址博物馆，对海峡两岸文化交流基地建设进行前期考察。

4月21日，中国社会科学院考古研究所、山东省文物考古研究所、临淄区文物管理局联合举办"临淄齐国故城冶铸考古工地公众开放日"。

5月6日，中国社会科学院考古研究所的考古人员在临淄齐国故城内的阚家寨村南一带，发掘出一处距今2000多年的西汉时期的铜镜铸造作坊，这是国内古代铜镜铸造作坊遗址的首次科学发掘。

5月10日，《临淄齐国故城国家考古遗址公园规划》初稿讨论会在中国建筑设计研究院建筑历史研究所召开。

5月18日，"山王庄西汉兵马俑"大型展览在齐国故城遗址博物馆正式开放，再现了西汉时期大贵族庄园布局和车马出行盛况。

5月31日，《临淄齐国故城考古工作计划》通过国家文物局审核批复。

5月，临淄中国古车博物馆荣获"建行杯"淄博市十大美景称号。

是月，临淄墓群被国务院公布为第七批全国重点文物保护单位。

6月5日，《临淄齐国故城保护总体规划》通过国家文物局审核。

6月6日，中央财经领导小组办公室经济一组巡视员方星海一行参观齐国故城遗址博物馆并考察齐文化开发与保护工作。

6月8日，临淄区启动文化遗产日系列宣传活动。

6月14日，《齐文化发展史展陈大纲》高层专家研讨会举行。来自中国社科院历史研究所、考古研究所，北京大学，首都师范大学，山东师范大学齐鲁文化研究中心等单位的历史、考古学家出席研讨会。

7月2日，临淄蹴鞠队在北京鸟巢体育场与世界著名球星卡卡先生同场蹴鞠，并留下了卡卡先生的脚模和签字蹴鞠等珍贵藏品。

7月5日，国家文物局下发《关于田齐王陵总体规划编制立项的批复》。

7月9日，国家文物局下发《关于后李遗址总体规划编制立项的批复》。

7月15日，齐国故城遗址和桐林（田旺）遗址入围财政部、国家文物局公布的"十二五"时期大遗址保护规划，全市仅此两家。

7月18日，中共菏泽市委副书记解维俊带领考察团到临淄区参观考察齐文化开发工作，先后参观临淄足球博物馆、齐国故城遗址博物馆。

8月12日，云南省玉溪市副市长解仕清一行参观临淄足球博物馆和齐国故城遗址博物馆。

9月5日，临淄区人民政府下发《关于禁止在文物保护单位保护范围和建设控制地带内建设高温蔬菜大棚等项目的通知》。

9月10日，山东省副省长季缃绮一行到临淄区视察齐文化博物院建设项目。

是日，稷下街道陈家徐姚村民孙凤鸣将一块鱼化石捐赠给齐国故城遗址博物馆。

9月11日，韩国驻青岛领事馆总领事黄胜炫一行到临淄区访问，并参观齐国故城遗址博物馆。

9月12日，中国·临淄第十届国际齐文化旅游节在齐文化博物院开幕。

是日，齐文化博物院民间博物馆聚落开放。

是日，第四届中国（临淄）齐文化博览会暨民间收藏展在齐文化博物院民间博物馆聚落开展。

是月，临淄中国古车博物馆院内投资增添了与古车有关的诗词碑刻。

9~12月，山东省文物考古研究所和临淄区文物管理局对范家遗址进行试掘。

10月10日，山东省人民政府公布第四批省级文物保护单位名单，临淄区有6处：高阳故城、薛家庄遗址、尧王庄遗址、公泉峪古建筑群、金岭清真寺、淄源桥。

10月30日，临淄区第一次可移动文物普查培训班举办。

是月，《临淄齐故城》考古发掘报告出版。

11月5日，湖南省政协副主席武吉海带领考察团到临淄区考察齐文化开发工作，参观临淄中国古车博物馆和齐国故城遗址博物馆。

11月，ＡＡＡＡ景区设施"临淄中国古车博物馆游客中心"建设开工。

12月3日，临淄区人民政府公布第四批区级文物保护单位。

12月4日，临淄西天寺造像保护建筑建设项目公开招标工作结束，确定施工单位为淄博市临淄区皇城建筑工程有限公司。

12月14日，《足球博物馆展陈大纲》高层专家评审会举行。来自国家体育总局体育文化发展中心、苏州大学、成都体院等单位的体育史专家出席会议。

12月18日，临淄齐国故城被国家文物局列入第二批国家考古遗址公园立项名单。

是月，齐文化博物院被武汉大学国家文化创新研究中心确定为研究基地。

是月，临淄中国古车博物馆荣获"潭溪山杯"淄博市十大景区称号。

是年，齐国故城遗址博物馆修复保护馆藏陶器300余件；参与齐国故城冶铸考古项目，修复出土文物50余件；修复保护青铜器50余件。

王青

西古城

邵家屯

65

44

田庄

东古城

石佛堂

西石桥

67

66

50

43

小傅家庙

54

53

42

河崖头

32

督府巷

东石桥

68

55

闵家寨

56

57

39

58

永顺

41

大傅家庙

40

59

48

45

62

61

崔家庄

小长胡同

46

47

苏家庙

大长胡同

晏婴冢

63

64

38

12

刘家寨

37

葛家庄

10

桓公台

36

30

35

邵院

13

65

34

31

33

蒋王庄

14

67

西

关

临 淄 城

东关

68

15

宫殿建筑区	古墓及殉马坑
文化堆积	城墙（地面、地下、复压）
厚的高地	夯土遗址
冶炼遗址	城门
铸钱遗址	排水口
制骨遗址	城壕和河沟
	古道路

郎家

南关

0   600米

临淄齐国故城 1964～1966 年勘探图

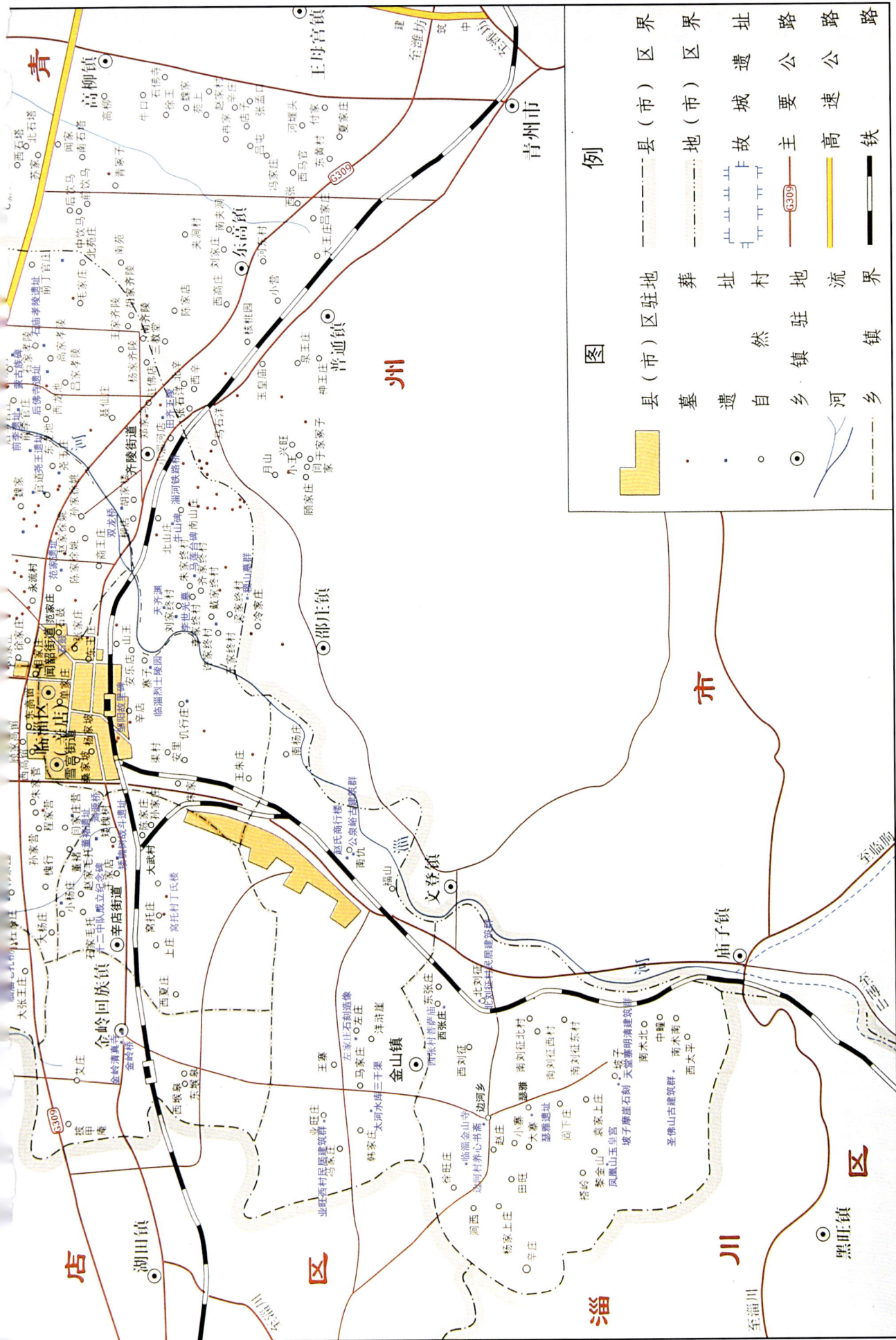

青州市

高柳镇

王胡营镇

乐尚镇

普通镇

邵庄镇

齐陵街道

朱台镇

临淄区

敬仲街道

辛店街道

稷下街道

闻韶街道

雪宫街道

齐都镇

凤凰镇

金岭回族镇

金山镇

边河乡

文铎镇

庙子镇

黑旺镇

青州市

淄川区

店区

文物遗迹分布图

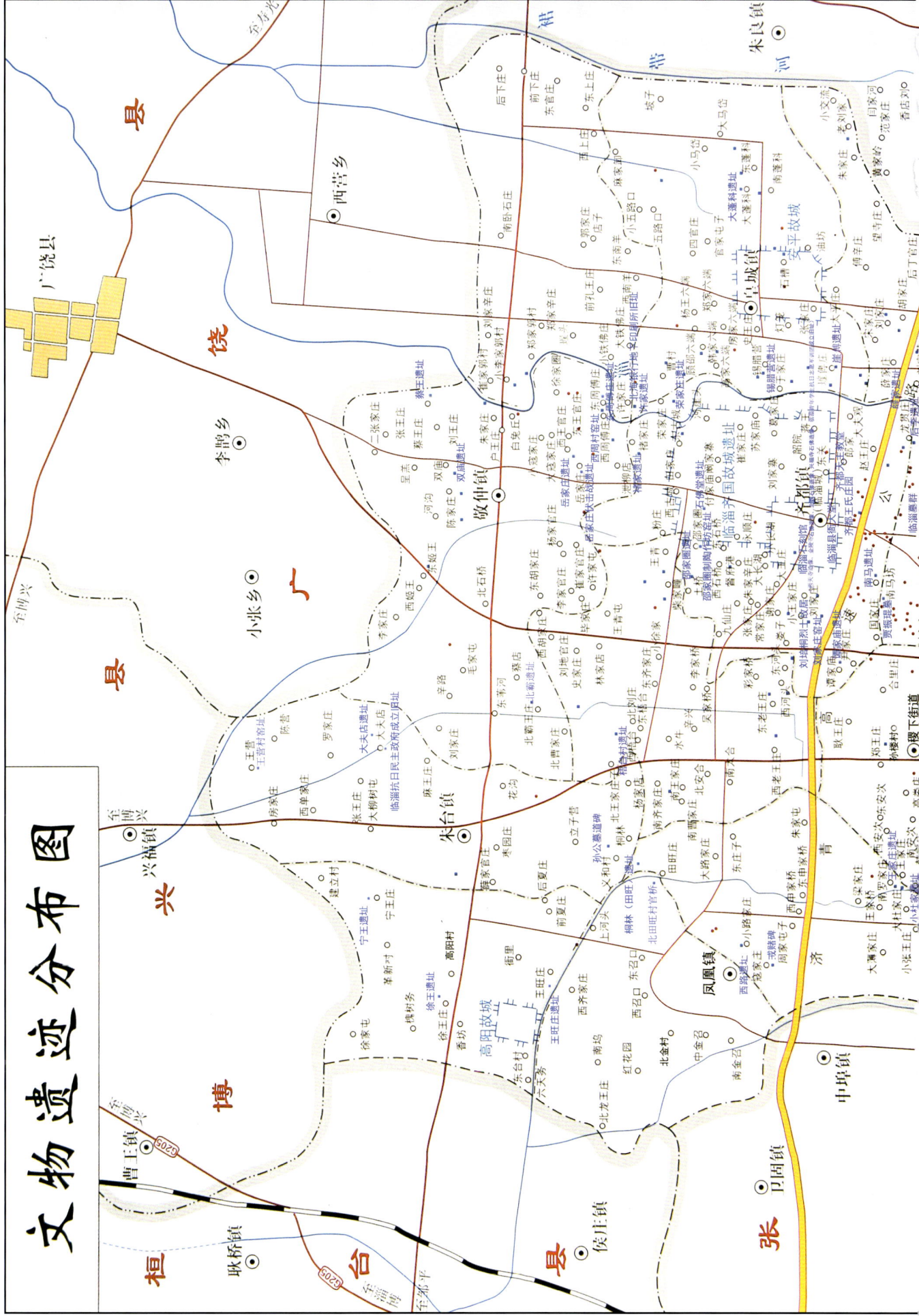

第一章 古遗址

【概述】

　　大约在新生代第四纪中期，临淄一带气候温湿、植物茂盛、自然条件优越、哺乳动物众多，是古人类生存和繁衍的适宜之处。新中国建立后，曾在辛店、边河（现属金山镇）等地，发现更新世晚期的鸵鸟蛋、鹿角、牛下颌骨等化石，距今约四五十万年。在淄河东岸发现距今8500年的后李文化遗址，是临淄乃至山东迄今发现最早的新石器时代文化遗存之一。在淄河、乌河两岸发现大汶口文化遗址12处，龙山文化遗址26处，充分证明在5000年前，临淄地区就是人烟稠密、生产比较发达的地区。

　　周王朝建立后，实行"封邦建国"。临淄作为齐国都城，农业、畜牧业、商业、手工业更加发达，曾以"蚕桑女红"闻名，以"冠带衣履天下"著称，而且人口剧增，《战国策·齐策》中有"临淄之中七万户"的记载。故而周代遗址遍布临淄全境，现已发现70余处。

　　西汉时期，临淄是全国冶铁、纺织中心之一，是被称为"十万户，市租千金，巨于长安"的大城市，所以境内汉代遗址亦颇多，现已发现40余处。

　　20世纪60年代中期，山东省文物部门和北京大学考古实习队联合对淄河流域进行的考古调查，揭开了临淄地区新石器时代考古工作的序幕。后李、薛家、桐林等遗址的发现，把临淄历史推前到距今7000年的北辛文化时期。20世纪70年代初，阚家寨遗址第二次发掘发现的西周早期地层和齐国故城东部早期西周城的发现，以及河崖头村随葬马坑下叠压着的西周中期墓葬和东古村南、村东商周墓葬等众多考古发现，为"营丘是否在临淄"的争论提供了佐证。临淄作为西周齐国都城的年代或可早至西周早期。20世纪80年代末，后李文化的发现更是进一步把临淄历史推至距今8500年前。

第一节 聚落址

　　新中国成立后，各级文物考古部门对临淄地区进行过多次考古调查和发掘，发现各时期古文化遗址180余处，形成了临淄地区各时期考古文化系列。

一 后李文化遗址

　　后李文化，因发现于临淄后李遗址而得名。主要分布在济南、邹平、章丘、淄博、潍坊一带，距今8500年左右，是目前所知我国发现的新石器时代早期遗址之一。后李文化已出现农业经济和半地穴式房址。出土陶器类型简单，圜底器较多。

【后李遗址】

位于齐陵街道后李官庄西北约500米处的淄河东岸，面积约20万平方米。1988~1990年，山东省文物考古研究所为配合济青高速公路建设，对其进行4次发掘，发掘面积约6500平方米。通过发掘发现，遗址的文化堆积厚达2~5米，划分为12层。自下而上的层次是：12~10层为新石器时代早期的后李文化遗存，9层为新石器时代中期的北辛文化遗存，8~6层为周代遗存，5~3层

后李遗址

为西汉至明清遗存。在后李文化遗存中有灰坑、墓葬、烧灶、房址、陶窑等。灰坑为圆形、椭圆形和不规则形。墓葬有小型土坑竖穴式和土坑竖穴侧室两种形制。房址为半地穴式，不规则圆形，地面为夯土，结实坚硬。陶窑为竖式陶窑，分窑室、火膛、泄灰坑三部分。出土遗物有陶器和骨器。器形有鼎、钵、双耳罐、釜、盂、器盖及尖顶器等，其中，以深腹圆底釜最为常见。陶质以夹砂陶为主，陶色以红陶、红褐陶居多，有少量黑褐陶和黄褐陶。纹饰有附加堆纹、指甲纹、压印纹和乳钉纹。骨角蚌器多为凿、匕、锥、镖、刀、镰等。有少量石器，以磨制为主，种类有锤、斧、铲、磨盘、磨棒、刮削器、尖状器等。

后李文化遗址距今约8500~7500年，是山东地区目前已知较早的新石器时代文化遗址，因其出土器物特征明显而被冠以"后李文化"的考古学命名。2006年5月25日，后李遗址被国务院公布为第六批全国重点文物保护单位。

二 大汶口文化遗址

大汶口文化，因泰安大汶口遗址而得名。主要分布在山东省和江苏省淮北地区。距今约6100~4600年。居民以经营农业为主，家畜饲养较发达。典型陶器为觚形器、鼎、豆、壶、背壶、鬶、盂、高柄杯等。

【薛家遗址】

位于齐陵街道薛家庄西1000米的淄河东岸农田中。东邻北齐路，西临淄河，南临沟崖，北面是农田。遗址呈不规则形状，地势北高南低，面积约9万平方米。

1965年冬，北京大学考古专业师生在临淄考古实习时发现，山东省临淄文物工作队对其进行了试掘。出土遗物中有完整的红陶觚、三足灰陶觚以及鼎等器物残片和彩陶片、蚌刀、蚌镰、石镰、骨器等，属大汶口晚期文化，距今约5000年左右。

薛家遗址

【徐王遗址】

位于朱台镇徐王村东北。西邻徐王村，南部有寿济路东西穿过，北面和东面是农田。遗址地势较高，四周较低，南北长680米，东西宽230米，面积为15.6万平方米。2000年春为配合寿（光）济（南）路建设，做过试掘，遗址保存较好，有大汶口文化、商周文化遗存。

徐王遗址

其他大汶口文化遗址情况表

序号	名称	地理位置	范围（东西×南北）米或万平方米	保护情况
1	郭家桥遗址	凤凰镇郭家桥村南	283×174	一般
2	崖傅遗址	皇城镇崖傅村南	1.35	一般
3	东古城东遗址	齐都镇东古城村东	211×286	一般
4	前李西南遗址	齐陵街道前李官庄村西南	96×90	一般
5	后李西北遗址	齐陵街道后李官庄村西北	7.2	一般
6	后李南遗址	齐陵街道后李官庄村南	2.21	一般

三　龙山文化遗址

龙山文化，因今章丘市龙山镇城子崖遗址而得名。分布在黄河中下游地区，距今约4600～4000年，典型器物以漆黑光亮的轮制黑陶和蛋壳陶最为著名。

【桐林（田旺）遗址】

位于朱台镇桐林村、凤凰镇田旺村之间，故名“桐林（田旺）遗址”，它地处澅水与淄水交汇处的台地上。1965年山东省临淄文物工作队发现，北京大学考古专业师生对其进行了调查。2001～2002年，北京大学、山东省文物考古研究所和临淄区文化局联合进行了试掘。近年省市文物部门又多次进行调查和试掘，确认中部高出的部分为龙山文化城，其周围有多处附属居址，形成了新石器时期龙山文化聚落群体。中间主体部位，两面河流环绕，形成了河旁台地式龙山文化城，南北长1000米，东西宽500米，面积约为50万平方米。文化层堆积厚3米左右，采集有磨光黑陶、杯、豆等龙山文化遗物及商、周、汉代陶片。其中有极为少见的高38.5厘米、口径30.3厘米的夹砂陶鬲，有迄今为止全国最大的高达115厘米、口径44.5厘米的灰陶甗。遗址中的鼎、甗器之足，多做成鸟喙形。陶杯多仿竹节

桐林（田旺）遗址

式，壁薄且轻，胎质细腻，表面光亮。2001年6月，被国务院公布为第五批全国重点文物保护单位，并竖立石质标志。

【董褚遗址】

位于稷下街道董褚村南，槐行村东南部，乌河北岸。东西长1500米，南北宽400米，面积达60万平方米，1984年全省文物普查时发现。配合工程建设对遗址进行了两次发掘，第一次是1986年，山东省文物考古研究所配合齐鲁石化排水工程，在遗址东部进行了发掘；第二次是山东省文物考古研究所与淄博市文物事业管理局、临淄区文化局组成考古队，于2003年10月～11月12日配合牛山路西延工程对路基占压部分进行了抢救性发掘。

董褚遗址

通过勘探、发掘得知，董褚遗址主要包含北辛文化、大汶口文化、龙山文化、周代文化、秦汉及宋金元时期的遗存，前后延续时间长，文化层较厚，一般在2.5米左右。遗址发现了墓葬、灰坑、窖穴、窑址及房屋等遗迹。出土文物较为丰富，北辛、大汶口文化有红陶鼎、红陶钵、石磨盘、石斧等。龙山文化有陶器、石器、蚌器等，陶器数量最多，有灰陶鼎、黑陶筒形杯、壶形杯、红陶鬶、黑陶盆、蛋壳黑陶高柄杯等。周代遗物有铜器、陶器、玉器和骨器，种类较多，遗物丰富。

1992年6月，公布为省级文物保护单位，并竖立石质标志。

【小杜家遗址】

位于稷下街道小杜家村北，西靠乌河，北侧和东侧均为生产路，南侧为民房。遗址为乌河台地，地势南低北高，南北长340米，东西宽160

小杜家遗址

米，大体呈长方形，面积约5.6万平方米。1965年10月北京大学考古系师生在临淄实习时发现。地表采集有龙山文化的陶器残片。

1997年6月，公布为市级文物保护单位，并竖立石质标志。

【于家遗址】

位于皇城镇于家庄南，淄河东岸。南邻马家沟，东邻荣崖路，北邻于家庄民宅，西面是淄

于家遗址

河河崖。遗址地势平坦，面积约为31.4万平方米，基本呈长方形。1965年10月北京大学考古系师生在临淄实习时发现。文化层厚1.5米左右，采集有龙山、战国、汉代陶片。

【崖傅西北遗址】

位于皇城镇崖傅村西北角，淄河东岸。遗址南、北均临沟崖，西临淄河。遗址地势平坦，面积约5.4万平方米，基本呈方形。采集有龙山、商代陶器残片。

其他龙山文化遗址情况表

序号	名称	地理位置	范围（东西×南北）米或万平方米	保护情况
1	王家庄遗址	稷下街道王家庄村西	2.0838	一般
2	杨庄遗址	稷下街道大杨村北	462×632	一般
3	石家毛托北遗址	辛店街道石家毛托村北	260×325	一般
4	于家店北遗址	辛店街道于家店村北	292×653	一般
5	蔡王庄遗址	敬仲镇蔡王庄村东	85×410	一般
6	河沟遗址	敬仲镇河沟村西南	290×225	一般
7	朱家庄遗址	敬仲镇朱家庄村东北	148×220	一般
8	白兔丘遗址	敬仲镇白兔丘北村南	111×139	一般
9	崔碾遗址	金山镇崔家碾村	220×270	差
10	大马岱遗址	皇城镇大马岱村西南	1.6	一般
11	韩家六端遗址	皇城镇韩家六端村西	445×387	一般
12	崖傅遗址	皇城镇崖傅村南	1.35	一般

13	郑辛遗址	皇城镇郑辛村	242×285	一般
14	苏家庙遗址	齐都镇苏家庙村东	96×165	一般
15	石庙孝陵遗址	齐陵街道石庙孝陵村东北	145×260	一般

四　商代文化遗址

临淄境内已知的商代文化遗址经过发掘的较少，大都范围不清，出土器物凌乱，文化内涵丰富，多被晚期遗存所覆盖。

【范家遗址】

位于稷下街道范家新村以北约200米处，南邻临淄大道，北距齐故城2800米，东距淄河约3500米。2013年1月初，临淄区文物考古工作人员在配合淄博敬业燃料有限公司香榭天都工程施工中于4号楼座基槽北部发现。经钻探，初步确认该遗址是一处近似方形的城址，东西长约162米，南北宽约154米，面积约2.5万平方米。东、西城墙外侧发现有壕沟环绕，北墙外为低洼地。

2013年9～12月，山东省文物考古研究所和临淄区文物管理局联合对该城东墙进行了试掘，基本搞清了东城墙的形制、结构和年代。城墙宽约5.2米，残高约4.2米，均未高出原生土面。可分为两期，修筑于龙山壕沟之内。第一期城墙位于内侧，保存35层，可分为3部分，上部16层近平，层厚10～12厘米；中间11层呈倾斜状，层厚10～30厘米；底部8层为水平夯筑，层厚10～12厘米。第二期夯土位于第一期外侧，属于对第一期夯土的修补，水平夯筑，共存7层，层厚10～16厘米。夯窝直径为4～5厘米，为圆底棍夯，深约0.5厘米。城墙使用过程中有清淤的现象，形成数条清淤沟。夯土及淤沟内出土商代晚期陶片，打破城墙的墓葬为西周早期，说明城墙年代在商代晚期。城内发现有龙山文化、岳石文化和殷商时期的房址、灰坑和灰沟等遗迹现象。

范家遗址是山东省境内首次发现商代的城址，对探讨商代晚期薄姑国东部边境屯兵设置和研究早期齐文化的形成提供了重要考古资料。另外由于其特殊的地理位置和时间节点，为探讨商代晚期央地关系和齐国早期都城提供了重要线索。

2013年12月，公布为区级文物保护单位。

【大蓬科遗址】

位于皇城镇大蓬科村北。西临一条东北、西南走向的沟，东邻生产路，南为东蓬科村民宅，北临沟崖。遗址地势平坦，面积约为6.13万平方米，呈不规则长方形。1987年3月文物普查时发现有一古道通过遗址中部，并对其进行了试掘，文化层一般在2米左右。出土遗物有陶鬲、

大蓬科遗址

盆、鬲等器物残片，陶色灰白，器壁较厚，多饰粗绳纹。属于商代晚期文化遗存。

1992年6月，公布为省级文物保护单位，并竖立石质标志。

其他商代文化遗址情况表

序号	名称	地理位置	范围（东西×南北）米或万平方米	保护情况
1	双庙遗址	敬仲镇双庙村西南	297×685	一般
2	尧王庄遗址	稷下街道尧王庄村北	0.8	一般
3	崔家庄东遗址	齐都镇崔家庄村东	206×267	一般

五 周代文化遗址

周初，姜太公封齐建国，临淄是齐国都城所在地，至春秋战国时期，人口剧增，鼎盛天下。如今遗址密布，除齐国故城和安平、西安、画邑等城址外，还发现西周和春秋战国时期的文化遗址70余处。

【许家遗址】

位于皇城镇许家庄南，淄河东岸。遗址地势平坦，东西长1000米，南北宽200米，面积约为20万平方米，基本呈长方形。西临淄河，位于淄河一拐弯处内侧，北邻许家庄，东、南两侧均是农田，河崖断壁处可见文化层堆积，属于春秋时期文化遗存。

2010年7月，公布为市级文物保护单位，并竖立石质标志。

【北霸遗址】

位于敬仲镇北霸村北。遗址地势平坦，东西长455米，南北宽186米，面积约为8.46万平方米。该遗址中部偏东处有南北向的北霸路，北邻东西向生产路，西侧紧临河沟，南面是农田。采集有春秋时期的陶片，属于春秋时期文化遗存。

2010年7月，公布为市级文物保护单位，并竖立石质标志。

许家遗址

北霸遗址

【褚家遗址】

位于敬仲镇褚家村西。遗址地势平坦，南北长320米，东西宽260米，面积约为8.32万平方米。西临沟，北是农田，东抵褚家村，南邻沥青路。采集有战国、汉代的陶器残片和唐代的瓷器残片，属于战国时期文化遗存。

2010年7月，公布为市级文物保护单位，并竖立石质标志。

褚家遗址

【南马遗址】

位于齐都镇南马坊村东北。遗址地势平坦，南北长470米，东西宽300米，呈长方形，面积约为14.1万平方米。北依济青高速公路，南邻生产路，东、西两面均为农田。地表散落着豆柄、豆盘、铺地砖、陶壶盖等陶器残片，属于战国时期文化遗存。

2010年7月，公布为市级文物保护单位，并竖立石质标志。

南马遗址

【谭家庙遗址】

位于齐都镇谭家庙村东。遗址地势平坦，东西长730米，南北宽430米，面积约为31.39万平方米。遗址西面是河辛公路，其余三面均为农田，采集有春秋、战国时期的陶器残片，属于春秋时期文化遗存。

2010年7月，公布为市级文物保护单位，并竖立石质标志。

谭家庙遗址

其他周代文化遗址情况表

序号	名称	时代	地理位置	范围（东西×南北）米或万平方米	保护情况
1	韩家遗址	东周—汉	金山镇韩家村西	79×145	较好
2	业旺遗址	春秋	金山镇业旺西村西鞋底山南	22.1	较好
3	朱台遗址	战国、汉	朱台镇朱台西村西	309×340	一般

4	宁王遗址	春秋	朱台镇宁王村北	423×280	一般
5	房家遗址	战国、汉	朱台镇房家村北	122×388	一般
6	张王遗址	春秋	朱台镇张王村北	186×300	一般
7	后夏遗址	战国	朱台镇后夏村	186×189	较好
8	北高西遗址	战国、唐	朱台镇北高西村西	203×238	一般
9	革新遗址	战国	朱台镇革新村南	103×125	一般
10	官道南遗址	战国	稷下街道官道村南	50×50	较好
11	赵家徐姚遗址	战国	稷下街道赵家徐姚村北	170×120	一般
12	尧王殿遗址	战国	稷下街道尧王村西南	274×190	一般
13	石家毛托南遗址	战国	辛店街道石家毛托村南	359×204	一般
14	于家店东遗址	战国	辛店街道于家店村东	200×200	较好
15	西周傅庄遗址	西周	敬仲镇西周傅庄西南	230×278	一般
16	西周傅庄南遗址	西周	敬仲镇西周傅庄正南	270×240	一般
17	西姬王东北遗址	春秋	敬仲镇西姬王村北	240×358	一般
18	岳家庄遗址	东周	敬仲镇岳家庄东北	213×233	一般
19	刘王庄遗址	战国	敬仲镇刘王庄西	105×270	一般
20	东周傅庄遗址	战国	敬仲镇东周傅庄西	68×318	一般
21	刘王东遗址	战国	敬仲镇刘王庄东，大湾南高台地	43×58	一般

22	刘王东南遗址	春秋	敬仲镇刘王庄东南高台地东南	6.7	一般
23	崔官遗址	春秋	敬仲镇崔官村东	220×216	一般
24	北刘征遗址	战国	金山镇北刘征村南台地	807×275	一般
25	小寨遗址	战国	金山镇小寨村西	40	一般
26	西刘征遗址	春秋	金山镇西刘征村东南	313×434	一般
27	赵庄东遗址	战国	金山镇赵庄村东	179×72	较好
28	搭岭遗址	战国	金山镇搭岭村南	350×1220	一般
29	瑟雅遗址	战国	金山镇瑟雅村西	483×350	较好
30	土桥遗址	战国	凤凰镇土桥村东	22.2	一般
31	柴家疃村东遗址	战国	凤凰镇柴南村东	15.58	一般
32	西老王庄遗址	战国	凤凰镇西老王庄村南	17.77	较好
33	南霸遗址	战国	凤凰镇南霸王村南	3.93	一般
34	梧台遗址	战国	凤凰镇西梧台村北	43.6	一般
35	王青遗址	战国	凤凰镇王青村东南	9.114	一般
36	西刘东北遗址	东周	凤凰镇西刘村东北	24.95	一般
37	柴家疃村西遗址	西周—战国	凤凰镇柴南村西高地	17.836	一般
38	西路遗址	春秋	凤凰镇西路村西	1.96	一般
39	西申卢家遗址	春秋	凤凰镇西申桥与卢家营子之间	306×480	一般

40	北罗遗址	战国	凤凰镇北罗庄村北	158×106	一般
41	崖傅西遗址	战国	皇城镇崖傅村西	0.83	一般
42	锡腊营遗址	春秋	皇城镇锡腊营村西北	5.8	一般
43	大蓬科西南遗址	战国	皇城镇南蓬科村西南	221×313	一般
44	灯笼遗址	战国	皇城镇灯笼村南	544×605	一般
45	高家六端遗址	战国	皇城镇高家六端村东	2.37	一般
46	崔郭西南遗址	战国	皇城镇崔郭村西南	2.1	一般
47	崔郭东南遗址	战国	皇城镇崔郭村东南	3.48	一般
48	荣家庄遗址	战国	皇城镇荣家庄村南	28	一般
49	曹村遗址	战国	皇城镇曹村南	9.936	一般
50	埝头遗址	东周	皇城镇埝头村西淄河东岸	2.35	较好
51	南荣遗址	战国	皇城镇南荣村南，紧邻安平故城北城墙	5.62	一般
52	邵家圈遗址	东周	齐都镇邵家圈村西北	192×286	一般
53	娄子遗址	战国	齐都镇娄子村北	464×538	一般
54	小王西遗址	战国	齐都镇小王村西	217×47	一般
55	督府遗址	战国	齐都镇督府巷村西北	448×607	一般
56	赵王遗址	战国	齐都镇赵王村西南	469×309	一般
57	龙贯遗址	战国	齐都镇龙贯村南	168×340	一般

58	龙贯北遗址	战国	齐都镇龙贯村北	246×207	一般
59	谢家东南遗址	战国	齐都镇谢家村东南	100×300	一般
60	谢家西遗址	战国、汉	齐都镇谢家村西	267×156	一般
61	小王南遗址	战国	齐都镇小王村南	345×220	一般
62	督府巷遗址	东周	齐都镇督府巷村西南	520×510	一般
63	老刘家遗址	春秋、汉	齐陵街道老刘家庄西	80×70	一般
64	柳店遗址	战国	齐陵街道柳店村东	4.2	较好
65	刘家终村遗址	春秋	齐陵街道刘家终村西南	12	较好
66	南山遗址	战国	齐陵街道南山村南	3.23	一般
67	聂仙庄北遗址	春秋	齐陵街道聂仙庄北	542×309	一般
68	毛家庄遗址	战国、汉	齐陵街道毛家庄村北	328×209	一般
69	前李西北遗址	春秋	齐陵街道前李官庄村西北	31.5	一般
70	刘家营遗址	战国	齐陵街道刘家营村北砖厂	200×210	一般
71	刘家庄东遗址	春秋	齐陵街道东刘家庄村东	380×270	一般
72	淄河店遗址	战国	齐陵街道淄河店村北	600×390	一般

六　汉代文化遗址

汉代，临淄作为齐国都城，延续了周代齐国的盛况，人众殷富，经济繁荣，留下了众多遗址，现已发现40余处。

【阎家遗址】

位于稷下街道阎家村东南农田中。南邻牛山路，建有楼房和民宅，东、北、西三面均为农田。遗址地势平坦，呈东西宽、南北窄的长方形，占地面积约为1.9万平方米，采集有汉代陶器残片。

【石槽遗址】

位于皇城镇石槽村东北农田中。西邻石槽村公路，北邻张皇公路，南邻生产路，东邻育苗中心。遗址地势平坦，东西长626米，南北宽496米，基本呈梯形，面积约为31万平方米。

阎家遗址

石槽遗址

其他汉代文化遗址情况表

序号	名称	地理位置	范围（东西×南北）米或万平方米	保护情况
1	马家村遗址	金山镇马家村南	93×335	较好
2	南仇南遗址	金山镇南仇南社区西南	306×350	一般
3	洋浒崖遗址	金山镇洋浒崖村东南	241×317	一般
4	路口遗址	金山镇路口村西南	100×64	较好
5	枣园遗址	朱台镇枣园村公墓东	110×258	较好
6	大夫店遗址	朱台镇大夫店村东北	180×290	一般
7	火化厂遗址	稷下街道陈家徐姚村北区殡仪馆西	130×150	一般

8	矮槐树遗址	辛店街道矮槐树村北	137×570	一般
9	金西遗址	金岭回族镇金岭六村北，垃圾回收站西	210×230	一般
10	郝家遗址	敬仲镇东郝家村西	190×327	一般
11	二张遗址	敬仲镇二张庄村西	110×100	一般
12	东姬王西北遗址	敬仲镇东姬王村西北	128×250	一般
13	蔡店遗址	敬仲镇蔡店村东公路南	73×142	一般
14	徐家圈南遗址	敬仲镇徐家圈村南	318×330	一般
15	北崖遗址	金山镇北崖村西	155×152	较好
16	赵庄北遗址	金山镇赵庄村北	190×108	一般
17	柴家疃村北遗址	凤凰镇柴北村北	15.3	一般
18	南王遗址	凤凰镇南王村北	2.13	一般
19	东老遗址	凤凰镇东老村东北	2.159	一般
20	西河头遗址	凤凰镇西河头村西南	9.797	一般
21	北王遗址	凤凰镇北王村北	2.476	一般
22	西刘北遗址	凤凰镇西刘村北	1.421	一般
23	陈家遗址	凤凰镇西陈家村南	230×143	一般
24	六天务遗址	凤凰镇六天务村西	3.5	一般

25	崖傅北遗址	皇城镇崖傅村东北	12.9	一般
26	五路口遗址	皇城镇五路口村东	2.57	一般
27	大夫观南遗址	齐都镇大夫观村南	268×225	一般
28	南关遗址	齐都镇南关村东南	400×450	一般
29	太平庄遗址	齐陵街道太平庄东北	6	一般
30	高家遗址	齐陵街道高家孝陵村南	1.4	一般
31	胡家庄西遗址	齐陵街道胡家庄西	4	一般
32	刘家庄东南遗址	齐陵街道东刘家村东南	220×220	一般
33	东刘家村南遗址	齐陵街道东刘家村南	160×50	一般
34	石庙遗址	齐陵街道石庙孝陵村南	1	一般
35	后佛寺遗址	齐陵街道西龙池村北	99×168	一般
36	北苑遗址	齐陵街道北苑庄西北	353×92	一般
37	驻佛店遗址	齐陵街道驻佛店西南	1.45	一般
38	朱家庄遗址	齐陵街道朱家庄北	453×378	一般
39	东刘家村西南遗址	齐陵街道东刘家村西南	146×114	较差
40	聂仙西北遗址	齐陵街道聂仙庄西北	15	一般

七　东汉以后文化遗址

东汉以后，临淄渐为郡府驻地，以往的辉煌已不再现，除高阳故城、临淄县城等古城外，其他遗址发现较少。

【刘征南遗址】

位于金山镇西刘征村南,南面和东面均临沟崖,西邻生产路,北抵西刘征村。地处山区丘陵地带,地势起伏明显,北高南低,南北长245米,东西宽233米,基本呈正方形,面积约5.7万平方米。采集有少量陶器残片,属于南北朝时期的文化遗存。

【东姬王南遗址】

位于敬仲镇东姬王村南农田中,北至东姬王村,西南紧靠废弃砖厂,中部有一条南北走向的混凝土路。遗址地势平缓,大体呈长方形,东西长800米,南北宽165米,面积约为13.2万平方米。属于唐、宋时期的文化遗存。

刘征南遗址

东姬王南遗址

其他东汉以后文化遗址情况表

序号	名称	时代	地理位置	范围(东西×南北)米	保护情况
1	王旺庄遗址	南北朝	朱台镇王旺庄村西	597×200	较好
2	西姬王北遗址	南北朝	敬仲镇西姬王村北姬王冢南	452×248	一般
3	吕家孝陵遗址	隋、唐	齐陵街道吕家孝陵村北	123×90	较差
4	艾庄遗址	唐	金岭回族镇艾庄村东	120×200	一般
5	徐家圈遗址	唐	敬仲镇徐家圈村西北	159×223	一般
6	赵家庄遗址	唐	敬仲镇北赵家庄村西	165×400	一般

第二节 窑址

临淄自古就是制陶业最为发达的地区。近年来,各级文物考古部门进行过系列考古调查和发掘,发现制陶遗址多处。

【邵家圈制陶作坊遗址】

位于齐都镇邵家圈村南。窑址南北长100米,东西宽60米,面积约6万平方米。文化层一般厚2米左右。窑址北接邵家圈村民宅,东靠工厂院墙，西、南为蔬菜大棚。20世纪90年代山东省文物考古研究所曾经发掘村北窑址，2001年淄博市文物事业管理局曾在村南做过考古勘探和试掘，窑址主要分布于村南，河床下已发现窑迹，圆形，较小，并有陶制品出土，主要烧制陶器和瓦当，并发现有瓦当模具，标本有树木卷云纹半瓦当、双兽纹瓦当、素面纹瓦当等。

邵家圈制陶作坊遗址

其他古窑址一览表

序号	名称	时代	地理位置	范围	保护情况
1	汞山窑址	春秋	金山镇汞山西坡	南北长67米，东西宽约28米，面积约1876平方米	较好
2	于家官庄窑址	清代	朱台镇于家官庄东	窑址高出地面4米，直径10米	一般
3	王营村窑址	清代	朱台镇王营村村南	周围地势较平，窑址部位隆起，呈圆顶状，高3米	一般
4	刘家庄窑址	战国	齐都镇刘家庄西	南北长130米，东西宽100米，总面积约1.3万平方米	一般
5	西周傅庄窑址	战国	敬仲镇西周傅庄村东北	北、西面临沟，东、南两面紧临淄河，面积约为5.3万平方米	一般
6	王青窑址	战国	凤凰镇王青村南	230×350	一般
7	谭家窑址	战国	齐都镇谭家庙村东北	不清	

第三节 城址

据历史文献记载和考古调查勘探发掘，发现临淄有临淄齐国故城、营丘故城、安平故城、画邑故城、高阳故城等故城遗址。

一 临淄齐国故城遗址

临淄齐国故城，位于今临淄城区以北7.5千米。东临淄河，西依系水，北靠平原，南对牛山、稷山和天齐渊，呈两河夹一城的形态。北面是原野，距渤海百余千米，南部是鲁中丘陵，呈南高北低、东高西低的地势。1961年3月，被国务院公布为第一批全国重点文物保护单位。

该城系周代齐国故都，两汉齐国王城，使用时间长达1000余年，是我国先秦时期延续使用时间最长的都城之一，亦是当时我国东方的重要政治、经济、文化中心和最繁华的都市之一。战国时期的纵横家苏秦曾说："临淄之中七万户……临淄之途，车毂击，人肩摩，连衽成帷，举袂成幕，挥汗成雨，家敦而富，志高而扬。"西汉时，临淄城的经济仍然十分发达，西汉大臣主父偃曾说："齐临淄十万户，市租千金，人众殷富，巨于长安，此非天子亲弟爱子不得王此。"

　　1964年夏，山东省文化局组织成立临淄文物工作队，在中国历史博物馆、文博研究所、北京大学历史系、河北省文物工作队等单位的协助下，对临淄齐国故城进行普探，至1966年5月基本结束。1971年以后，又结合农田基本建设进行了局部发掘。通过勘探与试掘，已基本探明故城范围：今齐都镇蒋王村东南部（城墙东南角）、东古村东部（城墙东北角）、安合村西南（城墙西南角）、邵家圈村东北部（城墙西北角）。探明城门11座，发现街道10条。其中，4条主要街道在大城东北部，经纬交叉，成"井"字形，当是城内最繁华的区域。发现城市排水系统，探有多处冶铸及手工作坊遗址。城内还有桓公台、韩信岭、孔子闻韶处、晏婴墓和已发掘的东周殉马坑等众多遗迹。其中，有宫殿建筑遗址2处。一处在小城中部的桓公台周围，以桓公台为中心向北400米，向东360米，向西140米，向南250米，总面积26万平方米。此处文化层较厚，1976年进行过发掘，自战国至两汉的遗存非常丰富。另一处在小城的中部偏东，面积2万平方米，地貌较高，俗称"金銮殿"。有两大墓葬区。一处在大城东北部的河崖头村及村西一带，已探出大、中型墓20余座，是西周到春秋时期齐国贵族的墓地。另一处在大城东南部的刘家寨和韶院村南，也是东周的墓葬区。

　　据民国9年《临淄县志》记载和考古发掘证明，临淄齐国故城当始筑于西周时期。春秋、战国、西汉时对城墙又多次修补加固，直至宋代，其城垣基本保存完好。宋文学家李格非曾目睹故城现状，吟有"击鼓吹竽七百年，临淄城阙尚依然。如今只有耕耘者，曾得当时九府钱"的诗句。由此得知，在宋代，故城城墙尚存，其后城内建筑圮废。

【城池】

　　故城包括大城和小城两部分，两城巧相衔接。大城南北长近4500米，东西宽3500多米，是官吏平民及商人居住的郭城；小城衔筑在大城的西南方，其东北部伸进大城的西南隅，南北长2000多米，东西宽近1500米，为战国时期所筑，

城垣遗迹

是国君居住的宫城。两城周长21千米余，总面积达15.5平方千米。据《墨子·非攻》《孟子·公孙丑》载，我国古代建城有"三里之城，七里之郭"的规矩，齐国故城的形制规模与之基本相符。

　　《齐纪》记载，齐城有13门。见于史书记载的有雍门、申门、扬门、稷门、鹿门、章华门、东闾门、广门等。但未记确切方位，后人说法不一，比较肯定的是西门曰：申门，雍门。广门，为大城的东门。现已探明城门遗址11处。其中，小城5处，东、西、北门各1处，南门2处。大城门6处，东、西门各1处，南、北门各2处。

　　小城东门门道宽14米，长40米；西门门道宽20.5米，长33米；北门门道宽10米，长86米；南墙东侧门门道宽8.2米，长42米；南墙西侧门门道宽13.7米，长25米。

　　大城西门门道宽11米，长约25米；北墙西

侧门门道宽13米，长23米；北墙东侧门门道宽17米，长34米；南墙东侧门门道宽11米多，长19米；南墙西侧门门道宽13米，长23米；东门门道早年被破坏，规模不详。

故城城墙全部用土夯筑而成，随自然地形而筑，四周不规整，有24处拐角，现有14处保存较完整。大小两城总周长21430米。小城周长约7280米，其东墙2200米，呈直线，北段墙基宽33米，南端为后来的临淄县城西墙所压；南墙长1400米，亦呈直线，中部墙基宽28米；西墙长2270米，曲折多弯，墙基宽20～30米；北墙长1400米，呈直线，西段墙基宽28米，东段宽55～67米。大城周长14160米。东墙沿淄河西岸，蜿蜒曲折，全长5210米，墙基宽20～26米；南墙长2820米，呈直线，墙基宽17～23米，为全城最窄的一段；西墙长2810米，墙基宽32～43米；北墙长3320米，随着系水的弯曲，西部筑一拐角，其他多呈直线，墙基宽25～43米。故城东、西墙外有天然河道为障，南、北墙外掘有护城壕沟。

经千年风雨剥蚀，故城城墙已逐渐坍塌，有的已湮没地下，有的因挖土和河水冲刷而无痕迹，现仅存断垣残迹。山东省文化局文物工作队曾于东古城村东约200米处发掘清理了一段大城北墙基址，发现此处城墙建造年代分三个时期，一期为西周，二期为春秋，三期为秦汉。

在城垣遗迹中，保留较好的一段是大城西

齐国故城大城西墙与小城北墙衔接处剖面

墙南端与小城北墙交接的地方，位于小城北门西100米处。城墙残高约5米，小城墙基宽20～30米，最宽处达55～67米；大城墙基宽在20米以上，最宽处为34米，全部用土分层夯筑而成。1982年，对此处进行了发掘，清理出一段城墙剖面，其夯层清晰规整，夯土层3～6厘米，夯筑痕迹明显可辨。这段残垣属大城西墙，被夹在小城北墙之中，表明大城西墙原是继续向南延伸的。由此推知，大城始筑年代应早于小城。为防止城墙剖面被风雨剥蚀，1983年建有拐角型墙壁式砖房保护，并置"齐国故城城垣遗迹"刻石。

【街道】

城内道路纵横交错，多与城门相通，已探明10条主要交通干道。其中，小城内3条，大城内7条。小城南面东侧门大道，路宽8米，现保存约1200米；西门大道宽17米，东伸约650米，与南北大道相接；北门大道，路宽6～8米，南伸尚存1430米。

大城东部南北大道，自南墙东侧门通向东北方向，与东门里的东西大道相接，全长3300米，路宽20米。大城中部南北干道，连接南墙西侧门和北墙东侧门，全长近4400米，中间有两处拐弯，路宽20米。大城北部东西干道，自东门至西墙，长约3600米，路宽15米左右。北墙西侧门大道南伸，与北部东西干道相接，现存650米，宽6米多。大城中部东西干道，长2500米，路宽17米左右。西门大道东伸约1000米，路宽10～20米。此外，离南墙200～300米处与南墙平行的大路一条，长约1900米，宽4～6米。西墙附近与西墙平行的南北道路一条，南通小城北门，宽4～6米。

以上10条道路，经普探分析，除后2条和小城北门干道可能是晚期的道路外，其余的路土都在生上以上，绝大部分与城门相通，应是齐故城早期的主要交通干道。

【排水系统】

　　齐国故城排水系统的布局，是根据城内南高北低的自然地势，经过周密设计和科学安排的。现已探明有三大排水系统，四处排水道口。同时，又在大小城南墙外和大城北墙外，挖有很深的护城壕，与淄河和系水东西相沟通，使其水系相连，四面环绕。

大城西墙排水道口

　　小城排水系统在西北部，自桓公台东南方向起，经桓公台的东部和北部，通过西墙下的排水口，流入系水。沟渠全长700米，宽20米，深3米左右。其排水口长15米左右，现地面上仍有显著的痕迹。大城内排水系统有两条。其一在大城东北部，沿东墙北流，通过东墙下的排水口注入淄河，排水口长18米，现地面仍有水沟遗迹。其二位于西部，是由一条南北和东西河道组成。南北河道自小城东北角始，和小城东墙、北墙的护城河相接，顺势北流，直通大城北墙西部排水口，注入城外壕沟，长2800米，宽30米左右，深3米以上。南北河道北部又分出一支流，略偏西北方向，长1000米，经大城西墙排水口入系水。此排水道口，已于1980年发掘清理，东西长43米，南北宽7米，深3米，用天然巨石砌垒而成，水口分上下三层，每层5个方形水孔，孔内石块交错排列，水经孔内间隙流出，人却不能通过。这既能排水又能御敌的石砌科学建筑，为世界同时代古城排水系统中所罕见。现已在排水道口周

围，修建了保护性院墙，在院门两侧墙壁上，刻有文字介绍和方位平面图。

【宫殿遗址】

　　2012年4～6月，山东省文物考古所与临淄区文物管理局联合对临淄齐国故城遗址进行勘探调查，在小城内发现10余处建筑基址，经发掘，确认10号为宫殿建筑遗址。

　　10号宫殿遗址位于临淄齐国故城小城的东北部，东距小城东墙约300米，西南方向为桓公台宫殿建筑遗址区，北距小城北墙约200米。

　　夯土建筑分为早晚两期。早期为战国夯土台基，可分为中心夯土台与外围夯土两部分。外围夯土主体部分大致为方形，边长约130米，厚度约1米。中心夯土台主体为长方形，南部凸出，北部凹进，东、西两侧北部各向外延伸，平面大体呈中轴对称。台基主体东西长约80米，南北宽约64米。台基外壁保存较好，可观察到较清晰的立柱和横板痕迹。据此推测，台基使用时，周围应立以木柱，柱间加装横板，这种措施既能保护夯土壁面，也起到装饰作用。晚期夯土年代为战国至汉代，分布于战国夯土台基北凹进部分，可能是对战国夯土台基再次利用而进行的补夯。夯窝较大，夯打质量不高。其下的烧土堆积自夯土台基边缘向斜下方倾斜，其中夹杂大量瓦片、烧红墙体、炭化木块及数量较多的铜铺首。

　　烧土堆积下部发现保存较好的大型彩绘木门遗迹一处，门为对开，现存一扇，木制门板已腐朽殆尽，仅存彩绘痕迹。门高2.78米、宽1.55米。彩绘图案分为边框、门板两部分，边框宽约20厘米，白地红彩，纹饰为两行相对的卷云纹；门板饰黑红相间纹饰。

　　出土了板瓦、筒瓦、瓦当等大量建筑材料及40余件铜铺首衔环和铜节约。

　　10号宫殿遗址位于战国齐国宫城内，规模宏大、装饰精美，应为战国时期齐国的一处重要

宫殿遗存。台基周围堆积的大量烧红夯土墙体、瓦片、木炭及熔化变形的铜构件表明，台上建筑曾经历大火。

【手工业作坊遗址】

故城内地势起伏，小城中部、南部和"桓公台"周围较高，北部较低，西北部的大片地区更为低洼。大城西部较为平坦，东部起伏显著，高地连绵，东北部最高。高地之间的低洼处，往往是古道路或古河沟流经的遗址。凡高地，遗迹多，地层复杂，文化堆积深厚，一般在2～3米之间，有些地方为3～4米，达4～5层之多。大量的手工业作坊遗址，就分布在这些文化堆积之中。已探明者有冶铁遗址6处，炼铜遗址2处，铸钱遗址2处，制骨遗址4处。

冶铁遗址 小城西部冶铁遗址，在小城西门东北200米处。南北长约150米，东西宽约100米，属于下层堆积（这一带有两层堆积，厚2米左右）。周围有许多夯土遗存，其间并有10米宽的道路通向西门。

小城东部冶铁遗址，在小城东门以南200米处，靠近东墙。南北长约70米，东西宽约60米，属第2层堆积（这里一般有3层堆积，厚2米左右），系东周晚期的冶铁遗址。

大城西部冶铁遗址，在大城南北河道以西，石佛堂村及该村村南一带，面积约4～5万平方米，属第3层堆积（这一带有3层堆积，厚2米上下）。亦是东周晚期的冶铁遗址。

大城中部冶铁遗址，在南北河道以东，傅家庙村西和村西南一带，面积约40万平方米，属于下层堆积（这一带一般有两层堆积，厚1～2米）。

大城南部冶铁遗址，在小城东门以东，韶院村西、刘家寨村以南的大片土地中，中心地区在大城南墙西侧门以内，南北大道的两侧。面积约40万平方米，属2、3层堆积（这一带一般有3层堆积，厚2～3米以上）。这是6处冶铁遗址中

规模最大、遗物最丰富的一处。在此遗址的北部一带有许多夯土基址，曾在此发现过汉"齐铁官丞"、"齐采铁印"等封泥，当是汉代的官属冶铁及"铁官"所在地。

大城东北部冶铁遗址，在阚家寨村的东南和村北、崔家庄的东北和村北、河崖头村西的大片土地中。分布较广，但不集中，崔家庄东北至村西北一带遗存较多，面积约3～4万平方米。这一带地层堆积厚，离地面一般都在3米以上，有3层堆积，冶铁遗迹属第2层。当属东周时期。

炼铜遗址 小城南部炼铜遗址，该遗址分两片：一片在小徐村北，南北长100米，东西宽约80米；另一片在西关石羊口北头，东西长约150米，南北宽100米。均属下层文化堆积（这一带地层堆积3米左右，共两层）。

大城东北炼铜遗址，在阚家寨村东南及东北方向的韩信岭一带，探知这一带地层堆积有4层，铜渣、矿渣、烧土等发现于2～3层之间，第3层是灰绿土，质坚实，从试掘中得知是春秋前期的地层。

铸钱遗址 "齐法化"刀币铸址，在小城南部近南墙处，安合村南。其范围自安合村南的东西路起，向北200米，村南南北路向东向西各100米。上层已受到严重破坏，曾出土过"齐法化"刀币和钱范。

汉代铸钱遗址，在大城东北部，分两片：一片在东古城村南，范围不清，曾多次出土汉代"五铢"钱及钱范；另一片在河崖头村南和阚家寨村南一带，曾多次出土"半两"石质钱范，耕土层下即铸钱遗迹。这一带亦兼有居住区、冶铁、炼铜遗址，并出土过王莽铜制货币"大泉五十"母范。

制骨遗址 制骨作坊遗址范围较广，主要在大城东北部和北部，比较集中的有四处：崔家庄东北，河崖头村西南，东古城村以南，田家庄东北。这里的遗物十分丰富，不仅出土过刀石砥

砺，而且残骨余料遍地皆是。

铸镜遗址　主要集中在苏家庙村西、刘家寨村东一带。2000～2001年，当地村民在挖菜棚时发现了许多西汉时期的"见日之光"镜范。2011年秋季开始在临淄齐故城阚家寨遗址进行有计划的考古调查、勘探、发掘和研究。在其遗址B区第二地点揭露清理出铸坑、水井等遗迹，发掘出土镜范残块100余件、鼓风管等铸铜遗物，初步揭露出一处西汉时期的铜镜铸造作坊址，科学证明了临淄是汉代铜镜铸造中心之一。

【孔子闻韶处】

位于故城大城东南部，今齐都镇韶院村。相传是春秋时期孔子在齐闻韶乐的地方。据民国9年《临淄县志》载：清嘉庆时，于城东枣园村掘地得古碑，上书"孔子闻韶处"。后又于地中得石磬数枚，遂易村名为韶院。至宣统时，古碑已无下落，本村父老恐古迹湮没无传，于1911年另立石碑，仍刻"孔子闻韶处"。

1982年，市、区政府拨款，将孔子闻韶处碑嵌于韶院村学校内墙壁上，并增置乐舞图和简述孔子在齐闻韶的石刻。文曰："传说在我国远古虞舜时期，有一种叫做'韶'的乐舞，又称'箫韶'或'韶箫'。因韶乐有九章，故亦名'九韶'，是一种非常高雅的乐舞。到春秋时期，韶乐在齐国还盛行。有一次，孔子到齐国听

孔子闻韶处

了韶乐的演奏，赞美备至地说：'韶尽美矣，又尽善也'，使他在很长时间里不能忘怀。所以《论语·述而篇》记载：'子在齐闻韶，三月不知肉味。'"

【稷下学宫遗址】

稷下学宫因位于稷门之外而得名，创办于战国时期田齐桓公在位期间，宣王时达到鼎盛时期，到公元前221年秦灭齐止，大约有150年的历史。

稷下学宫遗址

稷下学宫以招徕天下学士为目的，各学派平等共存，学术民主，百家争鸣，既有不同思想的对立，又在争辩中取长补短，共同提高，历史上"百家争鸣"之说即源于此。《史记·田敬仲完世家》载："宣王喜文学游说之士，自如邹衍、淳于髡、田骈、接予、慎到、环渊之徒七十六人，皆赐列第，为上大夫，不治而议论，是以稷下学士复盛，且数百千人。"稷下的学术成果在中华民族思想发展史上占有重要的位置，稷门、稷下学宫也因此而青史留名。

今稷下学宫建筑荡然无存，其地理位置史书多有记载。《齐乘》记述稷门为齐城西门。《史记·田敬仲完世家》集解引刘向《别录》云："齐有稷门，齐之城西门也，外有学堂，即

宣王立学所也，故称为稷下之学。"索隐引《齐地记》云："齐城西门侧，系水左右有讲室趾，往往存焉。"

1946年，大城西墙外的邵家圈村在修建学校时，曾于河（系水）中挖得石碑一方，上书"稷下"二字，今碑已无下落。据目睹者回忆，该碑为双线阴刻，与明万历年间镌刻的"齐相晏平仲之墓"碑风格相似，是否与此同时所立，值得考究。

在齐国故城小城西门东南约1000米处，有一夯筑高台，俗称歇马台，是春秋时期的遄台，相传这里是齐王城外的一座宫室建筑。在台东约100米处，有一长400米、宽200米的高台地，当地群众称其为"稷堰"。通过考古调查，发现附近有多处战国建筑遗迹，出土了大量的战国时期铺地花纹砖、瓦当和板瓦。并发现一条古大道通向齐故城小城方向，世称黉（hóng）大路。传说当时稷下学士们常从这条路出入稷下学宫，所以也叫学士路。《水经注》有"系水傍城北流，迳阳门西，水次，有故封处，所谓齐之稷下也"的记载。这一带战国时期的瓦砾积存甚厚，且南去小城西南角，北至大城西门，战国时期建筑遗迹片片相连，是否是战国时期稷下学宫遗址的位置，待考。

2003年4月，临淄区文物管理委员会在齐都镇刘家庄东北立"稷下学宫遗址"碑一座。

【韩信岭】

位于齐故城大城东北部，今河崖头村西南200米处。传说韩信王齐，筑宫于此，故又名"韩信宅"。汉光武帝刘秀至临淄慰劳大将耿弇（yǎn）的军队，就在此。如今是一片地层复杂的高地，基本呈正方形，高出地面约4米，四面有三层台阶，最低层台阶边长约300米，占地约9万平方米。经钻探试掘，发现西周晚期、春秋、战国至汉代的文化层，厚度一般3～4米，往往有4～5层堆积。并有居住、冶铁、炼铜、制骨等遗

韩信岭

迹存在，是齐国故城内文化堆积最早、最厚、最复杂之处。

【殉马坑】

1964年文物普查时，在故城的大城内发现了两处墓地。一处在大城东北部的河崖头村村下及村西一带，已探出大、中型墓20余座，是西周到春秋时期齐国贵族的墓地。另一处在大城南部刘家寨、韶院村南，齐故城南墙东侧门以里的南北大道两侧，亦是东周墓葬。1964年，山东省临淄文物工作队在河崖头五号墓周围，发现了大规模的殉马坑。

五号大墓，位于河崖头村西，墓室南北长26.3米，东西宽23.35米，墓残深3.6米。墓道上口残长14.7米，坡长18米，里口宽11.2米，外口宽12.7米。椁室用自然石块砌垒，南北长7.9米，东西宽6.85米，残深2.8米。器物库位于

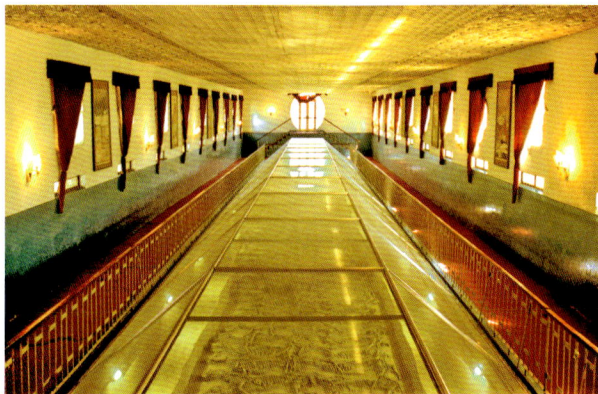

殉马坑

椁室后，东西长8.2米，南北宽3.8米，残深0.6米。1972年，山东省文物考古研究所对该墓进行了挖掘清理，发现多次被盗，随葬品荡然无存。器物库只有残存铜锈、漆片和遍布库底的朱砂。在距椁底上3米处的填土中，发现狗骨30具，猪骨2具，家禽骨6具。

殉马坑位于该墓的东、西、北三面，成曲尺"Π"形。东、西各长70米，北面为75米，全长215米，宽5米。东面早年被毁。1964年发掘了北面54米，发现殉马145匹；1972年又发掘清理了西面南端30米，发现殉马83匹。据此排列密度推算，全部殉马当在600匹上下，数量之多，规模之大，所见空前。

经山东省文物考古研究所鉴定，殉马全系壮年马，是被处死后，人工排列而成。马分两行，井然有序，马头向外，昂首侧卧作奔走状，排列在最前面的五匹，颈系有铜铃，呈临战威姿。

在发掘中发现，殉马坑打破了西周晚期的居住遗址，而本身又被战国时的遗址所打破。以此推知，殉马坑的年代当属春秋时期。在姜氏统治的公族世系中，自齐桓公小白之后，唯景公执政时间长达58年，又得以晏婴辅佐，政权基本稳定，与邻国关系也尚安宁，出现了较长的承平局面。《论语·季氏》有"齐景公有马千驷，死之日，民无德而称焉"的记载。《史记·齐太公世家》也云齐景公后期"好治宫室，聚狗马，奢侈，厚赋重刑"。据此，经山东省文物考古研究所初步研究考证，五号墓及其殉马坑可能是齐国第16代、第25任君主齐景公之墓（见《文物》1984年第9期）。

1982年，由国家文物事业管理局批准，市、区政府拨款，于西面南端就地建起了殉马坑展厅，建筑面积760余平方米，在36.5米坑道中展出殉马106匹，并且采取了防腐、防风化等保护措施。

二 营丘故城遗址

位于齐都镇河崖头村西韩信岭一带，齐国故城大城东北角。东临淄河，地势高亢突兀，文化堆积一般在3～4米左右。20世纪七八十年代，山东省文物考古部门在河崖头村西、阚家寨等处进行考古调查和发掘时，都发现西周前期遗存。在东古城村北出土西周早期车马器，东古村东曾出土商代晚期青铜器。近年村南一墓葬出土商末周初青铜器和原始瓷罍等器物。东周墓随葬马坑下发现西周中、晚期墓葬。根据有关文献记载和发掘考证分析，认定此处应为营丘城故址。

营丘城故址

1973年，山东省博物馆在辛店发电厂工地发掘清理了14座北朝崔氏墓葬，出土的《北齐天统元年崔德墓志》记述："自惟周桢干，返葬营丘，因食邑如为氏。"墓志说崔氏"返葬营丘"，其墓葬恰在临淄境内被发现，"营丘"自然指临淄而言。

1981年，山东省文物考古研究所在发掘东古城村东的一段大城北墙时，发现此段城墙是修筑在前期城墙基础之上，在墙基下有大汶口文化时期的灰坑，由此证明齐胡公迁都前这里就已有旧城邑存在，后被献公再次择为都城。《汉书·地理志》引《齐诗》曰："子之营兮，遭我虖巇之间兮。"营即营丘，巇即猛山，在临淄东南郊稷山南面，与牛山相隔不远。诗中所言，营丘与猛山和牛山毗邻,在临淄境内。

2003年4月,临淄区文物管理委员会在齐都镇崔家庄西立"营丘城故址"碑一座。

三 安平故城遗址

位于皇城镇南荣家庄南。呈不规则长方形,北邻南荣家庄,东至石槽村,西至皇城营,南至张家庄,东南角向内凹进,油坊村民宅压在城墙东南角。南北长约2000米,东西长约1800米,面积约357万平方米。城垣大部夷为平地,城墙现残存北城墙1600余米,即从皇城营和石槽村农田起,向西至皇城营村北医院,东城墙还有约20米残存。中间有南北向村间公路和东西向张皇路两条公路贯穿而过。

安平故城遗址

春秋早期,安平城为纪国属邑,原称酅(xī)邑,纪国国君之弟纪季封于此。公元前691年前后,被齐国所并。公元前480年以前,改称安平,后田单封安平君,即此。秦灭齐后,设东安平县,属齐郡东安平县城,即此,一直延续至东汉末。

1984年7月,公布为市级文物保护单位,并竖立石质标志。

四 画邑故城遗址

位于朱台镇桐林村西南。山东省文物考古研究所曾进行过多次勘探,发现大片夯土建筑基址、道路和西周墓葬,并出土过战国、汉代时期的砖、瓦、陶片。2001~2002年,北京大学考古文博学院和山东省文物考古研究所,对桐林(田旺)遗址进行了较为全面的勘探,并进行了试掘,发现了战国群体建筑遗址。据此考证,此地应是文献记载中的战国时期齐之画邑。

画邑故城,原系齐国一城邑。《史记·田单列传》正义引《括地志》云:"戟里城在临淄西北三十里,春秋时为棘邑,又云漘邑,蠋所居即此邑,因漘水为名也。"据清康熙十二年(1673年)《山东通志》载:在县西北二十里。民国9年《临淄县志》载:"画邑春秋时为棘邑,齐大夫子山之邑也。田和篡齐后,改棘为画,在西安城东南。"《史记》载:乐毅伐齐,闻画邑人王蠋贤,兵不入境;孟子三宿之画,皆此地。

五 高阳故城遗址

位于朱台镇南高阳村西约200米处,地势较高,中部隆起,四周低洼,城址为长方形,东西长750米,南北宽约590米,总面积为44.6万平方米。

城址保存完好,高出地面2米左右,四周残垣痕迹清晰可辨。城内耕土层下建筑遗迹颇多,并时有战国时期瓦当和陶器残片出土。

史料记载:高阳故城为北魏时期高阳郡,中国著名的农学家贾思勰曾做过高阳郡太守,其农学

高阳故城遗址

名著《齐民要术》即在此为官时所著。据清康熙十二年（1673年）《山东通志》载："北魏立高阳城，置郡，后改为溡水县，唐代废。"又据民国9年《临淄县志》载，春秋战国时临淄辖四邑，其中有渠丘邑。《后汉书·郡国志》曰："西安，有棘里亭，有蘧丘里，古渠丘。"高阳故城、西安城均在齐故城西北16千米处，而且在高阳故城曾多次发现春秋战国和汉代瓦当，故认为高阳故城即西安城旧址，确否待考。

2013年10月，公布为省级文物保护单位，并竖立石质标志。

六　临淄县城遗址

临淄县城（元末~1969年），位于齐都镇政府驻地，齐国故城遗址东南。南北、东西均长约1100米，总面积约为121万平方米。略作方形，东南角稍稍内凹。沿城墙外周挖有两丈多宽的护城壕。

南至南关村，北至西门村北部，东至东门村东，西邻河（口）辛（店）公路，北有张皇路。东南角及东城墙部分向内凹进，西门村、东门村、南门村民宅均在县城之内，南关村部分民宅也处在县城之内。其西墙与齐故城小城东墙重合，北墙伸进齐故城大城南墙近30米。墙基系灰土夯筑，高10米，周长约3500米。现城垣大部已毁，惟东北角尚存高5.5米，宽2.6米，长100米的残垣。

县城为元末达鲁花赤李仲明所建，明代多次加固重修。据民国9年《临淄县志》记载，初建时城墙"高三丈，周六里，略作方形而绌其东南一角。外环以池，宽二丈"。明成化二年（1466年），知县蒋凤重修，于四门建城楼：东曰朝阳，南曰迎恩，西曰通画，北曰望京。明正德七年（1512年），知县马暹再修，在西、南、北三门增筑月城，独缺东门，城外植以榆柳。明万历二十四年（1596年），知县张汝雨重修时，将城墙外部包砖，并于四门上楣嵌刻石匾，东门匾为"淄流斜抱"，西门匾为"愚岭遥盘"，南门匾为"牛峰翠蔼"，北门匾为"渑池祄带"。明崇祯十六年（1643年），知县邹逢吉再修，增筑炮台六座。清代虽屡经修葺，然无大工役，不改旧观。新中国成立后，城垣、城门已全部拆除，四门石匾现存临淄石刻艺术陈列馆，城内建筑惟存清顺治十八年（1661年）所修县衙大堂，保护尚好。

第四节　台基

临淄有多处夯土台基，是当年齐国的宫室建筑基址或离宫别墅遗址。筑台是春秋时期较普遍的习俗，齐国所筑之台见于记载的有《左传》提到的檀台、遄台；《管子·山至数》中涉及的栈台、鹿台；《晏子春秋》中所记载的路寝台、长庲（lái）台等。筑台的用途，除供王侯登高玩赏以外，还用于观天象、备攻守、聚财富、会欢宴等。现存的主要有桓公台、雪宫台、梧台、遄台、酅台等。至于史书上提到的长庲台、三归台，传说中的故城东淄河两岸对峙的晒台、钓鱼台，城内的听事台、玄武台等，尚待查考。

【桓公台】

桓公台，俗称"梳妆台"、"点将台"。位于故城小城内北部偏西，西距小城西墙300米，现台高14米。地下夯土基呈长方形，南北长86米，东西宽70米。台顶有两层，东、西、北三面陡峭，南坡稍缓。东、北两面150米之外有河沟（排水道）围绕。

桓公台遗址

1981年，市、区政府拨款对桓公台进行了维修。1982年，于台前立石质标志碑一座，由同济大学教授陈从周书"桓公台建筑遗址"，并阴刻说明文字。文曰："此台秦汉时称'环台'；魏晋时人称'营丘'。唐长庆年间，建齐桓公和管子庙于其上，故名'桓公台'……"

在桓公台周围有许多夯土基址，大部压在下层堆积以下的生土之上。从遗迹考察，这一带存在着以桓公台为主体的大片建筑群，多次出土铺地花纹方砖和脊砖，以及饰有树木双兽纹、树木卷云纹的全、半瓦当，应是宫殿建筑基址。

1976年，山东省文物考古研究所曾于桓公台东北200米处，发掘清理了一处汉代宫殿建筑遗址。

此外，在小城东北部，距桓公台1000米处，现存有夯土建筑台基，后人俗称"金銮殿"，亦是宫室建筑基址。

【遄台】

位于齐都镇小王庄南约500米处，故城小城西侧。此台为方基平顶，俗称"歇马台"，又叫"戏马台"。现台高8米，南北长60米，东西宽50米。《左传》有"齐侯至自田，晏子侍于遄台"的记载，与《晏子春秋》载"晏子与景公在遄台辩'和''同'二字之异"乃同一事。还传

遄台遗址

说是齐国城外驿馆，又说是齐威王与田忌赛马之地等等。今台上遍植翠柏，挺拔蔽日。

【梧台】

位于齐故城西北约10千米处，凤凰镇梧台村村北。台呈圆顶形，台上杂草丛生，四壁陡峭，夯土层及柱洞清晰可见。现台高17米，周长约220米，当地人称"梧台山"，是齐国宫殿建筑中最大的一处夯土台基。《水经注·淄水》

梧台遗址

载："楚使聘齐，齐王飨之梧宫。"台西旧有汉灵帝熹平五年（176年）立的石碑，碑额镌刻"梧台里石社碑"二行六字，今碑存山东省博物馆。相传这里是齐国的"国宾馆"，后因此处多种梧桐树而得名。清代诗人赵执信赋梧台诗曰："城西万木入天风，雨送秋声过故宫。总是于今萧索地，当年那更树梧桐。"

【雪宫台】

位于齐故城东门外，淄河东岸的皇城镇曹村（原名雪宫村）以东。台高5米，东西长50米，南北宽30米。据民国9年《临淄县志》载，它是齐国的宫外之宫，因处齐城雪门外而得名。为齐王会见宾客、游乐、欢宴之处。《孟子·梁惠王》有"宣王见孟子于雪宫"，孟子对齐宣王说"乐以天下，忧以天下"、"与民同乐"即此。《晏子春秋》也有"齐侯见晏子于雪宫"的记载。相传齐宣王时，钟离春隐语进谏，连呼"四殆"，宣王见其贤，纳为正宫的故事，也发生在这里。

【鄣台】

位于淄水之东，皇城镇石槽村中。因处在纪国鄣城内，故名鄣台。相传为战国时看管粮仓之台，故又名"望粮台"。台基平面呈不规则椭圆形，夯土台断面上暴露的夯层厚薄均匀，层次清晰，夯层厚约5厘米，夯迹明显。现台高约9米，直径约15米。据民国9年《临淄县志》载："鄣台在石槽盛村中，上有穴，深不见底，崔志以为安平侯刘茂所筑，未知是否。"

雪宫台遗址

鄣台遗址

第二章　古墓葬

【概述】

　　临淄，作为周代齐国都城、两汉齐王王都，繁荣兴盛长达千余年。其间，众多王侯、大臣死后葬于此，故形成了规模庞大的临淄墓群。这些墓葬分布在全区各地，尤以齐都镇、齐陵街道、稷下街道最为密集，且多数不详其主姓名，即使有知其名者，也多系民间传说，并非一一属实。1977年11月，"临淄墓群"被公布为省级文物保护单位，淄博市革命委员会立石质标志于齐国故城南古墓旁以示保护。2013年5月，公布为全国重点文物保护单位。

　　周代齐国，分姜齐和田齐两个时期。姜齐自太公始至康公止，历32代君主。根据《礼记》记载，姜氏的前5代君主（太公、丁公、乙公、癸公、哀公）死后"返葬于周"，其他27位国君葬于此。由于缺乏考古资料，史籍又少有记述，西周时期姜氏国君陵墓的确切位置不详。《左传》载，齐庄公淫权臣崔杼妻，为崔所杀，葬于北郭。此墓仍存，位于齐故城西北约3千米处。20世纪90年代，盗墓者在墓北侧挖一盗洞，虽未及墓室，但露出类似黄肠题凑的葬式，单从这一点上分析，墓主应为诸侯，确否待考。1964年，山东省临淄文物工作队在大城东北河崖头村一带，探得春秋时期贵族墓地一处。探出大型墓葬20余座，其中，5号墓有大量殉马，经初步考证为齐景公之墓。由此推断，春秋时期姜齐君陵应在大城东北部的东古村、河崖头村一带。

　　田氏代齐后，共历8代君主。其中，第一代国君田和葬于青州市（邵庄镇有田和墓），最后一代齐王建死后葬于河南省辉县境内，其余6君均应葬于今临淄区齐陵街道南部丘陵地带，以"二王冢"和"四王冢"（合称田齐王陵）为中心的田齐王陵域内。

　　西汉初年，刘邦封其庶长子刘肥为齐王，传6世，死后均葬于此地，但位置不详。1978～1981年，淄博市博物馆发掘了大武公社（今属辛店街道）窝托大队南大墓的5个陪葬坑，出土文物1.2万余件，主墓室未发掘。此墓过去一直相传是淳于髡墓，但出土文物均具汉初特征，经考证，认为应是刘肥之子齐哀王刘襄之墓。2008年初，山东省文物考古研究所和临淄区文物管理局在对辛店街道山王村北华盛园小区的建筑工地进行勘探时，发现一西汉时期的陪葬坑，出土陶俑600余件（套），完整地再现了汉代军队出征时的场景。专家认为，此坑应是诸侯王一级贵族墓葬的陪葬坑，由于地形复杂，南部紧靠胶济铁路，主墓室尚未发现。尽管如此，这为进一步确定汉齐王陵的位置，提供了重要依据。

　　临淄地下文物十分丰富，经过多年的考古发掘，先后出土各类珍贵文物数万件，许多重要发现举世瞩目。2000年，据航拍遥感考古技术确

临淄墓群

认，临淄境内在20世纪30年代有封土的古墓、台基共2742座。根据第三次文物普查的结果，现存有封土的墓葬和台基共159座，无封土的墓葬数量巨大，难以计数。在153座有封土的墓葬中，包含姜太公衣冠冢、管仲墓、晏婴墓、三士冢、田穰苴墓、高傒墓、公冶长墓、田单墓、孔融墓等名人墓葬。

第一节　田齐王陵

《史记·田敬仲完世家》载："三年，太公与魏文侯会浊泽，求为诸侯。魏文侯乃使使言周天子及诸侯，请立齐相田和为诸侯。周天子许之。康公之十九年，田和立为齐侯，列于周室，纪元年。"即公元前386年，大夫田和篡权，自立为齐侯，并得到了周王室的承认，史称田齐。至前221年秦灭齐，共166年，历8代君主。太公田和死后葬于尧山北（在青州市邵庄镇），末代王建被秦兵俘虏后迁之于共（今河南省辉县）松柏间，死后未返葬旧国，其他6君均葬于今临淄境内齐陵街道域内。田齐王陵位于临淄东部、青州西部，由二王冢、四王冢及周围400多个大小墓葬组成，其范围东至青州南辛墓群，西至刘家终村，南至青州马石西村，东西约6千米、南北约5千米。

1988年1月，国务院公布为全国重点文物保护单位。

2006年，"临淄齐国故都与齐王陵"被列入"中国世界文化遗产预备名单"。

【二王冢】

俗称"二王坟"，又称"齐王冢"。位于齐陵街道郑家沟村西1000米处的鼎足山上，西北距临淄故城7500米。鼎足山因紫荆山（又名雷公山、紫金山）、牛市山（又名牛首岗）、菟（tù）头山（又名驴山）三山呈三足鼎立之势而得名，二王冢坐落在三山之间，东西并列，方基圆顶，封土高大，气势雄伟，状若山丘。二王

二王冢

冢共有三层，逐层收缩，南北约190米，东西总长320米，圆坟顶高约12米。

民间传说和传统文献多记载二王冢为姜齐桓公和齐景公之墓，郦道元的《水经注》、顾炎武的《四王冢记》以及《山东通志》《青州府志》均持此说。1984年，山东省文物考古研究所根据二王冢的规模、形制和所处的位置，并联系田氏王族世系进行了稽考，认为二王冢应为战国时期田齐第二代国君齐侯剡和第三代国君桓公午之墓。

齐侯剡，太公田和子，前384年即位，在位10年，前375年，被田午所杀。

田桓公午，太公田和子，前375年杀剡后自立，前357年卒，在位18年。

1983年，淄博市政府立"二王冢"石碑于郑家沟村西农田中，以示保护。1994年，临淄区文物主管部门在墓封土四角处埋设保护界桩，2007年在建设控制地带内埋设保护界桩，重新竖立保护标志碑。

【四王冢】

俗称"四女坟",又名"四豪冢",位于齐陵街道淄河店村南2500米处的山坡上,依山而建,呈东西方向直线排列,自西向东为序:其一,高30米,周长664米;其二,高34米,周长660米;其三,高22米,周长500米;其四,高23米,周长590米。四座墓相间,自西向东,第一、二墓相隔50米,第二、三墓间距为100米,第三、四墓间距100米,总长600米。四墓联为一体,宛若群峰连绵,宏伟壮观。1982年,淄博市政府拨款在"四王冢"北侧、胶济铁路南设立石质标志一座,题为"四王冢"。1994年,区文物主管部门曾在墓封土四角处埋设保护界桩。2007年在建设控制地带内埋设保护界桩,重新竖立保护标志碑。2008年,投资52万元对四王冢南坡进行环境整治。

四王冢北的坡地上,分布着众多陪葬墓,共计30座。其中有封土的陪葬墓三座,无封土的陪葬墓27座。这些墓葬排列整齐,井然有序,相互间无叠压打破现象。

据有关志书记载,四王冢自西向东为战国时期田齐威、宣、湣、襄四代君主之墓(是否属实待考)。

威王,名因齐,田齐第四代国君,在位36年(前356~前320年)。即位之初,他碌碌无为,淳于髡以"隐语"进谏,使威王"不飞则已,一飞冲天;不鸣则已,一鸣惊人"。他以邹忌为相,田忌为将,孙膑为军师,齐国大治。经桂陵、马陵之战,大败魏军,极一时之盛,列战国七雄之一,使齐国出现了继桓公称霸后的第二个全盛时期。

宣王,威王之子,名辟疆(qiáng),在位19年(前320~前301年)。齐国自桓公(田午)始,喜文学游说之士,设稷下学宫,倡百家争鸣,宣王时稷下学宫大盛,达数百人,成为当时中国主要的思想文化中心。

湣王,宣王之子,名地。前301年即位,号称东帝。在苏秦的游说下,去帝复为王。他穷兵黩武,好大喜功,先后灭宋、攻楚、入侵三晋,又欲吞并周室,自立为天子,诸侯恐惧。前284年,燕国联合秦、魏、赵、韩等国联合伐齐,攻占齐70余城。湣王出逃至莒,求救于楚国。楚

四王冢

使淖齿救齐，淖齿谋与燕共分齐国之地，遂杀湣王。

襄王，湣王之子，名法章。湣王被杀后，法章变姓名为莒太史敫家的仆人。前283年，莒人立法章为王。田单用火牛阵大破燕军，尽复齐地后，襄王返临淄。齐复国后，与诸侯修好，重建稷下学宫，齐国国力有所恢复。襄王在位19年卒。

第二节 名人墓葬

临淄地区的古墓葬，包含着众多的国君、将相、名士等名人墓。

【姜太公衣冠冢】

位于闻韶街道张家社区南，遄台路与桓公路交叉口东南侧姜太公祠院内，封土高约9米，呈圆顶形，面积约为3417平方米。1992年，依托此墓，建设了封神宫和姜太公祠，将其圈于院中，同时进行了培土和绿化，四周修筑了转台，并立碑于墓北侧。姜太公祠主要建筑有牌坊、三君殿、五祖殿、五贤殿、钓翁斋、观鱼亭、道士院、钟鼓楼、假山、鱼池、盆景花卉园等。1995年，台湾省桃园县的邱正吉先生到临淄寻根祭祖，捐资100万元人民币，在姜太公祠东侧又修建了丘穆公祠，形成了一个完整的两条轴线院落。2004年，投资70万元，又对衣冠冢进行了整修。

姜太公，姜姓，吕氏，名尚，字子牙，号太公望，东海上人（今山东日照）。其先祖尝为四岳，佐禹治水有功，封于吕地，故以封地为氏。姜太公辅佐周武王伐纣灭商后，于前1045年被封于齐地，是齐国第一代国君。建立齐国后，"因其俗，简其礼，通工商之业，便鱼盐之利"，齐国很快富强起来。周王室又授予他代天子出征的权力，故成为大国。太公年百余岁去世，返葬于周。《齐记补遗》："太公葬于周，齐人思其德，葬衣冠于此。"

【丁公墓】

俗称丁冢子，位于齐都镇西关村南，青银高速公路北侧。墓高8米，东西长22米，南北宽15米，因取土四周陡峭，上植刺槐，2004年建石坝保护。

丁公墓

丁公，太公子，名伋。齐国第二代国君，前1014～前976年在位。周成王、康王时期为周工室重臣。按照周制，丁公应"返周而葬"，此墓是否属丁公，待考。

【孝公墓】

亦称五公墓、孝陵，位于齐陵街道吕家孝

姜太公衣冠冢

孝公墓

陵村西北150米处。现存封土高6米，总面积4450平方米，呈圆顶形，墓东部在果园内，西半部坐落于农田中。周围多个村庄以"孝陵"为名，即源于此。

孝公，桓公子，名昭，前642～前633年在位，死后谥号为"孝"。桓公死后，齐国大乱，孝公逃亡宋国，后在宋襄公的干预下才得以回国即位。相传在齐故城东南5000米处，有孝、昭、惠、顷、灵五公之墓。因其余四座封土早平，志书又缺乏记载，故难辨真伪。

【庄公墓】

位于齐故城西北3000米处，敬仲镇泄柳村西。墓封土高7米，方基圆顶，面积约2721平方米。墓东、西、北三面均为农田，南面有一小块取土形成的洼地，洼地南侧是一条生产路，路南侧是果园。墓顶有一盗洞。1994年文物主管部门曾在墓封土四角处埋设保护界桩。

庄公墓

庄公，名光，灵公子，前553～前548年在位。姜齐时期有两个庄公，此为后者。后来，因其与权臣崔杼妻棠姜私通，为崔杼所杀。

【康公墓】

又名康王墓，位于齐陵街道聂仙村西北450米处，西临淄水。墓呈圆形，现存封土高11米，面积为697平方米，四壁陡峭，周边均为农田。

康公，宣公子，名贷，姜齐最后一代君主，生于前455年，前404年即位，前386年被田和废为庶人，逼迁于海滨，前379年卒。

在张店炒米山和烟台芝罘山也有康公墓。

康公墓

【纪季墓】

位于皇城镇郑家六端村中。据民国9年《临淄县志》载，纪季墓"在郑家六端村中，清乾隆时，古碑尚存，刻'纪季墓'三字。《齐乘》谓在安平城北里许，与此颇合"。现已夷为平地，碑碣无存。

纪季，春秋时期纪国国君之弟，封于鄢邑（今皇城镇安平故城）。齐襄公七年（前691年），齐欲灭纪，纪季入齐为附庸。《左传》有"齐师迁纪、邢、鄑、郚"和"纪季以酅入于齐"的记载。

还有一说纪季墓在安平故城东，封土高10

米，长、宽各约50米。另外，青州市境内也有纪季墓。孰真待考。

【高傒墓】

俗称白兔丘，位于敬仲镇白兔丘村东南淄河西岸，北面紧邻沙厂，南邻一片树林，西邻菜园和生产路，东边临淄河。墓封土呈不规则形状，面积为4118平方米。在墓的西侧有山东省政府立的保护碑一座。2008年以后，高氏族人建设了高傒文化园，对高傒墓进行了整修和绿化，四周修筑了转台，硬化了墓南侧地面，竖立了高傒塑像、纪念碑和祭台。

高傒，号白兔，谥号敬仲，世称高子，齐国上卿。前685年，扶立小白为君，即齐桓公。前659年，曾经"帅南阳之甲"，平定鲁国内乱并修治鲁城，鲁人颂之曰："犹望高子也。"高傒位高权重，德高望重，负责齐都五个士乡的管理并掌管齐国三军中的一军。

1970年，村民在墓地附近发现"高子戈"。现藏于齐国故城遗址博物馆。

高傒墓

【管仲墓】

位于齐陵街道北山西村，今管仲纪念馆院内。南依牛山，北望胶济铁路，东、西侧临沟壑。墓封土高约13米，呈圆顶形，四周平缓，面积3359.9平方米。2004年，依托此墓建设管仲纪念馆时进行了整修和绿化，顶部植有铺地柏，并

管仲墓

竖碑于墓北侧，题曰："齐相管夷吾之墓。"

管仲（约前723或前716～前645年），春秋时期著名的政治家、思想家，名夷吾，字仲，谥号敬，颍上（今安徽省颍上县）人。先是辅佐公子纠与公子小白争夺君位，曾射小白一箭，小白（即齐桓公）即位后不计一箭之仇，任用为相国。他力行改革，辅佐齐桓公成为春秋五霸之首。司马迁在《史记》中这样评价说："齐桓公以霸，九合诸侯，一匡天下，管仲之谋也。"其主要思想和言论被后人收入《管子》一书。

1981年，临淄区政府拨款于墓周修砖石围墙173米，加以保护。2004年，区政府和今齐陵街道北山村联合投资3000余万元建设了管仲纪念馆暨中国宰相馆，占地6.33万平方米，是年秋，第一届国际齐文化旅游节期间对外开放。

【无亏墓】

位于齐陵街道郑家沟村西，南依二王冢，东邻生产路，西、北两侧为果园。墓封土高约5米，呈圆顶形，面积1.43万平方米，顶部遍布野生低矮灌木和果树杂木。1994年，临淄区文物部门埋设保护界桩加以保护。

无亏又名武孟、无诡，齐桓公与长卫姬之子。桓公死后，为易牙、竖刁等拥立为君，在位一年被杀，无谥号。《左传·僖公十八年》载："宋襄公以诸侯伐齐。三月，齐人杀无亏。"

无亏墓

此墓坐落于田齐王陵域内，是否属真待考。

【晏娥儿墓】

位于齐陵街道郑家沟村南，在青州市地界内，西傍二王冢，系二王冢陪葬墓。墓高10米，呈圆顶形，面积约1580平方米，周围是农田。

晏娥儿，齐桓公妾或侍女。据载，桓公晚年病重时，易牙、竖刁作乱，将桓公囚禁在宫中，禁止任何人进入，只有晏娥儿偷偷地前往探视，告诉桓公真情。唐代学者颜师古在为《汉书·东方朔传》所作的注释中载："晏娥儿，桓公病，易牙、竖刁作乱，塞宫门，筑高墙，不通人。有一妇翛（yú）垣入，至公所。公曰：我欲食。妇人曰：吾无所得。又曰：我欲饮。妇人曰：吾无所得。公曰：何故？对曰：易牙、竖刁相与作乱，塞宫门，筑高墙，不通人，故无所

晏娥儿墓

得。公慨然叹涕出，曰：嗟呼！圣人所见岂不远哉！若死者有知，我将何面目见仲父乎？！蒙衣袂而绝乎寿宫。晏娥儿盖以杨门之扆，触柱而死。"

过去称此墓为晏娥儿墓，是因民间传说和传统文献多记载二王冢为姜齐桓公和景公之墓，晏娥儿殉桓公而死，故墓在桓公墓旁。但1984年山东省文物考古研究所考证二王冢乃为田齐第二代国君齐侯剡和第三代国君桓公午之墓，而此墓是否确为晏娥儿之墓，尚待考证。

【愚公墓】

位于凤凰镇西陈家村，北抵民宅，西邻菜地，东邻生产路，南邻空地。因多年来村民取土而破坏严重，墓封土仅高1.3米，平面呈不规则圆形，面积约155平方米。旧有碑，已失。

愚公，春秋时齐之隐士。相传桓公出猎，追一鹿而入谷，遇一老翁。桓公问："这是何谷？"翁答："为愚公之谷。"桓公说："为何故而叫此谷？"翁说："以我名命名。"桓公说："我看翁之仪表相貌，不似愚人，为何以愚命名？"翁答道："我养母牛一头，生了一头小牛，牵到市上卖了，买了年轻人的一匹小马驹。须臾，这位年轻人反口说，牛不能生马，便把我买的马驹牵走了。邻居听说后以为我很愚笨，所以叫我愚公。"桓公说："翁，你确实愚蠢，那青年牵你的马驹，你就给他吗？"翁无言而去。

愚公墓

桓公回宫，次日早朝时，便将此事告诉了管仲。管仲听后起身回礼说："这是说我太不聪明了，假若尧舜治理国家，皋陶为他的辅宰，怎么会有无理牵人马的事呢？若是看见蛮横粗暴的人，欺负一个老年人，必然是要制止的。这是说现在的狱讼存在着很多不正之处，所以愚公以隐语来启发我们，请我们修法抑暴，使政清纲明。"故事讽谏当政者狱讼不正的弊病。

【杞梁墓】

位于齐都镇郎家村东1500米处，北距张皇路200米。俗称"东冢子"，原有封土，1967年整地时被夷平，但墓室尚存。

杞梁，名殖，春秋时齐国大夫，为人忠义，英勇善战。西汉刘向的《说苑·立节》记载：（前550年）"庄公伐莒，为车五乘之宾，梁不与，归而不食。其母曰：'汝生而有义，死而有名，则五乘之宾尽汝下也。'趋食乃行。至莒，一人出斗，获甲首三百，庄公曰：'子止，与子同齐国。'梁曰：'君不使梁与五乘，是少吾勇也；临敌止我以利，是污我行也；深入多杀，臣之事也。齐国之利，非吾所知也。'遂斗而死。其妻闻而哭之，城为之崩。"后经历代文人不断加工，逐渐形成了"孟姜女哭长城"的故事。2006年，"孟姜女传说"被国务院公布为首批国家级非物质文化遗产。

【晏婴墓】

位于齐都镇永顺村东南，在齐故城小城北门外。墓高11米，南北长50米，东西宽43米。墓前立有明万历二十六年（1598年）五月钦差巡抚山东等处地方、都察院右都御使尹应元题"齐相晏平仲之墓"石碑和清康熙五十二年（1713年）、五十三年（1714年）两通重修碑。1981年，区政府拨款修建仿古围墙加以保护，大门南开。围墙高2米，总长224米。1982年秋，摹刻清道光七年（1827年）《古代圣贤传略》所载晏婴

晏婴墓

像，同时刻置晏婴传略石碑。2005年，重新进行了绿化。2012年，对墓区进行保护维修，增设了石碑保护建筑，增建了晏婴文化墙。重新修筑门前水泥路，长72米，宽5米。据记载，晏婴死后葬于故宅旁。此墓经山东省文物考古研究所勘测鉴定，为汉代所筑的纪念性建筑，无墓室，也非夯筑。

晏婴（？～前500年），字仲，谥号平，故称晏平仲。春秋时期夷维（今山东省高密市）人，世称晏子。我国古代著名政治家、外交家。他事齐灵、庄、景三公，辅政40余年。作为政治家，他敢于犯颜直谏，指出国君的错误，虽位高权重，但清廉节俭，"食不重肉，妾不衣帛"，多次拒绝国君的赏赐，还关注民生疾苦，注意减轻百姓负担；作为外交家，他"性机敏，善辞令"，多次出使他国，临大节而不辱，出色地完成外交使命。他死后，后人将他的言行收录到《晏子春秋》一书中。

司马迁在《史记·管晏列传》的结尾写道："假令晏子而在，余虽为之执鞭，所忻慕焉。"清代诗人、曾任临淄知县的邓性在《晏婴遗冢》一诗中这样写道："当年清节励狐裘，讽谏功高谁能俦。咫尺计桃三士冢，累累同是古荒丘。"清代益都诗人崔振宗在《吊晏婴冢》中也留下了这样的诗句："匹马空郊泪欲倾，苍烟远近暗荒城。交游海内生平遍，衰草斜阳哭晏婴。"

在高密、蒙阴、平原等地也有晏婴墓，孰真待考。

【田穰苴墓】

位于齐都镇尹家村南一民企院内。封土高8米，占地面积452平方米，平面呈不规则椭圆形。1994年埋设保护界桩，墓碑立于墓东侧院墙外。

田穰苴，春秋后期著名军事家，田完的后裔，出身下层官吏。相传齐景公时，燕、晋两国

田穰苴墓

联合伐齐，齐军大败，形势危急。相国晏婴荐穰苴为将。穰苴治军严格，执法如山。景公派宠臣庄贾监军，而庄贾恃宠违反军纪，被穰苴斩首。全军震惊，从此纪律严明，战斗力大增，很快击退燕、晋两国的军队，收复了失地。之后，穰苴被景公封为大司马，所以也称司马穰苴。后来，因贵族们的嫉妒和陷害，田穰苴遭革职，抑郁而死。齐威王时，组织士大夫整理了古代司马兵法，附于穰苴兵法之中，称《司马穰苴兵法》，简称《司马法》。宋神宗时，《司马法》被列为"武经七书"之一，成为军事经典著作。关于《司马法》的作者，除田穰苴外，还有人认为是姜太公，或更早的上古兵家。孰是待考。

【三士冢】

位于临淄故城南门外大道东，今齐都镇南关村东南的农田中。相传是春秋时期齐国三勇士

公孙接、田开疆、古冶子之墓，一基三坟，墓封土高12米，面积8988平方米。1981年修建高2米、长422米的围墙，南开圆门，内有影壁，上刻诸葛亮的《梁父吟》和摹刻汉画"二桃杀三士"。墓西侧置张逊三书写的"三士冢"石碑。1985年重修并绿化墓冢。2004年修补院墙。

"二桃杀三士"的故事，在民间广为流传。相传齐景公时，公孙接、田开疆、古冶子三人，勇而无礼，相国晏婴欲除之，便向景公献策让三人论功分食二桃。公孙接称南山打虎有功，田开疆说杀敌有功，各拿去一桃。古冶子大怒曰："往昔主公过黄河，大鼋衔走拉车之马。我逆流潜行九里，杀死大鼋，一手提鼋头，一手抓马尾，跳出水来，人们以为是河神再现。我功劳最大，所以我应食桃。"说罢，拔剑在手。公孙接、田开疆羞愧满面，拔剑自刎。古冶子后悔莫及，说："我羞死了同伴，却独自活着，算什么勇士呢？！"也自刎而死。

诸葛亮《梁父吟》诗云："步出齐东门，遥望荡阴里。里中有三坟，累累正相似。问是谁家冢，田疆古冶子。力能排南山，文能绝地理。一朝被谗言，二桃杀三士。谁能为此谋？相国齐晏子。"

三士冢

【黔敖墓】

位于齐陵街道刘营村西，北齐路东侧。墓封土高约11米，呈圆顶形，面积1998.3平方米，

四周均是农田。墓西立有保护标志碑。

黔敖，春秋时齐国大夫。《礼记·檀弓上》载：齐大饥，黔敖为食于路，以待饿者而食之。有饿者蒙袂辑屦，贸贸然来。黔敖左奉食，右执饮，曰："嗟，来食！"饿者扬其目而视之，曰："予唯不食嗟来之食，以至于斯也。"从而谢焉。终不食而死。

"不食嗟来之食"这句名言就出自这个故事，是说为了表示做人的骨气，绝不低三下四地接受别人的施舍。

公冶长墓

【公冶长墓】

位于凤凰镇小张村南农田中，东邻生产路。墓封土高6米，呈圆顶形，面积约884平方米。

公冶长，复姓公冶，名长，字子长，春秋时期齐国诸邑（今山东诸城）人，孔子的学生和女婿，系孔子七十二贤之一。传说他精通鸟语，曾因此获罪入狱。历史上不少统治者曾经对其进行褒奖。唐开元年间被封为莒伯，北宋时封高密侯。

今诸城市马庄镇先进村北、锡山子东南脚，亦有公冶长墓，传为公冶长故里。今安丘市西南城顶山，有公冶长书院，传为公冶长隐居、读书、授徒之处。

黔敖墓

【黔娄墓】

位于凤凰镇北金召村东南百米处，封土已平，旧址尚存。

黔娄，战国时期名士，一生修身清节，不求仕进。鲁恭公要任他为相，齐威王要聘他为卿，皆推辞不受。他家贫如洗，死时衾不遮体，覆头则足见，覆足则头见。一凭吊者见其状曰："斜引其被则殓矣。"其妻曰："斜而有余，不如正而不足。生时不邪，死而邪之，非先生之义也。"《汉书·艺文志·道家》记载："《黔娄子》四篇。（黔娄），齐隐士，守道不诎，威王下之。"

20世纪90年代，因村庄建设，齐国故城遗址博物馆对其墓进行了抢救性发掘，为砖室墓，绘有壁画。根据形制和出土文物判断，该墓为金代墓葬，非黔娄之墓。

【王蠋墓】

位于凤凰镇东召村南农田中，南邻公路，北近民宅。墓原封土高大，后因取土分成东西两部分，西边的封土较大，高8米，呈圆顶形，面积约480平方米；东边的较小，高3米，呈圆顶形，面积约254平方米。墓前立有"王蠋墓"石碑。据载，墓前原有民国时所立石碑，文曰"齐烈士王蠋之墓"，今已无存。

王蠋墓

王蠋，战国时齐国名士，画邑人，因进谏湣王不受，退而耕于野。《史记》载，前284年，乐毅伐齐，听说王蠋是有才有德之人，就命令军队"环画邑三十里无入"。随后，乐毅派人告王蠋说"齐人多高子之义，吾以子为将，封子万家"，以诱其降，王蠋不从。当燕人以"子不听，吾引三军而屠画邑"威吓时，王蠋慷慨直言："国既破亡，吾不能存；今又劫之以兵为君将，是助桀为暴也。与其生而无义，固不如烹！"遂自缢而死。后人思念其高尚品德，撰文立碑作为纪念。北宋词人秦少游写过情文并茂的《王蠋论》。与秦少游同时代的思想家李觏（gòu）曾赋七言绝句盛赞王蠋："全齐拱手授燕兵，义士谁为国重轻。七十二城皆北面，一时忠愤独书生。"

【田单墓】

位于皇城镇皇城营村东南，西、南、北三侧均是果园，东侧为麦田。墓封土高7米，面积约777平方米。墓前曾有民国7年（1918年）所立石碑，碑文为"齐相田单之墓"，碑身断为两截，现已无存。1988年，临淄区人民政府立保护标志碑一通。1994年，区文物主管部门在墓四角埋设界桩加以保护。

田单，战国时临淄人，初为管理市场的小吏。乐毅伐齐时，田单和族人退至即墨城内，被推为将军以拒燕军。他先用反间计，使燕惠王撤回乐毅，改用骑劫为将，随后用火牛阵大败燕军，尽复齐国70余城。还都临淄后，齐襄王封田单为安平君，任为相国。

据民国9年《临淄县志》载，曾于墓东掘井得铜器甚多。1972年，当地群众在附近平整土地时，距地表1.5米处，发现石椁，并有大量卵石，疑是田单墓室，遂覆盖。

田单墓

【孔融墓】

位于稷下街道范家村东北、临淄大道与安平路交界处西北侧的绿化带内。墓高2米，面积约为157平方米。因取土，已失原貌。

孔融，字文举，鲁国（今山东曲阜）人，孔子二十世孙，汉末著名学者，"建安七子"之

孔融墓

一。汉献帝时，任北海相，故世称"孔北海"，后为青州（治所临淄）刺史，曹操当政时，曾任将作大匠、少府、太中大夫等职。他秉性刚直，放言无忌，屡次忤犯曹操，被杀。著有《孔北海集》。

【蒯通墓】

位于皇城镇五路口村东。墓封土高约7米，呈圆顶形，封土之上野生落叶乔木与灌木。墓东、南两侧为麦田，西侧邻蔬菜大棚，北侧有看护房。

蒯（kuǎi）通，范阳（今河北省徐水）人，本名彻。为避汉武帝（刘彻）讳，改为通。楚汉时期的著名说客、史学家。《史记》称他为范阳辩士，性机敏，擅权谋。武信君用其策，不战而得赵地30余城。韩信用其计遂取齐地，蒯通曾劝韩信脱离刘邦而自立。汉惠帝时，为丞相曹参之上宾。著有《隽永》81篇，《汉书·艺文志》纵横家有《蒯子》5篇，今皆佚。

北京广渠门外八里庄也有蒯通墓，孰真待考。

蒯通墓

【终军墓】

位于齐陵街道梁家终村东450米处齐稷山庄院内，南依稷山。墓封土高8米，呈圆顶形，面积121平方米。墓上多植松柏，周围树木繁茂，北侧立有保护标志碑和终军简介碑。附近8个村庄均以"终村"为名，即源于此。

终军墓

终军（约前133～前112年），字子云，济南郡杜山（今凤凰镇）人，西汉著名政治家、外交家。少年时代刻苦好学，以博闻强记、能言善辩、文笔优美闻名于郡中，18岁被举荐为博士弟子，赴京师长安，为武帝所器重，任命为谒者给事中，后升谏大夫。终军在维护中央集权、制止诸侯割据、抵御外族侵扰等方面，都有成就。他曾先后成功出使匈奴、南越，说服南越王臣服汉朝。汉元鼎五年（前112年），南越丞相吕嘉发动叛乱，终军被杀害，年仅20岁余。人称为"终童"。不知何以殁而葬此，待考。

【淳于意墓】

位于辛店街道东夏社区西南，南邻东西赶牛沟古道。20世纪80年代建设齐鲁乙烯工程时，由山东省文物考古研究所发掘。

淳于意，西汉临淄人，著名医学家，曾任太仓令，故又称仓公。他尽心为平民治病，拒绝攀附权贵，因此得罪了他们，被罗织罪名，诬陷入狱。幸亏他的五女缇萦上书文帝，痛切陈述父亲无罪，自己愿意身充官婢，代父受刑。文帝受到感动，宽免了淳于意，且废除了肉刑。返乡后，他专注于医学研究，将典型病例进行整理，写出了中国医学史上第一部医案集——《诊籍》。这也是世界上最早的病历集。他与张仲景、华佗并称汉代三大医学家。

【马良墓】

位于今稷下街道永流村西北50米处。南面是果园，西邻原辛孤路，东、北两侧均是农田。墓封土高7米，呈椭圆形，面积1600平方米。2003年绿化，遍植蜀桧。

马良（187～222年），字季常，襄阳宜城（今湖北宜城南）人，蜀汉名臣，蜀将马谡之兄。兄弟5人，俱有才名。马良眉中有白毛，家乡人说："马氏五常，白眉最良。"历官从事、左将军掾、侍中。蜀章武元年（221年），刘备派他到武陵（今湖南省西南一带）联结"蛮夷"助蜀伐吴，功成，深受刘备器重。后在夷陵之战中，刘备兵败，马良亦遇害。

湖北省宜城市上大堰镇亦有马良墓，但系衣冠冢。马良为蜀汉名臣，死后为何葬于属曹魏的临淄，待考。

【刘伶墓】

位于朱台镇南高阳村东南500米处。

刘伶，字伯伦，西晋沛国（今江苏省沛县）人，魏、晋间名士。崇庄子，提倡摒弃名教，复返自然，与阮籍、嵇康等合称"竹林七贤"。曾任建威参军，晋武帝时对朝廷策问，强调无为而治，被认为无能而罢免。嗜酒，常乘鹿车，携壶酒，使人荷锸相随，并说"死便埋我"。高阳古时酒业兴盛，有"杜康酿酒刘伶醉"之说。

【房玄龄墓】

位于齐都镇南马坊村东南约300米处。封土已平，墓室尚存。原有御葬石像，"文化大革命"中被毁。

房玄龄，名乔，齐州临淄人，18岁中进士，曾为秦王府记事，封临淄侯。唐贞观"二十四功臣"之一，秦王府"十八学士"重要成员。任宰相20余年，帮助唐太宗巩固了唐朝的统治，呈现出"贞观之治"的盛世，被世人称为

唐朝贤相。贞观二十二年（648年），房玄龄病卒，太宗悲痛不已，为此停朝三日，并令其陪葬昭陵（太宗陵墓）。今临淄房玄龄墓，疑为后人为其建的衣冠冢，确否待考。

【麻希孟墓】

位于朱台镇麻王庄附近，封土已平。

麻希孟，北宋初临淄人，曾任青州录事参军。年九十余，仍语极从容，其养生之道是"寡情欲，节声色，薄滋味"。好学，善教子，其子、孙皆登进士第，被称为麻氏教子有法。

【蔡璋佩墓】

位于敬仲镇蔡王庄附近，封土已平。

蔡璋佩，临淄人，元代太监，官至异珍库使。民国9年《临淄县志》记载，蔡璋佩墓在县境蔡王庄。

【韩介墓】

位于临淄第三中学院内操场处。1990年因临淄三中校舍扩建，已发掘。出土韩介墓志铭。

韩介，临淄人，明万历年间进士，为官清廉，不避权贵，为世俗所不容，最终辞官归里。后在老家置田地赡养族人，在发生饥荒时设粥场供应饥民，深得乡民敬重。据民国9年《临淄县志》载："韩介，临淄人，明万历八年进士，授江苏宝应知县，擢御史。秉性刚直，遇事敢言，不避权贵。巡两淮盐政，杜干请，却例金，为时所忌，告归。置田，赡族人。岁饥，煮粥以食，饿者活数千人。"

【王友询墓】

位于凤凰镇王家桥村北。原有御赐翁仲，石门上刻"绩茂黔南"四字。其墓与御赐物于1958年被毁。1984年，一只石羊被征集至临淄区

文物管理所。现墓址已无从考。

王友询，字梅若，凤凰镇王家桥村人。清康熙五十一年（1712年）武进士。康熙五十九年（1720年），用兵西藏。雍正元年（1723年），驻防天青茶汉哈达，因招降1600余人，论功赏加都督金事衔，后升潼关副将。乾隆元年（1736年），调西宁总兵，后授贵州安笼镇总兵。乾隆六年（1741年），又调古州镇总兵。翌年10月病故。

王友询工书善画，长于诗歌。其诗苍凉悲壮，有岑嘉州（参）遗风。著有《西征纪略》《苗蛮全图》《教练辑略》《阅史约记》等，一时称为儒将。

【徐华清墓】

位于敬仲镇徐家圈庄西北，淄水西岸。1967年，封土被平，墓室被毁，莹地辟为农田。府及祠堂前石狮和其生前习武大刀被征集至临淄区文物管理所。

徐华清，字际唐，敬仲镇徐家圈人。清嘉庆十三年（1808年），乡会联捷，殿试以第一及第武状元。清道光二年（1822年），随甘肃提督赴西宁，镇服青海。后升哈密协副将。授潼关协副将。道光二十三年（1843年），升福建陆路提督。在任6年，英人不敢犯境。任满将入京升见，行至浦城感疾，道光三十年（1850年）十月二十六日卒于行馆。死后谥"威恪"。

其他古墓一览表

序号	名称	地理位置	范围	封土保护情况
1	1号无名冢	齐都镇南马坊村西	墓高3米，面积184平方米	一般
2	2号无名冢	齐都镇南马坊村西500米	墓高8米，面积约1660平方米	一般
3	徐家冢	齐都镇南马坊村西南1000米	墓高11米，面积约2974平方米	一般
4	长冢子	齐都镇南马坊村西南	墓高9米，面积2238平方米	一般
5	5号无名冢	齐都镇南马坊村西南	墓高2米，面积113平方米	一般
6	勺冢子	齐都镇南马坊村西南	墓高12米，面积2445平方米	一般
7	东大冢	齐都镇南马坊村西南，原临淄区弹药库院内	墓高10米，面积1444平方米	一般
8	西大冢	齐都镇南马坊村西南	墓高11米，面积2026平方米	一般
9	窑冢子	齐都镇南马坊村南	墓高8米，面积约678平方米	一般

10	10号无名冢	齐都镇南马坊村南，临淄中轩酒厂院内	墓高8米，面积1160平方米	较好
11	尖冢子	齐都镇南马坊村南	墓高11米，面积约1694平方米	一般
12	12号无名冢	齐都镇南马坊村东南	墓高4米，面积266平方米	一般
13	13号无名冢	齐都镇南马坊村西北	墓高6米，面积1680平方米	一般
14	14号无名冢	齐都镇南马坊村西北600米	墓高2.5米，面积57平方米	一般
15	15号无名冢	齐都镇南马坊村西北900米	墓高5米，面积约918平方米	一般
16	16号无名冢	齐都镇西关南村南	墓高5米，面积36平方米	一般
17	17号无名冢	齐都镇西关南村南	墓封土高8米，面积约为56平方米	一般
18	18号无名冢	齐都镇西关南村南	墓高7米，面积1584平方米	一般
19	19号无名冢	齐都镇西关南村南	墓高6米，面积42平方米	一般
20	20号无名冢	齐都镇西关南村南，新建临淄中学院内	墓高5米，面积725平方米	一般
21	豆枕冢	齐都镇西关南村南	墓高5米，面积1129平方米	一般
22	22号无名冢	齐都镇西关南村南	墓高7米，面积43平方米	一般
23	对冢子	齐都镇西关南村西南	墓高8米，面积1066平方米	较差
24	24号无名冢	齐都镇西关南村南	墓高11米，面积47平方米	较差
25	娘娘冢	齐都镇西关南村南	墓高5米，面积约20平方米	较差
26	26号无名冢	齐都镇西关南村南	墓高8米，面积40平方米	一般

27	娘娘冢	齐都镇西关南村南	墓高 3 米，面积 320 平方米	一般
28	娘娘冢	齐都镇西门村南，东侧为27号娘娘冢	墓高 3 米，面积 218 平方米	较差
29	小冢子	齐都镇南门村东南	墓高 4 米，面积 1647 平方米	较差
30	平冢子	齐都镇南门村南	墓高 5 米，面积 865 平方米	完好
31	31号无名冢	齐都镇南门村南	墓高 3 米，面积 253 平方米	一般
32	32号无名冢	齐都镇南门村东南	墓高 2 米，面积 149 平方米	较差
33	尖冢子	齐都镇南门村南	墓封土高 7 米，面积 2154 平方米	一般
34	马武冢	齐都镇东关村东	墓高 6 米，面积 732 平方米	一般
35	马王冢	齐都镇龙贯村西	墓高 7 米，面积 109 平方米	较差
36	茉莉冢	齐都镇龙贯村西	墓高 7 米，面积 1293 平方米	一般
37	木力冢	齐都镇贯村西	墓高 11 米，面积 5133 平方米	一般
38	元达冢	齐都镇龙贯村西	墓高 14 米，面积 3233 平方米	一般
39	40号无名冢	齐都镇南门村南	墓高 2 米，面积 57 平方米	一般
40	42号无名冢	辛店街道辛店街村西	墓高 2 米，面积 85 平方米	一般
41	袁达、李牧墓	辛店街道辛店街村西	墓高 11 米，面积 6438 平方米	较好
42	44号无名冢	辛店街道辛店街村西	墓高 3 米，面积 471 平方米	较好
43	45号无名冢	辛店街道辛店街村西	无封土	一般
44	46号无名冢	辛店街道安乐店东北	墓高 5 米，面积 1298 平方米	一般

45	47号无名冢	辛店街道朱家社区北	墓高 13 米，面积 4229 平方米	较好
46	48号无名冢	辛店街道合顺店东	墓高 5 米，面积 331 平方米	一般
47	49号无名冢	辛店街道王朱村东	墓高 8 米，面积 322 平方米	较好
48	50号无名冢	辛店街道仉行庄西南	墓高 2 米，面积 214 平方米	一般
49	灰冢子	辛店街道窝托社区东南	墓高 4 米，面积 180 平方米	一般
50	52号无名冢	稷下街道程营村南	墓高 9 米，面积 2584 平方米	一般
51	于家冢	稷下街道高娄店南400米	墓高 4 米，面积 263 平方米	一般
52	54号无名冢	稷下街道高娄店西190米	墓高 1 米，面积 19.8 平方米	较差
53	55号无名冢	稷下街道高娄店北200米	墓高 2.5 米，面积 52 平方米	较差
54	趴冢子	稷下街道西安次村西北	墓高 2 米，面积 314 平方米	较差
55	57号无名冢	稷下街道淄博工业学校院内	墓高 15 米，面积 6396 平方米	较好
56	58号无名冢	凤凰镇南罗家庄北	墓高 6 米，面积 576 平方米	一般
57	59号无名冢	凤凰镇东召二南村东南荆山以北	墓高 11 米，面积 2314 平方米	一般
58	60号无名冢	朱台镇朱台村西350米	墓高 8 米，面积 650 平方米	一般
59	61号无名冢	朱台镇北高阳村8090米	墓高 7 米，面积 435 平方米	一般
60	皇考冢	敬仲镇李家村西南	墓高 3 米，面积 1300 平方米	一般
61	姬王冢	敬仲镇姬王村北	墓高 6 米，面积 554 平方米	一般
62	黑狗冢	敬仲镇张王村北	墓高 3 米，面积 300 平方米	一般

63	65号无名冢	敬仲镇徐家圈村南	墓高6米，面积148平方米	一般
64	康冢子	敬仲镇东王官村南	墓高4米，面积507平方米	一般
65	崔冢子	敬仲镇岳家村南果园内	墓高2米，面积423平方米	一般
66	68号无名冢	敬仲镇崔官村南	墓高8米，面积1188平方米	一般
67	69号无名冢	皇城镇许家村东南	墓高7米，面积396平方米	较好
68	70号无名冢	皇城镇东上村东北	墓高4米，面积376平方米	一般
69	71号无名冢	皇城镇锡腊营村北	墓高10米，面积074平方米	较好
70	王骧墓	齐陵街道郑家沟村西北	无封土	较差
71	74号无名冢	齐陵街道朱家终村东南	墓高10米，面积1683平方米	一般
72	75号无名冢	齐陵街道南山村东	墓高5米，面积1192米	一般
73	76号无名冢	齐陵街道南山村南	墓高3米，面积75.175平方米	一般
74	77号无名冢	齐陵街道南山村南	墓高6米，面积2146米	一般
75	78号无名冢	齐陵街道南山村	墓高6米，面积1299平方米	一般
76	凤凰冢	稷下街道尧王村西南	墓高6米，面积260平方米	一般
77	凤凰冢	稷下街道尧王村西南	墓高8米，面积705平方米	较好
78	82号无名冢	稷下街道官道村西	墓高3米，面积370平方米	一般
79	龟冢子	稷下街道魏家村东北	墓高9米，面积1050平方米	一般
80	蛤蟆冢	稷下街道赵家徐姚西北	墓高7米，面积710平方米	一般

81	马鞍冢	稷下街道赵家徐姚村北	墓高 7 米，面积 4050 平方米	一般
82	南冢子	稷下街道东孙家徐姚村东北	墓高 3 米，面积 807 平方米	一般
83	双冢子	稷下街道东孙家徐姚西北	南侧墓高 3 米，面积 500 平方米；北侧墓高 3 米，面积 160 平方米	较好
84	89号无名冢	稷下街道陈家徐姚村西北	墓高 5 米，面积 70 平方米	一般
85	伍辛冢	稷下街道商王庄西	墓高 1 米，面积 70 平方米	一般
86	92号无名冢	稷下街道永流村东北	墓高 4 米，面积 400 平方米	一般
87	93号无名冢	稷下街道永流村西北	墓高 2 米，面积 650 平方米	一般
88	马良墓	稷下街道永流村西北	墓高 7 米，面积 1600 平方米	一般
89	95号无名冢	稷下街道永流村北	墓高 7 米，面积 1200 平方米	一般
90	仕郎墓	闻韶街道石鼓社区东南	墓高 18 米，东西长 22 米，南北宽 8 米	完好
91	97号无名冢	闻韶街道汽车一队家属院内	墓高 4 米，面积 140 平方米	一般
92	大年冢	稷下街道徐家庄东北	墓高 5 米，面积 1100 平方米	较好
93	100号无名冢	稷下街道徐家庄东北	墓高 4 米，面积 380 平方米	一般
94	102号无名冢	稷下街道刘家村北	墓高 4 米，面积 68 平方米	一般
95	103号无名冢	稷下街道刘家村北	墓高 4 米，面积 740 平方米	一般
96	玁冢子	稷下街道刘家村北	墓高 5 米，面积 670 平方米	一般
97	109号无名冢	闻韶街道相家村北果园内	墓高 5 米，面积 1062 平方米	一般
98	111号无名冢	稷下街道合里庄村东	无封土	差

99	113号无名冢	稷下街道王家庄东北2000米	无封土	差
100	趴冢子	稷下街道东安次村东南	墓高1米，面积47平方米	一般
101	115号无名冢	稷下街道南安次村东北	无封土	差
102	高冢子	稷下街道西安次村西	无封土	较差
103	117号无名冢	凤凰镇北罗家庄西南角	无封土	较差
104	118号无名冢	凤凰镇愚公山西麓	无封土	较差
105	119号无名冢	朱台镇麻王庄东	无封土	差
106	120号无名冢	朱台镇北高阳村南	无封土	差
107	124号无名冢	稷下街道魏家村东北	无封土	差
108	125号无名冢	稷下街道尧王庄东北	无封土	差
109	范家村北古墓（2）	稷下街道范家村北	墓高5米，面积372平方米	一般
110	144号无名冢	朱台镇上河西村西北	墓高4米，面积183平方米	一般
111	148号无名冢	朱台镇东台村	墓高2米，面积295平方米	一般
112	范家村北古墓（1）	稷下街道范家村北	墓高4米，面积168平方米	一般
113	南魏家村古墓	稷下街道魏家村西南	墓高3米，面积202平方米	一般
114	矮槐树村古墓	辛店街道矮槐树村西	墓高5米，面积282平方米	一般
115	于家店古墓	辛店街道于家店村北	墓高6米，面积900平方米	一般
116	徐家圈古墓	敬仲镇徐家圈村内	墓高5米，面积644平方米	一般

117	东召南村古墓（东1）	凤凰镇愚公山北麓	墓高1米，面积12平方米	一般
118	东召南村古墓（东2）	凤凰镇愚公山北麓	墓高4米，面积72平方米	一般
119	寇家庄古墓	凤凰镇寇家庄西，荆山南麓	东西向排列三座古墓，墓1高3.5米，面积约518平方米，墓2高4米，面积约1056平方米，墓3高2.5米，面积约406平方米	一般
120	东召南村古墓	凤凰镇东召南村东南，荆山北麓	墓高12米，面积6.2千平方米	一般
121	皇冢子	凤凰镇东召南村东南	无封土	较差
122	黑老婆冢	凤凰镇东召南村东南。	无封土	较差
123	东召南村西南古墓	凤凰镇荆山以北	无封土	较差
124	东召南村东南古墓	凤凰镇东召南村荆山北麓	无封土	较差
125	曹村古墓	皇城镇曹村南农田中	封土高约1.5米，面积约为132平方米	较差
126	东郭偃墓	皇城镇崔家郭村东南	无封土	较差
127	石槽村东古墓	皇城镇石槽村东果园内	墓高10米，面积约为2000平方米	一般
128	南马坊古墓	齐都镇南马坊村西南，畜禽良种繁育场内	墓高3米，面积230平方米	较差
129	西关南村古墓	齐都镇西关南村	墓高2米，面积171平方米	一般
130	先生墓	齐陵街道北山西村西南	墓高2米，面积246平方米	一般
131	梁家终村古墓	齐陵街道梁家终村东南	墓高8米，面积698平方米	一般
132	南山村古墓	齐陵街道南山庄南	墓高11米，面积1732.5平方米	一般
133	南山村东古墓	齐陵街道南山村东	墓高4米，面积916.39平方米	一般
134	南山村古墓（南棉花冢）	齐陵街道南山村南	墓高4米，面积898平方米	一般

135	南山村古墓（北棉花家）	齐陵街道南山村南	墓高 4 米，面积 467 平方米	一般
136	无名冢	齐陵街道齐家终村	墓高 1 米，面积 13 平方米	一般
137	杨树冢	齐陵街道南山村东	面积 2700 平方米	一般

注：田齐王陵有封土的实为9座，稷山洞石墓群为1座。因尚不清楚烽火台是台是墓。故有封土的古墓葬共153座。

第三节　已发掘墓葬

建国以后，特别是改革开放以来，随着经济发展和城、镇现代化建设，为了保护文物，各级文物考古部门对建设用地中探查出的古墓葬进行了抢救性发掘。

一　西周墓葬

【东古墓地】

位于齐都镇东古城村东北。1980年发掘，共发掘西周～汉代墓葬91座，出土文物约1500件。

墓葬多为长方形土坑竖穴墓，有的墓壁经过加工，垂直光洁平滑，墓底部四周有熟土二层台或生土二层台，墓底中部多有一长方形腰坑，坑内一般殉狗1只，随葬器物分别放于墓主头前棺椁之间和北部二层台上面或椁顶上。这些墓大多遭过盗扰，墓室部分被破坏，出土随葬器物有陶鬲、陶豆、陶罐、陶器盖及铜舟等。该墓地的发掘为解决临淄地区齐墓分型和年代分期具有重要意义。

【河崖头墓地】

位于齐都镇河崖头村一带。1964年，山东省文化局临淄文物工作队勘探齐国故城遗址，在大城内发现了两处墓地。一处在大城东北部的河崖头村及村西一带，已探出大、中型墓20余座，是西周到春秋时期齐国公侯陵墓。另一处在大城南部刘家寨、韶院村南，南墙东侧门以里的南北大道两侧，亦是东周墓葬。在河崖头墓地五号墓周围，发现了规模大型殉马坑。

河崖头五号墓及殉马坑位于河崖头村西，处于齐故城大城的东北角。1964～1976年先后发掘了主墓及殉马坑。墓呈"甲"字形，石椁室位于墓室中部，自然石砌垒，鹅卵石填缝，椁室北部是器物库。墓口南北长26.3米，东西宽23.35米，深3.6米。墓道呈斜坡状，上口残长14.7米，坡长18米，里口宽11.2米，外口宽12.7米。椁室南北长7.9米，东西宽6.85米，残深2.8米。器物库位于椁室后，东西长8.2米，南北宽3.8米，残深0.6米。经挖掘清理发现，此墓多次被盗，葬具及随葬品荡然无存。器物库内只有残存铜锈、漆片和遍布库底的朱砂。在距椁底上3米处的填土中，发现狗骨30具，猪骨2具，家禽骨6具（详见第七章第一节·齐国故城遗址博物馆）。

【乙烯两醇墓地】

1984年，在辛店西部、齐鲁石化公司第二化肥厂以南的乙烯两醇（甲醇、丁辛醇）工地，发现周代墓地一处。为配合乙烯工程施工，由山东省文物考古研究所进行了抢救性发掘，共清理墓葬322座，出土文物2000余件。其中，有素面鬲、豆、罐等。素面鬲是鲁北地区商周时期土著夷人的代表性器物。

这一墓地上限可达西周后期，下限可至战国晚期，个别的延续到西汉初年，对齐墓的分期断代有着重大的研究价值。

二　春秋墓葬

【郎家庄东周殉人墓】

位于齐都镇郎家庄东南，北距齐故城南城墙约500米。

此墓原封土高大，因长期取土，逐渐夷为平地。1971年12月～1972年5月，山东省博物馆对此墓进行了发掘。墓室南北长21米，东西宽19.5米，深6米。主室位于墓室正中偏南处，用天然巨石垒砌成，并以卵石填塞缝隙。

此墓中共发现殉人26个。在主墓周围有葬坑17个，每坑中1人。其中10个坑被盗掘。经对所遗骨骼鉴定，均系青壮年女性。另外还有9人，被肢解后打在封土之内，无随葬品，可能是杀殉的奴隶。另有殉狗8只。出土随葬器物约1000余件，包括铜器、陶器、漆器和玉石、骨等质料制成的饰品，丝棘织物和铁削2件，现均藏于山东省博物馆与齐国故城遗址博物馆。

此墓经多次盗掘，亦无文字可考。根据出土器物组合、器形特征及纹饰判断，其年代当属春秋战国之际（前500～前400年），墓主应是齐国卿大夫一级的贵族。

三　战国墓葬

【淄河店墓地】

位于齐陵街道淄河店村西南，墓地东侧有一条自然冲积沟壑与田齐王陵相邻，西到牛山，南至康山、火石山，北为胶济铁路。墓地南端狭窄，宽不足200米，北部宽阔，最宽处约1200米，南北长约1700米。

自1990年以来，山东省文物考古研究所对淄河店墓地先后进行了三次发掘和一次大规模的文物勘探。1990年4～11月，为配合济青高速公路建设工程，在淄河店墓地东北部的第19号取土场内发掘了4座大型墓葬（LZM1～LZM4），1座大型殉马坑和23座明清以后的小型墓葬。1992年10～12月，为配合田齐王陵的"四有"工作，对淄河店墓地进行了全面调查勘探，在淄河店墓地范围内共发现大、中型墓葬34座（包括有封土的12座）。1993年10～12月，为配合临淄水泥厂取土，对位于淄河店墓地东侧取土场内的3座大型墓葬（LZM67、LZM80、LZM81）进行了发掘。2004年5～6月，配合胶济铁路电气化改造工程，对墓地东北角处4座大型墓葬（LZM301～LZM304）进行了发掘。

墓地南部地势较高，有6座有封土的大墓，分布比较集中，并且有3座墓葬东西并列，是一组异穴并葬墓，从墓葬的布局分析，是一处重要的贵族家族墓地。墓地北部地势渐低，现存有封土的墓葬不多，但发现了许多无封土的大型墓葬，最大的墓葬墓室面积达1600平方米。发现的34座大、中型墓葬中，2座东西并列的有7组，形制相同，墓道方向一致，都应属于战国时期的异穴并葬墓，两墓的墓主当属夫妻关系。经过对墓地调查、勘探，摸清了墓葬的分布状况，为做好文物保护和"四有"工作提供了翔实的资料。

发掘的11座大型墓葬中，LZM304南北两条墓道，平面呈"中"字形，其余10座墓葬平面呈"甲"字形。LZM1与LZM2、LZM80与

LZM81、LZM302与LZM303东西并列，属于异穴并葬墓，其中LZM80、LZM81墓道北向，形制特别，这在临淄战国墓中是比较少见的。墓葬内出土陶器、铜器、玉器、石器、水晶玛瑙器、骨器和漆木器等各类文物近700件。特别是LZM2、LZM3随葬的陶礼器众多，配有7鼎6簋。LZM2椁室内出土了1件有铭铜戈，铭文为"国楚造车戈"，"国楚"即为墓主之名。依据墓葬形制以及出土的器物推测，LZM2的墓主应是名为"国楚"的齐国卿大夫之类的上层贵族，而LZM3墓主应是LZM2墓主的夫人。其他9座墓葬，出土文物的数量和种类较少，墓主的身份可能属于贵族的最下层——士阶层。

LZM2在墓室内有一个长方形殉人坑，内殉12人。墓室外后侧有一条东西向长达45米的殉马坑，内殉马69匹。墓室内发现的20余辆独辀车，是研究齐国车制的重要资料。因此，该墓被评为1990年全国十大考古发现之一。

【相家庄墓地】

位于闻韶街道相家村北，此处分布着7座带有封土的大型墓葬。1995年冬～1996年7月，为配合区行政办公中心大楼建设，山东省文物考古研究所发掘了其中的6座。墓葬分布具有一定的规律，中间4座为一组异穴合葬墓，被群众称为"三联冢"，封土高大，宛如山丘，西端窄，东端宽，平面为"L"形，封土底部相连呈台基状，上部各立圆锥形坟丘，前面3座东西并列在一条直线上，自西向东为LXM1～LXM3，东端最宽处为LXM3，北侧为LXM4。LXM5、LXM6位于LXM1～LXM3东西两侧，相距基本对称。LXM7位于LXM4东北处，南北与LXM5相对，未发掘。

发掘的6座大型墓葬，平面均为"甲"字形土坑石椁墓，但墓室的结构不同。LXM1、LXM3的墓室为起冢式，墓室一部分挖于地下，一部分建于地上，地上墓室夯筑而成，是目前省内已发掘起冢式墓中地上墓室保存最好、结构最为完整的两座。墓底有宽大的生土二层台，居中有一椁室，椁室四周用石块垒砌石椁。墓底周围墓壁上有一层苇席，苇席上有高0.5米的粗麻布帷帐，其上用红、蓝、黑三色彩绘的兽面纹连续图案。根据墓葬的形制和陶器组合及器物的演变特征，结合墓葬之间的打破关系来断定墓葬的早晚先后，LXM6属于战国早期前段，LXM1、LXM2、LXM4属于战国早期后段，LXM3、LXM5属于战国中期。

6座墓葬只有LXM6保存稍好，不仅出土一组青铜礼器，而且还随葬大量的陶礼器、漆木器和竹器，并有7件列鼎，因此，LXM6墓主应是卿大夫一级的贵族。LXM1随葬的陶器，从出土的情况可以看出其组合大致为鼎、豆、簋、敦、壶、盘、匜。LXM1、LXM2、LXM3、LXM4是在同一堆封土下的一组异穴并葬墓，其中LXM2居中，LXM4在LXM3之后。LXM2墓室最深，殉人也最多。椁室中出土了大量骨制剑、镞、并出土一柄铜剑，墓主当为男性，属于卿大夫一级贵族。而居于左右两侧的LXM1和LXM3两墓主人应是LXM2墓主的夫人。在LXM3之后的LXM4，应与LXM2或LXM3有一定的关系，随葬的陶礼器为5鼎，墓主的身份相当于下大夫一级的贵族。LXM5虽未发现墓主随葬的铜礼器或陶礼器，但有殉人且用鼎陪葬，说明墓主也不会是一般贵族，也应属于下大夫一级。

6座墓葬虽然遭到不同程度的盗扰，但版筑技术、墓壁装饰图案、随葬器物和殉人坑的发现，对研究中国古代建筑史的分期断代、战国时期齐国上层贵族的埋葬习俗和文化特征提供了重要资料。

【单家庄墓地】

位于雪宫街道单家社区东北，有两座有封土的墓葬。1992年8月，为配合齐鲁石化中心医院的扩建工程，对墓葬进行了发掘。LSM2封土呈椭圆形，高10.8米，黄褐色花土夯建而成，墓冢为"甲"字形土坑积石木椁墓，近方形，口大于底，墓深8.7米，南墓道斜坡状窄而长，椁室呈方形，自然石垒砌而成，间隙用河卵石填充，椁室南侧设陪葬坑3个。其中，2个为殉坑，1个为器物坑。此墓早期已盗扰，只在器物坑内出土了一批仿铜陶礼器。

LSM1封土呈圆锥形，高7米，黄褐色花土夯筑而成，墓葬为"甲"字形土坑积石木椁墓，墓室呈长方形，口大底小。墓口南北长19.8米，东西宽18.8米，墓底南北长15.45米，东西宽14.25米，墓底距墓口深9.33米。墓道呈斜坡状，挖在墓室南壁的中部，上口长31.2米，外口宽5.1米，里口宽7米。椁室长方形，位于墓底中部，南北长5.35米，东西宽4.4米，自然巨石砌垒，间隙用河卵石填充。陪葬坑6个，出土随葬器物有陶、铜、铁、金、玉、石、料器及玛瑙、骨、蚌器等。

四 战国至汉代墓葬

【山王墓地】

2006年3月～2009年9月，临淄区文物管理局在配合城区建设施工中发现了战国、汉代时期墓地一处。墓地位于辛店街道山王村东北两面，胶济铁路两侧，北距齐国故城约7千米。因是旧城区改造，地面上多有建筑物和混凝土路面，所有墓葬是在开挖的基槽内发现的，抢救性发掘清理墓葬91座，陪葬坑4座，出土陶、铜、玉器等各类文物近900件（套）。

清理的91座墓葬中，除1座清代墓外，其他均属于战国、汉墓。90座墓依据墓葬形制，有2座"甲"字形竖穴土坑木椁墓，余墓皆为长方形小型竖穴土坑墓。

2008年1月，在山王村东，胶济铁路南侧，配合区热力公司城南锅炉房的建设，清理了一座"甲"字形墓葬（编号LSRM1）。墓口南北长12.5米，东西宽11.1米，深7.25米。墓道南向，底呈斜坡式。椁室居于墓室中央，四周有宽大的生土二层台，台西、北两面各有一座陪葬坑，内殉1人。根据墓葬形制特点及随葬器物推测，墓葬为战国中期，墓主当属齐国的贵族。

发现的4座陪葬坑均位于胶济铁路北侧、墓地东北部。2007年12月发掘了一号坑。2009年5月清理了二～四号坑。陪葬坑呈长方形，大小相次，较为分散，东西相距较远。陪葬坑虽然遭到不同程度的盗掘，仍出土铜礼器、鎏金车马器、陶俑、陶车马等文物600多件（套）。尤其是一号坑面积最大，形制独特，出土文物众多，是一座最为重要的综合性的陶俑坑。

山王墓地

一号坑为南北方向，中间有一甬道把坑分为两部分。坑底总长15.45米，宽3.45米，深5.2～5.4米。坑内文物南北摆放，从内容上分为三部分：从南面门阙楼到前院大门为第一部分，主要由骑俑及车马组成的护卫方阵，在前端两侧的阙楼中间向后有5辆独辕车和7组护卫骑俑组成。从前院大门到后院大门为第二部分，为步俑护卫方阵，主要由步兵俑组成，可分为东西两组，西侧为站立步兵俑，手持盾牌；东侧主要为坐俑或蹲俑，中间有建鼓和击鼓手，并有个别的骑俑、文吏俑、侍从俑等。在大门内西侧站立步兵俑前还有2辆双辕牛车。院落中的后院为第三部分，为主人出行方阵，有4辆车和武士护卫俑、侍从俑组成。东侧3辆车前后排列，前面2辆独辕轺车为主车，后面1辆为双辕车，驾3马，主车西侧还有1辆独辕侍从车。建筑分布于东、西、北三面，院东侧有1座粮仓和1间庖厨；院西侧前为戏楼，后面庑顶式正堂是院内的主要建筑，堂前有台阶，显示出其形制高大。院北侧为4座平房居室。另外建筑外侧分布着陶羊、陶猪、陶鸭等动物。俑坑四周均匀分布着64件手持盾牌的兵俑，面向外，属于整体放哨站岗的护卫兵。

2009年5月，在牛山路馨香园小区1号楼基槽内发现了一座"甲"字形墓葬，编号LSXM5。LSXM5东临二、三号陪葬坑，西距一号陪葬坑77.6米。墓葬面积不大，属于中型墓，墓室南北长4.1米，东西宽3.5米，深8.8米。墓道南向为竖穴式，南端近底处有一台阶，底呈缓坡状。墓室内木质葬具已朽，但灰痕清晰可辨，为一椁两棺，椁内两棺东西并列，摆放整齐。椁外四周用河卵石充填。墓内出土的遗物较为丰富，有玉璧、玉圭、瓷壶、钱币等70余件。

尽管山王墓地陪葬坑的主墓还未找到，从4座陪葬坑内出土文物的特征看，陪葬坑的年代一致，属于西汉早中期。特别是发现的一号陶俑坑，文物种类繁多，排列规整，布局清晰，随葬

的陶车达11辆之多，这种综合形式的俑坑在国内首次发现，说明陪葬坑的墓主有很高的社会地位，可能属于汉齐王侯或王室成员贵族。这批墓葬以及陪葬坑的发现为研究战国秦汉代时期葬制和社会制度有巨大的价值，这4座陪葬坑的发现也为以后寻找主墓提供了重要依据。

一号坑在发掘清理过程中，省、市、区的领导极为重视，曾多次到工地视察指导工作。经省文物局批准，由山东省文物考古研究所和区文物局联合组成考古队，于2008年5月底完成了文物的提取工作。除山东省文物考古研究所留有少量的标本外，其余俑坑内的文物均收藏布展于齐国故城遗址博物馆。

【东夏庄墓地】

位于辛店街道东夏社区西南约1200米处，散布着6座有封土的墓葬，其中编号为LDM4、LDM5的墓葬，在同一座封土堆下，属于异穴并葬墓。发掘的7座墓葬，LDM1、LDM2和LDM7属于东汉时期的砖室墓，LDM3～LDM6均系战国墓。

配合齐鲁石化乙烯厂的建设，墓地发掘分两次进行。第一次是1980年，由临淄区文物管理所发掘了LDM2。第二次是1984～1986年，由山东省文物考古研究所负责，发掘了其余6座墓葬。墓葬发掘前，地面均有高大的封土，封土呈椭圆形或截尖圆锥形，系用红褐色与黄褐色花土自地面逐层往上夯筑而成。

发掘的3座砖室墓，LDM2、LDM7墓室盗扰极为严重，仅残存部分墙体和铺地砖，其结构不十分清楚，随葬品所剩无几。LDM1虽也被盗掘，但墓室保存较好，由前室、后室、三面回廊、东西耳室、甬道几部分组成。残存的随葬品有铜器、陶器、玉器等百余件。其中出土的一批陶质仓楼、厢房、灶、磨等模型器，均带有彩绘，制作精美。在山东汉墓中一次出土这么多件模型器物，实属罕见。根据平面布

局，构筑方式，随葬遗物的特征分析，此墓应属东汉前期，据推测，墓主可能是齐炀王刘石（70年去世）。

发掘的4座战国大型墓葬，都属于带有一条南墓道的"甲"字形土坑石椁墓，墓室面积均在200平方米以上。其中LDM4、LDM5位于同一座封土下，属于异穴夫妇并葬墓。墓室内都有椁室，四周用青石块垒砌，空隙间以河卵石充填。木质葬具为一椁一棺。3座墓均有殉人，LDM5殉2人，LDM4殉19人，LDM6殉葬人数最多达40人。殉葬坑布列于椁室的周围，随葬品主要是陶器，有鼎、簋、豆、敦、舟、壶、盘、匜、筵及甬钟等礼乐器。铜器有鼎、盖豆、敦、舟、盘、提梁壶、罍等，另外还随葬了许多漆器，从器形看有耳杯、案、舟、匜、豆等。依据墓葬形制、随葬器物以及殉人的数量推测，LDM4墓主身份当为卿大夫一级，LDM5应是LDM4墓主的夫人。LDM6殉葬人数多达40人，在战国时期极为少见，推测墓主身份也是卿大夫一级的上层贵族。LDM3规模相对较小，属下大夫一级的贵族。因此，这4座战国墓的发掘对研究齐国贵族的丧葬制度提供了重要的实物资料。

【商王墓地】

位于稷下街道商王村西。1992年，为配合临淄水泥厂扩建工程，由淄博市博物馆和齐国故城遗址博物馆联合组成考古发掘队，对工程范围内的古墓进行了抢救性发掘。发掘面积11.06万平方米，发掘战国墓葬4座，西汉墓葬84座，东汉墓葬14座。出土陶、铜、铁、金银、玉石、漆器等各类随葬器物982件。其中，在战国夫妻墓中出土的汲酒器、鸟柄灯、雁足灯、耳杯、人形足方炉、提梁燎炉、高柄盖豆、高柄提梁罐形豆、错金银铜盒等青铜器为齐墓发掘中所罕见。出土的玉器，其数量之多，种类之丰富、工艺之精美，在齐墓发掘资料中尚属首例。成批出土的金银器也是这一次发掘的重要发现。此外，还出

土了战国晚期有铭文的器物14件。铭文内容涉及职官、度量衡、造器机构、工师与工匠、纪年以及墓主人身份等等，是齐地出土的战国晚期铭文中最为丰富的一批，为研究战国晚期齐国的文字、度量衡、职官以及与秦国的关系等提供了丰富的资料。

【赵家徐姚墓地】

位于稷下街道赵家徐姚村北，淄博中轩热电厂内。2001年11月，配合淄博中轩热电厂建设工程，临淄区文物考古勘探队对工程占地范围进行了文物勘探，发现了一批古代墓葬，随后进行了抢救性发掘，共发掘墓葬125座。其中，19座墓葬内没有随葬品，时代不好确定。其余106座，依据墓内随葬器物的特征，有5座属于战国时期，101座属汉代。

发掘的2座"甲"字形土坑积石木椁墓尤为重要，墓葬虽均被盗掘，但M1内器物坑保存完好，出土了较多铜器；M2则在壁龛内出土了一批彩绘陶俑，颇具特色。根据墓葬和器物的特征可断定，M1为战国晚期，M2为战国中期，墓葬的主人均属于士一级的齐国贵族。特别是M2出土的彩绘陶俑，脸面经削刻而成，鼻梁突起，尖下颚，面饰红彩，眉眼用黑彩勾画，白眼眶内用黑彩点出眼珠，嘴用白彩勾勒。外穿红、黄、灰等多种颜色的长裙，长裙上饰不同颜色的彩条，腰束彩带，领及前襟边用彩条嵌饰，双肩披挂彩带；内着红、白底带黑格的垂地长裙。陶俑雕刻细腻入微，服饰色彩艳丽，对研究战国时期齐国的文化艺术及服饰文化、丧葬制度提供了极为珍贵的重要资料，是临淄地区战国时期考古工作的一次重要收获。

【西关南墓地】

位于辛店城区的东北部，北外环南侧，学府路以北，北距齐国故城约1000米。2009年3～4月临淄中学在建设施工中，发现了大量的古代墓

西关南墓地

葬，区文物管理局组织人员对墓葬进行了抢救性发掘和清理。

西关南墓地共清理战国、汉代墓葬397座，均是配合工程建设在基槽内发现的，其中有"甲"字形大型墓葬4座，余者皆为竖穴土坑墓。61座墓葬内没有任何随葬品，无法断定是战国墓葬还是属于汉代时期的墓葬。其余336座墓葬，依据墓葬的形制和出土器物的特征，有85座属于战国时期，251座属于汉代。该墓地出土青铜器635件（套），玉、石器118件（套），骨、蚌、铁器等饰品89件（套）。4座大型墓葬，墓道位于墓室的南侧，底呈斜坡状；墓室呈长方形，口大底小，墓壁斜内收，底部有宽大的生土二层台，中间有一椁室。M2、M3、M4底部挖置2～3座陪葬坑，各殉一人，墓葬遭到不同程度的破坏盗扰，椁室内墓主骨骼和器物荡然无存，二层台陪坑内随有铜兵器、仿铜陶礼器及水晶、玛瑙装饰品。M1保存完好，椁室内墓主葬具为二椁一棺，头朝北，面向东，双手置于胸前，为仰身直肢葬，脖颈处佩戴一组玉石串饰。椁室内墓主东侧有一器物箱，随有铜礼器、兵器、车马

器、乐器等113件（套）。在椁室的南、北、西三面分别有4个陪葬坑，内各殉1人。从这4座墓葬的形制和随葬品的特征来看，说明墓主的身份极高，属于齐国的贵族。

393座竖穴土坑墓，均为中小型墓葬，依据随葬品的多少不一断定墓主人的身份，大部分墓主为一般平民百姓，但也有较为富裕的中产阶级。

【国家村南墓地】

位于辛店城区北部，齐都镇国家旧村西南，中轩大道东侧，闻韶路以西，北外环以南，学府路从墓地中部东西向穿过，东北距齐国故城约3000米。墓地南北长600米，东西宽500米，总占地面积30万平方米。

国家村南墓地进行了三次大规模的发掘。第一次是配合国家新村住宅区建设，2003年10月～2005年6月，分三个阶段进行发掘，共清理古代墓葬187座（编号LGM1～LGM187）。

第二次发掘是位于国家新村南侧，配合齐兴花园住宅小区建设，2004年12月～2006

年3月，分三个阶段对发现的古墓葬进行了抢救性发掘，清理了214座古代墓葬（编号LGQM1～LGQM214）。

第三次发掘是在国家墓地的西北部，2007年6～7月，配合学府花园住宅小区建设，对在施工中发现的墓葬进行了抢救性发掘，共清理墓葬49座（编号LGXM1～LGXM49）。

三次大规模发掘清理了450座墓葬。其中，有18座战国时期大型墓葬，墓葬大致分列南北4排，并有4组异穴并葬墓，LGM1与LGM2、LGQM4与LGQM5两组东西并列；LGM3、LGM4、LGM6三墓东西并列；LGQM1与LGQM2东西并列，LGQM3位于LGQM1北侧。墓葬平面呈"甲"字形，墓道南向，底呈斜坡状，里端口与墓室相连；墓室大多南北稍长，呈长方形，底部都有宽大的生土二层台，椁室设在二层台的中部或中部稍偏南；11座墓葬内墓主均用殉人陪葬，少则1人，多则达17人。墓葬虽然遭到不同程度的盗扰，但出土文物极为丰富，有青铜礼器、车马器、兵器、仿铜陶礼器、乐器、彩绘俑、水晶玛瑙、玉石器等。依据墓葬形制和文物的特征分析，墓葬的年代贯穿于整个战国时期，墓主的身份分别属于齐国贵族的卿、大夫、士不同的阶层。

432座战国、两汉时期的中小型墓葬，墓主的身份，据其随葬品的多寡和特点推测，大部分属于平民百姓，但也有比较富裕的地主阶层及军队的士兵。

国家村南墓地占地面积大，墓葬排列密集，仅在施工的基槽内就清理了450座完整的墓葬，出土了各类文物2397件（套）。另外，墓葬从战国初期延续至东汉时期，年代跨度时间长。因此，这批墓葬的发掘对研究战国时期齐国贵族墓葬的分布规律、形制特点，以及战国两汉时期齐地平民百姓等各阶层埋葬习俗、文化特征都具有十分重要的意义。

【范家村南墓地】

位于临淄城区东部，淄江花园内。淄江花园是临淄区政府建设的一处大型地产项目，由多个组团组成，西起天齐路，东至安平路，北沿临淄大道，南邻桓公路，总占地面积约126.6万平方米。

范家村南墓地

2008年12月～2011年5月，为配合淄江花园建设，临淄区文物管理局组织考古人员对墓地内的K-03组团、J-01组团、C-1组团、G组团、A组团南区、范家新村C-03组团发现的古代墓葬，根据工程的需要分期、分批进行了抢救性发掘。共清理战国两汉墓葬2430座，出土铜器、陶器、玉石玛瑙器、骨器、铁器、泥器等文物近4700余件（套）。带墓道的"甲"字形战国时期大型墓葬20座，其余均为小型竖穴土坑墓，小型墓大部分属于两汉时期。其中最为重要的是在A组团南区发现的二号战国时期的大型墓葬。

二号墓位于墓地的西北部，平面呈"甲"字形，墓室口大底小，有一条南向墓道，墓室中部有一大型石椁室，椁室外围有多座殉人陪葬墓，一座器物坑，二层台上面随葬大量的陶礼器。出土的随葬品有陶器、陶明器、铜器、泥器、水晶玛瑙器、石器、骨器、漆木器，种类繁多，数量丰富。器物坑内出土实用的青铜礼器1套，组合齐全，有铜鼎8件，并用高规格的卧虎钮龙纹铜鼎、龙形纹铜壶、兽形镂空铜灯等器物陪葬，充分说明墓葬的主人有极高的社会地位，应当属于齐国的高层贵族或王室成员。陪葬墓虽然盗扰极为严重，但还是发现了精美的水晶玛瑙饰品，葬具一椁一棺，证明殉人的身份也不一般，当为墓主的宠妾婢女。特别是墓内出土的一批青铜器，厚重端庄，铸造精良，纹饰流畅精美，反映了齐国青铜铸造业的高超技术水平，对于研究齐国的冶炼、铸造工艺有重要价值。

【徐家村西南墓地】

位于临淄大道与稷下路交叉路口西南侧路虹花园小区内。1998年，为配合路虹花园建设，临淄区文化旅游局考古队对该墓地进行了抢救性发掘，发掘墓葬43座，除M1是战国墓外，其余均为汉墓。具有代表性的8座。

M1早年被盗，发掘时发现3处盗洞，分别在墓室北部、中部及东南角，墓室遭到严重破坏，随葬品所剩无几。墓葬平面呈"甲"字形，有一条南向墓道，墓室平面近似方形，口略大于底。墓道底呈斜坡状，坡度为21°。椁室位于墓室中部，随葬品按质地分有陶器与铜器。其余皆为长方形竖穴土坑墓，墓坑四壁较直，墓内填五花土。M3葬具不清，人骨多已腐朽，头向北，葬式为仰身直肢葬。随葬陶壶1件，置于墓底南端壁龛内，壁龛呈圆拱形。M5内有一棺，葬具已朽，棺内人骨保存完好，头向98°，为仰身直肢葬。棺外西南角随葬有陶壶1件。M24墓底四周有生土二层台，墓内有一棺，已朽。人骨保存完好，头向10°，为仰身葬，下肢交叉。随葬品有2件，铜镜置于脊椎骨右侧，陶壶置于二层台上。M20墓坑口大底小，墓内填五花土，层层夯实，夯窝为圆形平底。墓底部四周有生土二层台，一棺，已朽。棺内人骨腐朽，头向10°，为仰身直肢。随葬钱币1枚，置于头骨上部，棺外南端发现兽骨。M42墓室底两侧有生土二层台，一棺，已朽。棺内人骨保存完好，头向5°，为仰身直肢。随葬器物2件，铜镜置于棺内上肢骨内侧，陶壶置于棺外南端。M21为长方形竖穴砖椁墓，墓内填五花土，层层夯实，夯层厚25厘米。夯窝呈圆形圜底，直径7厘米。墓室底先用砖平铺，然后四周用单砖平铺砌筑成砖椁，内有一棺，人骨保存一般，头向20°，为仰身直肢。随葬陶壶1件，置于南端中部砖椁上。M39为长方形竖穴空心砖椁墓，墓坑四壁上下垂直，墓壁加工极规整，填土为五花土，夯实，砖椁底用小砖平铺，然后四周用12块空心砖侧立砌筑，结合部为凹槽榫口相结合，结构十分规整。空心砖有模印的双龙纹，砖椁内放置一棺，棺内人骨保存完好，头向92°，为仰身直肢。随葬陶壶1件，置于砖椁外西部填土内。

五 汉代墓葬

【大武汉墓】

位于辛店街道窝托村南。原封土高大巍峨，为长方形，圆顶，东西长250米，南北宽200米，高32米，占地面积5万余平方米，地面以上起筑黄褐色花土层层夯筑而成。此地原属大武乡，故名"大武汉墓"，附近群众称"窝托冢"、"驸马冢"、"相公冢"、"淳于髡墓"。民间传说是战国名士、稷下先生淳于髡之墓，后经证实此为汉齐王陵，非淳于髡墓。

大武汉墓

1978年，为配合辛店电厂建设，经国家文物主管部门批准，将此墓封土中间部分取走，形成了今天封土呈东西两部分的状况。同时，市博物馆发掘了此墓。此墓属"中"字形汉墓，墓口长42米，宽41米，墓室深17～20米。墓室南北各有一条墓道，南墓道长63米，北墓道长39米，道口宽约15米。在北墓道西侧有一陪葬坑，南墓道东西两侧各有两个陪葬坑。1978年11月～1980年11月，先后清理了这5个陪葬坑。其中，器物坑1个，车马坑1个，兵器坑2个，殉狗坑1个。出土文物有陶器79件，铜器6751件，铁器410件，银器131件，铅器994件，漆器136件，骨器311件，泥器约3000件，车马器及其他311件，总计1.21万余件，是当时省内重要考古发现之一。其

中，铭刻铜器和银器53件。出土文物中的矩形大铜镜、鎏金花纹银盘、三牺钮银豆等，是难得的珍品。经考证，这些出土器物多具西汉初期的特征，为研究汉代历史和文化提供了重要资料。2010年，上海世博会期间，三牺钮银豆作为山东省唯一的文物展品在中国馆展出。

根据此墓的规模、形制和出土文物的年代考证，墓主人可能是西汉齐哀王刘襄。

【稷山汉墓】

稷山，位于齐陵街道梁家终村东南，系临淄名山之一，为临淄区与青州市的界山。

1983年9月，群众在山顶西部采石爆破时，发现汉代洞石墓一座。墓葬由山顶垂直凿石修成。造墓方式，先凿有一深10米、边长3米见方的竖穴墓道，再扩凿长0.80米、宽1.10米、高1.72米的南北横式门道，然后凿成长3.88米、宽3.70米、高1.94～2.10米的南北向墓室。绕墓室上缘一周凿有等距安着铁钉的石铆孔31个，棺木已朽。墓室被炸开后，部分文物散失，后追回70余件，包括铜器、石磬、微型鎏金编钟、器物饰件等。

稷山洞石墓被发现后，国家及省文物主管部门多次赴现场考查，发现山顶及相毗连的井山顶部还有多处同类墓葬。原来传为凿井以破临淄"土气"的石井口，亦是竖墓道口。两山墓葬构成"稷山洞石墓群"。1984年7月，公布为市级文物保护单位，并立花岗岩石质标志碑于山西北角。

1986年，山东省文物考古研究所又在山顶发掘了2号、3号两座洞石墓。其中一座墓深24米，方形竖穴墓道边长5.6米。除在2号墓8米深处发现一套排列整齐的微型车马器外，两墓室均为空墓，未发现其他遗物。

1992年6月，公布为省级文物保护单位，并竖立石质标志。

【乙烯生活区墓地】

位于辛店北侧，王潍公路（今临淄大道）以南，西起雪宫街道单家社区，东至闻韶街道石鼓社区，面积约11万平方米。为配合乙烯生活区的建设，1984～1986年6月山东省文物考古研究所进行了探掘。探出墓葬3800余座，已发掘1600余座。绝大部分是竖穴土坑墓，少数为砖室和洞室墓。墓口一般在2米×1.5米左右，大者4米×2.5米，墓穴都比较深，一般深6～7米，有的深达14米。有的墓壁经过工具加工，相当规整。有的墓聚集一块，并列成排，据推测是家族墓地。墓内随葬的器物比较单一，一般为1～2件，有一部分墓葬无随葬品，所出的器物主要有陶壶、陶罍、铜镜、铜戈、铜剑、铜带钩、货币等。

从墓型和出土随葬器物推测，系汉代一般平民墓地。

六 北朝墓葬

【崔氏墓地】

位于辛店街道窝托社区南。1973年发掘，共发掘墓葬14座。其中有7座比较重要的墓葬。1号墓（崔鸿夫妇墓），该墓室呈圆形，面积为50平方米，墓门向外凸起，墓室内径8米，高约7.3米。墓壁用不规则的条石经加工后，作人字形斜砌，并用石灰抹缝，从残存的痕迹可看出墓顶亦用条石作人字形斜砌，内收成穹窿顶。墓室中部用碎石砌成棺床，南端紧贴墓室的南壁。棺床南北长4.6米，东西宽2.3～3米，高0.05米，墓门宽1.3米，两边有高1.64米，宽0.4米的立柱，上承门楣，门楣长2.43米，厚0.55米。门洞用4块方石上下并排封堵，石下封门，石上一盗洞，从室内炭灰和残木推断，葬具可能在被盗时烧毁，由于墓葬被盗，除墓志放置于棺床之前、墓门的内左侧外，室内随葬器物均凌乱残碎，经整理复原和可辨的遗物共40件，绝大部分为陶器，包括陶俑15件、陶畜、禽模型8件、陶镇墓兽1件、陶生活用具和模型7件、石墓志2件。

3号墓（崔鸿长子崔混墓），在1号墓西北约10米处，墓室平面呈圆形，直径为3.8米，面积为11.34平方米。墓顶坍塌，残高4.5米，墓壁和墓顶的砌法与1号墓相同，墓门宽1.2米，高1.6米，由门框、门楣、门扉构成，门框两边为立柱，厚0.3米，上承条石门楣，立柱下端置门槛，楣槛两边各有轴窝，门扉表面厚0.14米，其背面中部有铁门环，门扉有轴安放于楣槛的轴窝内。随葬器物大部分放置于墓门内右侧，少量散杂在淤泥中，墓志置于墓门内左侧。经整理复原后的遗物有陶器、瓷器、铁棺钉、墓志等计64件。其中，陶器56件，主要是陶俑、陶家禽和生活用具等。

5号墓（崔鸿之侄、崔鸥之子崔德墓），总面积为10平方米，该墓位于3号墓之西北，由墓室和甬道组成，墓室平面呈正方形，边长3米，面积为9平方米，四壁高2.8米，墓室门外为甬道，长2米，宽1.04米，两扇门扉，素面。墓底用石板平铺，墓葬破坏较严重，随葬器物绝大部分散杂于淤泥中，墓志放置在墓室东南角，残存遗物有青瓷、陶生活用具和铜钱等。

7号墓，墓室平面呈圆形，墓门向外凸出，墓室内径8米，高约7.3米，面积为50平方米，墓葬形制结构和1号墓基本相同，但其墓壁是先用40厘米左右的宽石板竖砌一周，然后用不规则的石条按"人"字形斜砌。随葬器物因墓葬遭破坏而散杂于淤泥中，残存有陶器、铁器和铜钱。

10号墓，墓室平面呈圆形，墓门向外凸出，墓室内径为8米，高约7.3米，面积为50平方米。该墓结构和1号墓相同。由于墓葬早期遭到严重破坏，随葬器物大部分散杂于淤泥之中，残存的遗物有陶、铜、铁器等。

12号墓（崔鸿之侄、崔鸥之子崔博墓），

墓室平面呈圆形，内径为8米，高约7.3米，面积为50平方米，墓室结构与1号墓相同，但在墓壁上加抹一层白灰泥，并在墓门内两侧的白灰泥上各绘有彩绘武士像1幅，腰似佩剑，因白灰泥剥落而残缺不全，这在山东地区还是首次发现。墓室右边有石板平铺的棺床，左边壁下一方形石案，随葬器物大部分放置于棺床上和石案周围，墓志放置在墓室内左侧，遗物主要是陶俑、瓷器、少量铁制品。

14号墓（崔鸿之弟崔鹔墓），墓室平面亦呈圆形，墓壁和墓顶砌法与1号墓相同，墓门没有门扉，而由不规则的石块堵塞，墓室右边有一耳室。

北朝崔氏墓的发掘对研究北朝的历史、文化、艺术和豪门大族势力的发展提供了一批珍贵的资料。

第三章　古建筑

【概述】

临淄故城繁华一时的楼台亭榭、宫阙古刹，因年代久远早已无存。历代城池建筑，也毁于兵燹（xiǎn）。南北朝至明清时期，佛教大兴，各地兴建寺塔、庙宇，亦因战乱和自然剥蚀早已圮废。所以，临淄古代建筑现存世较少。

第一节　寺院·宗教场所

一　寺院

明清之前，临淄地区寺院众多，但多已圮废。现仅存几处。

【金岭清真寺】

位于金岭回族镇金南居委会，是当地回族居民进行宗教活动的场所。

金岭清真寺始建于元大德十六年（1312年），占地面积约4200平方米，由祈主大殿、讲堂、水房子、南北配殿、二门楼、大门，左右厢房组成。整个院落东西长70米，南北宽58米，大门东向，为朝圣吉向。大门正面有13级台阶，下至大道中心。原大门及碑碣等毁于"文化大革命"中。祈主大殿、南北配殿、阿訇诵经室、沐

祈主大殿

浴室尚存，皆为砖、石、木建筑。金岭清真寺并非传统的穆斯林风格建筑，而是中国传统的楼阁式建筑，在山东的清真寺建筑中独树一帜。

1979年，山东省人民政府拨款进行修缮，复修了大门，维修了二门，改建淋浴室，新建望月楼、清真女寺等。1984年9月，公布为市级文物保护单位。2013年10月10日，公布为省级文物保护单位，并树立石质标志。

祈主大殿　是该寺的主体建筑，坐西朝东，前出厦，南北15米，东西27米，高8米，面

金岭清真寺

积400余平方米。面阔五间，进深三间。重梁起架，硬山顶，青砖灰瓦，略出飞檐。殿顶三脊相连，衔为一体，紧凑壮观。相传始建于明代，清咸丰年间毁于兵燹，徒剩残壁。后当地回民又集资于原址重修，相袭至今。

南北配殿 在祈主大殿前，南北各有一配殿。两殿均为三间，形状相同，东西长11.2米，南北宽6.5米，高7米。木柱支撑，尖顶，小灰瓦覆盖，棱脊起梢，有吻兽。

二门楼 原为望月楼，位于祈主大殿正东11.2米处，南北长7米，东西宽5.8米，高10.8米，建筑面积40.6平方米。两层，底层为二门通

二门楼

道，上层为一楼房，硬山结构，前后出厦，木柱支撑，隔扇门窗，棱脊，四飞梢有仙人走兽，正脊中间塑一宝葫芦，葫芦顶端曾置一月牙造型，为望月的象征。

望月楼 1979年，新建穆斯林风格的望月楼。

望月楼

【公泉峪建筑群】

位于金山镇南仇南居委会西4千米的公泉峪山坳中。峪中有白龙庙、亚圣祠、白龙洞和碑碣。

公泉峪，名源于泉。传说宋朝年间天大旱，周围几十千米无水，唯此泉水流不息，且清而甘，众皆来此汲水，故名公泉，此山谷则称公泉峪。宋雍熙三年（986年），王实在此置石刻造像。宋元丰四年（1081年），天又旱，群众在此祈雨而应验，故认为此地是白龙居处，便将公泉上方之山洞题铭为"白龙洞"，并在此建白龙庙。宋宣和四年（1122年）和明成化十五

公泉峪建筑群

年（1479年）两次重修，进士曹凯并置书馆于此。明正德九年（1514年）又刻石重修。2013年10月，公布为省级文物保护单位，并竖立石质标志。

白龙庙 现院墙已圮毁，唯存无梁大殿及山门建筑。大殿南向，一门二窗，青石窗棂。屋顶青

山门

白龙庙

白龙洞

石拱券结构，属无梁殿形式，外覆以灰瓦（原应为石板屋面）。殿长7.3米，宽4.9米，高5.7米。山门东向，青石拱券形式，两层，青石砌垒，长4.15米，宽3.52米，底高2.8米，进深3米。门楼高2.6米，宽3.4米，长4米，四脊攒尖顶。从建筑风格推知，系明代重建。公泉即在此院中，今仍有少量泉水涌出。

亚圣祠 是一独院，其结构与白龙庙同。祠堂长6.4米，宽5米，高4.6米。一门二窗，青石窗棂，屋顶结构亦为青石拱券，无梁殿形式。系明代建筑。相传孟子曾在此讲学，故后人修祠纪念，今无籍可考。

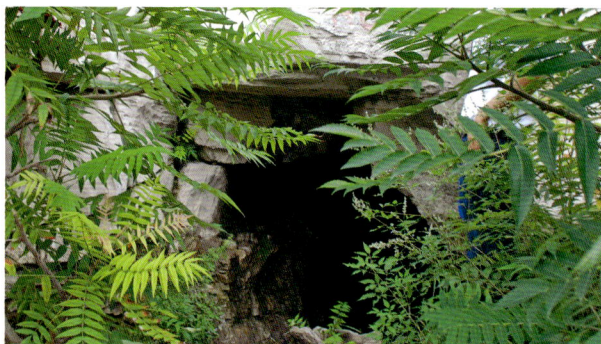

亚圣祠

白龙洞 在白龙庙上方山顶处，洞口残破，右侧有"元丰四年三月三日……铭刻"字样。洞深不可测，据传有2500米之遥。

宋雍熙三年刻像石碑 高1.24米，宽0.68米，上刻坐像和立像各2尊，并镌有蛟龙2条。右上角铭题"维大宋国雍熙三年十月廿日南

仇……"及信徒姓氏，左上角铭题施主姓名。

重修白龙庙碑 高0.75米，宽0.54米。文曰："大明国山东青州府益都县南仇店西，古有公泉峪、白龙洞，于宣和四年重修二次，倾坏于成化十五年，本店致仕知府曹凯谨领导重建。今于正德九年岁次甲戌夏元月二十九日，有本店乡老李奈、颜明旺、王腾、李敬、王政等谨领家法虔心重修三次。"

明代碑 两方。其一，高1.76米，宽0.72米，厚0.18米，左上角有残。其二，高1.6米，宽0.63米，厚0.26米，倾倒于地，右下角残。二方碑石，皆两面刻，一方阳面刻《白龙庙记》，一方阳面刻"青州府知府刘钊，同知宋本，通判沈杰、桂籍，推官朱祥，益都知县张嵩，临淄县知县余本政立石"。两碑阴面皆载捐资姓氏。

公泉书院碑 高1.4米，宽0.7米，厚0.18米。

公泉书院碑

此碑已断，碑文已剥蚀，仅能辨明系明代刻石。

此外，白龙庙大门下方，借自然巨石镌卧虎一只，与亚圣祠南北相应。

【金山寺】

位于金山镇徐旺村北金山之顶。为清代庙宇建筑。包括王母宫、中天门、玉皇殿、观音庙堂等4处古建筑。2010年7月，公布为市级文物保护单位，并竖立石质标志。

王母宫

金山寺建筑群

中天门

王母宫　坐北向南，砖石结构，面阔7.08米，进深6.1米，建筑面积43平方米。三开间，单檐硬山，带前廊，四扇格扇门，槛墙三扇隔窗。王母宫重建于清康熙年间，历年香火不断，随时间推移建筑凋敝损坏，于2002年重修。

中天门　坐北向南，青石垒砌，拱形门洞。面阔4.28米，进深2.75米，建筑面积11.7平方米。有一通康熙六年碑刻嵌于门洞墙体之内，高0.57米，宽1.4米。碑文内容模糊无法辨认。中天门顶部已毁坏，基础完好。

玉皇殿　坐北向南，砖石结构，面阔10.22米，进深6米，建筑面积61.3平方米。三开间，单檐硬山，带前廊，四扇格扇门，槛墙三扇隔窗。重修于清康熙年间。

观音庙堂　坐北向南，三开间，单檐硬山，带前廊，四扇格扇门，槛墙三扇隔窗。面阔6.82米，进深5.06米，建筑面积34.5平方米。始建于何时不详，重建于清。2002年此庙重修。

二　宗教场所

【齐都天主教堂】

教堂正房　位于齐都镇西门村城里大街南侧南北巷子西。教堂建于民国时期，欧式建筑，坐北向南，南北长20米，东西宽5米，建筑面积100平方米。砖石结构，单檐硬山，一门南开，四壁设16个窗户，建筑北部内有八根木柱支撑，保存完整，建筑稳固。2010年7月，公布为市级文物保护单位，并竖立石质标志。

艾天理墓　位于齐都天主教堂院内。艾天理，法国人，神父，圣名为奥来。1934年，艾天

齐都天主教堂

艾天理墓

理神父来到临淄主持教务，修建了临淄天主教堂。当时在教堂设有姑娘院，还建立了小学堂。每主日神父举行完弥撒，还要在他的"讲席所"

为慕道者讲天主教会的道理。1945年11月22日因病去世，遗体安葬在教堂院内。

第二节　临淄县衙

据民国9年《临淄县志》载："县衙原在城西北隅，元至元十五年（1278年）建。明洪武四年（1371年），知县欧阳铭移建城中。正德六年（1511年），毁于流贼，知县马暹（xiān）复修。"明朝末年，县衙又毁于兵乱。清顺治十八年（1661年），知县于芳重新复修了大堂。康熙元年（1662年），知县杨端本又重修了县衙其他建筑。光绪年间（1887～1889年），知县管锡仁又对县衙进行了部分整修。后经清代、民国多位知县修缮，相沿至今。

【县衙大堂】

位于齐都镇西门村东西大街中部路北，淄博天德纺织有限公司厂内，坐落于原县衙正中。大堂坐北朝南，三开间，砖石结构，东西长11.1米，

县衙大堂

南北宽8.1米，高8.5米，建筑面积约为90平方米。石基砖墙，内用12根圆木柱支撑，重梁木椽，前出厦，设后门，出飞檐，硬山顶，前面为雕木隔扇。布局协调，庄重朴实，系明代建筑风格。

原大堂两翼各建有曹吏房，堂前建"戒石亭"。大堂后面是"退思亭"，再后为知县住宅。知县宅左边是县丞宅，右边是主簿、典史宅。均为青砖灰瓦建筑，现已无存。该建筑是临淄县城现存的唯一旧官府建筑，也是淄博市唯一存在的县衙大堂。为研究明代临淄地区的官衙建筑提供了实物佐证。

2006年6月，公布为市级文物保护单位，并竖立石质标志。2010年，临淄区政府拨款进行了保护维修。

【县衙大门】

位于县衙大堂正南。坐北向南，青砖砌垒，门洞式圆拱门，门上建有谯楼，顶部前檐砖砌十字孔花墙，后面单墙弧形，两侧立圆球状饰白水泥抹面，整个建筑为青石台阶，青砖构建，水泥抹墙粘接，门中部有民国国徽，现已用水泥掩盖。系民国建筑。

县衙大门

第三节　民居·祠堂

临淄现存的古民居、祠堂，主要分布在金山、朱台、齐都、辛店等镇（街道），大多为清代建筑，少量属明代及民国时期。

一　民居

【齐都王氏庄园】

位于齐都镇南门村，始建于明代。相传为朱氏王爷府，清初被查封。清乾隆年间，因寄居于南门村外祖父齐氏家的王曰赓中了进士而没有府第，朝廷便将闲置的朱氏王爷府赐给了他，从此，朱氏王爷府便成了王氏庄园。庄园布局协调，庄重朴实，原南北长132米，东西宽60米，由6个院落组成，房间73个。现存二层楼、东厢各1栋，东厢房曾遭火烧。此建筑是临淄区保存较好的明代建筑之一。2006年6月，公布为市级文物保护单位，并竖立石质标志。

2010年，临淄区政府拨款进行了保护维修。

正房主楼　坐北向南，砖石结构，单檐硬山，五开间，分两层，一层一门，拱顶。二层南面五窗，东、西两山墙各开一窗，北墙一窗，东西长15.5米，南北宽5.52米，面积为85平方米。

东厢房　位于主楼前，三间，为砖石结构，东西宽5.95米，南北长9.60米，建筑面积57.12平方米。单檐硬山，一门二窗，带前廊，走廊的北端设有拱形门口。

【业旺西村民居建筑群】

位于金山镇业旺西村，是一处明代二进四合院建筑，现为王维清、王维治兄弟所有。王氏楼由大门、中厅、正房及两侧厢房组成四合院，东西长34.8米，南北宽18.8米。2010年7月，公布为市级文物保护单位，并竖立石质标志。

主楼　正房主楼坐北向南，为单檐硬山三开间楼房，一层为砖拱无梁结构，一门五窗，长8.9米，宽5米，建筑面积89平方米，前有月台。

齐都王氏庄园

业旺西村王氏楼

王氏楼及厢房梁架为抬梁式。

东西厢房 东厢房为单檐硬山，三开间，带前廊，长7.15米，宽5.3米，建筑面积37.8平方米。西厢房为单檐硬山，三开间，带前廊，长8.8米，宽4.9米，建筑面积43.2平方米。

大门及中厅 大门为原构，单间并有屏门，南向。中厅为单檐硬山，三开间，一门二窗，穿堂后门。东西长8.84米，南北宽4.98米，建筑面积44平方米。

【北刘征村崔氏民宅】

位于金山镇北刘征村，是一处清代民居建筑。相传为马氏家宅，后被崔氏购买。民宅有南北两套院落，南院是二进院，北院是一进院。南院北房坐北向南，砖石结构，三开间，单檐硬山，一门二窗，带前廊，南北宽9.5米，东西长11.2米，建筑面积106.4平方米。东厢房坐东向西，砖石土结构，三开间，单檐硬山，一门二窗，南北长9.6米，东西宽4.7米，建筑面积45.1平方米。北房西侧存有北房一栋，坐北向南，砖石结构，三开间，单檐硬山，一门二窗，南北宽7.5米，东西长8.5米，建筑面积63.7平方米。北院北房坐北向南，砖石结构，三开间，单檐硬山，一门二窗，带前廊，东西耳房各一间，各一门，南北宽6.1米，东西长18.9米，建筑面积115.3平方米。西厢房坐西向东，砖石结构，三开间，单檐硬山，一门二窗，南北长10米，东西宽4.5米，建筑面积45平方米。2010年7月，公布为市级文物保护单位，并竖立石质标志。

【宁王村张氏民宅】

位于朱台镇宁王南村，原为一套清代四合院式建筑，现仅存北屋、耳房、东厢房、南屋和大门，总建筑面积231.7平方米。北屋三开间，一门二窗，长9.93米，宽4.3米，墙厚0.6米，建筑面积42.7平方米。东有耳房一间，一门，长4.3米，宽2.18米，墙厚0.4米，建筑面积9.4平方米。东厢房四开间，两门两窗，长10.92米，宽3.5米，墙厚0.5米，建筑面积为32.2平方米。大门位于院落东南，长3.68米，宽2.6米，建筑面积5.8平方米。该民宅均为单檐，硬山，砖土木结构，屋顶现已换为现代红瓦。正对大门影壁与东厢房南墙构为一体，部分为浅浮雕，砖雕精细，纹饰精美，上有民间八宝、福禄寿等吉祥图案，现为村民张新志所有。

北刘征村崔氏民宅

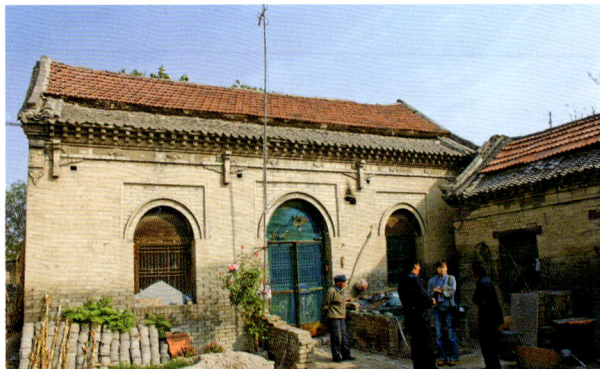

宁王村张氏民宅

【窝托民宅】

位于辛店街道窝托社区，均属清代民居建筑。2012年6月公布为区级文物保护单位。

丁氏民宅　坐北朝南，东西长9.55米，南北宽6米，建筑面积57.3平方米。砖石结构，三开间，单檐硬山，一门两窗，带前廊。

丁氏南楼　坐北向南，东西长8.39米，南北宽7.02米，建筑面积117平方米。二层，三开间，砖石结构，单檐硬山，一门八窗，青砖圆拱，一楼为拱券顶。无梁殿形式。

丁氏北楼　坐北朝南，东西长10米，南北宽6.1米，建筑面积122平方米。楼分两层，三开间，单檐硬山，砖石结构，一门四窗，青砖圆拱，砖雕精美，一楼为拱券顶。

窝托民宅

【南仇阁子里门楼】

位于金山镇南仇东居委会，是一处清代建筑。门楼坐北向南，分两层，一层为石砌拱形城门，二层为阁楼。阁子石拱券门洞，南北长6.3米，东西宽2.8米，建筑面积39.3平方米。拱形内城门之上有青石阳刻门匾，上书"关帝阁"。外城门之上，亦有青石刻门匾，为篆书阴刻"准提阁"。由此推断此阁楼一层可能为旧时城门，当为明代遗构。二层为关帝庙，阁楼顶已坍塌，仅存西山墙。据村民介绍，门楼是旧时南部山区通往临淄县城的必经之路，是交通要道。阁子应与非物质文化遗产"阁子里芯子"有关。

【赵氏商行楼】

位于金山镇南仇南居委会西南，是一处清代楼房建筑。南仇历史上是经济文化和商业交流中心，交通便利，物流发达，赵氏商行楼是当时经济贸易繁荣的见证。赵氏商行楼坐北朝南，砖石结构，单檐硬山，东西长约10.94米，南北宽约5.86米，建筑面积192.3平方米。楼分三层，底层一门两窗，二、三层共有十窗，门窗为砖拱形制。底层为砖拱券结构，三楼为木梁、木地板、木楼梯。现楼顶东北角已坍塌，无人居住。1988年3月公布为区级文物保护单位。

该楼建筑宏伟，是同时期民居建筑精品。

南仇阁子里门楼

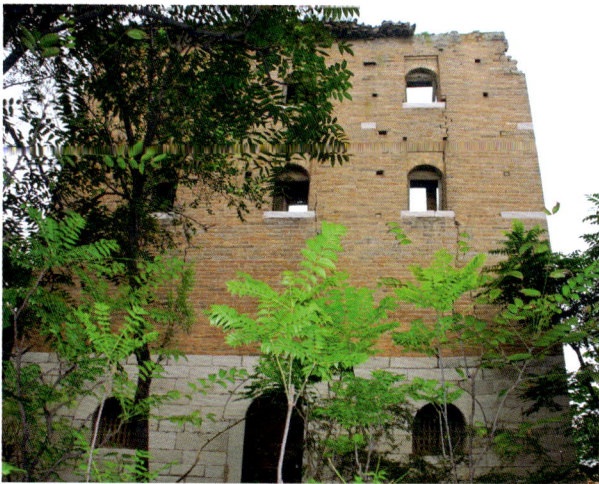

赵氏商行楼

二 祠堂

【于家庄于氏祠堂】

位于皇城镇东于家庄西，清代祠堂建筑，坐北向南，砖结构，三开间，单檐硬山，一门两窗，带前廊。南北宽5米，东西长9.4米，建筑面积为47平方米。碑两通：碑一，始祖母墓碑。高2.1米，宽0.4米，厚0.2米，上书"明故于始祖母之墓"，为清顺治十七年（1660年）立。碑二，五世祖碑。高1.9米，宽0.4米，厚0.25米，上书"五世祖讳表。六世东湖、东龄、东周。七世辉、楷、竹、肃、燦、灼。八世振声、三科、三恒、三杰、三常、三宪、振基、振纲"。为嘉庆十年（1805年）立。

于家庄于氏祠堂

其他古民居建筑一览表

序号	名称	时代	所在镇（街道）	保护情况
1	南仇东邵氏楼	清	金山镇	一般
2	南仇东小南门	清	金山镇	一般
3	王寨东王氏楼	清	金山镇	一般
4	南仇西唐氏楼	清	金山镇	一般
5	南仇东千手观音庙	民国	金山镇	一般
6	槐务西常氏家庙	清	朱台镇	一般
7	北高南魏氏民宅	清	朱台镇	一般
8	于家官庄朱氏民宅	清	朱台镇	较好
9	朱台西朱氏民宅	清	朱台镇	一般
10	宁王东赵氏民宅	清	朱台镇	一般
11	宁王南耿氏家庙	清	朱台镇	一般
12	北高南清代民宅	清	朱台镇	较差
13	革新韩氏民宅	清	朱台镇	一般

14	前夏东孙氏民宅	清	朱台镇	一般
15	立子营曹氏民宅	清	朱台镇	一般
16	安乐店李氏民宅	民国	辛店街道	一般
17	刘辛刘氏民宅	清	金岭回族镇	一般
18	金岭一村马家楼	清	金岭回族镇	一般
19	金岭五村丁氏大门	清	金岭回族镇	一般
20	许家屯崔氏民居	清	敬仲镇	一般
21	大寇家寇氏民居	清	敬仲镇	一般
22	黎金山凤凰山玉皇宫	清	金山镇	一般
23	黎金山观音庙	清	金山镇	一般
24	黎金山围墙	清	金山镇	较差
25	西崖钟阁子	清	金山镇	一般
26	边河养心书斋	清	金山镇	一般
27	徐旺金山灵官庙	明	金山镇	较好
28	田旺白马关	明	金山镇	较差
29	涧西关帝庙	清	金山镇	较好
30	南术南圣佛山观音庙	清	金山镇	较好
31	南术南圣佛山三义庙	清	金山镇	较好
32	南术南圣佛山李老爷庙	清	金山镇	较好
33	西张菩萨庙	清	金山镇	一般
34	大寨边氏民宅（西）	清	金山镇	一般
35	大寨边氏民宅（东）	清	金山镇	较好
36	马家围子山围子墙	民国	金山镇	较好
37	柴北王氏民宅	民国	凤凰镇	一般

38	北王勾氏民宅	民国	凤凰镇	一般
39	北王崔氏民宅	民国	凤凰镇	一般
40	彩家桥韩氏土楼	民国	凤凰镇	一般
41	南坞东田氏家庙	清	凤凰镇	一般
42	房家六端房氏民宅	清	皇城镇	一般
43	皇城营于氏民宅（西）	清	皇城镇	一般
44	皇城营于氏民宅（东）	清	皇城镇	较好
45	长胡同朱氏民宅	清	齐都镇	一般
46	西关北王氏民宅	清	齐都镇	较好
47	龙贯韩氏民宅	民国	齐都镇	一般
48	赵王于氏民宅	清	齐都镇	较好
49	西古城民宅	清	齐都镇	较差
50	天堂寨古庙	清	金山镇	较好
51	南坡子天堂寨许仙庙	清	金山镇	较好
52	南坡子天堂寨泰山奶奶庙	清	金山镇	较好
53	阁下关帝庙	清	金山镇	一般

第四节　桥梁

临淄历史上河流纵横，桥梁众多，但现存较少。

【申桥】

位于凤凰镇东申、西申二村之间的淄水（乌河）之上。桥长22米，宽4.1米，高1.8米。桥以石礅支撑，上铺条石板为桥面，下分三隔四孔水道，构筑简单。桥面低矮，水盛时可漫水滚流。1988年公布为区级文物保护单位。

相传此桥始建于元代，重修于清咸丰二年（1852年）三月，现存重修碑刻一方，碑高1.5米，宽0.7米，厚0.23米。临淄知县邹崇孟撰文，段承烈书丹。现此桥因村际公路升级改造被覆盖于路面之下。

【淄源桥】

位于辛店街道矮槐树村东，横跨淄水（乌河）发源处。桥长35.7米，宽5.8米，高3米。为石质垒砌，三孔拱式，桥面由56块石板铺成。原

洰源桥

石刻桥栏、石狮和石碑均毁于1966年。

据已毁石碑记载，洰源桥建于明代永乐年间，重修于清乾隆五十七年（1792年）。此桥"东邻牛山，西接金岭，南逢黄峰，北达锦秋之湖"，系山东半岛东西古大道的主要桥梁之一。民国期间和解放后，曾多次重修加固。现此桥保存完好。2013年10月公布为省级文物保护单位，并竖石质标志。

【双龙桥】

位于齐陵街道柳店村东。桥石质垒砌，三孔拱式，东西向。长约8米，宽约4.8米，青石桥栏高0.4米。

据考证，此桥为明代所建，清同治十年（1871年），临淄知县范继安重修。现仍在使用。2010年7月，公布为市级文物保护单位。并竖立石质标志。

双龙桥

【金岭桥】

又称锦绣桥。位于金岭回族镇金岭五村，东西向，长34.3米，宽7.5米。桥为三孔拱式，青石砌垒，桥面略拱起。原石栏杆已圮毁，中间一孔有砖修补痕。桥体保存完好，根据其建筑风格和特点，当属明代建造。1988年3月公布为区级文物保护单位。现已被道路覆盖。

【七孔桥】

位于稷下街道小杜家村西乌河之上，为一处清代的桥梁建筑。七孔桥呈东西走向，横跨乌河，因桥共有七孔，故名七孔桥。桥长20.35米，桥宽3.07米，桥西残石上雕有蚣蝮（蚣蝮，龙生九子之一，镇水兽）图案。当地有正月十六踩桥的习俗，所踩之桥即为七孔桥。

据村民介绍，七孔桥是连接山东半岛东西交通干道，以前运输煤炭等物资多从此处通过。现存桥1956年曾重新维修。2010年7月，公布为市级文物保护单位。并竖立石质标志。

七孔桥

【淄河铁路桥】

淄河铁路桥位于胶济铁路淄河店站至临淄站之间，中心里程为247.26千米，10墩，11孔。其中9孔每孔跨径41.22米，2孔每孔跨径36.2米，系铆焊桁桥，全长458.4米。

该桥于清光绪二十五年（1899年）由德国人设计建设，1902年建成。初期设计为轴重13

吨轻便桁梁，U型桥台，尖端形桥墩，工字钢桩基，混凝土墩台，块石镶面承台。1935年8月～1936年5月，将桥墩台及承垫石更换为钢筋混凝土帽石，原轻便钢梁更换为总量1620吨的古柏式E-50级钢梁，桥面铺设43千克/米钢轨，一直沿用至今。

个，砖结构，略呈方形，南北约6.73米，东西约6.41米，建筑面积约129.3平方米。西炮楼位于铁桥西侧，坐南向北，共三层，一门五窗，瞭望孔20个，砖结构，略呈方形，南北约6.6米，东西约6.3米，建筑面积约124.7平方米。

2010年7月公布为市级文物保护单位，并竖立石质标志。

淄河铁路桥

淄河铁桥炮楼　淄河铁桥东西两侧各有炮楼一座，是晚清时期德式建筑。东炮楼位于铁桥东侧，坐南向北，共三层，一门十窗，瞭望孔24

淄河铁桥炮楼

其他古桥梁一览表

序号	名称	年代	地理位置	范围	保护情况
1	左庄村李涧万年桥	明	金山镇左庄村东	长36.7米，宽4.2米	一般
2	朱台西村正阳桥	清	朱台镇朱台西村	长19米，宽4.2米	一般
3	东张村青龙桥	明	金山镇东张村东	长34米，宽4.4米，桥高2.1米	一般
4	西河头村青龙桥	清	凤凰镇西河头村西	东西8.1米，南北10.1米	一般
5	北安合村清济桥	清	凤凰镇北安合村西	长18米，宽7米	较差
6	北田旺村官桥	明	凤凰镇田旺村西北	长18米，宽5米	较差
7	粉庄村砖桥	清	齐都镇粉庄村西北	长3米，宽1.6米	较差
8	淄河店村三孔桥	清	齐陵街道淄河店村	长10米，宽4.2米	一般

第四章　石刻

【概述】

　　临淄石刻，据地方志所载和遗存实物所知，最早为东汉章帝刘炟建初三年（78年）石柱础和汉光和六年（183年）石龛造像。东汉期间，佛教传入中原、波及临淄地区，开始出现石刻造像。特别是魏晋、南北朝、隋唐以来，石刻逐步增多。

第一节　造像

　　鲜卑族拓跋氏建立北朝后，深崇佛法，大兴教义，广造塔寺佛像，临淄地区所居世家豪族，如崔氏、张氏等应运而动，至隋唐时期，临淄乃至整个鲁北地区是佛教兴盛的中心地区之一，所以，寺庵古刹布于四隅，刻石造像所存较多。至明、清时期，临淄的佛教仍未衰退。随着历史的发展变化和兵燹祸乱，古刹塔寺日益残破凋散，至于碑志墓铭等，也多毁于自然和人为。新中国建立后，临淄区（县）政府加强遗址的普查，对石刻造像进行了广泛征集，并萃集于临淄石刻艺术陈列馆中。

【西天寺石佛造像】

　　西天寺，位于齐都镇西关北村，寺院废弃后形成自然村落，现遗址被村庄覆压。据民国9年《临淄县志》记载，该寺为南北朝十六国后赵石虎（336～349年）所建。当初名为兴国寺，到北魏拓跋珪登国元年（386年）时，又在寺院后修建大石佛，面南直立，就是今西天寺北魏石佛。至宋初，该寺更名为广化寺。元至正年间该寺被毁，直到明洪武初在广化寺旧址重新建寺，更名西寺，又名西天寺。明万历年间，有太师李良监理重修的记载。

　　该寺规模宏大，建筑雄伟，寺内原有正殿9间，砖木结构，青砖绿瓦，飞檐斗梢，巍峨壮观。正面供高达丈余的铜铸释迦牟尼坐像，旁立佛家众菩萨塑像，两侧是十八罗汉塑像，雕塑工艺精良，栩栩如生。前殿供弥勒佛像，后殿供无量寿佛，即北魏石佛。两庑为执事房，另有僧舍

西天寺石佛造像

院落多重。院内钟楼，悬一高约2米的铁钟，每当破晓，沉重浑厚的钟声响彻云霄，远达方圆5千米外，《临淄八景》诗中所谓"西寺楼头听晓钟"之句，即指此。

寺内钟楼旁原有高两丈余的赑屃驮圆首龙头碑两幢，记述该寺的兴建经过。大殿以东院落内东西并列有圆形塔6座，俗称棒锤塔，为该寺以往住持各僧骨灰葬地。另在寺南约1500米处有塔群，矗立石塔6座，与寺庙连为一体。6塔东西排列，除两旁两座较小，如灯塔外，其余4座塔基径约3.3米，高10米有余，系纯石结构的八棱七级石塔，雕刻剔透玲珑，人物鸟兽惟妙惟肖，栩栩如生，气派雄伟。1938年抗日战争时期，僧舍庙宇全部毁于战火，唯石佛孑然立于荒野之中，碑塔则于"破四旧"等运动中破坏殆尽。西天寺旧物有石刻八棱经幢1节，石佛3座。石佛为近年在西天寺遗址上进行基本建设时出土，两座存于齐国故城遗址博物馆，其中一座仅存头部；另一座存放在临淄石刻艺术陈列馆院内。

北魏石佛造像坐落在石刻艺术馆北部，原西天寺旧址上。坐北向南，佛像身高560厘米，宽180厘米，厚100厘米。头饰螺髻，面庞丰满，身披通肩袈裟，袒胸赤足，直立于覆莲座上，手施无畏与愿印。由于历尽沧桑，风雨剥蚀，致口部与左手有残。据民国9年《临淄县志》载：此佛名无量寿佛，原立在后赵石虎所建的兴国寺（后改称西天寺）中。

2006年5月25日，西天寺造像被公布为第六批全国重点文物保护单位，并竖立石质标志。

【康山寺石佛造像】

齐陵街道朱家终村以东约500米处，原有寺庙一座，三面环沟，东傍苍山（康山）西麓，故称康山寺。因该寺西侧朱家终村西北，昔日曾有一旧寺，曰"西寺"，故该寺又称"东寺"。

康山寺早废，碑志无存，唯存高415厘米、

康山寺石佛造像

宽190厘米、厚90厘米的石佛造像一尊，佛重10吨，座重21吨。佛像赤足面南，立于雕有212个佛像的长方形石座上。头饰螺髻，身披通肩袈裟，内着僧祇支，胸前打结，手施无畏与愿印，左手指有残缺。根据造像艺术和镌刻风格，经有关专家认定，此佛为北魏时期造像，头为后代所换，与佛身风格截然不同。

1984年7月，公布为市级文物保护单位。为便于保护和管理，1985年春将石佛移至临淄石刻艺术陈列馆。

【金陵寺石佛造像】

金陵寺，位于高阳故城遗址东，朱台镇南高阳村东南侧，北与民宅毗邻，南距乌河500米左右。

据民国9年《临淄县志》载，金陵寺始建于北魏孝明帝正光元年（520年）。后寺院圮废，仅存石佛两尊，坐落在寺墟土台之上。台高1.5米，东西长20米，南北宽15米。两佛间距12米，东西排列，均面南结跏趺坐于束腰莲座上，通高2米。头饰螺髻，身披袈裟，袒右肩，内着僧祇支，赤足，手施无畏与愿印。莲座上刻有浮雕力士像。手部、面部、须弥座均有残损。

金陵寺石佛造像

金陵寺飞天石刻

1962年，南高阳村孙凤岐在石佛前取土时，发现石质佛座一块，尜长36厘米，宽35厘米，厚11厘米，刻"大齐天统元年，岁次丁亥，四月一日辛丑朔，比丘僧昙进兄弟二人敬造卢舍那像一躯。上为皇帝陛下，复为亡父，直生净土，阿婆现前，恒使康尽。复为己身，兄弟四人并及边地众生有形之累，咸同斯福，所愿从心，比丘僧昙润"题记。北齐天统元年为公元565年。

1977年，当地群众又在寺院旧址中，出土了一块浮雕，系一佛二菩萨造像，青石质，呈莲瓣形，顶端左右雕有6个飞天，其中两飞天合捧八棱塔，余者各持乐器。中间石佛像高65厘米，其两侧菩萨像各高47厘米。当属寺内旧物。

20世纪80年代，临淄文物管理部门原计划将两尊石佛移至临淄石刻艺术陈列馆，但由于其他原因未能移成，后两佛头相继被盗。1998年村民集资在原址修建大殿一座，重新塑造佛头，并将佛身通体鎏金。后佛头盗窃案件侦破，两佛首追回。

1984年7月，金陵寺石刻造像被公布为市级文物保护单位，并竖立石质标志。

【施福寺石佛造像及石碑】

施福寺，位于朱台镇大夫店村中。据民国9年《临淄县志》载：施福寺始建于北魏孝明帝正光五年（524年），后圮废。明成化七年（1471年），在其原址新建重兴寺，并将原施福寺石刻造像和碑碣移入。今重兴寺也已夷平，尚存石刻造像两尊，碑石一方。

石佛像，其一高190厘米，宽64厘米，头、手及座残；其二高173厘米，宽60厘米，头、手残，座下题铭，记造像信徒。其二已丢失。

施福寺石佛造像

石碑，原存朱台镇大夫店村东街北段王学义家北房后墙基上，正面向外，长94厘米，宽42厘米，厚38厘米。碑文阴刻楷书，文曰："大魏正光五年，岁次甲辰，八月己卯朔，十一日己丑。青州高阳郡新城县成买寺主道充，率化刹邑道侣、法义兄弟姊妹一百人，敬造弥勒尊像一躯。一切众生，咸同福庆。"2013年被盗。

【石佛堂石佛造像】

位于齐都镇石佛堂村北，积水湾北侧。旧址原有佛堂三间，坐北向南，为中国殿宇式建筑，因年久失修墙裂，近年村民在原址上重修石佛堂。旧址原存石佛4尊，其中一组3尊，雕刻在一块高210厘米、宽135厘米、厚20厘米的莲瓣状

石佛堂石佛造像

石屏上，石屏背面刻有35个佛像，其正面顶端左右雕立式飞天和蟠龙，头后浮雕弦纹和缠枝牡丹纹。中间一佛像身着宽带褒衣，着长裙，跣足立于圆形石座上。两胁各雕一菩萨，头均残缺，背饰弦纹，背光，身着宽带褒衣，手残，跣足立于圆形石座上，为北魏时期。该造像构图严谨，造型美观，栩栩如生。

20世纪90年代，因殿宇残破，村民集资重修殿宇。建正殿三间，两头耳殿各两间，东西配房、库室各八间，并建有仿古大门和钟鼓楼。

2006年1月9日，其中一尊弥勒佛像被盗，下落不明。

【龙泉寺佛造像及石碑】

龙泉寺佛造像及碑首一通，《龙泉寺记》石碑一通。

龙泉寺，位于齐陵街道西龙池村北，为临淄著名的古寺院之一。昔日殿宇轩昂，石佛屹立，佛塔幢幢，僧侣众多。据民国9年《临淄县志》载，这批造像和石碑原在临淄龙泉寺，位于龙池村北，淄河东岸上，尚有石佛四尊，各高丈八尺。此记载不确，实为两石佛，两菩萨。1962年，青岛市博物馆重新实地调查，查明龙泉寺遗址面积约3万平方米，两尊丈八石佛原立于大殿内，居中面南并立，两尊菩萨在丈八佛的南侧，坐东面西而立。菩萨头早已掉落，其中一个佛头用作地界石。

1928年5月1日，日军为了阻止国民革命军北伐而入侵山东，出兵济南，5月3日，制造了震惊中外的"五三"惨案，强行占领济南和胶济铁路两侧10千米的地段。龙泉寺恰巧位于胶济铁路10千米以内。1928年7月15日，日本人在当地不法商人的协助下，劫取石佛和石碑运至淄河店火车站，准备运往青岛后再从海上运至日本。7月24日上海《申报》报道此事。迫于中国人民的巨大舆论压力，日本人未能运走石佛，仅掠走了两尊菩萨头像，丈八佛、菩萨像身及石碑留在了淄河店火车站。1930年，青岛四方机车厂用专列把这批珍贵文物运至青岛，放置在四方机车厂旁边四方公园内，并配上两个水泥质的菩萨头像。1979年7月，这批石刻造像又运至青岛市博物馆收藏。1998年9月，又从大学路博物馆旧址迁移至梅岭路青岛市博物馆新址大厅内。

这批佛造像，是北魏期间流行的佛像珍品。

双丈八石佛造像　保存较好，仅残手部和足趾，用水泥修补过。两佛像面容慈祥，略带微笑，瘦长，头饰高髻螺发。身内着僧祇支，胸前束带结下垂，外着褒衣博带式袈裟。左右领襟从双肩自然下垂，衣纹呈"V"字形。下穿长裙。右手作施无畏印，左手作与愿印，跣足立于莲花座上。这两尊丈八石佛造像，形制非常相似，却稍有不同，底座差异较大。其一造像底座，正面分三格，中间一格的正中刻一赤身力士，头顶博山炉，两侧相对各刻一罗汉，对博山炉顶礼膜拜。左右两格均三个浅

双丈八石佛造像

龛，内刻立姿小像，似为供养人及供养比丘。其二造像底座，正面也分三格。中间一格正中刻一带座背屏式的佛像。两侧相对，各刻一人，右侧人物似僧人，单膝跪地，左侧人物冕服戴冠，左右两侧均刻一浅龛，内刻坐姿小像，也似供养人与供养比丘。这两尊丈八佛造像形制应为北魏孝文帝太和年间制作。

两尊菩萨造像　高300厘米，头均残缺。两菩萨造型基本相似。双肩著披下垂，胸前饰项

圈，腹前结僧祇支，跣足站立于莲花座上。两菩萨像手式不同。其一右手施无畏印，左手拿环状桃形法器。而座底明显低矮。其二左手施无畏印，右手拿玉璧形法器，底座较高。这两尊菩萨应为阿弥陀佛的胁持菩萨，其一为观音菩萨，其二为大势至菩萨。

"双丈八"碑　碑首半圆形，高160厘米，宽210厘米。正面正中阳刻两行文字，每行四字，篆书"双丈八碑，苏公之颂"。碑首背面两侧各刻两只蟠龙，头向下而尾部交叉于碑首上部。蟠龙中间刻一佛龛，龛内刻一佛二菩萨。中间佛像着袈裟，右手施无畏印，左手施与愿印，戴头巾，面部秀美。佛龛右侧阴刻铭文一行："像主苏万基妻张供养。"妇女形象的一佛二菩萨极为罕见。

龙泉寺记石碑　石碑为圆首，带底座，高220厘米，宽80厘米，厚28厘米。碑额四字"龙泉寺记"。但碑文由于千余年的风雨剥蚀，风化严重，不能辨识。碑的年代不详。

【稷山石龛造像】

稷山位于齐陵街道梁家终村东南约500米处。据《齐乘》载，春秋时期因山上有后稷祠，故名稷山。相传战国中期，祠堂圮墟，齐宣王立

稷山石龛造像

孔子庙于此，故又称"孔父山"或"夫子山"。在山顶处有一方池，1986年经山东省文物考古研究所发掘，此乃一汉墓，墓口长560厘米，宽460厘米。北壁有石龛造像两组，东西并列。西侧一组，上刻"孔大夫"三字。西壁亦有凿刻之痕，刻工粗糙简陋，造像年代不详。

重修夫子庙碑一方，系清代康熙年间所立，1983年10月运去益都。另有《重修碑记》一方，现已断为两截。碑记"宣统玖年，岁次丁巳，荷月，中浣敬立"。此时实为中华民国8年，而写为宣统九年，说明倡导修庙之人仍存有复清思想。

【北魏背屏式石佛造像（碑）】

北魏正光三年（522年）佛造像，出土于齐都镇西关村北侧西天寺旧址。1998年，西关村村民吴龙海在寺院旧址上建房时发现，捐赠于齐国故城遗址博物馆。该佛像通高250厘米，宽76厘米，厚60厘米。头残缺，足与莲花座断裂。为青石质，背屏长方形，顶微弯曲，正面顶端雕琢6躯飞天，分列两侧，中间浮雕一蟠龙。佛头早

北魏背屏式石佛造像（碑）

期已丢失，头后部有一方形孔，应为安接头的榫孔。首后饰圆形佛光，身着褒衣博带式袈裟，内着僧祇支，胸前束带打结下垂，下着长裙，跣足立于圆形莲花座上。背面与造像碑连为一体，碑顶端雕有拱形佛龛，内刻坐佛，佛龛四排，每排五个。碑文为两段书写，上端造像记，记述了当时青州齐郡临淄县女佛教徒张胜易率领60余个信众（主要是女佛教徒），为师僧、父母、兄弟及一切众生修造释迦牟尼佛造像的经过。碑两侧各雕佛龛12排，每排3个，龛内均雕坐佛一尊。是临淄地区佛造像的艺术珍品。

【兴福寺石佛造像】

兴福寺，原址位于今雪宫街道临园社区。据民国9年《临淄县志》载："兴福寺在相家庄西门外，殿宇已毁，有造像三，刻明洪武二年制。"三佛东西并列，间隔半米，结跏趺坐于束腰须弥座上。头饰螺髻，面庞丰满，披袈裟，袒右臂，内着僧祇支。三佛像造型、大小基本相似，唯手式各异。中间石佛两手心向上，自然放于腹部，为双膝结定印，阿弥陀佛像。左侧石佛两手相抱于胸前，为结说法印。右侧石佛左手心向上自然放于腹前，右手心向下放于右膝之上，右手触地印，左手为禅定印。三佛皆赤足，身高177厘米，座高50厘米。

寺墟残石记有"大明弘治十年，青州府临淄县制，石匠吴明、刘增"题款。该寺应始建于明洪武二年（1369年），明弘治十年（1497年）曾修整过。寺址尚存4根青石抹角方柱，高443厘米，有2根断裂。

1984年7月，公布为市级文物保护单位。1985年春，将石佛、石柱等移入临淄石刻艺术陈列馆。

【八棱经幢】

八棱经幢（一级），原在齐都镇西关北侧西天寺内，应为唐末或五代所建。传说宋太

兴福寺石佛造像

八棱经幢

祖睡于塔下，日影不移，即此经幢。现仅存中间一级。作八面形，皆刻汉隶佛教经文陀罗尼经，故亦称"八棱经幢"。直径157厘米，厚50厘米。

此经幢在西关吴承安家保存多年，1980年，其后代献于原临淄区文管所，今藏于临淄石刻艺术陈列馆。

【南马寺八棱经幢】

八棱柱形经幢，顶径24厘米，高137厘米。宋代大中祥符五年（1012年）刻立，1998年齐都镇南马坊村南修建临淄城区北外环路时出土。为青石质，平顶，上细下粗，顶端中间刻一坐佛，头饰螺髻，身着贴身薄衣，右手向上，自然放于胸前，左手心向下放于左膝之上，跣足结跏趺坐于莲花座上，佛两侧浮雕缠枝牡丹花纹。

下部三面刻经文，中间为"佛说佛顶尊胜陀罗经"，经文八行。左边刻南马寺院的占地范围和寺的边界。文曰：

青州临淄县南马寺地藏院主尼妙惠，生前预于咸平肆年十月二日，买置到天齐乡南马村税户李秀坟地壹所，计贰亩，道地半亩。其坟地贰亩，道地半亩。其坟南、北长贰拾肆步，东、西阔贰拾步。

南马寺八棱经幢

道地在坟西北，□至□西冢前脚下，东西长贰拾贰步，西至官道，南北平阔伍步半，其坟地并道地周围：自主。时大中祥符五年十月十八日，建造尊胜幢子记。

度具戒弟子六人，法真捨身：法思、法净、法通、智遇、法明、智深。

【石鼓】

位于闻韶街道石鼓生活区广场中央，埋于地下1米。该村"石鼓子"之名，即源于此。

石鼓高165厘米，径120厘米。鼓身通体雕琢，自上而下饰3条纹带，每条宽10厘米。第一条，雕夔龙纹；第二条，雕爬行有角恐龙纹；第三条，刻龙、凤纹。3条纹带，均为阳刻星纹图案，纹饰生动，构图谨严，勾线古朴典雅，似为汉代遗物。鼓体另一部分，雕凿石龛4个，形制为一大三小，内造5尊坐佛像。佛龛造像，系破坏原图案雕凿而成，显然为后世所制。从残存的"比丘"、"十五"等字迹风格推知，当属北朝时期佛徒所刻制。1988年3月公布为区级文物保护单位。

石鼓

【佛座】

出土于高阳故城内，为古寺遗存。青石质，长80厘米，宽64厘米，厚38厘米。内长60厘米，宽34厘米，深8厘米。边刻"大魏兴和二年……"等13行文字，约93字，魏碑体。因剥蚀严重，字迹模糊，仅辨认有赵、崔姓供养人字样。除一角有残外，基本保存完好。现藏于临淄石刻艺术陈列馆。"大魏兴和"系东魏孝静帝年

佛座

号，"兴和二年"即公元540年。

【方形双狮佛座】

1987年齐都镇尹家村东南修东辛公路时出土。边长48厘米，高20厘米，白色花岗岩雕琢而成。正面雕两只跪坐相对的狮兽，中间一博山熏炉，其顶部挖一圆形孔是置放佛座的石孔。雕刻艺术精湛，属北魏时期珍品。

【双狮莲花形佛座】

佛座下部长方形，长138厘米，宽102厘米，高60厘米，正面雕相对的双狮，其他三面素面无纹，顶面雕莲花纹，中间挖作椭圆形凹槽，内径70厘米，深20厘米，从雕刻风格分析应为隋唐时期遗物。

双狮莲花形佛座

【八棱经幢】

高33厘米，直径56厘米。为青石质，每面

八棱经幢

雕琢一尖顶佛龛，内刻一结跏趺坐佛，佛面和身躯残损严重。顶部一弧状圆孔，壁光滑，似为石臼。此物原为经幢，后改为加工粮食用的石臼。其年代不详。

【坡子摩崖石刻】

位于金山镇坡子村南，是一处明代石刻像。凿刻于青石之上，共两尊，呈东西排列。东造像高110厘米，宽80厘米，立面面积8800平方厘米，造像东壁上镌刻"成化元年，岁次乙酉，四月辛巳，初三日乙卯，置修山神庙。善人张玑、石匠郝祥、阴阳姚云名"。成化元年，即1465年。西造像高85厘米，宽77厘米，立面面积

坡子摩崖石刻

6500平方厘米。1988年3月公布为区级文物保护单位。

第二节　碑碣

临淄碑碣所存众多，除馆藏者外，尚有很多散藏于民间。

【曹植辞碑】

曹植，字子建，三国时魏国杰出诗人。《三国志·魏书》载，曹植于东汉建安十九年（214年）封临淄侯，魏黄初元年（220年）就国，次年改封鄄城侯，后封陈王，世称陈思王。

约在南北朝时，临淄人因思曹植之品德、才干，遂石刻其辞以示纪念。此碑原存西关小学院内，1972年置临淄区文化馆。碑为圆顶方基，高48厘米，宽31厘米，厚11厘米。隶书，因年久，部分刻字已残缺。碑阴刻孔子像。

曹植辞碑

【刘营蒙古族碑】

位于齐陵街道刘家营村，元至正丙戌年（1346年）由僧住、忽都所立。碑呈长方形，石质，高106厘米，宽51厘米，厚34厘米，碑文记述了刘家营蒙古族的族系和落籍的经过。今存放于原村委办公室内。该碑为研究临淄元代蒙古族人在中原地区的发展活动提供了翔实资料，具有较高的历史价值。1988年3月公布为区级文物保护单位。碑文曰：

窃以子孙繁衍，非人力以能为；家道盛昌，实祖宗而积德。兹以营丘刘公者，系斡罗那歹之人也。恐斯宗派其来远矣，追述往事未达其详，创业艰难愧无以报，今采翠岩之片玉，敬书宗派之香名，何叙尊卑，谨录于后。

谱曰：高祖五公，系斡罗那歹之人也，充蒙古军役，念其祖考已经变乱失散他乡，各茔元今无可取，又经李侯兵革，势不能敌，彼虏、鞭之使跪，公曰："莫跪，吾上为国家出力，岂能跪汝乎？"兵怒，遂加刃欲击其胫，终不曲。将

见勇而忠孝，留之，随得脱。后之苗裔因"留"曰姓，故曰"刘"。至元八年，蒙圣恩添蒙古军力，每军拨赐草场地七顷以赡军役，始得至于营丘。为是弓马熟娴、累有功效，至元卅年蒙圣恩，公充本翼镇抚，不幸而卒。今创立茔元，尚阙祭石一所。昆仲同议，累思先代之功勋，仍耻后裔之莫企，想其鞠育之恩，昊天罔极，每思克勤于家，终无以报。是以命工采岩，敬诣祖茔，创立祭石一所、石香炉一顶，使先灵有所尚享，香楮有所归依，庶识先灵香名不朽。弟忽都奉承兄命，协力同心，谨舍囊箧之资，敬赎翠岩之玉，洪恩遗后，余庆当酬。呜呼！先人勤孝，宜书不朽之名，后荣祭，当报洪恩之德。不惮不忘，无隐无忽。孤哀次子僧住，家谱不具，请鉴之：

祖父考五公，妣白氏，四子：长曰考捏可罗，妣马氏；次曰考艾也赤，妣周氏；次曰僧住，妻冯氏；次曰忽都，妻冯氏。考捏可罗，妣马氏，三子：长曰达儿卒，妻吕氏；次曰咬儿卒，妻马氏；次曰头□，妻许氏。考艾也赤，妣周氏，一子：囊加歹，妻滑氏。僧住，妻冯氏，二子：长曰完者台，妻王氏；次曰合住。忽都，妻冯氏，二子：长曰百奴，妻雷氏；次曰系住马。

时至正丙戌岁中吕月望日祭，僧住、忽都、囊加歹等立

野齐愚叟、前乐安县教谕李居仁

益都县石匠黄义、弟黄让刻

1985年春，西龙池村东南淄河东岸田中，挖沟移植葡萄树时，发现双龙碑首一方，高135

刘营蒙古族碑

厘米，宽125厘米，厚35厘米，上题"困宁路达鲁花赤先茔之碑铭"。此铭佐证，该处原系蒙古族一大墓地。因搬运不便，此碑仍埋于原处，以待后考。

【马莲台碑】

马莲台，位于齐陵街道朱家终村东沟南隅，始建于明末甲申年（1644年）。此处沟壑纵横，山丘相绕，台岭高耸，地势险要。明代末，兵乱四起，乡民曾避难隐匿于此。险夷过后，群众就地修庙，立碑作志。现台东深沟处，尚存碑刻4方，均为清代所立，俱述台岭兴盛及重修阅历。经勘查台顶有庙宇建筑遗址。

碑高172厘米，宽73厘米，厚18厘米，清康熙十四年（1675年）六月十九日刻石。碑文曰：

尝闻天地之大德曰生。即逢劫运，而造化恻隐之仁，恒有悯苍生而不（灭）之，靡有于遗焉。

粤自明季甲申，神京失守，此日之域中，尚未知谁家之天下。一时奋起逐鹿者，蜂屯蚁聚，割裂土宇。易水、云中、稷下等处，清宁之界，化为战场，此乾坤何等时也。兵燹乱

马莲台碑

离，城窟涨征魂之水，潼关高战骨之山。凡巨镇名城残毁者，未可胜数。不意我淄邑之南，途行六七里，有高陵峙立，云梯所不能攻。相传以为马莲台焉。及问其由来，皆曰此当年父老避难处也。

余登斯台，北望城廓人民，爽鸠氏之区。则有淄江一带，温泉晶洁，可供徜徉，洵洋洋大国风欤！既而登高东啸，则又见郁然深秀者牛山接壤，其下有管仲古墓在焉。为问太公桓公之遗迹，至今犹有存焉者乎？犹未也。极目骋怀，直抵西南，则有烟火万家，士民错处，弦诵之声不绝，俨然一方胜迹也。于是，钟村善人李芳春触景兴慈，募化十方，庀材鸠工，建白衣殿一座。不数年，更有善人刘汝吉，建文昌殿一座，至于功果落成，梵宇辉煌。

还思昔日四郊多垒、烽炬告警之时，凡中原老稚，粉于戎马者，不知凡几也。惟登斯台者，如登衽席，保全数百人之生灵安然无恙。始信天地以好生为心，秀气所钟，结此莲台宝地，救此一方民也。迄今登眺其上，巍峨险峻，非惟可以供遗兴，并可以避患难，即百雉金汤，无过于此，试方之清凉台，不堪媲美并传哉！余遂爱笔书之，以示不朽云。

淄邑己酉科贡士刘奇芳 薰沐题额
淄邑庠生刘士琴 顿首拜撰书
（后有捐资人姓名若干……）
时 大清康熙十四年岁次乙卯六月十九日立
重修碑记 高171厘米，宽64厘米，厚24厘米。清乾隆十二年（1747年）所立。
外庄布施碑 高156厘米，宽74厘米，厚26厘米。清道光十四年（1834年）三月立。
重修碑 高120厘米，宽60厘米，厚23厘米。清光绪三十三年（1908年）十月二十日立。
1988年3月公布为区级文物保护单位。

【龙泉寺康熙御笔碑】

龙泉寺，位于今齐陵街道西龙池村北，系临淄著名古寺院之一。龙泉寺旧址仅存清康熙御赐诗碑和题记捐资重修寺院人名碑。御赐诗碑刻于康熙四十五年（1706年），高220厘米，宽87厘米，厚23厘米。上刻清圣祖玄烨赐龙泉寺李白之诗，曰："天门中断楚江开，碧水东流至此回。两岸青山相对出，孤帆一片日边来。"下有碑文，记述康熙四十二年（1703年），康熙皇帝南巡，经济南，因当时到省城临时担任护驾的临淄知县衣绨龙（河北肃宁人）工作积极、细致周到，故康熙皇帝赐给他亲笔书写的唐诗书法一幅作为奖励。由博兴教谕纪之复撰文，赵氏书丹。上述两碑于1983年交临淄区文物管理所，现藏临淄石刻艺术陈列馆。

龙泉寺康熙御笔碑

【义和村孙公墓道碑】

位于朱台镇义和村东北部东西街南侧。孙公墓道碑坐南向北，立于清光绪三十一年（1905年）正月初一。有两通。东侧碑由碑帽、碑身和碑座三部分组成，现碑帽已失，碑身高191厘米，宽80厘米，厚31厘米；碑座长128厘米，宽68厘米，高38厘米，正面饰浅浮雕卷云纹。西侧碑通高207厘米。碑身高178厘米，宽78厘米，厚28厘米；碑座高29厘米，宽110厘米，厚54厘

米。正面碑文：皇清诰授武翼大夫任四川马边营都司陞广东惠来营游击前署四川普安营参将乾隆丙子科武举熙载孙公墓道

2012年6月，公布为区级文物保护单位。

义和村孙公墓道碑

【邹阳故里碑】

位于今辛店街道辛店街村，现存放于村委会院内。碑身通高215厘米，宽100厘米，厚30厘米。为广西临桂进士临淄县知事邹崇孟于清咸丰元年（1851年）所立。邹阳（？～前120年），

邹阳故里碑

齐人，西汉著名文学家，以文辩知名，著有《邹阳集》七篇。七国之乱后，邹阳事梁孝王刘武，遭到梁孝王宠臣妒恨，被诬陷下狱，为洗雪冤枉，写了《狱中上梁王书》，梁孝王看后非常感动，将其释放，尊为上宾。

2012年6月，公布为区级文物保护单位。

【葛家村马氏墓道碑】

位于齐都镇葛家庄村东。碑体通高181厘米，宽76厘米，厚25厘米，呈长方形。碑文清晰可见。文曰：

先生讳廷熙，字亮工。性诚笃，寡言笑，慷慨有大节。倡文社于邑西三元阁，备饌粮以待至者。恳邑侯与广文持鑑衡，而身任其收发之事。十余年风雨寒暑，无少间。一时学者翕然从之，思所以自励焉。乙卯初秋，以郡廪生卒于家，春秋六十。没二年，邑之人念其德，谋所以不朽。其名者，谥曰"介愨"先生。

清郡廪生、乡谥"介愨"，亮工马先生墓道

咸丰七年岁次丁巳七月穀旦
益邑崔龙衢、崔光玉刊石
咸丰七年为公元1857年。

葛家村马氏墓道碑

【寇家村戒赌碑】

位于今凤凰镇齐光工贸洗煤厂内，清同治二年（1863年）立。碑高180厘米，宽70厘米，厚20厘米。立碑原因，由于当时赌博盛行，有的人因赌而盗，因赌而倾家荡产，给社会带来了危害。为了警示世人，当时寇家村特立此碑，由临淄县发布公告，违者严惩。碑文：

钦加同知衔、调补临淄县正堂，加十级、纪录十次齐（指当时的临淄知县齐世澄）为，出示立碑，严禁事照得：赌博之害，最关风俗人心，故例禁极严，罪名甚重。凡知自爱，岂容轻犯刑章。本县境内既已安太，农民正当各务本业，作仰事俯育之计，安耕田凿井之天。恐有无赖棍徒开场诱赌，抽头肥己，设计害人，以致无知愚民荡产倾家。囊积既空，匪心遂生，或商谋诈骗，流为盗贼；甚至输欠被逼，情急轻生；挟忿争斗，致酿人命。种种祸端，皆由赌起。亟应严拿惩办，免害地方。除饬差查拿外，合行出示"严禁为此"示，仰阖邑军民人等知悉。务宜痛改前非，共为良善。父诲其子，兄勉其弟，邻里乡党互相劝戒，毋贪非义之财，毋堕非人之术，安分营生，谨守法度。倘有窝诱聚赌之人，许该庄地方，即时扭送，一凭照例究办。如敢通同徇私，得贿暗放，一经访闻或被告发，定即一并严究。本县言出法随，决不宽贷。尔等切毋以身试法，致悔噬脐。凛之！慎之！勿违特示。

右论通知　　（玺印）

荆阳居士赵永祯　敬录

大清同治二年十二月十三日示立

2012年6月，公布为区级文物保护单位。

【大路东村地方碑】

位于今凤凰镇大路东村。碑高170厘米，宽68厘米，厚20厘米。清光绪二十三年（1897年）所立，内容为村民集资买地，让"村官"自耕自食，充当"工资"，以去除"村官"克扣税款充当"工资"的陋规。

大路东村地方碑

【牛山碑】

牛山，位于齐国故城南7500米处，齐陵街道北山庄西南，系临淄名山之一。自春秋战国以来久负盛名，在此立庙、置碑者甚多，但早已圮毁，仅存雕龙柱1件，圈龙式莲花座1件，柱基石1件，支石4件，上刻花卉及钓鱼图。另有民国年间碑刻一方，位于牛山东麓，石碑呈长方形，高170厘米，宽63厘米，厚20厘米，上刻篆书"玉清明化"四个大字。此碑为民国13年（1924年）立，上书"恩泽普被应节侯，德化苍黎妙无穷，

寇家村戒赌碑

化地清清归玉府，明明乾坤喜仁风"纯阳祖师乩语。今藏于临淄石刻艺术陈列馆。

1988年3月，公布为区级文物保护单位。

牛山碑

贞节碑

【贞节碑（玉洁冰清）】

此石碑为节孝碑。高188厘米，宽85厘米，厚32厘米。1936年刻立。为青石质，碑分碑身和碑座，身长方形，正面阴刻四个楷书大字"玉洁冰清"。左上方刻"国民政府主席，林森"。右下边刻"旌表李曰昆之妻张氏，中华民国二十五年，岁在丙子，杏月上瀚毂旦"。背面阴刻楷书，为贞节碑的内容。落款：山东省立第四师范学校毕业历充教育委员世晚路子润，鞠躬敬撰并书。今藏于临淄石刻艺术陈列馆。

【崔光中"教师典型"碑】

原位于今齐陵街道聂仙庄北崔氏墓地。崔光中，字正平，齐陵街道聂仙庄人。1934年任临淄县第二小学教师，在平凡的岗位上兢兢业业，

教师典型碑

勤奋工作，呕心沥血，致力于教育事业的革新，向学生进行热爱祖国、反帝反封建的教育。因成绩显著，博得了广大师生、家长和社会人士的赞扬和爱戴。他病逝后，有337人捐资为其立碑。碑文长达1624字，由当时该校校长李人凤撰稿，同事吴少卿书丹，字体小楷，三面刻，正面为"教师典型"四个大字。

第三节　墓志

近年来，临淄出土大量墓志，为研究墓主的生平事迹、家族关系、历史发展提供了重要资料。

【崔猷墓志】

1983年出土于辛店发电厂工地，位于今辛店街道大武村南，黄山北麓。此为北朝崔氏墓地所在。

崔猷，字孝孙，东清河（郡）东鄃（县）（今辛店街道大武社区一带）人，北魏太和十三年（489年）出仕，官赠员外散骑常侍，居官22年。永平四年（511年）二月二十五日病故于洛阳，延昌元年（512年）十一月二十八日葬于本邑黄山之阴，即此。

志石为青石质，长方体，高114厘米，宽69厘米，厚15厘米。首题为"魏故员外散骑常侍清河崔府君墓志铭并序"，志文13行，满行11行，行34字，余行18～33字不等；铭文四言句，共4行，满行3行，行34字，余行26字；另有夫人、子女和主要亲眷志6行，行21～25字不等。字体为魏体楷书，字迹清晰俊逸，镌刻精细。此碑是考察和研究当时社会状况和书法艺术的重要资

崔猷墓志

料，今藏于齐国故城遗址博物馆。附碑文：

魏故员外散骑常侍清河崔府君墓志铭并序

君讳猷，字孝孙，东清河东郦人。启源命族，其来尚矣。少典诞炎，德感火瑞，营都于鲁，王有天下，历八世五百余年。伯夷为尧秩礼，四岳佐禹治洪；太师以翼周建国，穆伯因分封命氏，君其后焉。弈叶英邵，官冕相袭，七世祖岳元嵩，晋散骑侍郎。高祖荫道崇大司农卿。祖乐陵太守旷元达，德懋乡家，当世宗重。父清河太守灵环，言行无玷，名秀一时。故太傅、领尚书令、文宣公，即君从父兄也。君风概凤成，识艺早立，年方志学。魏威南被，阖门北徙，便堪冒险，奉馈供，济尊卑，诚孝之厚，齐代以为美谈。闺庭雍憼（zhěng），造履严巇（yí），树言树行，有礼有法。太和十三年，召补州主薄；十七年，高祖鸾驾南辕，荆迁河洛。于时三府妙选，务尽门贤，除君司徒行参军，寻转大将军主薄，又补安南府司马，除太尉骑兵参军，本国中正，除本州别驾，又除大将军府中兵参军事；廿二年，兼员外散骑常侍，尉劳涡阳。还京，除司徒府中兵参军事，又除本郡太守；景明三年，除荆州征房府长史，加明威将军；永平二年，除定州安北府司马。历赞府僚，所在流称，剖符作守，治有能名。享年弗永，以四年二月廿五日遘疾，终于洛阳晖文里宅，春秋五十八。延昌元年十一月廿八日，葬于本邑黄山之阴，阴策赠员外散骑常侍。脱耀陵谷颓，徒遗芳寂蔑。乃作铭曰：

姜川晒瑞，炎德降祥。
丕烈不已，仍叶克昌。
匡尧赞禹，翼武龛商。
遥基蔼蔼，崇构堂堂。
庆流昆后，笃生明懿。
翻蔚凤成，幼弘礼义。
追甘畴项，比能方智。
民举为难，在君为易。
少离辛棘，仁孝发中。

负担万里，扎雨濛风。
振彼蝴口，济此饥穷。
救寒为暖，拯窭为丰。
履信履顺，当享眉寿。
清组未终，黄发未久。
朝露磋鸟，倏同丘阜。
音形有翳，遗芳莫朽。

夫人同郡房氏，父法寿，青、冀二州刺史，庄武侯。祖经，著县令。

息彦进年廿二；息彦发年十三；息祥爱年九；息薬年三。

女始怜年三十，适同郡房氏，夫沙。父灵民，琅耶东管二郡太守。

女止怜年廿七，适同郡傅氏，夫骥，琅耶戍主。父僧恩早终。

女玉树年廿五，适武威贾氏，夫渊，州都。父长休，州主薄，魏郡太守。

女静胜年廿二；女善姜年廿；

女静研年十九；女遗姜年一。

另外，1975年，山东省文物考古研究所曾在此清理过崔氏墓葬14座，共出土石墓志6方：

1号崔鸿夫妇墓志2件。崔鸿墓志1盒，呈方形，盖呈盝（lù）顶状，素面、已碎，边长82厘米。志文28行，满行28字；其妻张玉怜墓志1方，长方形，边长74.6厘米，宽4.15厘米，志文22行，满行26字。两志均是在石面上磨平，先用线刻出格，再刻志文。文作楷隶，字迹清晰。

3号崔混墓志1盒。混系鸿之长子。志石近方形，盝顶素面盖，边长53.5厘米，宽35.5厘米。志文32行，满行32字，刻法、字体同崔鸿墓志，唯字较小而苍劲。

5号崔德墓志1盒。德系崔鸿之侄、崔鸥之子。志石近方形，边长54.5厘米，宽54.3厘米，盖呈盝顶形，素面。志文22行，满行22字。刻法、字体同崔鸿墓志。《北齐天统元年崔德墓志》有文："自惟周桢干，返葬营丘，因食邑如为氏。"说明齐国崔氏曾是周王朝的支柱，返葬于营丘，因食邑于崔而命氏。崔氏是齐国的望族，其家在临淄城内且近于公宫，故齐庄公私通崔杼之妻"骤如崔氏"。其封邑崔在济南东朝阳县西北崔氏城（今章丘西北30千米）。墓志说崔氏"返葬营丘"，而墓葬在临淄境内被发现，可见"营丘"即在临淄。

12号崔博墓志1方。博系崔鸿之侄、崔鹍之子。志石长方形，长56.6厘米，宽47厘米。志文21行，满行20字。刻法、字体同崔鸿墓志。

14号崔鹈墓志1方。鹈系崔鸿之弟。志石近方形，长56.7厘米，宽54厘米。志文22行，满行21字。刻法同崔鸿墓志，字体虽取楷隶，但楷意更浓。

北朝崔氏6方墓志，均由山东省文物考古研究所收藏。

【张公墓志】

志石正方形，边长113厘米。以篆书撰写"宋故承议郎累赠朝议大夫张公墓志"15字。志石似盖，已断裂，四角各置圆形小孔，似为固定志石所用。刻石原在临淄县政府院内，出土地点不详。据民国9年《临淄县志》载："宋张公墓志石，在北门白衣庵正殿壁中。铭文已失。"

张公墓志

【韩介墓志】

据民国9年《临淄县志》载：韩介，临淄人，明万历八年（1580年）进士，授江苏宝应知县，擢御史。秉性刚直，遇事敢言，不避权贵。晚年为时所忌，告归。死后埋葬于临淄城南，即现临淄三中院内。

1990年，临淄三中校舍扩建时出土，墓志为青石质，呈边长61厘米的正方形，厚20厘米，首题为"明户部主事、承直郎、前山西道监察御史、敕封文林郎贞斋韩公；暨元配、敕封孺人崔氏合葬墓志铭"，志文36行，字体楷书。盖亦为青石质，长60.5厘米，宽59.5厘米，厚14厘米，篆书撰写为"明户部主事、承直郎、前山西道监

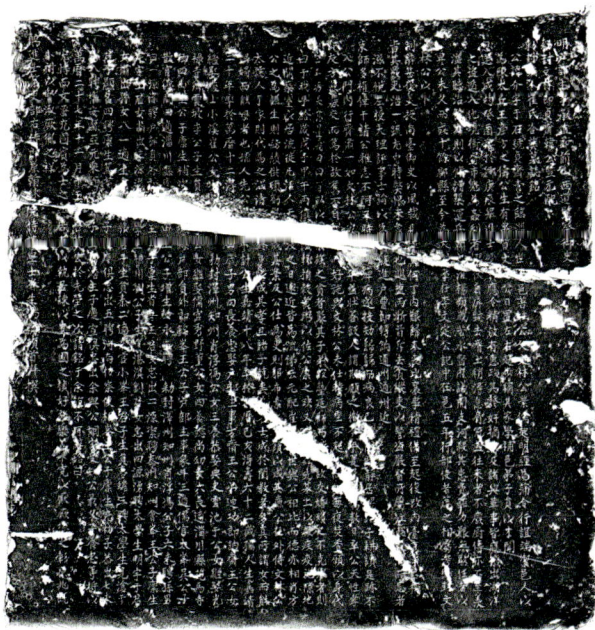

韩介墓志

察御史、敕封文林郎贞斋韩公；暨元配、敕封孺人崔氏合葬墓志铭"，共39字。座长86厘米，宽74厘米，厚29厘米，座的前面和左右两面均饰弧线纹。

【王纶堂墓志】

志石为长方形，长103厘米，宽63厘米，厚20厘米。1980年出土于临淄城南王氏墓地。王纶堂，名金诰，别号默斋。铭阴刻篆文"皇清敕授修职郎、朝城县训导、辛亥科举人纶堂王公墓志铭"。志文45行，行22字不等，计984字。小楷真书，字体工整秀雅。

王纶堂墓志

【徐华清墓志】

徐华清，敬仲镇徐家圈人。清嘉庆十三年（1808年）及第武状元。曾任福建陆路提督6年，英人不敢犯境。墓志为青石刻凿，长110厘米，宽48厘米，厚20厘米。盖厚15厘米。志文44行，计1144字。楷书。谥号1行，葬礼及铭文共3行。1984年夏置于齐国故城遗址博物馆收藏，今藏于临淄石刻艺术陈列馆。附铭文：

皇清诰授振威将军、福建陆路提督、嘉庆戊辰科状元际唐徐公墓志铭：

道光二十三年，余总制闽粤，与陆路提督际唐徐公相周旋，见其人惇谨和粹，有古名臣风范。久之，情投意合，相见恨晚。公秩满将入京陛见，往别余，余甚怅然。转念公方矍铄，后会当复有日。不料其行至浦城，竟遘疾而卒於行馆。明年秋，余移疾归里，公之孤使以状来乞铭于余，余虽不足以知公，然与公既系同寅，又属至契，义不容辞，谨按其状，志而言之：公讳华清，字际唐。始祖讳谦，明初由徐州沛县迁临淄。曾祖讳明贞，祖讳洪，父讳相臣，今皆赠公官。曾祖妣于氏，祖妣朱氏、王氏，（父）妣马氏，俱赠一品夫人。公父好善乐施，村临淄水，每冬月设板桥以济行人，民不病涉，其他利物济人者皆称是，故远近以善人称之。马夫人生二子，长即际唐公也。幼从塾师读，颇颖敏，然志气英果，每好言骑射。父知之，因从其志，使之弃文学习武事焉。公体仅中人而具有勇力，每戏以小指开两石弓，同学辈传以为异，凡所肄习，皆能过人。所谓有大力必有神巧也。是以乡会联捷而大魁天下，人皆谓积善之报云。公及第后补头等侍卫，期满授直隶督标右营游击，逾二年改甘州城守营参将。道光二年，西宁用兵，以军功赏戴花翎，又历任副将、总兵诸职，凡数转而补授福建提督。前后四十余年，略无垤蹈，论者

徐华清墓志

谓公官运之顺利，而不知公实有所以致之也。任甘州参将时，随提督齐公驱逐番寇，粮偶不继，诸军皆仰给于黄鱼，公独下令所属，禁不使食，曰："鱼多而土人不取，是必有毒。"乃自减其食用，上下均之，士卒赖以不困，饷亦继至，而他军之中毒而毙者，则踵相接矣，其料事之智类如此。边外之民，射猎为生而不谙耕种，公镇河州时，往喀什噶尔换防，造农具，给耕牛，开垦荒田，教民树艺，民大丰饶。期满回任，万民赍送衣纚，为立生祠，其抚民之仁类如此。公恂谨若儒士，临敌时则刚毅过人。道光二十三年，赴青海河北一带剿捕番贼，前后杀获甚众。其窜匿玛庆雪山者，时出寇掠为患，公复率众搜捕击杀百余，落崖跌毙无数，余始溃散。七月，内奉上谕加提督衔，仍交部从优议叙，其制敌之勇又类如此。嗟呼！世之今，猷受寄者众矣，或失之东隅而收之桑榆，或奋于初基而衰于末路，是皆力小任重而不能全其终始者也。公自涖官以来，明以察事机，武以定祸乱，恩以结民心，大受小知，攸往皆利，岂其遇之独隆乎，亦所携持之实有其具也！岳武穆论为将之道曰："智、仁、勇，缺一不可。"公于三者庶几克全矣。公之在保定也，值岁旱，众官祷雨无应，公自祷之，即日大雨；在甘州派往塔尔巴哈台屯田时，飞蝗为灾，公祷于八蜡庙，忽来无数黑头雀啄蝗尽死，其事甚奇，然至诚感神，理之所有，即不得谓事之所无。至提督福建，英夷不敢犯境，则又公之积威有素，而先声足以夺之也。彼班定远之都护西域，马伏波之镇抚南邦，千载共仰伟烈。观公之事，古今人岂不相及与？使更享耋期之寿，其为国家所倚重更当何如也。乃年甫逾六旬而殁，是可惜也。公元配王氏、继配马氏，俱赠一品夫人。李氏例封太孺人，皆有贤行。子四人，长来修，候补县丞，马夫人出；次行修，江苏试用县丞，李夫人出；三善修，四纂修，俱业儒，侧室

张氏出。女二人，长王夫人出，适益都李氏；次张氏出，尚幼。孙崇垣、紫垣、俊垣，俱业儒；星垣一品荫生；锦垣、勤垣尚幼。曾孙振铎、振声、振公俱幼。公殁于道光三十年十月二十六日，赐谥威恪并给全葬。

御制碑文、祭文，遣官致祭。咸丰元年九月二十四日，葬于北原之新兆。铭曰："维岳降神，爰生甫申，功成名立，返璞归真，牛峰之下，淄水之滨，宅兹吉壤，利其嗣人"。

钦命总督闽浙等处地方、提督、军务兵部尚书、寅愚弟刘韵珂顿首拜撰。

赐进士及第、经筵讲官、吏部尚书、上书房行走、年愚弟贾桢顿首拜书。

【淳裕先觋墓志】

志石正方体，边长63厘米，杀边，左下角残。铭文古篆曰"淳裕先觋墓铭"。出土时间、地点无记载。

民国9年《临淄县志》载"淳于裕墓志铭"。铭文无"于"字，不知何以释此。1974年存临淄区文化馆，1980年移交齐国故城遗址博物馆，现藏于临淄石刻艺术陈列馆。

淳裕先觋墓志

第四节　其他石刻

临淄石刻众多，20世纪60年代"破四旧"时大多被毁，所存者也多有损坏。

【石墓门】

墓道门上楣石，长156厘米，宽18厘米，厚19厘米。楣石长方形边框内四边刻连弧纹，中间右边刻车马出行图，左端空白，无纹饰，是一未完成的石刻。

墓道石门及上楣石一组。上楣石为长方形，长203厘米，宽44厘米，厚20厘米。四边阴刻直线，中间高浮雕三羊首和丹凤，意取"三阳开泰"和"丹凤朝阳"之吉兆。

车马出行图门楣

三阳开泰门楣

两扇石门大小、形状与纹饰均相同，石门长方形，四周阴刻直线，中间刻铺首衔环，造型狰狞。高127厘米，宽57厘米，厚11厘米。

上述两组墓石刻出土地点不详。从镌刻风格分析，应为东汉时期砖室墓石门。

石墓门一组（5块），门楣长119厘米，高46厘米，边饰三条凸起直线，底边刻菱形纹和连弧纹，阴线刻"迎宾图"，左端刻一门楼，内站一侍者迎宾，门楼前端刻双阙，阙前刻一鞠躬弯腰的使者迎接车马出行的宾客；车马队伍包含三车两马，直线排列，首尾两护驾车造型简单，中间为墓主人乘坐的辎车，装饰有车舆、车盖。

【石插屏】

1992年，于今稷下街道商王庄东汉砖室墓出土。立于墓室内，由插座和插屏组成。插座两块，呈长方形，长36厘米，高24.6厘米，顶面刻有长条形槽。石屏立于石座之上，长方形，纵94厘米，横72厘米，厚7.7厘米，屏面阴线刻，边饰菱形穿环纹。画面内容为墓主人生活场景。分上下两层，上层左侧为拜谒图：一人坐于榻上，头饰单梁冠，虬髯，宽袍大袖，怀拢便面，双履置于榻旁，榻前一人持笏跪拜，头戴三梁进贤冠。右侧刻有宴饮图：一人坐于榻上，梳高髻，着长袍，外披短绣衣，上身前倾，双履置于榻旁；一人跪于榻前，后梳高髻，左手持杯，右手持曲柄长勺，正从樽中挹酒。两人之间置长方案，案上一樽。下层画面为车马出行，男主人乘四帷辎车在前，女主人乘辇车在后，正从窗内向外观望。是一件东汉时期内容丰富的石插屏珍品。

【东汉石龛刻石】

刻石取古刹殿宇式结构，前方后圆，穹隆顶，前檐有瓦垄3道。石刻总长130厘米，殿宇径94厘米，高80厘米。殿顶刻"曹大夫和贾大夫"题记。檐下凿石龛，内刻三人图像，其中二人对

东汉石龛刻石

坐，一人旁立。石龛前有长92厘米、宽56厘米、厚23厘米的石台。龛右侧刻有"齐郡王汉□之男阿，命□。光和六年三月廿四日物故死，葬此"24字铭文。

1973年出土于今齐都镇齐国故城小城东北角外，由永顺村村民送交。现藏于临淄石刻艺术陈列馆。

【左家庄东汉石雕胡俑】

位于今金山镇左家庄村西山坡上。造像面向

左家庄东汉石雕胡俑

东南，通高170厘米，宽60厘米，厚50厘米，周长219厘米，当地俗称"石婆婆"。造像早年为圆形，现后半部分已被削平，面目上部残缺，头部现用铁丝固定。从残存部分看，造像面目慈祥，跪姿，衣领下垂，形成两道褶皱，双手十指交握，置于腹部，双乳凹陷。此造像从雕刻风格看与中原石刻不同，极具地方祭祀崇拜特色，对研究临淄地区古代民间图腾崇拜文化具有重要意义。

【东汉石雕胡俑】

东汉时期胡人状雕像，通高228厘米，身宽70厘米。1997年，今稷下街道徐家庄出土，为青石质单体圆雕跪坐式胡俑。其雕像非常特殊，头戴尖顶扁帽，脸型尖圆，眉脊高突，双目深凹，鼻梁高直，双臂贴身弯曲，双手腹前交叉。胸前乳房处饰圆泡形饰物。腹鼓微下垂并饰一周连环纹带。身着贴身薄衣，跪坐在方形石座上。石座饰连弧纹及连环纹，汉风强烈。据资料记载：山

东地区共出土两件，20世纪70年代青州市出土一件，现藏于山东省博物馆，与临淄出土的这件非常相似，唯有大小的区别。这类石雕胡人俑比较稀少，为研究汉代中西文化交流和山东地区石刻雕像艺术提供了实物资料。

【石柱础】

石柱础2件，1966年今稷下街道徐家庄平整土地时发现，1980年交临淄区文物管理所收藏，后移至临淄石刻艺术陈列馆。高60厘米，径80厘米。其一因年深久远，风化严重，腰折为两段。两石柱础上面均刻有"建初三年刻石"文字。建初为东汉章帝年号，"建初三年"即公元78年。

石柱础

【辟邪】

东汉时期辟邪（镇墓兽）2件。1992年，今稷下街道商王村西墓地出土。位于一东汉砖室墓墓门外侧，两件相似。其中一件残缺足部，头似麒麟，角残缺，身部两侧雕飞翅。残高47厘米，长123米厘米，宽39厘米。另一件残损严重，头残缺，仅残存身部。辟邪，又称天禄，是神话传说中的神兽，有象征吉祥和祛除灾祸的意思。

东汉石雕胡俑

辟邪

【三元阁石刻】

三元阁，也称三官庙，位于齐都镇西关大街西首与小徐家村之间，1976年拆除。现仅存阁上石匾一件，长120厘米，宽54厘米，厚12厘米。"三元阁"为行书双勾镌成，书风挺拔秀逸。今藏于临淄石刻艺术陈列馆。

相传此阁梁间有"贞观"二字。贞观，系唐太宗年号。据此推测，此阁应建于唐代贞观年间（627～649年）。

三元阁石刻

【临淄县城门匾】

匾石四块，原嵌于临淄县城四门之上，为明代万历二十四年（1596年）重修临淄县城时所制。青石质，皆镌篆文，东门"淄流斜抱"，西门"愚岭遥盘"，南门"牛峰翠霭"，北门"渑池衿带"。均长150厘米，宽50厘米，厚20厘米。20世纪60年代拆城门时，由临淄县文化馆收藏，1974年交区文管所，今藏于临淄石刻艺术陈列馆。

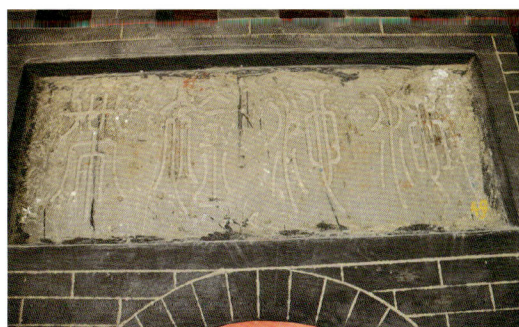

临淄县城门匾

【太湖石铭】

齐都镇西古城村崔元聚存，石高100厘米。据民国9年《临淄县志》载："清韩梦周太湖石铭，存西古城崔淄亭家。铭曰：太湖巨浸浴日月，松精化石怪变出。载以舸舰来滨渤，愿朝泰岱窥金阙。移之吴观定飞越，且旁清池沐其发。主人宝爱如抱笏，韩子铭之永不灭。乾隆癸卯仲秋日，韩梦周题。"乾隆癸卯年，即公元1783年。

韩梦周（1729～1798年），清代乾隆年间著名理学家、文学家，今潍坊市人。

【南门齐氏石牌坊】

御赐齐佳士石牌坊，位于临淄县城南门大街中段，建于清乾隆五十五年（1790年）。有4根直径近1米的盘龙石柱支撑整个石坊。在柱底部刻有祥云图案的八棱巨石护持，上方正中刻有"圣旨"二字，两侧各有一石匾，上刻有乾隆皇帝御笔题字，分别为"保赤钟祥"、"七叶衍祥"。整个牌坊雕刻着13条盘龙，并配以恰到好处的云朵。造型古朴大方，石刻精细，雕龙如生。此坊是乾隆皇帝为嘉奖老臣齐佳士敕令修建的。齐佳士，临淄南门人，时任秦州（甘肃天水）知州。1966年初被毁。

南门齐氏石牌坊

【石斗】

年代不详。口径30厘米，深30厘米。雕凿在长方形条石的顶部，形状特殊，口小腹大，底部一圆孔，使用时，用抽板堵住，衡量后将抽板抽出，粮食流入口袋。条石一面阴刻铭文，知此器为市场交易使用的标准量器。铭文为："石斗平量，木斗尖量，三东八西，此斗为凭。古传义集，自籴自量。斗不同此，例应毁伤，四乡同立，万古流芳。"

【元和寺石羊】

元和寺位于稷下街道王家庄西，寺院早废，仅存跪卧式石羊一只，高106厘米，体宽63厘米，身长136厘米，背着鞍鞯，系东汉遗物。

元和寺石羊

相传，元和寺早年规模宏大，僧侣数百，常夺民女于室，圈地于寺，横行四方，劣迹昭著。至明代初年，众人聚义，奏于皇室，帝恤民苦，下谕除之，恶僧当刑，众僧连坐。其一小僧哭陈皇帝，恳求宽恕。帝曰"罢了"，意在除恶留善。而下官不解其意，误为"耙了"，即施"耙刑"。随即将全部僧徒绑赴旷野，"身埋土中，头露地面，以铁耙除之，并毁寺还田于民"。今寺址已无迹痕，唯石羊尚存。据分析，年代跨度久远，石羊应与元和寺无关，似为寺院收藏旧物。

【石羊】

20世纪90年代临淄乙烯塑编厂扩建时出土，放置于太公祠前广场，体高110厘米，长120厘米，宽60厘米。此石羊呈跪卧式，体态肥胖，头饰笼辔。1997年移交齐国故城遗址博物馆。

石羊

【石羊】

20世纪90年代今区行政办公中心西南中轩路西侧出土，长170厘米，宽60厘米，高120厘米。体态肥胖，呈卧式，头微右曲，背部饰鞍鞯，尾巴尖小，保存完好。

石羊

【石羊】

东汉时期。长140厘米，宽70厘米，高134厘米。石羊呈坐卧状，体态肥胖，头部微残，

石羊

尾部残缺。20世纪80年代出土于今辛店街道大武社区排污工程工地。

【背凿方孔石羊】

原位于齐都镇娄子村。长70厘米，宽27厘米，高46厘米。体积较小，呈跪卧状，头饰笼辔，背部凿一方孔，应为墓葬神道前的陪葬品。1984年迁置于齐国故城遗址博物馆。

背凿方孔石羊

【石羊口石羊】

原位于齐都镇西关一村，今安合村南北街北端。此羊仅存头部，残高57厘米，残长55厘米，胸宽47厘米。此处因有石羊，故俗称石羊口。1984年移入临淄石刻艺术陈列馆。

石羊口石羊

【大尾石羊】

保存完好，长100厘米，宽32厘米，高83厘米，造型生动逼真，前肢跪式，后肢站立，尾巴肥大，跪立于一方形石座上。造型风格应属于明代石雕。

大尾石羊

【卧石村石羊】

今存皇城镇南卧石村西北，雕琢简单古朴，系明代石刻。卧石村名即源于此。

【翁仲及石兽】

翁仲2件，明代。出土于今齐陵街道杨家齐陵村北一早年夷平的墓地上。体高250厘米，宽65厘米，厚60厘米。有方形基座，座高45厘米，长120厘米，宽106厘米。翁仲体形魁梧，头戴官帽，身着广袖长袍，其一手持笏板，其二手握宝剑，双脚分离，立于石座上。与翁仲同时出土的有石羊2件，作跪卧式，体高126厘米，身长150厘米，宽60厘米。石虎2件，坐蹲式，身高130厘米，胸宽83厘米，体厚50厘米。

翁仲

【翁仲及石兽】

翁仲2件，出土于今齐陵街道刘家终村东首大道旁。其中一件缺首，残高178厘米；另一件高215厘米，胸宽73厘米，体厚40厘米。体形

石兽

魁梧，头戴官帽，身着阔袖长袍，分持笏板、宝剑，站立于石座上。与此同时出土的有石羊2件，作跪卧式，其一首残缺，高119厘米，身长140厘米，体厚42厘米。石兽2件，均残。残高118厘米，身长118厘米，体宽40厘米。

【汉白玉石狮】

2件，原在临淄西关小学院内。狮高155厘米，长70厘米，宽56厘米。颈系驯带，爪戏绣球，造型美观，颇具明代风格。后配圆形莲花座，传为"西寺"旧物。

汉白玉石狮

【**青石狮**】

　　4只，原位于清代武状元徐华清府第及徐氏祠堂前。祠堂前石狮一对，通高150厘米，

1966～1970年间损坏，头、腿、爪略有残缺，曾修补过。徐府大门前石狮一对，通高206厘米，宽52厘米。

青石狮

第五章　重要文物藏品

【概述】

　　临淄历史悠久，文化积淀丰厚。古迹遗存星罗棋布，重要文物屡有出土。据《金石录》记载，许多重要文物早已流失。新中国建立后，为加强对文物古迹的保护，设立了文物管理机构，从事文物征集、保护工作。配合城市建设进行了系列考古发掘，出土文物丰富。近年来，随着收藏热潮的兴起，民间收藏成为热点，大量的重要文物散存于广大收藏者手中。据不完全统计，收藏在国有管理部门和个体收藏者手中的重要文物达数万件之多。其中有玉器、石器、陶瓷器、砖瓦、陶拍、铜器、金银器、铁器、钱范、镜范、带钩范、化石等，这些文物珍品为研究古代齐国的政治、经济、文化、艺术提供了重要的实物资料。

第一节　玉器·石器

　　临淄地区出土的玉器造型美观，质地精良，不乏文物珍品，而石器则多为民间征集品。

一　玉器

【玉铲】

　　龙山文化时期生产工具或礼器。1986年征集于今辛店街道于家店村。玉铲呈梯形，扁平，双面开刃，上部对钻圆孔，通体磨光，器面有钙化现象，一部分呈灰色，一部分泛鸡骨白色。器长17厘米，宽8厘米。

【玉戈】

　　商代晚期兵器或礼器。出土于齐国故城西北部、今凤凰镇王青村南商代遗址。青白玉质，直刀形，长援无胡，内稍残，器表钙化为白色。器长8.5厘米，宽5.4厘米。

玉铲

玉戈

【水晶玛瑙串饰】

春秋时期女性装饰品，由水晶玛瑙雕琢而成，两串39件。1971年出土于今齐都镇郎家庄古墓殉坑中。这两条串饰由白色水晶环、水晶管、紫水晶珠、玛瑙璜组成，质地晶莹光洁，温润悦目。

水晶玛瑙串饰

【玉髓串饰】

春秋时期女性装饰品，由56件白色玉髓圆管组成。1971年出土于今齐都镇郎家庄古墓八号殉坑。

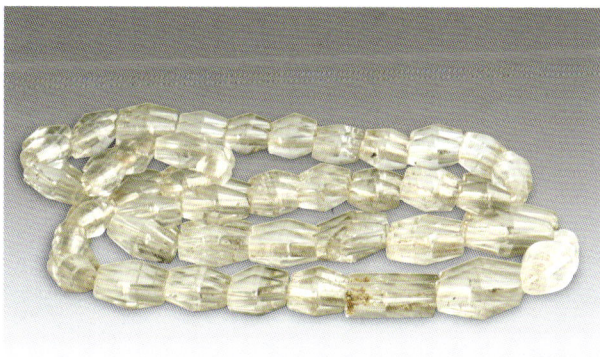

玉髓串饰

【玛瑙环】

战国时期装饰品。2012年2月出土于稷下街道范家墓地。墨绿色玛瑙雕琢而成，环体呈朱红色斑点。器体横截面作七边形，外径5.17厘米，内径2.7厘米。

玛瑙环

【白玉透雕龙凤佩】

战国时期佩饰。1992年出土于今稷下街道商王墓地。双首龙形，龙首背向，引颈高吭。龙身呈"门"字形，饰勾连云纹。字形之内透雕对称双凤，有冠，长颈，曲身，卷尾，龙体正中和颈部有穿孔。是珍贵的玉佩饰件。现藏于淄博市博物馆。

白玉透雕龙凤佩

【玉瑷】

战国晚期佩饰。1992年出土于今稷下街道商王墓地。器体呈圆环形，环外两侧透雕双龙，二龙相向回首，曲颈向上伸出环外。云纹长冠上卷，穿出外缘，形成佩戴双孔。雕刻工艺生动。最大径11厘米，内径6.4厘米，厚0.37厘米。现藏于淄博市博物馆。

一，两面纹饰相同，雕刻涡纹。其二，纹饰分内外两区，内区饰涡纹，外区饰"S"形缠绕虺纹，外径19厘米，内径4.4厘米，厚0.5厘米。

玉瑗

【白玉透雕龙首玉璜】

战国时期玉佩饰。1992年出土于今稷下街道商王墓地。器体土沁泛白。双首龙形，两端透雕龙首，尖卷唇，巨目圆珠，独角，龙身饰勾连纹和卷云纹。腹部透雕两相向回首的虺纹，雕工精细，是一件稀有珍品。器长12.5厘米，宽5.6厘米。现藏于淄博市博物馆。

玉璧

【龙形佩】

西汉早期。2012年出土于稷下街道范家墓地。玉佩呈青色，两面刻相同的纹饰，龙体呈折身回首状，上缘中间有一穿孔。龙身上下边缘饰涡纹和线纹。器长18.5厘米，宽5.8厘米。

白玉透雕龙首玉璜

【玉璧】

战国时期玉璧2件。1992年出土于今稷下街道商王墓地。器体为青玉质，纹饰分两种：其

龙形佩

【玉人】

西汉早期。2012年出土于稷下街道范家墓地。白玉质。站立状，面庞丰满，五官清晰，头发后拢，发髻下垂，身着长袍，腰部系带，双手缩于袖内，拱于腹前，双脚并立，之间有圆形孔。高6厘米。

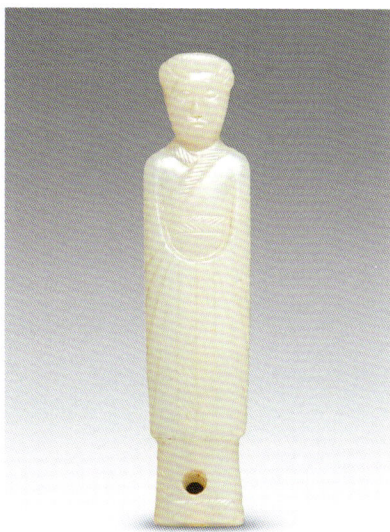

玉人

【玉履底】

西汉早期。2012年稷下街道范家墓地出土2件鞋底状玉石，青玉质，形状、大小均相同，长17.9厘米。前宽后窄，两侧边缘有两两对称的四个钮牙，两端各有对称的两个钮牙，中间两侧有两个穿孔。近缘处两道凹弦纹之间饰斜线纹，中部有两道竖凹弦纹，弦纹两侧饰对称的卷云纹。

玉履底

【玉带饰】

西汉早期。2012年出土于稷下街道范家墓地。均为片状，青玉质，受土沁表面呈白色。由7件长方形、8件方形玉片串联而成。

玉带饰

【玉剑首】

西汉时期。2012年出土于稷下街道范家墓地。镶嵌于铁剑首部。白玉质，圆形，正面中部凸起。正面三周凹弦纹，外弦纹间饰涡纹，中间十字菱形纹，外为四组卷云纹。直径5厘米。

【玉剑格】

西汉时期。2012年出土于稷下街道范家墓地。镶嵌在铁剑格部。白玉质，两面纹饰相同，呈山字形，中有菱形銎，凸棱两侧饰对称的勾连云纹。器宽5.4厘米，高1.8厘米。

玉剑格

【玉剑珌】

西汉时期。2012年出土于稷下街道范家墓地。珌是固定剑鞘的饰件。青玉质，背面受土沁

玉剑珌

呈白色，两面纹饰相同，呈束腰梯形。顶面中间有一圆孔，圆孔两侧有对称的小圆孔，两面边缘均饰左右对称的勾连云纹。器高6.4厘米，宽4.6～6.9厘米，中间厚1厘米。

【玉面罩】

一组（17件），西汉时期。2012年出土于稷下街道范家墓地。此面罩共有17片形状不同的

玉面罩

玉片，由4件长方形、5件璜形、4件扣形、3件椭圆形、1件梯形玉片组合而成。风格独特，有重要的科研价值。

【玉蝉】

清代。灰白色和田玉雕琢而成，蝉体造型

逼真，双翅并拢，双目外凸，双面雕蝉体。是一件工艺高超的艺术品。器长4厘米，宽2厘米，厚0.5厘米。

玉蝉

【玉蛙】

清代。青白色玉雕琢而成，器体呈蹲坐欲跳的动态，雕工简单，刀法流畅。器高3厘米，宽3厘米。

玉蛙

【玉扳指】

清代晚期。扳指最初为用于拉弓射箭的工具，后演变成佩饰。此扳指应为和田碧玉雕琢而成，呈筒状，无纹饰，玉质滋润。器高3厘米，直径2厘米。

玉扳指

【翡翠烟嘴】

清末或民国早期翡翠烟嘴。呈直管状，素面无纹，为实用品。器长9厘米，直径1厘米。

翡翠烟嘴

二　石器

【方孔石铲】

岳石文化时期生产工具，征集品。青灰色石质，长方形，面扁平，腰部微凹，中间雕琢长方形孔，通体磨光，是一件雕琢精细的生产工具。器长30.5厘米，宽13.8厘米。

方孔石铲

【石斧】

龙山文化时期砍砸工具。1982年征集于桐林（田旺）遗址。青石质，扁平，双面开刃，中部有弧形凹槽，顶呈蘑菇状。器长13厘米，宽6厘米。

石斧

【石镰】

岳石文化时期生产工具。1984年征集于今敬仲镇徐家圈村。青石质，器呈半月形，单面开刃，双孔对钻，通体磨光，是岳石文化时期的标准器物。器长11.5厘米，宽5.3厘米。

石镰

【石凿】

龙山文化时期生产工具。1980年征集于今辛店街道于家店村。青石质，长方形，单面刃。器长24厘米，宽5.6厘米，厚4.5厘米。

石凿

【石纺轮】

龙山文化时期纺织用具。1982年征集于桐林（田旺）遗址。白花岗岩雕琢而成，器体扁圆形，中间有对钻的孔。直径3.7厘米，孔径1.2厘米。

石纺轮

【石环】

龙山文化时期装饰品。20世纪70年代征集于

石环

今朱台镇桐林村。白石质，体扁圆，环两面有弧形凹槽。计4件，大小形状均相同，直径8.9厘米。

【铭文石磬】

战国时期敲击乐器。1982年征集于今齐都镇韶院村。黑色石质，体积较小，通体磨光，鼓博部阴刻二字"乐堂（室）"。鼓上边长13.3厘米，鼓博长9厘米，厚2.2厘米。

铭文石磬

【石磬】

战国晚期敲击乐器。1978年出土于今齐都镇大夫观村西古墓中。共两组16件，大小依次排列，形制相同，大小有别。最大一件，鼓上边长29厘米，鼓博9厘米，股上边长23.5厘米。属实用乐器。一组8件，现藏于山东省文物考古研究所。另一组8件，陈列于齐国故城遗址博物馆韶乐厅。

石磬

第二节　陶器·瓷器

临淄出土陶瓷器数量众多，器型丰富。

一　陶器

【釜形器】

新石器时代后李文化时期，炊器，夹砂红陶。1990年出土于今齐陵街道后李文化遗址。器高60厘米，口径35厘米。敞口，直腹，圜底，颈部饰一周凸棱，沿下有两孔。此器制作工艺比较原始，火候低，距今8300年左右，是山东境内目前出土最早的陶制炊器之一，具有较高的考古研究价值。

釜形器

【陶钵】

北辛文化时期，距今7000年左右。泥质红

陶。1990年出土于今齐陵街道后李文化遗址。圆形，敛口，圆唇，腹微鼓，小平底，沿下部饰一周红色宽带纹。器高25厘米。

【红陶觚】

大汶口文化时期，酒具。1973年征集于今齐陵街道薛家庄大汶口文化遗址。泥质红陶，口呈喇叭状，腹较直，平底，器胎很薄。高17厘米，口径11厘米。

红陶觚

【灰陶觚】

大汶口文化时期，酒具。1973年征集于今齐陵街道薛家庄大汶口文化遗址。泥质磨光灰陶，口呈喇叭形，直腹，平底，外底部饰三个扁状足。腹饰压纹和凸弦纹。通高21厘米，口径10厘米，底径7.5厘米。为目前所见最早的酒具之一，对研究我国酿酒有着重要价值。

陶钵

灰陶觚

【陶甗】

龙山文化时期，炊具。夹砂灰陶。1982年出土于桐林（田旺）遗址。通高115厘米，口径44.5厘米。下部为鬲，上部为甑，连为一体。甑敞口，圆唇，折沿，束颈鼓腹，下收为细腰。腹饰几条凹弦纹和5条刀压式的附加堆纹。口沿下两侧饰横扁把手。大袋足，实足尖，细腰处有带圆孔的箅子。尖足处饰条形附加堆纹。同时出土同式陶甗3件，大小依次排列。这件陶甗器型当为最大者，对研究龙山文化晚期父系家族的兴起和制陶技术有着重要价值。现藏于山东省文物考古研究所。

陶甗

【白陶鬶】

龙山文化时期，水器。1982年出土于桐林

（田旺）遗址窖穴内。鸟嘴形流。口上有凹槽，有盖，粗颈，袋足，实足尖，呈锥形。绞索状把手。器身饰凸弦纹和乳钉纹。高30厘米。

【陶鬶】

龙山文化时期，水器。1982年出土于桐林（田旺）遗址窖穴内。饰橘黄色陶衣，鸟嘴形长流，翻卷沿，细长颈，袋足，实足尖，呈锥形。绞索状把手，两端饰圆饼形泥钉和鼓弦纹。高35.5厘米。

陶鬶

【罐形陶鼎】

龙山文化时期，炊具。1983年出土于桐林（田旺）遗址。夹砂灰褐陶。方唇，敛口，沿外卷，束颈，鼓腹，饰5条凸弦纹，小平底，鸟喙形三足。通高23厘米。

【盆形陶鼎】

龙山文化时期，炊具。1983年出土于桐林（田旺）遗址。泥质磨光黑陶、大小依次的盆形鼎5件。形状相同，大小有别。其中最大的一件，敛口，方唇，折沿，腹微鼓，平底，鸟喙形足，沿下部两侧饰半环形鼻。腹饰3道凸弦纹，足正中饰一条鸡冠形附加堆纹，两侧各一圆孔。通高23厘米。是目前所见最早的祭祀器皿——列鼎。

盆型陶鼎

【陶盆】

龙山文化时期，水器。1983年出土于桐林（田旺）遗址。泥质黑陶，形制相同、大小依次的黑陶盆3件。其中一件敞口，圆唇，宽沿外敞，浅腹平底，内外磨光。高11.2厘米，口径38厘米。此器是新石器时代晚期礼制萌芽阶段的产物，具有较高的考古研究价值。

【陶杯】

龙山文化时期，酒器。泥质磨光黑陶，直口，直腹，平底，腹饰凹弦纹，腹一侧饰扁錾手。器高9.5厘米，口径7.8厘米。

【陶罍】

西周时期，盛器、仿青铜礼器。1989年出土于齐都镇河崖头村西西周墓。泥质灰陶，饰陶衣。方唇，折沿，束颈，折腹，矮圈足。肩饰刻划三角纹，内填竖细绳纹。肩两侧饰半环形耳，鼓盖，顶部饰圆形钮，刻一周三角纹，内填细绳纹。通高26厘米，口径19.5厘米。

陶罍

【陶鬲】

西周时期，炊具。1989年出土于齐都镇河崖头村西西周墓。夹砂灰褐陶，圆唇，宽沿，微上斜，侈口，浅腹，弧裆，柱形足。腹、足部饰竖绳纹。是一件典型的周式鬲。器高11厘米，口径16厘米。

陶鬲

【陶罐】

西周时期，盛水器。泥质灰陶。1989年出

陶罐

土于齐都镇河崖头村西西周墓。圆唇，矮领，敛口，斜肩，折腹，腹下收，小圈足。通体素面，折肩部饰压纹。高18厘米，口径12.5厘米。

【陶簋】

西周时期，仿铜礼器。1989年出土于齐都镇河崖头村西西周墓。泥质灰陶，饰陶衣。圆唇，敞口，鼓腹，圈足。腹饰夔龙形纹，底部有一"夋"字。器高11.7厘米，口径16.9厘米。

陶簋

【扁陶壶】

战国时期，水器。泥质灰褐陶，侈口，束颈，扁腹，肩部饰扁形钮，矮圈足，素面无纹。为秦式扁壶。高17厘米，口径9.8厘米。

扁陶壶

【陶牺尊】

战国时期，酒器。1980年出土于今辛店街道东夏社区古墓。泥质灰褐陶。牺尊四足站立，

陶牺尊

细颈昂首，阔口怒目，两耳后撇，短尾下垂。背部有长方形注水口，长方形盖，顶有一环状钮。高27.6厘米，长47.2厘米。

【莲花盖豆】

战国时期，食器。1980年出土于今辛店街道东夏社区古墓。泥质灰褐陶。盘口作六瓣莲花状，浅盘，平底微凹，短粗柄，柄中部饰一周凸棱纹，喇叭状圈足。高34.8厘米，口径25.2厘米。

【彩绘陶鼎】

战国时期，炊具。1977年出土于大武电厂工地。泥质彩绘陶。通体饰黄褐色陶衣。盖呈圆弧状，立三个鸟形片钮，饰朱红色草叶纹。子母口，直腹，平底，附耳，兽蹄足。腹部塑鸡冠纹，两侧饰乳钉，间饰朱红草叶纹。通高28厘米，口径12.5厘米。

彩绘陶鼎

【彩绘陶壶】

战国时期，酒器。1977年出土于大武电厂工地。泥质彩绘陶。通体饰黄褐色陶衣。凸盖，塑四片莲花瓣形钮，边缘饰一周朱红色弦纹。广口，细颈，鼓腹，圈足，肩、颈、腹部饰凹弦纹，间饰朱红色草叶纹。通高37厘米，口径15厘米。

彩绘陶壶

【陶俑】

1970年在今齐都镇郎家庄春秋大墓中出土一组小型陶舞俑，造型简单，色彩艳丽，一般在10厘米左右，均为女俑。现藏于山东省文物考古研究所。

【陶俑】

战国晚期。2012年2月于稷下街道范家墓地出土，4件。由于火候极低，以及长时间在坑内受填土挤压，出土时已成块状，修复复原2件。陶俑均为空心，头、胳膊、耳为套接捏合而成。为泥质黄褐陶，出土时彩绘色彩艳丽，因出土时间较长及风化等原因，彩绘色彩变淡，部分已经脱落。复原的2件陶俑形制基本相同。脸面圆润丰满，大眼，眼窝较深，叶形双目，弯月眉弓，长鼻梁隆起，小蒜头鼻尖，阔嘴，翻唇，上唇较厚，两耳前兆，长方肥大，耳唇有一方孔，短颈，胸肌丰满，双乳尖突，

束腰，身着长裙，身体前倾，呈站立状。用黑色彩绘出黑发，脸面、颈、手涂施粉红彩，用黑、白彩勾勒出眼珠（脱落），长裙右侧涂施朱红彩，左侧施黄色彩，肩部施黑彩条。头顶、颈下部以及腋窝下各有一圆孔。其一下颌、头顶圆凸，右臂曲肘，下臂向上抬举，五指并拢，掌心朝前，左臂自然下垂，曲肘前伸，手握拳，拳心中空。高56.5厘米。其二下颌、头顶圆滑，右臂曲肘，下臂向上抬举，手握拳，拳心中空。高59.5厘米。

陶俑

【陶匜】

西汉时期，水器。1978年出土于今辛店街道窝托社区汉齐王墓陪葬坑。口呈方形，微敞，长流上翘，流中部略窄，内壁中间向内折，平底。应为冥器。高9厘米，长42厘米，口径23厘米。

【陶钫】

西汉时期，酒器。1978年出土于今辛店街道窝托社区汉齐王墓陪葬坑。泥质灰陶，通体磨光，盖顶微鼓，饰四个"S"形钮。子母口，方唇，唇下绘朱红色三角纹，鼓腹，两侧各饰一铺首衔环，方圈足外撇。器高50厘米，口径12.5厘米。

陶钫

【陶楼】

东汉时期，陶冥器。1984年出土于今辛店街道东夏社区砖室汉墓中。红褐色，两层，长方形门口，方窗，顶部起脊两面坡形，为庑殿顶，高度约50厘米。此楼是研究古代楼房结构的实物资料。现藏于山东省文物考古研究所。

陶楼

二 砖

【花纹铺地砖】

战国、汉代宫殿建筑材料，用于院落及房屋地面的装饰。多出土于齐国故城宫城附近。有夹砂陶和泥质陶两类。花纹种类较多，有菱形纹、方格纹、云纹等，古朴典雅，反映了当时齐国都城建筑的豪华盛景。

【异形砖（契形）】

契形砖，为东汉时期垒砌墓葬拱券顶的材料。1984年出土于今辛店街道东夏庄社区东汉砖室墓。夹砂灰陶，正面模印方格纹，长43厘米，宽25.6～37厘米，厚12厘米。

【空心砖】

西汉时期。长方形，内空，夹砂灰陶。正

面印有龙形纹。长150厘米，宽50厘米。两端有凹槽，构成长方形竖穴墓，有防水、防潮功能，是战国晚期至汉代的一种葬俗。

【画像砖】

人物画像砖，2块，2012年征集于稷下街道淄江花园建设工地。形状、大小、纹饰相同，长42.5厘米，宽19.5厘米，厚8厘米。砖面涂一层白粉面，黑彩勾画，画面为一男性长者仰面而睡，头枕长方形枕头，戴圆帽，面庞丰满，留有短胡须，身盖梅花点纹花被。应为宋代画像砖。

三 瓦

【板瓦】

板瓦与筒瓦相互叠压而用，板瓦仰面，筒瓦叠压，板瓦为长方形，微有弧面，夹砂灰陶，

背面印有竖绳纹。一般长35厘米，宽25厘米。大量适用于春秋战国至汉代。

【筒瓦】

筒瓦为半筒状，瓦体较小而长，筒瓦一端弧形下凹，脊面饰瓦纹或绳纹。一般长31厘米，径15厘米。

【脊瓦】

脊瓦是护屋脊的材料，夹砂灰陶，形状如马鞍，顶平，两面斜坡状，印有稀疏的三角纹、四叶纹或S状纹。一般长64厘米，宽44厘米，厚4厘米。

【树木双兽纹半瓦当】

夹砂灰陶，当面中间饰树木纹，两侧饰兽纹。半径10厘米。

树木双兽纹半瓦当

【树木卷云纹半瓦当】

夹砂灰陶，当面中间一棵枝叶茂密的树木，两侧饰卷云纹，构图严谨美观。半径8厘米。

树木卷云纹半瓦当

【树木双目纹半瓦当】

夹砂灰陶，半圆形，中间树木纹，两侧饰圆泡状眼睛。一般半径为7～8厘米。

树木双目纹半瓦当

【双禽纹半瓦当】

夹砂灰陶，当面两侧饰禽鸟纹。纹饰简练逼真。半径7～8厘米。

双禽纹半瓦当

【文字瓦当】

夹砂灰陶，当面有圆形和半圆形两类，其纹饰多为吉祥语文字，篆书、隶书，其内容如"千秋万岁"、"万寿无疆"等等。直径15厘米。多为汉代制品。

文字瓦当

四　陶拍

【素面陶拍】

龙山文化时期。征集于皇城镇崖傅村。夹砂灰褐陶，钮为蘑菇形，拍面呈半圆形，素面，有一斜孔，中空。通高11厘米。

卷，另一端方形，饰单叶脉纹。高5厘米，拍面长11.2厘米，宽5.2厘米。

素面陶拍

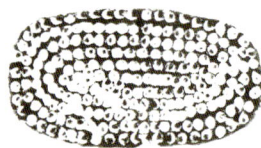

乳钉纹陶拍

【格纹陶拍】

商代。征集于齐都镇阚家寨村。泥质灰褐陶，鸟形钮，拍面呈长方形，微鼓，饰正方格纹。质地细腻，保存良好。通高6.5厘米，拍面长8.1厘米，宽6.1厘米。

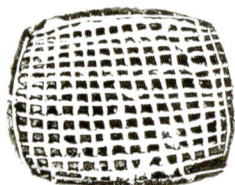

格纹陶拍

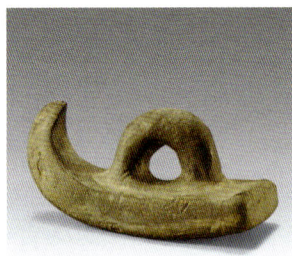

叶脉纹陶拍

【绳纹陶拍】

西周时期。征集于齐都镇苏家庙村。虎形钮绳纹陶拍。泥质灰褐陶，拍面站立一只肥壮的斑点虎。拍背面呈椭圆形，微鼓，饰中粗绳纹，略残。通高5.2厘米，拍面长9厘米，宽6.2厘米。

【乳钉纹陶拍】

商代。征集于齐都镇西石桥村。泥质灰陶，器钮拱形，拍面呈椭圆形，饰小乳钉纹。通高4.4厘米，拍面长9厘米，宽4.5厘米。

【叶脉纹陶拍】

西周时期。征集于齐都镇河崖头村。泥质灰陶，叶脉纹环钮陶拍。拍面三角形，一端上

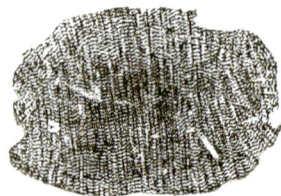

绳纹陶拍

【圆点纹鸟形陶拍】

周代。征集于齐都镇东石桥村。泥质黑陶。器钮为圆柱形，半空心。拍面呈飞鸟形，头残，胸饰网格纹，两翅饰圆点纹。高9.2厘米，拍面长11厘米，宽11厘米。是一件泥塑艺术珍品。

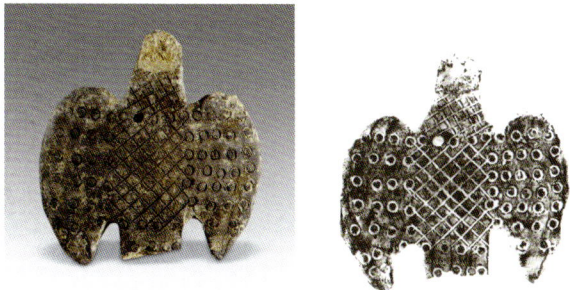

圆点纹鸟形陶拍

【锥刺纹陶拍】

战国时期。征集于皇城镇皇城营村。泥质灰陶，圆柱形实心钮，拍面呈圆形，弧面，饰锥刺纹，保存完好。通高10厘米，拍面径12.5厘米。

锥刺纹陶拍

【弦纹陶拍】

战国时期。征集于齐都镇西石桥村。器柄呈丫字形。泥质灰陶，拍面呈圆形，稍残。高9厘米，拍面径12厘米。

弦纹陶拍

【菱形纹陶拍】

战国时期。征集于齐都镇邵家圈村。泥质磨光灰黑陶，器钮为拱形，拍面长方形，饰菱形纹。通高6厘米，拍面长9厘米，宽6厘米。

菱形纹陶拍

【布纹陶拍】

战国时期。征集于齐都镇刘家庄。夹砂灰陶。钮为圆柱形，空心。拍面呈圆形，饰细布纹。通高7.5厘米，拍面径9厘米。

布纹陶拍

五　瓷器

【原始瓷豆】

西周时期，食器。1989年出土于齐都镇河崖头村西西周墓。青釉浅盘敛口，口沿饰凹弦纹一周，外沿饰三组盲鼻，喇叭形圈足，柄下部露胎，盘内盛有红色朱砂。器高8.7厘米，口径18.3厘米。此器为研究原始瓷器的传播提供了重要资料。

原始瓷豆

【宋瓷】

一组（68件），1978年12月，于今齐陵街道淄河店村西南胶济铁路复线工程施工中，发现一批窖藏宋代瓷器。盛放在白釉瓷缸内，叠放整齐，计68件。均为宋代饮食用具，有碗、盘、碟等。碗22件，其中白釉碗9件、白釉印花碗10件、葵口碗3件。盘28件，白釉划纹盘1件、白釉盘1件、白釉印花盘19件、葵口盘4件、黄釉盘2件、黑釉盘1件。碟13件，白釉碟9件、

白釉印花碟4件。瓷瓶1件，带盖盒1件，白釉盅2件，白釉缸1件。其中淄博市博物馆收藏11件。

宋瓷

第三节　青铜器

临淄出土青铜器众多，其中不乏国家级文物珍品。

一　兵器

【高子铜戈】

春秋时期，勾杀兵器。1970年出土于今敬仲镇白兔丘村高傒墓附近。前锋尖锐，有三穿，长方直内，中脊不突出，近穿处有"高子戈"三字，应为高氏之兵器。援长12厘米，内长6.5厘米，宽2.7厘米，胡长5厘米，阑长5.8厘米。高子名傒，谥号敬仲，春秋时齐国上卿。

高子铜戈

【锤戈】

春秋时期，勾杀兵器。援呈长条形，中脊突出，短胡，内前段有钉头形孔，后段有圆形孔，阑部有"弓"形二穿，近阑处有"锤"字。长23.5厘米，援长14.5厘米，宽6厘米，阑长4.5厘米。

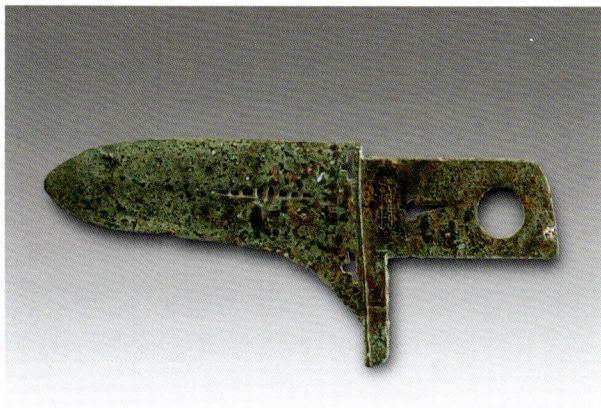

锺戈

【金镈铜戈】

西汉时期，礼器。1978年出土于今辛店街道窝托社区汉齐王墓陪葬坑。铜戈长胡三穿，援微曲。内近胡处贯穿一筒形镈帽，顶饰一只回首鸳鸯。金镈筒形，饰云纹，銎如杏仁状。戈长22.5厘米，镈长11.9厘米。铜戈现藏于中国国家博物馆，齐国故城遗址博物馆仅存金镈部位。

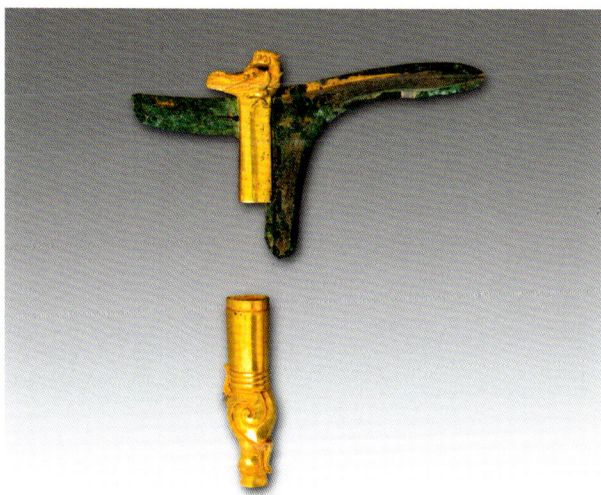

金镈铜戈

【郾王职剑】

战国时期，燕国兵器。1997年齐都镇龙贯村村民韩如水在淄河河道取沙时发现并送交齐国故城遗址博物馆，受到临淄区人民政府的表彰和物质奖励。剑身呈柳叶形，扁茎，柿蒂形格，茎部有圆形穿孔，脊上铸8个铭文"郾王职作武某□剑"。剑长59厘米，宽4.4厘米。郾王职即燕昭王姬职，前311～前279年在位。战国晚期，齐燕两国战事频繁，公元前284年，乐毅率军伐齐，占领临淄数年之久，此剑应是当时遗物，为研究这段历史提供了重要资料。

【暗格纹铜剑】

战国晚期，兵器。剑柄圆形，有二箍。柿蒂形格，双面刃。锷部锻出相间0.4～0.5厘米的阴阳面。长44厘米，宽5厘米。铸造工艺与越王剑相近，至今十分锋利。反映了战国时期齐国兵器锻造工艺的先进水平。征集品，出土地点不详。

郾王职剑　　　　暗格纹铜剑

【包金银铜铍】

战国晚期，兵器。1992年出土于今稷下街道商王墓地。镦，铜质包金，椭圆形，两侧面刻划阴阳线，重环纹，前后两面均饰浅浮雕龙凤纹。线条生动精细，互相缠绕，富有动感，装饰工艺高超。铍头锈蚀严重。全长208厘米，铍长26.6厘米，宽3厘米，镦长12.3厘米。现藏于淄博市博物馆。

包金银铜铍

鸡鸣铜戟

铜矛

成。矛头断面略呈菱形，后端有圆孔，筒状镦，全长268厘米，矛头长18厘米。

【铜弩机】

1978年出土于今辛店街道窝托社区汉齐王墓陪葬坑。72件，大小不一，构造相同，均为实用品。由郭、牙、望山、悬刀等构件组合而成。郭前窄后宽，上铸剑槽；弩柄部面和悬刀鎏金，镂孔。郭长14.4厘米，宽3.7厘米，厚2.8厘米。临淄齐国故城遗址博物馆收藏1件，其余藏于淄博市博物馆。

【铁柄玉匕】

战国时期。1992年出土于今稷下街道商王墓地。首环以白玉制成。柄为铁质，已朽。首呈鸡心形，尖锋，中间起脊，四周为铜边所包，首下部为节状。长方形銎，镶于柄部。铁柄弯曲，断面呈三角形。柄下部为鎏金铜螭虎，口衔扁圆形玉环。长20.9厘米，首宽2.7厘米，环5.1厘米。现藏于淄博市博物馆。

【鸡鸣铜戟】

西汉时期，兵器。1978年出土于今辛店街道窝托社区汉齐王墓陪葬坑。鸡鸣状，长胡四穿，援斜出如勾，援内之间有一管形帽。竹节状镦，是一件长柄兵器。器长16厘米，胡长14厘米。现藏于淄博市博物馆。

【铜矛】

西汉时期，兵器。1978年出土于今辛店街道窝托社区汉齐王墓陪葬坑。由矛头、镦、柲组

铜弩机

【铜承弓器】

西汉时期，铜质鎏金承弓器1件。1978年出土于今辛店街道窝托社区汉齐王墓陪葬坑。通长23厘米，长方扁箭，身后端开口，长4.5厘米，宽3厘米。前端有半圆形凹槽，以承弓背，下角

铜承弓器

伸出一长颈，兽首状，通体鎏金。

【铜矢镞】

西汉时期，远射兵器。1978年出土于今辛店街道窝托社区汉齐王墓陪葬坑，共计1810件。分两类：一类为三棱形，叶较宽，外缘作刃状，向前铸成尖锋；另一类为倒刺形，后锋骹呈圆锥形，后部有一销孔。长5.3厘米。现藏于淄博市博物馆。

铜矢镞

二　饪食器

【柱形足铜鼎】

西周时期，炊器。1989年出土于齐都镇河崖头村西西周墓。敛口、方唇，窄沿外折，深腹，柱形足，立耳环形，微外敞，口缘下饰两道凸弦纹，足稍残。通高21厘米，口径18厘米。

柱形足铜鼎

【平盖铜鼎】

春秋时期，炊器。1990年征集于今朱台镇南高阳村东，保存完好。子母口，腹微鼓，圜底，

三兽蹄足，附耳门字形。口缘下饰一周龙形带纹，平盖上列有3个曲尺形片钮，盖中央部位一环形钮。高25.7厘米，口径27.2厘米。

平盖铜鼎

【国子铜鼎】

春秋时期，炊器。1956年出土于今稷下街道尧王庄西古墓。子母口，腹壁较直，附耳，3个蹄形足。有盖，顶面平，饰半环形钮及3个长方形片钮，器身有凸弦纹一周，器盖及内底各铸

铭文"国子"二字。高33厘米、口径34厘米。同墓出土国子鼎8件，豆6件，壶2件。均藏于山东省博物馆。

窃曲纹一周。腹与三足相对应处各有一道纵向扉棱。底部有烟炱痕迹。通高28.2厘米、口径25.8厘米。

国子铜鼎

平沿铜鼎

【圈钮铜鼎】

春秋时期，炊器。1964年出土于今齐都镇河崖头村东一窖藏内。同时出土的还有盂、簋、瓿、钟计8件。该鼎子母口，鼓盖，盖上有圆形圈钮，深腹，圜底，三兽蹄足，两附耳外撇。器腹及盖均饰云雷纹。通高29厘米，口径20.5厘米。

圈钮铜鼎

【平沿铜鼎】

春秋时期，炊器。2011年出土于稷下街道刘家庄棕榈城工地。同出3件，为一组列鼎，形制、纹饰基本相同，大小依次递减。敞口，宽折沿，斜方唇，立耳外撇，半球形腹，圜底，三蹄形足，足中段较细，下端逐渐外展变大。腹部饰

【虎形钮铜鼎】

战国早期，炊器。2010年出土于稷下街道范家墓地。盖顶中央有一兽钮衔环，盖沿周边有3个形制大小相同、等距离的浮雕卧虎钮。整器饰勾连云雷地纹，盖上四周凸弦纹将其分成三部分纹饰带。盖顶中央饰蟠螭纹和卷云叶形纹，中饰一周龙形纹，边缘龙纹两两相对。衔环饰绳索纹，虎钮饰卷云纹，器身腹部饰二周凸弦纹，弦纹上下各饰一周用连三角间隔的龙形纹带，耳内侧饰蟠螭纹，外侧饰蟠螭纹、三角勾连云纹，足跟部饰浮雕兽面纹。腹底有一周扉棱。出土时鼎腹内残存谷物小颗粒。通高36厘米，口径30厘米。

虎形钮铜鼎

【环形钮铜鼎】

战国早期，炊器。2010年出土于稷下街道范家墓地。盖顶周边置3个环形钮。整器饰勾连云雷地纹，盖心饰涡纹。其外二周窃曲纹，器身腹部一周凸弦纹，弦纹两侧各饰窃曲纹一周，凸弦纹上加饰短斜线纹。环形钮饰贝纹和绳索纹，耳两侧饰卷云纹。腹底有一周扉棱。出土时鼎腹内装满食物，食物表层较稠，质地细腻，呈稠泥状，底部略稀，并有动物肩胛骨和肋骨，骨呈铜绿色。通高29.5厘米，口径24厘米。

环形钮铜鼎

【兽形耳铭文铜簋】

西周时期，食器。1989年出土于齐都镇河崖头村西西周墓。敞口，圆唇，沿外卷，浅腹圈足，下部饰两道凸弦纹，肩腹部两侧饰兽首形把手。内底部铸3字铭文。器高10.3厘米，口径15厘米。

【兽耳圈足铜簋】

2件，大小形状均相同。西周时期，食器。1989年出土于齐都镇东古城村。鼓形盖，敛口，鼓腹，兽首形双耳。圈足下附三兽形短足。盖与腹饰夔龙形纹。通高18厘米，口径15.5厘米。

【龙形錾手铜簋】

西周时期，食器。1964年出土于今齐都镇河崖头村东一窖藏中。铜簋4件。其中，3件残破

严重，1件较完整。足和盖钮残。鼓形盖，顶部饰莲花瓣形钮。敛口，宽沿外卷，束颈，鼓腹，方足，腹两侧饰龙形把手，龙体健硕威武。腹、盖均饰波曲纹，足饰重环纹。残高20厘米，口径13.5厘米。

兽耳圈足铜簋

龙形錾手铜簋

【铜瓶】

西周时期，水器。1964年出土于今齐都镇河崖头村东窖藏中。器形似罐，盘形口，尖唇，束颈，鼓腹，矮圈足。腹下部两侧饰弯形把手。腹中部饰两周凹弦纹。器高14.5厘米，口径15厘米，底径11.7厘米。

【袋足铜鬲】

2件。西周时期，炊器。1989年出土于齐都镇河崖头村西西周墓。2件铜鬲造型、大小均相

同。立耳，袋形足，分档，颈腹分明，实足尖，颈部饰一周凤鸟纹。其一较完整，内铸铭文9个。另一件残破，内铸铭文3个。通高20厘米，口径17厘米。

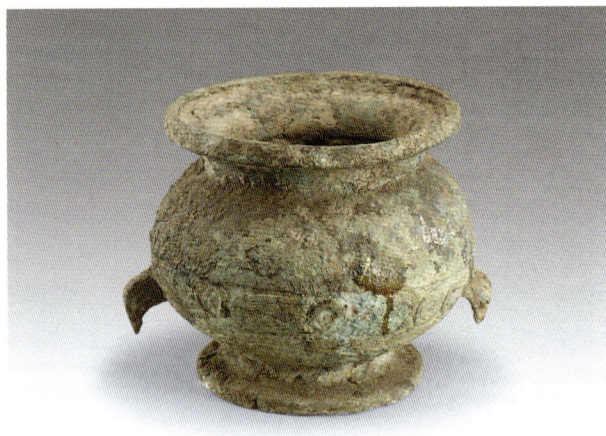

铜瓿

袋足铜鬲

【弧裆铜鬲】

春秋时期，炊器。1984年征集于今齐都镇葛家村。稍残，侈口，方唇，束颈，鼓肩，鼓腹，三袋足，弧裆，锥形足尖，肩饰一周窃曲纹。高17.5厘米，口径18.5厘米。

【人形足铜敦】

春秋时期，食器。1964年出土于今齐都镇河崖头村。体较小略呈圆形。盖微隆，上有四环钮。深腹，两侧各有一环耳。人形足，作跪状，双手置于膝上，头顶敦底，饰谷粒纹、蟠虺纹。通高13厘米，口径11.6厘米。

人形足铜敦

【素面椭圆形铜敦】

战国时期，食器。征集品。椭圆形，子母口，平盖，饰4个环钮。平底，口沿下部两侧各饰一环耳。通高14厘米，口径20.5厘米。

弧裆铜鬲

素面椭圆形铜敦

【素面球形铜敦】

战国时期，食器。1966年征集于今凤凰镇东申家桥村。圆球状，子母口，腹、底和盖均饰有3个环钮，口沿下两侧饰环耳。高17.4厘米，口径14.7厘米。

素面球形铜敦

【奁形铜敦】

战国时期，食器。1983年征集于今齐陵街道聂仙村。器体特殊，圆筒状，通体素面，盖与底均饰三环钮，盖与腹高低相同。高16.7厘米，口径16厘米。

奁形铜敦

【仲姞豆】

春秋时期，食器。1987年征集于敬仲镇白兔丘村淄水西岸。其上部深腹碗形，敛口折沿，沿下部两侧饰环耳。柄细高，喇叭形圈足。盘内

仲姞豆

铭曰"惟王正九月，辰在丁亥，椰可忌乍厥元子，仲姞媵女錞"。其自名为錞，为研究战国古代器物的名称提供了例证。

【铜盂】

春秋时期，水器。1964年出土于今齐都镇河崖头村东窖藏内。该器较大，侈口，深腹圈足。沿下部饰两个杵形把手。颈与圈足腹饰环带纹和饰曲纹。纹饰古朴，疏朗流畅。器形庞大，为王室重器。高43.4厘米，口径62厘米，重35.5千克。

铜盂

【夔龙纹铜盆】

春秋时期，水器。征集品。此器侈口，折沿，鼓腹，小底内凹，口沿下饰兽形鋬一对，颈部饰夔龙纹一周，腹部饰兽面纹。器高14厘米，

口径31.2厘米。

夔龙纹铜盆

【龙形耳舟形器】

春秋时期，食器。1990年出土于今朱台镇南高阳村。同时出土的还有铜鼎1件，铜敦1件。器呈椭圆形，敛口窄沿，腹微鼓，小平底上有三扁足。腹两侧有对称的龙形耳，腹内透雕隔板将器物分为两部分，腹饰蟠纹。通高10厘米，口径15.8厘米。

龙形耳舟形器

【舟形器】

战国时期，食器。1966年4月征集于今凤凰镇东申家桥村。同时出土2件，其一椭圆直口，六棱形环耳，盖微鼓，上饰四环钮。高14厘米，口径16.1~20.3厘米。其二形体略小，盖上饰三环钮，高12.5厘米，口径12.6~15厘米。是战国时期祭祀时盛谷类食物的礼器。

【鬲形铜甗】

战国早期，炊器。2010年出土于稷下街道范家墓地。甑、鬲分体。甑口微敛，尖唇，斜折沿，沿面长方形立耳，立耳上部外侈，弧腹下圆收，底隆起有箅孔，下部有插入鬲口的榫圈；鬲敞口，方唇，斜沿，圆肩，肩两侧小方耳，弧裆，空心柱足。鬲沿下一侧有小钮耳，钮耳里侧有凹槽。甑体饰短斜线凸弦纹二周，弦纹将纹饰分为三部分，上下部分饰三角、"S"形卷云

鬲形铜甗

纹，中间饰蟠虺纹，立耳内外两侧饰陶索、卷云纹。甑体外侧有三道扉棱，鬲中部自上而下各有一道扉棱，足里侧两道扉棱与底扉棱相连呈三角形。鬲整器有烟炱痕迹。甑高26.5厘米，口径38厘米；鬲高25厘米，口径18厘米；甑鬲通高50厘米。

【釜形铜甗】

西汉时期，炊器。2012年出土于稷下街道范家墓地。甑、釜分体。甑为敞口，宽平折沿，方唇，腹微鼓，平底，上有细密的小圆孔，高圈足插入釜口内。釜，直口，长颈，折肩，扁圆形，腹中部饰宽沿，腹下收为圆底，兽蹄形三足外撇，肩下部是对称的钮耳衔环。颈、腹部各饰凸棱一周。通高32厘米，甑口径17.6厘米。

釜形铜甗

鸟形钮钫

【素面铜钫】

西汉时期，酒器。1978年出土于今辛店街道窝托社区汉齐王墓陪葬坑。3件，形制相同，大小相近，器体方形，盝顶盖上有4个片钮。子母口，方唇，腹微鼓，肩部两侧饰一对铺首衔环，圈足。镌刻铭文一组"左三斤六两"，刻工潦草，很不规范。器高42厘米，口径11.6厘米。现藏于淄博市博物馆。

【鸟形钮钫】

西汉早期，酒器。2012年出土于稷下街道范家墓地。同出2件，大小、纹饰相同。覆斗形盖，下有企口，四斜面列4个镂空鸟形钮。器身

为侈口，长颈，鼓腹，腹上部有两对铺首衔环，下腹斜内收，高圈足外撇。铺首浮雕兽面，环饰勾连卷云纹，口下、腹部四面各饰4条宽带纹，颈、肩部四面三角形纹间饰勾连云纹，盖面、斜面、腹部和圈足四面均饰5组羽尾勾卷、谷纹带。通高50厘米，口径14.1厘米，腹径25.5厘米。

【铜勺】

西汉时期，生活用具。1978年出土于今辛店街道窝托社区汉齐王墓陪葬坑，共12件。其一勺长15厘米，外底刻"齐大官右般北餐人"。现藏于淄博市博物馆。

三　酒器

【金银错镶嵌铜牺尊】

战国时期，酒器。1982年在今稷下街道商王庄村西古墓中发现，由高王村村民齐中华送交临淄区文物管理所收藏。尊仿牛形，背上有椭圆形孔，为注酒处，上有盖，饰禽鸟形捉手。牺尊通体纹饰高贵华丽新颖，牛首、颈、身、腿、臀部均饰错金银，构成盘绕回旋的勾连纹，纹饰间嵌绿松石或孔雀石。眼球着墨晶石。此尊形体厚重，制作精良，是战国时期错

金银错镶嵌铜牺尊

金银镶嵌工艺的珍品。器高28.3厘米，长46厘米，重6.5千克，肩饰一周凸弦纹，一周蟠虺纹；腹饰一周凸弦纹，两周蟠虺纹，一周叶形纹。曾多次到国外巡展。

【铜盉】

战国早期，酒器。2010年出土于稷下街道范家墓地。平盖，盖心有圆柱长方形小钮，钮两侧有小圆孔，椭圆形环套于钮圆柱上。器身小直口，短颈，广肩，圆鼓腹，圆底，三蹄形足。半环龙形提梁，提梁一端与流呈龙首状，一端梁背上为卷曲的龙尾，梁顶两侧各有一道扉棱，与流对称的腹部也有扉棱。盖面饰3组弦纹，弦纹间饰蟠虺纹，盖背面饰一蟾蜍纹。提梁饰鳞纹。提梁、腹部扉棱饰虺纹，足饰兽面纹。底部有烟炱痕迹。口径10.4厘米，腹径20.6厘米，通高25.6厘米。

铜盉

【汲酒器】

战国时期，酒具。竹管状长柄，下接平底，中空，形如荷蕾的球形器。柄外表为4节竹节形，上下各饰一周箍状纹，柄端封闭并饰龙首衔环。球形器表饰苞蕾式荷纹，荷瓣突出，具有立体感。在龙首下有长方孔，球形器底部有一圆孔，两孔相互贯通。是一件罕见的汲取酒浆的汲酒器，通高65.4厘米。现藏于淄博市博物馆。

【蒜头壶】

战国时期，酒器。子母口，带盖，盖中央有一环钮，瓶口呈蒜头形，直口，细长颈，溜肩，球形腹，平底，圈足，颈部有两周宽带纹。肩饰一对铺首衔环，腹饰凸弦纹一周，外底饰一半环形钮。高42厘米，口径4.1厘米。

汲酒器　　　　　　蒜头壶

【高柄提梁铜壶】

战国时期，酒器。1992年出土于今稷下街

高柄提梁铜壶

道商王墓地。子母口，带盖，盖上有3个"S"形环钮，敞口束颈，球形腹，圆底高柄，喇叭形圈足。腹饰一对环钮，与双首龙身链索式提梁相连。通高28厘米，口径7.5厘米。现藏于淄博市博物馆。

【鹰首铜壶】

战国时期，酒器。1996年出土于今闻韶街道相家庄墓地。器盖与器口作鹰首形，盖上有环与提梁相连，提梁为一弯杆，连于两"S"形活动柱上。器口以鹰喙为流，小口长颈，鼓腹圈足，腹部饰一圆环，造型独特。通高43.7厘米，底径13.6厘米。现藏于山东省文物考古研究所。

鹰首铜壶

【龙纹壶】

战国早期，酒器。2010年出土于今稷下街道范家墓地。同出2件。弧形盖，顶置4个鸟首形环钮。壶身为侈口，平沿，鼓腹，平底，高圈足，肩部有对称的铺首衔环耳。盖心两周同心圆，圆外由四叶形纹饰分隔4组勾连卷云纹，壶身纹饰以6周连三角纹为间隔，第一、二周为4组凤鸟纹，第一周凤鸟纹每组两两相对，第二周凤鸟纹两两相背，每组间由连三角纹相隔，第三、五周8个龙形纹，其间用连三角纹、兽目交连纹

龙纹壶

间隔，第四周饰四组兽目交连纹，第六周锈蚀较甚，纹饰不清，铺首浅浮雕兽面纹，环饰勾连纹、三角几何纹。

【铜罍】

汉代，酒器。1978年出土于今辛店街道窝托社区汉齐王墓陪葬坑。小口，直颈，弧肩，鼓腹，小平底，肩部两侧饰一对铺首衔环，并镌刻"齐大官畜上桼"。口上有弧形盖，正中饰一环钮。高37.5厘米，口径15.2厘米。

铜罍

四 盥水器

【西周重环纹铜盘】

西周时期。1989年出土于齐都镇东古村西周晚期古墓中。附耳，侈口，方唇，直壁浅腹，平底，矮圈足，盘腹部饰一周重环纹。器高8.5厘米，口径24.6厘米。

西周重环纹铜盘

【矮圈足四环钮铜盘】

战国时期。征集品。素面大盘，平口，窄沿外折，折腹，平底，矮圈足，沿下部饰两两相对的环钮，器体特大。口径73厘米，高15.5厘米。

矮圈足四环钮铜盘

【龙形錾手重环纹铜匜】

西周时期。器身呈瓢形，平底，流上翘，四足较矮，錾手为龙形，龙嘴接于匜口沿，腹饰重环纹。长20.5厘米，宽9.8厘米。

龙形錾手重环纹铜匜

【虎头铜匜】

春秋时期。1984年征集于今齐都镇东古村。流为虎头形，匜体呈椭圆形，浅腹，三兽蹄状足，把手残缺，素面无纹饰。通长27.5厘米，高3厘米。

虎头铜匜

【鹰首铜匜】

战国时期。1983年征集于今齐都镇郎家庄。口呈心形，侈口方唇，深腹，矮圈足。口沿一侧饰鹰首状流。高8厘米，口径17.3厘米。

鹰首铜匜

鸭形尊

【鸭形尊】

　　战国时期，洒水器。1996年出土于今闻韶街道相家庄墓地。该器为鸭形，长颈，鸭嘴衔鱼，鱼腹双排十二管，与鱼腹、鸭颈相通，注水前倾时，水通过鸭颈，从鱼腹管中喷出。鸭背为盖，盖上作鸟形捉手。鸭翅刻羽状纹。尾呈扁形，尾下饰圆环。鸭眼、翅、尾及盖钮嵌绿松石。高18.8厘米，长41.7厘米。现藏于山东省文物考古研究所。

五　乐器

【铜钟】

　　西周时期。1964年出土于今齐都镇河崖头村东窖藏内。该钟圆筒状，顶部置方形钮。身饰泡形枚，3行排列，每行12枚。乳枚行间饰蟠螭纹。高40厘米，口径27×24厘米，重13.5千克。是临淄发现时代最早的大型乐器。

铜钟

【铜甬钟】

　　一组（8件）。战国时期。1978年出土于今齐都镇大夫观村古墓。共出土两组16件，一组藏于山东省文物考古研究所，另一组藏于齐国故城遗址博物馆，两组形制相同，大小依次排列。最大者高57.6厘米，间宽28厘米，干长23.5厘米，重16.5千克。干5厘米处有旋乳钉3行，每行6枚。最小者高29.1厘米，间宽15厘米，干长11.1厘米，重2.35千克。系战国时期实用敲击乐器。

【铜钮钟】

　　两组（14件）。战国晚期。1992年出土于今稷下街道商王墓地。淄博市博物馆收藏一组（7件），齐国故城遗址博物馆收藏一组（7件）。这组编钟保存完好，大小相次，形制和纹饰相同。最大者高29厘米，铣间17.2厘米，厚0.6厘米。小者高13.6厘米，铣间7.9厘米，厚0.6厘米。长方形钮，铣部内敛，干作弧形，枚突起，舞和钟腔呈扁圆形，钮篆和枚间饰三角云纹和卷云纹，舞、钲和鼓部饰变体凤鸟纹，凤羽之内填细线纹和羽状重环纹。《吕氏春秋·古乐篇》云"听凤凰之鸣，以别十二律"，这两组编钟均以凤鸟纹为饰，当与此有关。

【铜镈钟】

4件。战国时期。1990年出土于今齐陵街道淄河店墓地。形体较大，复式钮，形制纹饰相同，大小相次，钮呈双龙对峙状，头向外，口含尾，中间方形。钲中间部位素面，两侧各有界格，有凸起的圆枚3组9枚和篆带两条，饰变形蟠螭纹。通高69.1～80.9厘米。现藏于山东省文物考古研究所。

【铜甬钟】

两组，16件，每组8件。战国时期。1990年出土于今齐陵街道淄河店墓地。这批甬钟形制、纹饰均相同，大小相次。甬呈圆角方柱状，上细下粗，衡平。甬下有旋，环甬呈箍带状，旋上有干。钟体为合瓦式，舞至铣边有一素带骨格，两侧饰蟠螭纹，饰乳钉形枚3组9枚。高44.2～74.2厘米。为研究战国晚期乐器的组合提供了物证。现藏于山东省文物考古研究所。

【铜钮钟】

10件。战国时期。1990年出土于今齐陵街道淄河店墓地。最大一件高28厘米，最小一件高13厘米。这批钮钟，钟体均为扁合瓦状，形状相同，大小相次。舞平，上有环钮，铣边有棱，钲部饰蟠螭纹。此墓被盗，钟的数量不全，中间有缺失。现藏于山东省文物考古研究所。

铜甬钟

铜钮钟

【铜铙】

西汉时期。1978年出土于今辛店街道窝托社区汉齐王墓陪葬坑。圆柱形空甬，中部有一环钮，铙体为合瓦形，两角尖锐。应为西汉时期军用乐器。高27.3厘米，宽15厘米。

铜铙

【铜铃】

一组（20件）。1976年出土于今齐都镇西古东村南墓地。这组扁铃大小、形状均相同。素面无纹，短扁钮，干作弧状，舞和铃腔呈扁形，

铜铃

内填红烧土。高14.5厘米，柄长2.5厘米。应为西汉时期冥器。

【錞于】

西汉时期，军用乐器。1978年出土于今辛店街道窝托社区汉齐王墓陪葬坑。束腰，筒状，上大下小，素面无纹，顶部圆弧状，饰半环形钮，造型古朴庄重。高49.5厘米。现藏于淄博市博物馆。

六　杂器

【错金银镶嵌绿松石铜镜】

战国时期。1964年出土于今稷下街道商王村西伍辛墓附近。圆形，正面平整，背面以金银丝和绿松石镶嵌出云纹图案。9枚嵌银质乳钉位于

穿过镜心的四条等分线上。镜缘有等距鼎分的三小钮，钮上各穿一个铜环。制作精良，是古代艺术珍品。直径29.8厘米，厚0.9厘米。现藏于山东省博物馆。

【四山纹铜镜】

战国时期。1985年出土于今稷下街道孙家徐姚村。三弦钮，方钮座，主纹为四山字纹。山字左旋，地纹饰四叶纹和方格纹，素卷缘。直径9.4厘米，厚0.3厘米。属战国时期典型铜镜。

【四叶纹铜镜】

战国时期。1985年征集于今凤凰镇林家店

错金银镶嵌绿松石铜镜

子村。形体较小，圆形，正面面平，三弦钮，圆钮座。内区饰对称的四叶纹，地纹为方格纹。直径8.2厘米，厚0.3厘米。

四山纹铜镜

四叶纹铜镜

【透雕蟠螭纹铜镜】

战国时期。2010年出土于稷下街道范家墓地。镜面薄而平整，背面稍厚，有镂雕图案。桥形钮，圆钮座，座外饰四柿蒂纹，外有一周弧弦纹将纹饰分内外两区，内区饰细腻的几何云雷地纹，主体透雕蟠螭纹，四蟠螭均匀分布，同向排列，首、背巧妙衔接。外区数组勾连云纹连为一起，周边弦纹宽带间饰并排的二周环纹。直径16.8厘米。体现了高超的铸造工艺，是难得的艺术精品。

透雕蟠螭纹铜镜

【透雕龙纹方铜镜】

战国时期。出土于齐都镇国家村墓地。镜面薄而平，背厚有镂雕图案。弓形钮，圆钮座，座外饰四桃叶纹，周边为一宽带，宽带内四角各有一双圈纹，双圈间有五"品"字纹，内区为对称的四"龙"纹。边长11.2厘米，厚0.4厘米。

透雕龙纹方铜镜

【四乳草叶纹铜镜】

西汉时期。2010年出土于稷下街道范家墓地。圆钮，四叶纹钮座，钮座外两组凹弦面和细线方格，四角间各一桃叶纹，四边间为铭文带，铭文为"见日之光，天下大明"，方格外四边中间各一枚乳丁，乳丁为对称的桃叶四花瓣，构成一朵盛开的花朵，花朵两侧各伸出二叠式草叶纹，内向十六连弧边缘。直径13.5厘米。

四乳草叶纹铜镜

【矩形龙纹铜镜】

西汉时期特大铜镜。1978年出土于今辛店街道窝托社区汉齐王墓陪葬坑。长方形，正面平整，背面正中及上、下两侧各铸五个环形钮。钮四周饰柿蒂纹，主纹为龙凤纹，边缘饰内连弧纹，线条刚劲流畅。长115.1厘米，宽57.7厘米，重56.5千克。此镜形体之大，居历年来著录和考古发现的铜镜之冠。为研究西汉时期铜镜制造技术提供了实物资料。现藏于淄博市博物馆。

矩形龙纹铜镜

【四神博局铜镜】

汉代。圆形，镜背圆钮，柿蒂纹钮座，钮

座外围饰双线方框，将镜分为内外两区。内区有12枚乳钉及12字铭文，外区有8枚乳钉及四神、TLV纹饰。镜缘饰云纹和锯齿纹。铭文："□□作镜真大好，上有仙人不知老，渴饮玉泉饥食枣。"直径16厘米。征集品，出土地点不明。

四神博局铜镜

【昭明连弧纹铜镜】

汉代。圆钮，圆钮座，座外内向饰连弧纹一周。外区为铭文带，铭文："内清以明光夫日月。"素宽平沿。直径9.5厘米。征集品，出土地点不明。

昭明连弧纹铜镜

【瑞兽葡萄纹铜镜】

唐代。又名海兽葡萄镜。圆形，兽钮，正面微凸，背面稍凹，为浮起的瑞兽葡萄纹。铜镜的中部和边沿有凸棱一周，将整个画面分为三组。近钮处一组为瑞兽，间以葡萄纹和鸟纹，最外面为宝相花一周。各区纹饰分区明显，其兽纹饰清晰美观，流行于唐高宗时期。直径10厘米，厚0.8厘米。征集品，出土地点不明。

瑞兽葡萄纹铜镜

【双鱼纹铜镜】

金代。圆钮，花式钮座，座外双鱼同向回泳，摇头摆尾，鱼间波浪起伏，形态生动。铭文："官口镜子局。"直径12厘米，厚0.2厘米。征集品，出土地点不明。

双鱼纹铜镜

【双龙纹铭文铜镜】

明代。1987年出土于今稷下街道魏家庄。锈蚀严重，背面微凹。圆形钮，钮两侧二龙背向。外为铭文带，素边缘。直径9厘米，厚0.9厘米。

双龙纹铭文铜镜

【错金铜带钩】

战国时期，束腰带挂钩。征集品。钩面呈琵琶形，错金丝云纹，钩首残缺，造型小巧美观。全长9厘米。

错金铜带钩

【兽首形鎏金铜带钩】

战国时期。1992年出土于今稷下街道商王墓地。长条形钩体，钩身细长，上绕"S"形虺纹，并饰斜线组成三角纹。钩尾透雕一凤一虺。长8.9厘米，宽3.5厘米，高2.1厘米。现藏于淄博市博物馆。

兽首形鎏金铜带钩

【蝴蝶形铜带钩】

战国时期。1992年出土于今稷下街道商王墓地。钩体方形，钩身细长。上部为长方凹槽，内嵌绿松石，钩尾为左右对称、形如蝴蝶的云朵纹。制作精巧。长7.5厘米，宽4厘米，高1.5厘米。现藏于淄博市博物馆。

【琵琶形铜带钩】

战国时期。1992年出土于今稷下街道商王墓地。钩面呈琵琶状，钩身浮雕一螭虎立于动物身上，动物一肢抓虎首，一肢抓虎颈，仰身作挣扎状，构成争斗的场面。长10.4厘米，宽1.7厘米，高1.9厘米。现藏于淄博市博物馆。

【孔雀尾形铜带钩】

战国时期。1992年出土于今稷下街道商王墓地。钩体呈孔雀状，钩身饰人面鸟喙神人，额中嵌一圆形绿松石。双手上举作握持状，臂生双翼，"八"字形尾，巧妙地构成孔雀尾状。长8.2厘米，宽2.8厘米，高1.7厘米。现藏于淄博市博物馆。

【丙午铜带钩】

汉代，铭文带钩。钩身浮雕禽兽纹，钩尾镂一勾嘴长冠，双爪抱鱼体，翅从肩部伸出，似鹰鸠。钩首则镂双爪撮鱼尾，口含料珠，腿腋部伸出双翅，似恐龙。背嵌银质铭文，刻"丙午钩，口含珠，手抱鱼"。通体嵌金丝银线。长6厘米，造型独特，世间稀有。

丙午铜带钩

【圆形铜燎炉】

战国时期，烧烤用具。1992年出土于今稷下街道商王墓地。双系提梁式燎炉，圆形，敞口，壁内弧，浅腹，平底，四蹄形足，足之间各有一环钮，与双首龙身链索式提梁相连，构成吊链式燎炉。可烤烙食物。高19厘米，口径20.4厘米，底径16厘米。

圆形铜燎炉

【方形炉】

战国时期。1992年出土于今稷下街道商王墓地。炉方形，直口，直壁，浅腹，平底，四角各有一方形足。在口部四角各附一直角曲尺形外敞口沿，腹部相对的两侧均有两个环钮，与双首龙身链索式提梁相连，底部有四条长方形通风口，构成吊链式燎炉。高25.4厘米，口边长25.6厘米，底边长20.4厘米。现藏于淄博市博物馆。

方形炉

【覆斗形温酒炉】

西汉时期，温酒器。1978年出土于今辛店街道窝托社区汉齐王墓陪葬坑。器方形，平底，覆斗形盖，上饰一对铺首衔环，盖顶有椭圆形口，可置耳杯温酒。炉身两侧均有竖长条形透孔，炉的一端饰长方形炉门，四角各有一人形足。边长31厘米，高17.3厘米。此炉造型古朴精湛，是西汉时期青铜器佳作之一。

覆斗形温酒炉

【莲勺宫博山炉】

西汉时期，铭文熏炉。1984年出土于今齐都镇崔家庄墓地。分盖、身、座、盘4部分。盖为博山形，山分5层，透雕，底为波状纹相托，有24个烟孔。炉身半球状。座饰凤纹，座中心有柱，与炉盘焊接。盘为折腹、敞口、折沿、平底，沿较宽，上刻铭文一组："莲勺宫铜一斗鼎下槃重四斤十三两，五凤三年正月己巳工谓成徐安定属圣守属匠间造。"五凤为汉宣帝年号，五凤三年即公元前55年。高24厘米，身口径11厘米，盘口径26厘米。

【炉形铜灯】

战国时期，灯具。1992年出土于今稷下街道商王墓地。敞口，壁内弧，浅盘，平底，三矮

炉形铜灯

蹄足。盘中央有一锥形烛柱，盘侧有方銎，内镶木柄。器高4.8厘米，口径14.8厘米，底径11.4厘米。现藏于淄博市博物馆。

【豆形铜灯】

战国时期，灯具。1992年出土于今稷下街道商王墓地。豆盘状，浅盘，敞口，平底，高柄，中腰呈倒葫芦形隆起，喇叭形圈足，盘中央有锥形烛柱。高19.6厘米，口径18.8厘米，底径15.6厘米。现藏于淄博市博物馆。

豆形铜灯

【豆形鸟柄铜灯】

战国时期，灯具。1992年出土于今稷下街道商王墓地。造型别致、美观。浅盘，敞口，平底略下凹，粗柄，中腰呈倒葫芦形隆起，喇叭形圈足，盘中央有一锥形烛柱。在盘底一侧伸出一圆柄。柄上铸一只小鸟，低首引颈，口衔灯盘，两翅并拢，尾部上翘，羽毛丰满，并呈扇形散开，鸟足用一铜销固定于柄上，刻划纤细，具有较高的艺术欣赏价值。高13.2厘米，盘径16.6厘米。现藏于淄博市博物馆。

豆形鸟柄铜灯

【雁足形铜灯】

战国时期，灯具。1992年出土于今稷下街道商王墓地。灯盘为凹槽圆形，直口，浅槽，平底，内有3个锥形烛柱，盘底一侧为雁足形柄，雁足三趾向前，一趾向后，立于平面为梯形的灯座上，形象逼真。底座上面阴刻"越陵夫人"四字。高36厘米，盘径24厘米，底长16厘米。该器为生活实用具。

雁足形铜灯

【双兽座铜灯】

战国早期，灯具。2010年出土于稷下街道范家墓地。盘呈长方椭圆形镂空莲花状，浅盘，翻沿，平底，腹、底间呈阶梯状，内外近直角转折。灯柱系由踞坐兽和双蛇组成，兽呈回首状，四方嘴，张口，露牙，吐舌，鼻上翘微卷，小鼻孔，直耳，杏仁眼，长颈，额顶立一向后弯曲的尖角，体、尾弯曲呈"S"形，兽前肢平伸向上弯曲，双爪握住蛇首后端，两蛇首相背，蛇身交联在一起，呈绞索状短柱，与盘铆合。灯座由五条蛇组成，蛇昂首，张口，鼻微上卷，乳钉耳，蛇身相连，缠绕在一起。兽后肢弯曲，双爪抓蛇体呈踞坐状。蛇体饰云雷纹状鳞片。盘长径18.8厘米，短径15.6厘米，通高22厘米。

双兽座铜灯

【铜熨斗】

汉代，生活用具。1984年出土于今齐都镇赵王村。椭圆形，直柄，柄长10.5厘米。侈口，宽口沿，平底，柄处上沿有一弧形半圆护手，护手下侧饰圆锥形长柄。高10厘米，口径18.3厘米。应为熨衣用具，对研究临淄纺织、服装手工业的发展具有重要价值。

铜熨斗

【铜鐎斗】

汉代，温器。1984年出土于今凤凰镇柴家瞳村。体呈盆形。一侧饰半圆形流，平底，底附三蹄形足，扁形柄，长27厘米，向上曲，柄端铲形有孔。高12.5厘米，口径15厘米。

铜鐎斗

【铜臼】

西汉时期。1987年出土于稷山墓地。直口，直腹，圜底，璧形足，内凹，腹部饰三道凸弦纹。应为西汉时期加工药物的用具。高11.5厘米，口径10.2厘米。对研究汉代医学有较高的价值。

铜臼

【铜车马器】

西周车马器一组（13件）。1964年出土于今齐都镇东古城村。包括车軎、辖、毂、輨、车饰及马衔和夔龙形饰件，部分车马器上镶嵌绿松石。这批车马器时代早，制作精良，是西周早期实用车马器，对研究车的构造有重要价值。

【铜车辕首】

西汉时期。1978年出土于今辛店街道窝托社区汉齐王墓陪葬坑。车辕似鸭嘴形，首后端为

长方形，上部近处有两个方形孔，起固定作用。长12.2厘米。现藏于淄博市博物馆。

铜车马器

【铜骰子】

西汉时期，2件，博具。1978年出土于今辛店街道窝托社区汉齐王墓陪葬坑。径4.9厘米。2件大小相同，形状相似，空心，内有小铜块，共18个面。其间镂8个三叉形孔，球面错银，18面分别错出"一"至"十六"以及"骄"字和"翾"字。应为西汉时期一种博具。现藏于淄博市博物馆。

铜骰子

第四节 金器·银器

临淄发现的金、银器多为古墓葬中出土，造型美观，质地精良。

一 金器

【金带钩】

春秋时期，带钩。1971年出土于今齐都镇郎家庄古墓。钩体呈琵琶形，圆形钩钮，钩首呈马头形。器长5.8厘米，重38克。经北京钢铁学院金箔鉴定含金量85%，应为预热的硬模铸造。现藏于山东省文物考古研究所。

金带钩

【金耳坠】

战国时期，装饰品。1992年出土于今稷下街道商王墓地。该耳坠由金丝、金片、绿松石、珍珠和牙骨组成。上部是以线纹金丝组成的网状锥体，锥体上端有横穿，四周镶嵌4颗松石，锥体下悬挂一金环，金环下3瓣金叶。通长7.3厘米。制作工艺精湛，装饰华丽。现藏于淄博市博物馆。

金耳坠

【金铺首】

战国时期，木器饰件。1974年出土于今齐都镇大夫观墓地。兽首形，顶端中间跪坐一只小鸟，鸟喙小兽。两侧饰卷云纹连为一体，两铺首衔为一环。工艺高超，具有很高的艺术价值。现藏于山东省文物考古研究所。

金铺首

【鎏金熏炉】

西汉时期。1978年出土于今辛店街道窝托社区汉齐王墓陪葬坑。同时出土2件，大小相近，形体相同，通体鎏金。弧形盖，顶饰一环钮，周围透雕盘龙两条，首尾衔接，龙身卷曲盘

鎏金熏炉

绕。子母口，曲腹，腹部饰一凸弦纹。口下两侧饰铺首衔环，矮柄，中间略凸。底足呈璧形，通高14.4厘米，口径9.3厘米。腹部刻铭文"左重三斤六两"。

【鎏金编钟】

西汉时期，乐器。1983年稷山汉墓出土编钟16件，分两式。甬钟和钮钟各8件。其中甬钟4件现藏于青州市博物馆。高11.7～12厘米，器形相同，器表饰谷纹和矩形纹，柱形柄，中部饰半开环钩，钲部铸有符号。体形微小，通体鎏金。钮钟8件。高6.6～12.3厘米。通体鎏金，饰旋涡纹，间饰乳钉36枚，钲部铸文字符号，顶部饰方形钮。

熊形器足

【云纹饰件】

西汉时期，饰件。1983年稷山汉墓出土。2件。其一，三角形云纹，中为一圆形璧与周围云纹连为一体，底部两端有扁形榫，构成三角形饰件，双面鎏金。长23.5厘米，宽17.4厘米。其二，中间一圆形璧，周围龙凤纹缠绕，底部两端有扁形榫。长25.5厘米，宽14.2厘米。

鎏金编钟

云纹饰件

【熊形器足】

西汉时期，饰件。1983年稷山汉墓出土。正体似凶猛熊形，环眼大口，四肢肥壮，左腿跪立，右腿弯曲，双爪扶于腿上，通体鎏金。高4.5厘米，宽3.4厘米。

【方筒形饰件】

西汉时期，饰件。1983年稷山汉墓出土。正面兽首形，阔鼻环眼，额部一尖形树叶，两侧饰相对的弯角，背部饰锤揲凹纹，底一圆形孔。应是固定在器物上的饰件。

方筒形饰件

金凤凰

【金凤凰】

清代，征集品。由金丝编成，双凤展翅欲飞，立于镂空云纹之上。长8.3厘米。是一件珍稀佳品。

二 银器

【鎏金龙凤纹银盘】

秦代，盛食器。出土于今辛店街道窝托社区西汉齐王墓。银质鎏金，银盘直口平沿，折腹，盘底向内凹。纹饰錾刻皆鎏金。内底饰3条盘龙纹，龙体蜿蜒盘曲，盘腹饰6组龙凤纹，构图复杂精妙。盘外底和盘沿均有刻铭，铭文为先后几次分别刻成。口径37厘米，高5.5厘米，重1.705千克。是秦代少有的有纪年的银质器皿。现藏于中国国家博物馆。

【鎏金云龙纹银盘】

汉代，盛食器，2件。出土于今辛店街道窝托社区西汉齐王墓。两件大小形状均相同。高5厘米，口径23.5厘米。其中一件藏于淄博市博物馆，另一件藏于齐国故城遗址博物馆。银盘侈口，折沿，折腹，平底。鎏金纹饰构图严谨，口沿饰波折纹和花叶纹，内外腹饰几何纹，内底3条匀称的云龙纹和两圈弦带纹，外底刻有铭文："三十三年左工□名吉七重六斤十二两廿一铢奇千三百廿二釿□□六斤十三两二斗名东。"

【云纹银盘】

战国晚期。1992年，今稷下街道商王墓地出土。此银盘直口，平折沿，直壁，折腹，平底。口沿和内外壁刻划卷云纹，内底饰四组云龙纹，线条细致流畅，具有较高的艺术价值。高6厘米，口径37厘米，底径20厘米。现藏于淄博市博物馆。

鎏金云龙纹银盘

云纹银盘

【银耳杯】

战国晚期,饮酒器。1992年出土于今稷下街道商王墓地。椭圆形,口微鼓,曲腹,平底,口沿饰一对新月形耳,耳部刻有铭文"四十一年左□一斤六两六朱寅"。高5.2厘米,口径长17.8厘米。现藏于淄博市博物馆。

银耳杯

【银匜】

战国晚期,水器。1992年出土于今稷下街道商王墓地。椭圆形,侈口,口沿一侧有流状柄,另一侧腹壁内弧,腹下内折,平底,饰弦纹,流下外腹刻"越陵夫人"四字。高4.5厘米,口径12厘米。现藏于淄博市博物馆。

银匜

【银勺】

战国晚期,生活用具。1992年出土于今稷下街道商王墓地。扁平长条形柄,下端较窄,向上渐宽,柄尾窄而外翻。心形勺体,深腹圜底,柄与勺口垂直。长21.5厘米,勺口长5.2厘米,宽4.5厘米。现藏于淄博市博物馆。

银勺

【银匕】

战国晚期,生活用具。1992年出土于今稷下街道商王墓地。匕体呈宽叶状,前端略尖,匕面微凹,圆柄细长,后端略粗并饰三周凸弦纹。器长30.6厘米,匕宽5.7厘米。现藏于淄博市博物馆。

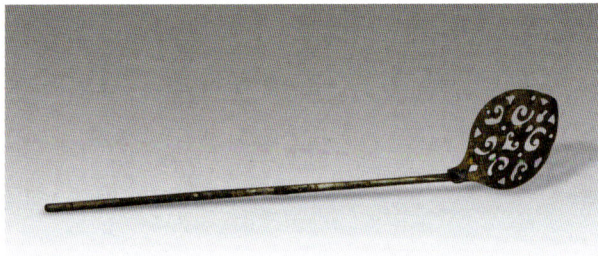

银匕

【鎏银饰件】

战国晚期。1992年出土于今稷下街道商王墓地。铜鎏银饰件,长方形,前后两面饰鎏银云龙纹,左右底面饰卷云纹。长14.6厘米,宽6厘米。应是安装在乐器架上的装饰品。

鎏银饰件

【银盒（豆）】

西汉时期，食器。1978年出土于今辛店街道窝托社区汉齐王墓陪葬坑。呈豆形，弧形盖，子母口，曲腹，矮圈足，盖上饰三铜兽钮，铆合。器高11厘米，口径11.4厘米，足径6.2厘米。器身饰锤揲莲花瓣形纹，莲瓣相对交错排列，纹饰简洁古朴，高贵华丽，是一件难得的艺术珍品。

银盒（豆）

【错银车軎】

西汉时期，车饰件。1978年出土于今辛店街道窝托社区汉齐王墓陪葬坑。器身呈筒形，内端较粗，中间饰宽带凸弦纹一周，器身表面饰鎏银卷云纹和犬齿纹，辖为长方形，上端为兽面形。长7.4厘米。现藏于淄博市博物馆。

错银车軎

【银花瓶】

清代，征集品。该器口沿外卷，细颈，腹部饰松鹤纹，小圈足，底部有"青岛天宝"四

字。高17.5厘米，口径7厘米，重203.54克。应为装饰品。

银花瓶

【银塔】

清代，征集品。塔体分7层，底层有台阶。六角形，每角一铃，底部有"华昌"二字。高9厘米，重59.02克。造型精细，小巧玲珑。

银塔

【银饰品】

清代，征集品。银俑造型别致，身着长裙。高9.5厘米，重15.88克。

银饰品

【银香炉】

清代，征集品。圆形，附三足（缺两足），腹饰花卉树木纹。高3.2厘米，直径6.4厘米，重81.51克。

银香炉

第五节　铁器

齐国是最早出现冶铁术的国家和地区。据考证，西周晚期冶铁术在齐国发明，为中国冶铁的发源地。锻铁的出现，考古资料表明，最早是在商代晚期。而冶铁术的广泛使用大约在春秋、战国、秦汉时期，主要用于农业和军事。而临淄地区发现的铁器，绝大多数时代为战国至汉，有生产工具、军用器，生活用具极少。生产农具有铁犁、镢、臿、六角锄。军用品有矛、戟、铍、殳、马衔、辖、铠甲。生活用具有削、暖炉等。

一　生产工具

【铁犁铧】

战国秦汉时期，农具。1985年4月，今稷下街道孙家营征集2件。其一，边长13.5厘米，宽4厘米。呈钝角形，有凹槽。槽宽2厘米，深1.1厘米。套在三角形犁铧上使用，为探讨临淄地区战国时期农业耕作技术提供了物证。

【铁镢】

1978年出土于今辛店街道窝托社区汉齐王墓陪葬坑填土中。呈长方形。上端有长方形銎，下端为外弧双面刃。长16厘米，刃宽5.5厘米。西汉时期农具。现藏于淄博市博物馆。

铁犁铧

铁镢

【铁臿】

西汉时期，农具。1978年出土于今辛店街道窝托社区汉齐王墓陪葬坑填土中。凹字形，上端有銎，下端外弧双面刃。高8厘米，宽7.2厘米。现藏于淄博市博物馆。

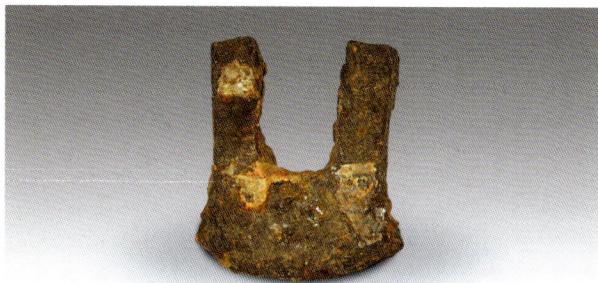

铁臿

【六角锄】

西汉时期，农具。1978年出土于今辛店街道窝托社区汉齐王墓陪葬坑。呈六角形。上部有方形横銎，下端外弧单面刃。高11.4厘米，宽18.6厘米。现藏于淄博市博物馆。

六角锄

二　兵器·车马器

【铁矛】

西汉时期，兵器。1978年出土于今辛店街道窝托社区汉齐王墓陪葬坑。矛叶断面呈菱形，后端有圆銎，銎口齐平，长18厘米。有筒状铜镦，銎如杏仁形，长7.9厘米。柲已朽。矛、柲、镦总长2.68米。

【铁戟】

西汉时期，兵器。1978年出土于今辛店街道窝托社区汉齐王墓陪葬坑，共141件，成捆堆放。作"卜"字形。刺援外有黑褐色漆鞘，援内贯穿一铜帽。刺胡长35.6厘米，援长14厘米。筒状铜镦，銎如杏仁形，高8.4厘米。柲已朽。器全长2.9米。

【铁铠甲】

西汉时期，兵器。1978年出土于今辛店街道窝托社区汉齐王墓陪葬坑。铁甲叠放在一起，甲片分两种，一种呈椭圆形，长3.5厘米，宽2.3厘米，编缀成鱼鳞状，有的甲片贴金箔。另一种长方形，长3.8厘米，宽3.2厘米，每片上钻六孔，贴方形金箔。

铁铠甲

【铁刀】

清代，兵器。传说为清道光年间武状元徐华清习武用的大铁刀。长2.5米，重62.5千克，刀首半月形，圆柄实心，柄端有籥。

【铁马衔】

2件。西汉时期，车马器。1978年出土于今辛店街道窝托社区汉齐王墓陪葬坑。2件大小相近，形状相同。作两节式，每节中部作扭索状，端部有扁环相衔接，内串有长条形铁鑣。锈蚀严重，长约20厘米。

【铁帽】

8件。西汉时期，车马器。1978年出土于今辛店街道窝托社区汉齐王墓陪葬坑。圆筒状，靠近车舍。锈蚀严重。高3.3厘米。

三　生活用具

【铁削】

西汉时期，生活用具。1978年出土于今辛店街道窝托社区汉齐王墓陪葬坑。环首扁长形铜柄，外弧两面刃。长3.7厘米，宽3.2厘米。

【铁暖炉】

西汉时期，生活用具。1978年出土于今辛店街道窝托社区汉齐王墓陪葬坑。长方形，口大底小，沿上有两道提梁，底部镂长条形和直角

形通气孔4个，底饰4蹄足，前后两壁各饰环钮2个。长51.1厘米，宽37.5厘米，高18.3厘米。锈蚀严重。现藏于淄博市博物馆。

【铁权】

古代计量器。征集品，出土地点不详。圆锥形，高15厘米，径26厘米，重33千克。顶部饰半环形钮。此权对研究中国古代量制有一定价值。

第六节　货币·钱范

齐国是铸行刀化的国家，齐刀币铸造精良，币文俊秀，体型硕大，是工商经济繁荣的体现。

一　货币

【骨贝】

古代称贝化（货），是夏、商、周三代重要的物品交换货币。夏商时期，齐地通行贝化。齐国故城遗址博物馆征集40枚，均为骨贝。其规格、颜色、制作工艺各异，都与自然海贝相似，正中间刻一规矩正直的竖通直钩，竖钩两旁为贝齿纹。

骨贝

【铜贝】

春秋时期。1964年出土于今皇城镇于家庄南春秋墓。

【齐刀币】

是春秋战国时期齐国流通的货币，铜质，刀形，弧刃弧背，长柄环首。据考古资料记载有6种，现收藏5种。

齐之法化　刀身边缘隆起，断缘。刀面模铸阳文"齐之法化"，背文有多种。长18厘米，宽3厘米，重50克。

节墨之法化　刀身柄部断缘。刀面为阳文"节墨之法化"，背面背文有3种。长18.5～19厘米，最宽3厘米，重50.6～56克。

安阳之法化　断缘。刀面为阳文"安阳之法

化"，背文有2种。长18.9～19厘米，宽3厘米，重48～52克。

齐造邦玦法化　又称齐建邦玦（音cháng）法化。弧部外缘隆起而不断，阳面为"齐造邦□法化"，背面有"⊙，☰"字样。长18.3厘米，宽2厘米，重50克。此刀币较少，铸造时期有三种说法：一是姜太公初封齐地建国纪念币，二是齐桓公时期所铸，三是田氏代齐所铸纪念币。

齐法化　弧部边缘不断。背文不同的5种，一般长18～18.5厘米，宽3厘米，重47～52克。出土较多，流通范围广。

齐明字刀　1979年，今齐都镇谭家庙村出土一批，计61枚。1985年，齐都镇河崖头村出土7枚。此币一般长12.8～13.5厘米，宽1.6～1.9厘米，重14～19克。面文不同，有两种：其一"ᕫ"其字形为圆转而小，属燕国铸造。另一类为"ᔭ"，其字外笔方折下垂，且长大，称为齐明刀币。据有关专家考证为战国晚期燕伐齐在齐地铸造的小型齐刀币。朱活先生考证"ᔭ"为"匽"字。

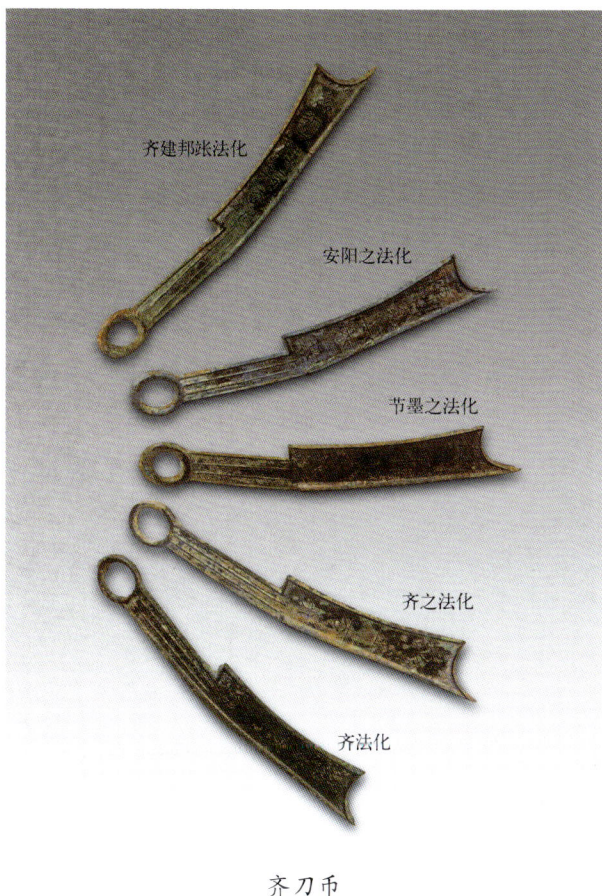

齐明字刀币

【燕刀币】

又称小刀币，是燕国铸造流通的货币。据考古资料记载，燕刀币有三种，临淄境内发现两种。

尖首刀　1975年，今齐都镇西石桥村出土一批。币体较小，一般长14～16.5厘米，宽1.9～2.2厘米，重15.3～18克。也呈刀形，刀身外缘隆起，断于柄处。在正面和背面有多种符号。到目前为止发现不同面文的尖首刀币17种。对研究周代齐国与燕国的政治经济关系有重要意义。

齐刀币

（齐建邦玦法化、安阳之法化、节墨之法化、齐之法化、齐法化）

齐造邦玦法化

燕尖首刀币

【賹化圆钱】

战国末期齐国受秦国钱币的影响而铸造的

一种货币。圆形、方孔，外有郭，曾出土赙六化、赙四化、赙化3种。直径3.5厘米，重10.7克。古代"赙"字为二十朋贝之意。即一赙化圆钱与一枚刀币的价值相等，而重量仅有刀币的三分之一或四分之一。铜币用料减少，而币值增大，便于携带，是齐国货币铸造史上的一大改革。

布币

赙化圆钱

蚁鼻钱

【契刀】

汉代王莽时期。币文"契刀五百"，长7.2厘米，形如钥匙状。

契刀

【布币】

货布，汉代王莽天凤元年始铸。王莽篡汉后，改货布以一当二十五。其形状裤形，也称裤形钱。耸肩，尖足，方裆，首部一圆孔，右侧一"货"字，左侧一"布"字。此币流传至今者较多。

【蚁鼻钱】

又称鬼脸钱，2枚。币体较小，铜质贝形，凹面呈椭圆形，似海贝，可称为蚁鼻或鬼脸钱，是战国时期楚国流通的一种货币。

【数字钱】

汉代流行的一种博具。1975年出土于今稷下街道商王西墓地。伴随出土的器物还有一件浅腹平底盆。这批数字钱计21枚，均方孔、圆形，内外有郭，背面平面文右为"第"，左为"数"，依次排列数字二十三，中间缺第十、第十六。直径一般3.4～3.5厘米，孔径为1.2厘米，一般重8.1～13克。

数字钱

二 钱范

【齐刀币范】

20世纪60年代以来，临淄地区曾多处出土齐刀币范。1964年，在齐国故城小城南墙北安合村南，发现一铸钱作坊。山东省文物考古研究所曾做过试掘，出土一批残碎的齐刀币陶范，均夹砂灰陶，币文为齐法化。

面范 残长10厘米，宽13.2厘米，厚3.6厘米。仅残存刀柄模3件，范上端刻有一个总流槽和一注口，口下分3个支流，分别与刀柄模的环部相通。在分流右侧有一"W"符号，范模背面有3个手指印。

面范 残长14厘米，宽8.6厘米，厚3.2厘米。正面残存平行两枚"齐法化"钱模。左一枚残长12厘米，宽3厘米，阴刻反书"齐法化"。柄宽1.5厘米，有阴刻平线两条。右一枚残长13.2厘米，有阴刻"齐法化"。

背范 残长8厘米，宽9.5厘米，厚1.5厘米，残存刀首2枚。右枚为7厘米，宽2.3厘米，刀币背面上端阴刻"≡"横。中部阴刻"◆"。下部阴刻"上"字。左枚残长5厘米，宽2.2厘米。背上端阴刻"≡"横。中部阴刻"◆"。下部阴刻"士"字。

齐刀币范

【半两钱范】

半两钱始铸于秦代，西汉时期临淄乃铸半两钱，现已发现西汉半两石质钱范3种。

面范 1978年征集于今齐都镇河崖头村南和村西。滑石质，范身长方形。长26.5厘米，上宽14厘米，下宽13.5厘米，厚2厘米，中间有注口，注口左右各有两行并列的半两钱模。每行8枚。范面左上角有阴刻"↑"形符号。

面范 1978年征集于今齐都镇河崖头村南和村西。滑石质，范长27厘米，上宽12.3厘米，下宽11.6厘米，厚1.8厘米。注口偏右。左两行，右一行，每行8枚半两钱模。范左上角阴刻"×"形符号。

面范 1985年10月征集于齐都镇西石桥村北。钱范稍残，滑石质，长22.3厘米，宽8.5厘米，厚2.5厘米。注口居中。钱模两行。每行7枚。

半两钱范

【五铢钱范】

五铢钱始铸于汉武帝时期，衰亡于隋朝，流通时间长达700多年。1982年在今齐都镇永顺村东南征集，铜质面范两方。两方相同，均为五铢钱范模具。范长26厘米，宽8厘米，厚0.8厘米。中间有注口，两侧各一行五铢钱模，每行7枚。钱径2.6厘米，阴文反书"五铢"二字，有内外廓，范右边上部各有一个圆柱形合范榫。从钱文字分析，应为东汉早期五铢钱范。

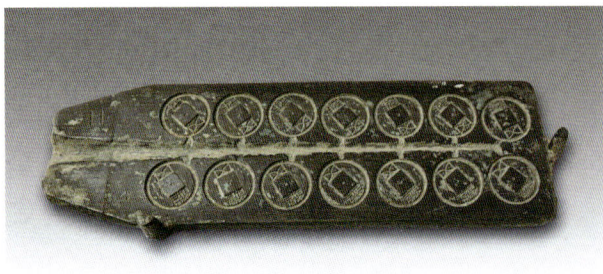

五铢钱范

翻，似方形铜盘状，内有阳文正书"大布黄千"币模2枚。一正一反，彼此相背，而钱中间有一凸出的扁圆柱与范缘相齐。范母中间有凸起的直线，由圆柱通上下，将范分为左右两方。右面一枚的上、下、右部有3个三角形的榫。左面一枚的上、下、左部有3个三角形的卯眼。"大布黄千"是汉代王莽新朝时期六泉十部中的布钱之一。

【大布黄千母范】

1984年征集于齐国故城大城北部。面范，铜质。范模为方形，边长8厘米。四周边缘外

大布黄千母范

【五行大布钱范】

面范，滑石质。长方形，长23.8厘米，宽12厘米，厚1.8厘米。中间断裂。模正面中间有注口，范模两行。每行7枚。刻有"五行大布"四字。左上角有合范符号，应属北周时期"五行大布"钱模具。

五行大布钱范

第七节　镜范和其他范类

一　镜范

临淄地区的铸镜手工业应出现于春秋时期，至西汉时期，临淄成为我国铜镜铸造中心。临淄地区发现的铸镜手工业遗址年代为春秋至汉，出土汉代镜范100多件，分为5类。

【蟠螭纹镜范】

西汉时期，镜背范。径4.5厘米，范体呈青灰色，体轻。铸件为匕形缘，主纹区为蟠螭纹。三弦钮，圆形钮座，浇口、冒口呈浅黄色，表面光滑，纹饰清晰，为西汉初年模具残存。

蟠螭纹镜范

【四乳弦纹镜范】

西汉前期，镜背范。范体呈青灰色，匕形缘，缘内侧饰一周弦纹。主纹区之外为内向连弧纹带，三弦钮，圆钮座，内区纹饰为四乳钉和两周弦纹。直径7.5厘米。为个人收藏。

【四乳龙纹镜范】

西汉前期，镜背范。镜范残块，直径9.35厘米，铸件为匕形缘，内侧一周弦纹，主纹区有4个凸起的乳钉，环绕乳钉饰盘绕的龙纹，三弦钮，圆钮座。为个人收藏。

【博局草叶纹镜范】

西汉时期，镜背范。直径13.6厘米，厚6.55厘米，残片呈青灰色，体轻，外形近钵状。背面平整，腔面呈浅黄色，主要纹饰为阴线刻博局草叶纹，纹样的中央由内向外依次为桃形花苞、"L"形纹、"T"纹，三弦钮，圆钮座。

【四乳草叶纹镜范】

西汉时期，镜背范。直径14.8厘米，厚4.8厘米，残存正体的六分之五左右。呈青灰色，浇口部位呈灰黑色，表面光滑，十六内向连弧纹缘，主纹为桃形花苞，四乳钉，单层草叶纹和双瓣枝叶纹。半球状钮，钮座四周有一单线方框，外侧有铭文"见日之光，天下大明"。

博局草叶纹镜范

四乳草叶纹镜范

二　其他范类

2012年，齐都镇刘家寨村北30号夯土建筑遗址东侧出土一批带钩范。残碎严重。这些带钩范残块有泥质灰褐陶、红褐陶，个别的有夹砂红褐陶。还有部分鼻形范模，应为马饰件。孙永行捐赠。

【兽首形带钩范】

泥质灰褐陶。长方形。残存钩首部位，残长5厘米，宽3厘米，厚1.1厘米。

【琵琶形带钩范】

夹砂红陶。残长4厘米，残宽3.1厘米，厚0.8厘米。钩范中间一隔梁，两侧各并列一钩首相对的范模。带钩体如琵琶状，素面无纹，残存整个模具的四分之一。

兽首形带钩范　　　　琵琶形带钩范

【鼻形范】

夹砂红褐陶。范模呈长方形，残长7厘米，宽4厘米。中间一鼻形弧状范模，阴刻两背对背的勾连纹。其形状应是马首部位的装饰品。

鼻形范

第八节　古玺·封泥

一　古玺

【音子】

战国时期，私人印章。1992年出土于今稷下街道商王墓地。铜质。长方形，圆柄。阳文"音子"二字。高1.6厘米，边长1.5厘米，宽0.5厘米。现藏于淄博市博物馆。

【周踦】

汉代。20世纪70年代征集品。铜质。方形，拱钮。1.2厘米×1.2厘米×1厘米。阴文二字"周踦"。

音子　　　周踦

【张丰私印】

汉代。20世纪70年代征集品。铜质。方形，拱钮。1.2厘米×1.2厘米×1厘米。阴文四字"张丰私印"。

张丰私印

【江淮印信】

魏晋时期。铜质。方形，龟形钮。2.3厘米×2.3厘米×2.5厘米。阳文四字"江淮印信"。

江淮印信

【清河□章】

北魏。1983年，于辛店电厂崔氏墓地崔猷墓中出土。铜质，鎏金。方形，龟钮。3.5厘米×3.5厘米×4.2厘米。阴刻篆书"清河□章"。"□"字不清。

清河□章

【元帅都监之印】

20世纪70年代，今齐都镇东门村村民捐献。铜质。近方形，扁钮。9.8厘米×9.7厘米×6.8厘米。阳文篆书"元帅都监之印"。

【都提控印】

金代。铜质。方形，长方形扁钮。9.3厘米

×9.3厘米×4.5厘米，阳文篆书"都提控印"。征集品。

元帅都监之印

都提控印

【临淄县印】

明代。铜质。方形，柱形钮。6.5厘米×6.5厘米×11厘米。阳文篆书，边题"笔字第壹柒捌号"。是临淄县衙官玺。征集品。

临淄县印

【靖圃氏印】

玉质。方形。边长5厘米，高9厘米。征集品。

二　封泥

古人简牍书函，用绳穿连，绳端结合处用泥封闭，泥上加盖印章，其泥称封泥。春秋战国至秦汉时期，临淄是我国古代东方政治、经济中心，故封泥多有出土。据王献唐著《临淄封泥文字叙》记述，清末于临淄城北发现百余枚。民国时期，刘家寨村曾多次发现。据不完全统计，已有著录的543枚，多已散失。近年来，由于城市建设和农田耕作，出土数量较多，多为民间收藏，齐国故城遗址博物馆收藏40余枚。其中有文字印"齐□□邑"，还有"齐铁官丞"、"齐采铁印"等泥封，多为汉代，为研究汉代齐国的经济盛况提供了依据。其中保存较完整、文字清晰的有4枚。

【封泥】

圆形，灰黑色，径2.3厘米。文字为"齐哀寝印"。

【封泥】

圆形，边稍残，灰黑色，径2厘米，文字为"齐武库丞"。

封泥

【封泥】

椭圆形，角稍残，径2.5厘米，文字为"齐内史印"。

【封泥】

圆形，边沿稍残，径2.4厘米，文字为"齐中厩印"。

第九节　古生物化石

【鸵鸟蛋化石】

1975年，齐鲁石化公司胜利炼油厂东、淄水西岸出土，保存完好。圆形，长18.2厘米，径15厘米，重425克。1977年，经中国科学院古脊椎动物与古人类研究所鉴定为"安氏鸵鸟"，属更新世晚期鸵鸟蛋化石。

鸵鸟蛋化石

【牛下颌骨化石】

1971年，今金山镇南术南村村民于淄水西岸壁崖取土时发现动物化石一具，体长5～6米，脊椎每节长10厘米。因缺乏保护意识，除取出头骨外，其余骨骼均埋藏在土中。头骨上颌已失落，其下颌为吕允润保存，1973年献于临淄区文管所。1977年经专家鉴定为原始牛化石，属更新世晚期动物化石。

牛下颌骨化石

【鹿角化石】

1973年，今辛店街道仉行村北打机井时，在6～7米深处发现动物角化石2件，连接在动物化石骨骼上。因骨骼庞大不易取出，只将两角取出。其一残长76厘米，径8.05厘米，重6.65千克。其二残长77.5厘米，径9.25厘米，重9.25千克。均为动物头部连接的角化石，属更新世角化石。

鹿角化石

【鱼化石】

稷下街道陈家徐姚村孙凤鸣家房前踏步条

鱼化石

石中有鱼化石，鱼体长24厘米，宽6厘米。据其家中长者传说，此石在清代末期采于南山。2013年9月10日，孙凤鸣捐赠给齐国故城遗址博物馆。

第十节　其他杂器

【銮铃】

西周时期，车饰件。扁圆形，镂孔，内含弹丸。长方形扁柄，插接在车前部。长9.5厘米，宽8.5厘米。

銮铃

【鎏金铜折页】

4件。中间一轴，两侧透雕蝴蝶形。应为漆器一侧的折页。征集品。

鎏金铜折页

【铜牌饰】

西汉时期，人形青铜牌饰。透雕有一插孔。长10.4厘米，宽7.2厘米。应为插在木器上的铜饰件。

【铜锛】

汉代，铜工具。长方形，双面刃。顶端长方形，长12.2厘米，宽3.8厘米。

铜牌饰

铜锛

【铜带扣】

西汉时期，鎏金铜带扣。长方形，中间饰一人形纹饰，饰一周联珠纹。长3.6厘米，宽3.4厘米。

铜带扣

【铜兽足】

汉代，器物足。猪形，两耳竖直，阔口，四蹄卷曲，憨态可掬，背后一插钉。高4.1厘米，宽2.5厘米。

【铅弹丸】

西汉时期，兵器，远射金属弹丸。1978年出土于今辛店街道窝托社区汉齐王墓陪葬坑。圆形，铅质，径1.5厘米。

【象牙笏板】

清代，2件。长方形，弧状，素面无纹。长60厘米，宽14厘米，厚0.4厘米。是古代大臣上朝时所执的手板。

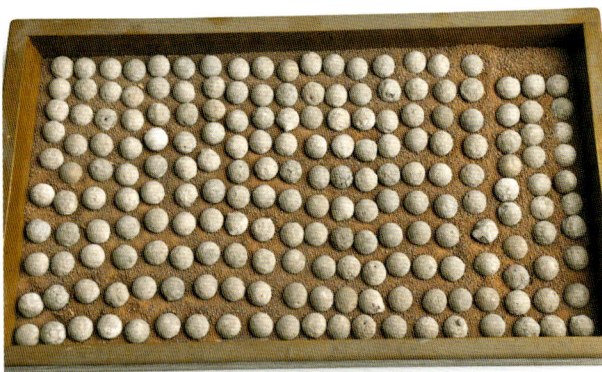

铅弹丸

象牙笏板

附一　重要文物藏品修复表

序号	名称	时代	收藏单位	残损情况	修复单位或个人	修复时间	备注
1	陈纯釜	战国	上海博物馆		上海博物馆	1997年	复制
2	左关鋘	战国	上海博物馆		上海博物馆	1997年	复制
3	孟姜壶	春秋	中国国家博物馆		中国国家博物馆	1988年	复制
4	齐縈姬盘	春秋	故宫博物院		故宫博物院	1989年	复制
5	国子鼎	春秋	山东省博物馆		故宫博物院	1989年	复制
6	国子豆	春秋	山东省博物馆		故宫博物院	1989年	复制
7	国子壶	春秋	山东省博物馆		故宫博物院	1989年	复制
8	方铜镜	西汉	淄博市博物馆		山东省博物馆	1986年	复制
9	贴金银铁甲	西汉	齐国故城遗址博物馆		白荣金、吴宝宗	1988年	复原
10	素面铁甲	西汉	齐国故城遗址博物馆		白荣金、吴宝宗	1987年	复原
11	四山铜镜	战国	齐国故城遗址博物馆	破碎	故宫博物院	1989年	修复
12	四叶纹铜镜	战国	齐国故城遗址博物馆	破碎	故宫博物院	1989年	修复

13	鹰嘴匜	战国	齐国故城遗址博物馆	残缺	故宫博物院	1989年	修复
14	仲姞豆	春秋	齐国故城遗址博物馆	残缺	故宫博物院	1989年	修复
15	铜鬲	西周	齐国故城遗址博物馆	残缺	故宫博物院	1989年	修复
16	铜鬲	西周	齐国故城遗址博物馆	残缺	故宫博物院	1989年	修复
17	镂孔豆	汉	齐国故城遗址博物馆	残缺	故宫博物院	1989年	修复
18	方炉	汉	齐国故城遗址博物馆	残缺	故宫博物院	1989年	修复

附二　临淄金石辑录

序号	名称	件数	时代	形制与特点	备注
1	纪鼎（音 jiǎng）	1	春秋	三足两耳，重八斤十二两，水藻文	有古篆 10 字
2	齐国佐甗	1	春秋		有铭文 52 字
3	齐叔夷镈	1	春秋		有铭文 492 字
4	齐侯钟	13	春秋		铭文：⑴ 84、⑵ 76、⑶ 71、⑷ 67、⑸ 81、⑹ 70、⑺ 42、⑻ 28、⑼ 14、⑽ 20、⑾ 20、⑿ 15、⒀ 14 字
5	齐癸姜敦	1	春秋		有铭文 16 字
6	景公尊	1	春秋		
7	齐桓子孟姜鈈	1	春秋		有铭文 114 字
8	陈猷釜	1	春秋		有铭文 34 字，陈成子家之量器
9	左关铜	1	春秋		有铭文 4 字，陈氏之量器
10	齐侯敦	1	春秋		有铭文 11 字
11	陈逆簠	1	春秋		有铭文 77 字
12	陈曼簠	1	春秋		有铭文 22 字

13	陈贻敦盖	1			有铭文 40 字
14	陈侯午敦	1	战国		有铭文 36 字
15	陈侯因咨敦	1	战国		有铭文 79 字
16	周中士剑	1			
17	商父觚	1			
18	太师望鼎	1			
19	师望敦	1			
20	太公簠	1			
21	太公簠	1			
22	太公豆	1			
23	齐侯作孟姜鼎	1			
24	齐侯作孟姜敦	1			
25	齐侯盘	1			
26	齐侯作孟姜盘	1			
27	齐太宰盘	1			
28	齐侯匜	1			
29	齐侯良女匜	1			
30	孟姜匜	1			
31	齐侯作孟姜盂	1			
32	齐城戈	1			
33	临淄鼎	1			
34	临淄令印	1			

35	临淄侯印	1			
36	西安令印	1			
37	陈肪簋盖	1			载于《商周彝器通考》，容庚，1941 年 3 月
38	齐侯鼎	1			载于《商周彝器通考》，容庚，1941 年 3 月
39	齐侯盘	1			载于《商周彝器通考》，容庚，1941 年 3 月
40	夆（líng）镈	1			
41	陈曼簋	1			
42	十年陈侯午敦	1			商周青铜器铭文选（二），有铭文 38 字
43	子禾子釜	1			藏中国国家博物馆
44	公孙灶壶	1			有铭文 37 字
45	陈喜壶	1			《文物》1961 年第 1 期，有铭文 14 字
46	齐萦姬盘	1			有铭文 24 字
47	齐大宰遄父盘（音 zī，同淄）盘底				有铭文 20 字
48	陈璋方壶				商周青铜器铭文选（二），有铭文 26 字
49	陈侯因恣戟				商周青铜器铭文选（二），有铭文 7 字
50	洹子孟姜壶				商周青铜器铭文选（二），有铭文 64 字
51	齐鎣（音 bào，同鲍）氏钟				
52	陈父癸觯				
53	陈侯午簋				《商周彝器通考》，容庚
54	陈侯簋				《商周彝器通考》，容庚
55	齐侯鑑				《文物》1977 年第 3 期，有铭文 26 字

注：民国9年《临淄县志》金石志和其他著录中，所载的珍贵文物，辑录成此表，以备查考。

附三 流失区外的部分文物

临淄曾是我国古代东方文化中心，文化遗存极为丰富，重要文物屡有出土。但由于历史变迁，几经易主转主，最后散失，或存国内外博物馆、或为民间个人收藏。据相关资料显示，现存区外的齐国著名的青铜器有：桓公时期的黏镈、昭公时期的叔姬盘、顷公时期的国差罏、灵公时期的齐侯鉴、庚壶、庄公时期的叔夷镈和钟、洹子孟姜壶、景公时期的公孙灶壶、陈侑壶、陈曼簠，以及田齐桓公午的敦、簠，齐威王时期的量器、战国时期的人形铜灯等。

【齐侯匜】

春秋早期。高 24.7 厘米，流至錾长 48.1 厘米，6.42 千克。形制较大，仿兽形，匜錾为龙形，龙首连接匜口，似探水状，四足为龙形。器身通体饰勾纹，与复杂精细的龙錾龙足形成强烈对比。现藏于上海市博物馆。匜内底铸有铭文 4 行 22 字，其大意是：齐侯为虢孟姬良女制作了此匜，希望良女万寿无疆，子子孙孙能永远用它。良女是虢国人，姬姓，出嫁前是虢国公主。此器是良女嫁于齐侯为妻时，齐侯为之制作的。春秋时，诸侯通婚主要是为了保护彼此的政治利益，通过通婚来维护他们的地位和势力。虢国于春秋早期为晋国所灭，此器铸造时间应为春秋早期。

【黏镈】

春秋早期礼器。1870 年，山西省荣河县后土祠出土，现藏于国家博物馆。高 66 厘米，口长 44 厘米，口宽 34.8 厘米，重 65.2 千克，其形如深腔之平口钮钟，钮作相对龙形，龙间又有双凤。枚形如覆帽。其篆间及隧部均饰有状若浪花的变形蟠虺纹。此器上有铭文 17 字，铭文大意是：黏（líng）的祖父鲍叔牙有功于齐，齐侯封邑与人民，黏以此勉励自己，并铸此镈祭祀其亡母仲姜。2000 年 12 月 12 日，"黏镈"图案作为"中国古钟"系列纪念邮票之一，由国家邮政总局发行。

【齐叔姬盘】

春秋早期礼器。1958 年，山东省济南市文化局自济南废品二库拣选，现藏于山东省济南市博物馆。通高 14.5 厘米，口径 46 厘米，重 11.26 千克。敞口，口沿平折，双附耳，浅腹，平底，矮圈足。腹饰吐舌的蟠螭纹，间以凸涡纹，足为垂鳞纹，耳饰重环纹。此器内底铸阴文 4 行 22 字："齐叔姬作孟庚宝盘，其万年无疆，子子孙孙永受大福用。"其铭文字体布局规范，笔画流畅。作器者为鲁国国君之女，齐昭公夫人（齐昭公姜潘，桓公小白之子，前 632～前 613 年在位）。此器作为齐鲁两国互通婚姻的历史见证，对研究春秋前期齐鲁两国的关系有较高价值。

【国差罏】

春秋中期酒器，又名国佐甔。现藏于台北故宫博物院。高 34.6 厘米，敛口，短颈，阔唇，底圆近平。上腹壁饰 4 个兽面铺首衔环。唇口有一字，肩部饰铭文 10 行 52 字。记国差主政时期工师铸此器之事。国差，春秋齐卿国佐，又称国武子、宾媚人，国归父之子。公元前 589 年，鞍之战后以词说折服晋国主将郤克，订盟于袁娄。公元前 573 年被齐灵公杀害。

【庚壶】

春秋中期器物。现藏于台北故宫博物院。高 31.6 厘米，高颈，长圆腹，口沿外饰有宽带纹，肩、腹以凸弦纹为界，肩两侧饰铺首衔环。铭文在肩部，记述了庚在与莱人交战并灭莱等多次征战中，建立了赫赫战功，以及齐侯赐之以"邑司"、"衣裳"、"车马"等史实。为灵公伐莱、灭莱的典型器物。

【齐侯鉴（盂）】

春秋中晚期器物，1957 年河南洛阳中州渠出土，现存于河南省洛阳市博物馆。高 40.5 厘米，口径 75 厘米，重 75 千克。敛口，侈沿，鼓腹，圈足，四兽耳衔环，器身饰两钮，波曲纹，环饰兽体卷曲纹，腹内壁铸有铭文 5 行 26 字，记述齐灵公二十四年（前 558 年）齐侯为其女儿作此陪嫁器之事。

【叔夷镈、钟】

据宋代齐地人赵明诚《金石录·齐钟铭跋》载："宣和五年，山东青州临淄县民于齐故城耕地，得古器物数十种，其间有钟十枚，有款识尤奇，最多者凡五百字。"其中"宣和五年"指 1123 年，"款识尤奇"者，即指著名的齐叔夷镈（1件）、钟（13件）等器。

两种乐器均为春秋中期齐灵公时所铸。铭文共 492 字，是中国已发现铭文最多的青铜器。铭文记载了宋国人叔夷事齐为大夫，齐灵公十五年（前 567 年）率军参与攻灭莱国的战斗，因勤于军事，战功卓著，深受齐侯赏识。齐侯赏赐给他大量的土地、奴隶，并册封他为左正卿，"摄命于外内之事"。

叔夷钟的铭文，历史研究价值很高。铭文中"慎中其罚"，是我国周代法制建设中"中罚"法理观念的具体体现，"咸有九州，处禹之堵（土）"之句，为我国九州建制的最早表述之一，"造铁徒四千"一句说齐灵公一次就赏给叔夷 4 千人的采铁冶炼队伍，这表明当时齐国的冶铁业十分兴盛，已经开始大规模制造、使用铁器，为齐国是春秋时期最早使用铁器的国家提供

了文物实据。现藏于美籍华人之手。

【公孙灶壶】

又名公子土父壶，春秋晚期礼器。1963 年临朐县杨善公社出土，现存于山东省博物馆。连梁通高 29.5 厘米，口径 8.5 厘米，足径 10 厘米。近乎直口，颈较长，矮圈足，圆盖，提梁穿过盖上的双环与颈部环形耳相连。颈外部刻有铭文 6 行 39 字："公孙□立事岁，饭者月公子土父作子中姜涂皿之般壶，用祈眉寿万年，永保其身，子子孙孙永保用之。"公孙□，即公孙灶，字子雅，齐惠公之孙，齐景公三年（前 545 年）参与打倒庆氏的政变，后执国政。此壶应是公孙氏当权年代公子土父为其女做的嫁妆。

【陈僖壶】

春秋晚期器物，现存于山西省博物馆。通高 47.5 厘米，口径 18.5 厘米。侈口，平唇沿，长颈，鼓腹下收，圈足较高，颈部有一对兽头双耳衔环，饰勾连云纹。器身分三层饰波曲纹，各以弦纹为界，颈内近口一侧铸铭文 5 行 25 字。陈僖，即田乞子，田洹子无宇之子，继承父位，大斗借出，小斗收回，取得民心，联合鲍氏和诸大夫，打败消灭了高氏、国氏和晏氏，并且杀死了高氏、国氏所拥立的国君荼（齐景公幼子）而拥立阳生（齐景公长子）为君，即齐悼公。次年，因为鲍氏起来反对，鲍氏贵族也被消灭了。公元前 485 年，田乞子又把齐悼公杀死，立其子壬为君，即齐简公。

【洹子孟姜壶】

春秋时期盛酒或盛水的器物，现存中国国家博物馆。器高 22.1 厘米，口径 13.4 厘米。铜壶颈部内壁有铭文 142 字，是齐侯为田洹子之父所作的祭器，记述田洹子之父死后，齐侯请命于周王，为死者举行多种葬礼。田洹子，即田（陈）无宇，娶齐侯之女孟姜为妻。齐国自齐桓公死后，

内部发生纷争，逐渐失去霸主地位。至齐景公之时，政权下移于卿大夫，卿大夫之间的兼并斗争愈演愈烈。斗争中，田（陈）无宇先后消灭了高氏和国氏，壮大了自己的势力。公元前481年，田（陈）常杀齐简公，从此田（陈）氏完全控制了齐国政权。

【陈曼簠（簋）】

春秋末、战国初齐国器物。现一半藏于台北故宫博物院，另一半藏于上海博物馆。高10.5厘米，折壁，四长斜足，铭文字体两端尖锐，共4行22字，记齐国陈曼作此器之事。陈曼，即田襄子盘，《史记·田敬仲完世家》载有"田常卒。子襄子盘代立，相齐"，可证。陈曼簠铭文书法具有极响的名气，在齐国书法崇尚方势流派中，它脱颖秀出，以精劲谨严，用笔纵锐横方，为战国早期古文的又一重要体势。书法规整秀丽、优美典雅，同雄重庄严的西周金文相比已有很大不同。从文字的造型和书法的风格看，都已显示出向小篆过渡的迹象。它为研究金文向小篆的过渡提供了实物资料。陈曼簠铭文的铸造方式也很独特，是用单个字范拼排后铸成的。其方法与毕昇发明的活字印刷中的拣字排版相似，应该说是开活字印刷之先河。

【十年陈侯午敦】

战国时期。原为古文字学家、金文专家容庚（1894～1983年）所藏，其《商周金文录遗》有著录。现藏于华南师范学院。有38字铭文，载田齐桓公午十年，有群邦诸侯朝齐，献以吉金之举，故作器铭以称扬之。"陈侯午"，即太公田和之子齐桓公田午，"十年"为公元前365年。疑《史记·封禅书》所记齐方士李少君对汉武帝所言"齐桓公十年陈于柏寝"之器当为此敦。

【十四年陈侯午敦】

清代金石学家吴式芬（？～1856年）在其《攈古录金文》曾有著录。原器早年被烧毁，仅存底部铭文残片，现陈侯午敦铭真而器伪。有铭文36字，载桓公十四年（前361年）陈侯午以诸侯献金作皇妣孝太妃祭器之事。《史记》称桓公午六年卒，《古本纪年》谓十八年卒。据陈侯午敦可知《古本纪年》所记为是，即田齐桓公午在位18年（前374～前357年）。

【十四年陈侯午簠】

战国中期礼器，现藏于台北故宫博物院。高33.5厘米。两龙形耳，腹及方座饰波曲纹，腹内有铭文10行35字，记田齐桓公十四年（前361年）为先母孝太妃作此祭器之事。

【陈侯因咨敦】

战国时期齐威王所作。铭文79字曰："唯正六月癸未，陈侯因咨曰：皇考孝武桓公，恭哉，大谟克成。其唯因咨，扬皇考昭统，高祖黄帝，迩嗣桓文，朝问诸侯，合扬厥德。诸侯敬荐吉金，用作孝武桓公祭器敦，以蒸以尝，保有齐邦，（上世下立）（成）万子孙，永为典常。"铭文中的"因咨"即战国田齐威王因齐，"皇考孝武桓公"当是因齐之父，田齐桓公午。

此敦铸造时间应在齐威王即位之初，前356年左右，历史研究价值颇高。"黄帝"一词最早见于此敦铭文。从"扬黄考昭统，高祖黄帝，迩嗣桓文"一句，可看出齐威王的最大愿望是继承祖先黄帝的事业，最低目标也要继续春秋齐桓公、晋文公的霸业，奋发图强，一鸣惊人。从"诸侯敬荐吉金"的记录，可说明齐威王除接受诸侯朝见外，还收取诸侯贡金，已经成为当时的霸主。

【陈氏三量】

战国中晚期量器，据清末金石学家吴大澂《愙斋集古录》载：陈氏三量于清朝咸丰七年（1857年），在今青岛胶南灵山卫古城旁出土，由清代著名金石学家陈介祺先生收藏。现在子禾子釜藏于国家博物馆，陈纯釜和左关铜藏于上海博物馆，复制品存于齐国故城遗址博物馆。3件青铜器均是战国时期田氏代齐之后所铸，与商鞅量都是中国现存最早的古代量器。据考证，陈氏三量的年代在齐宣王时期，最早不会超过威王晚年，是战国中期偏晚的器物。陈氏三量为研究齐国历史提供了珍贵的实物资料，对研究我国古代度量衡制度和冶金业也很有参考价值。

【子禾子釜】

又名"丘关釜"，器高38.5厘米，口径22.3厘米，腹径31.8厘米，底径19厘米，实测容量2.05万毫升。腹壁处刻有铭文9行109字。子禾子即田齐太公田和。铭称某某立事岁，子禾子负责丘关之釜的校验和征收关税，如若违犯有关规定，改变了釜的容量，则视情节轻重予以不同的惩罚。这篇铭文，是我国目前所见的最早的度量衡管理的法规条例，它具体反映了当时量器标准的校定和违规者处罚规则等等。

【陈纯釜】

旧名"陈犹釜"或"左关釜"。器高39厘米，口径23厘米，腹径32.6厘米，底径18厘米，实测容量2.06万毫升。腹壁处有铭文7行34字，其铭文共6行34字，其记陈犹立事岁，命铸作校验左关之釜，其容量取法于廪釜，在安陵亭使用，由陈纯敦责其事。两件釜形体相同，似坛，圆口，深腹，腹部有对称半环形耳，其上部有錾。

【左关铜】

瓢形，器高10.8厘米，口径19.4厘米，容量2070毫升。铭四字曰"左关之铜（hé）"。据考证，左关是齐长城入海处一代关隘的名称。

齐国先前的计量单位称"四量"，有升、豆、区、釜、钟，四升为豆，四豆为区，四区为釜，十釜为钟。田齐陈氏新的计量单位为"三量"，有豆、区、釜、钟，五豆为区，五区为釜，十釜

为钟。实测容量可知田齐的釜相当于别国的斛，田齐的豆相当于别国的斗。

【陈璋圆壶】

战国时期。1982年2月10日，今江苏省盱眙县穆店乡马湖村南窑出土，现收藏于江苏省南京博物院。陈璋圆壶又称镶嵌金银镂空网套饰壶。全器由壶身、装饰套和圈足底座三部分套装连接而成。外层通体装饰96条卷曲起伏的长龙和576枚梅花钉，横箍上饰错金流云纹。集错金、错银、镶嵌绿松石等多种精湛的金属铸造工艺于一体，金光银泽，交相辉映。壶高26.6厘米，口径12.8厘米，腹径20厘米，侈口、束径、广肩、弧腹、平底。壶口沿内有铭文11字，记述了壶的重量和容量。圈足有铭文39字，该壶为齐国陈璋（即匡章）伐燕国时所获："佳主五年，莫□陈得再立事岁，孟冬戊辰，大臧□孔璋内伐郾（燕）亳邦之获。"自此器出，齐宣王五年伐燕可作定论。齐宣王五年（前314年）孟冬，田忌再次执政时，齐国趁燕国内乱，派陈璋（即匡章、章子、田章）率兵灭燕，"毁其宗庙，迁其重器"，此壶因此由燕到齐。后来乐毅率五国伐齐，此器又为楚人所得。公元前三世纪中叶，楚考烈王迁都寿春（今安徽寿县），将地处淮北和苏皖边缘的盱眙，连同"陈璋圆壶"作为封邑和奖品赏给一代名相楚春申君。为防不测，春申君把壶窖藏于盱眙。

【陈璋方壶】

战国时期。目前世界上仅存陈璋壶2件，陈璋方壶早年流落海外，现收藏于美国宾夕法尼亚大学博物馆。陈璋方壶，通高37.2厘米，宽22厘米，方形，长颈，圈足。肩两侧有二铺首衔环耳，器身饰龙凤纹，足饰凤鸟纹，整体构图交错连接有序，足三面有铭文27字，记载了齐宣王五年（前314年）齐国趁燕王哙让位所酿成的内乱借机伐燕的史事。

【人形铜灯】

战国时期。1957年,山东诸城县葛埠村出土,现存国家博物馆。灯高21.3厘米,盘径11.5厘米,整体为一身着短衣男子双手擎灯盏状。此人双手各擎一屈曲带叶竹节形盘柄,盏盘下的子母榫口与盘柄插合,可根据需要随意拆卸,构造精巧。人足下为屈曲的盘龙形的圆盘。出土时还随附有一柄供添油用的长柄铜勺。这件铜灯设计巧妙,造型新颖,专家研究认为它应是战国时期齐国宫廷中所使用。

齐人性格特点"贪粗而好勇"。此铜灯中的人物形象,五短身材,粗壮有力,身着短衣,圆眼阔口,腰束宽带,完全是武士模样,这可能与齐人尚武之风不无关系。

第十一节 典籍·书画

一 典籍

【奉天敕命册封书】

此敕命书系王勋任陕西大荔县知县时被授为文林郎、其妻毕氏被封为孺人的敕命。

王勋,字赓堂,临淄人,清乾隆十六年(1751年)进士,授陕西甘泉县知县,后任大荔县知县。因多有政绩,改授云南武定府知府,并协助军务三年,以功增级,改补贵州黎平府,后擢升浙江金衢严道。乾隆三十九年(1774年)九月病故。敕命书曰:

奉天承运,皇帝制曰:分符百里,必遴出宰之材;报最三年,爰重懋官之典。尔陕西同州府大荔县知县王勋,雅擅才能,克宣慈惠。抚绥有要,常深疾痛在己之心;怀保无穷,不忘顾复斯民之责。兹以覃恩,授尔为文林郎,锡之敕命。於戏!前劳已茂,用襄制锦之能;来轸方遒,益励饮冰之操。

制曰:良臣宣力于外,效厥勤劳;贤媛襄职于中,膺兹宠锡。尔陕西同州府大荔县王勋之妻毕氏,终温且惠,既静而专。綦缟从夫,克赞素丝之节;蘋蘩主馈,爰流彤管之辉。兹以覃恩,封尔为孺人。於戏!敬尔有官,著肃雍而并美;职思其内,毖勉以同心。

乾隆贰拾陆年拾壹月贰拾日。

【奉天诰命册封书】

诰命书长430厘米,宽31厘米,用九色锦料,以红、绿、黑三色线绣成,书汉、满两种文字。此诰命系清代武状元徐华清在道光十四年(1834年)由陕西静宁协副将升迁甘肃永固城营副将时策赠其妻王氏、马氏为夫人的诰命书。文曰:

奉天承运,皇帝制曰:简蒐军旅,运筹参坐镇之权;笃握兵机,决策赞元戎之任。克宣勇力,宜锡崇褒。尔前任陕西静宁协副将,今调甘肃永固城营副将徐华清,御侮长才,折冲壮略。

奉天敕命册封书

虎符分统，作上将之股肱；鹤列森陈，张偏师之羽翼。奏肤功于保障，展茂烈于干城。庆典欣逢，殊荣用沛，兹以覃恩，授尔为武功将军，锡之诰命。於戏！声威有赫，良田将帅同心；纶诰生辉，祗受国家上赏。克勤武备，允荷恩光。

制曰：策府疏勋，甄武臣之懋绩；寝门治业，阐贤助之徽音。尔前任陕西静宁协副将，今调甘肃永固城营副将徐华清之妻王氏，毓质名闺，作嫔右族。撷蘋采藻，凤彰宜室之风；说礼敦诗，具见同心之雅。兹以覃恩，赠尔为夫人。

於戏！锡宠章于闺闼，惠问常流；荷嘉奖於丝纶，幽光允贲。

制曰：泽沛丹宸，式奖赳桓之绩；恩流彤管，载扬淑慎之风。尔前任陕西静宁协副将，今调甘肃永固城营副将。徐华清之继妻马氏，姆教素娴，妇功克备。闻言雍肃，庇内外以同心；闺范修明，絜后先而媲美。兹以覃恩，赠尔为夫人。於戏！表宜家之有则，宠命均颁；嘉继室之能贤，幽芳允播。

前任陕西静宁协副将今调甘肃永固城营副将。道光拾肆年拾月拾玖日。

二　书画

【江泽民题词】

江泽民，原中共中央总书记、国家主席。2006年4月29日到临淄齐国故城遗址博物馆参观题词：齐国历史博物馆。

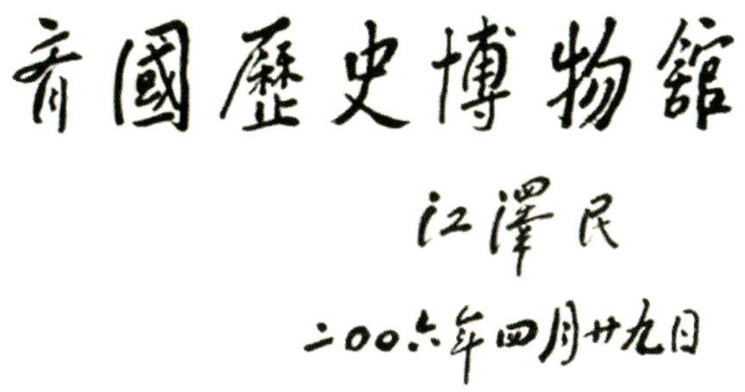

江泽民题词

【杨静仁题词】

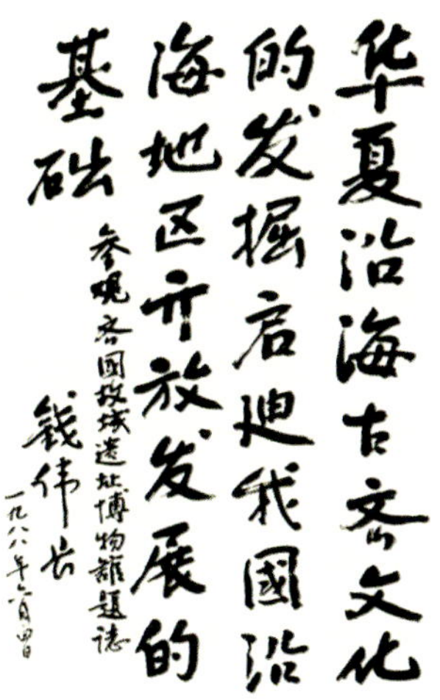

杨静仁，全国政协副主席。1988年10月25日参观齐国故城遗址博物馆题词：百家争鸣地。

杨静仁题词

【钱伟长题词】

钱伟长，全国政协副主席。1988年6月4日参观齐国故城遗址博物馆题词：华夏沿海古齐文化的发掘启迪我国沿海地区开放发展的基础。

钱伟长题词

【于桑题词】

于桑，公安部副部长。1986年春参观齐国故城遗址博物馆题词：国家瑰宝，民族辉光。

于桑题词

【黎玉题词】

黎玉，农业机械部常务副部长。1983年参观齐国故城遗址博物馆题词：齐鲁文化，历史宝库。

【舒同题词】

舒同，中共山东省委原第一书记，著名书法家。1984年7月参观齐国故城遗址博物馆并题词：故城博物馆。

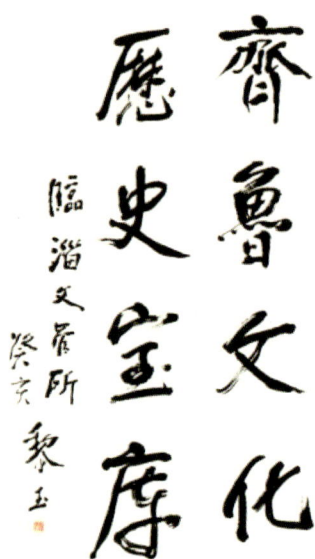 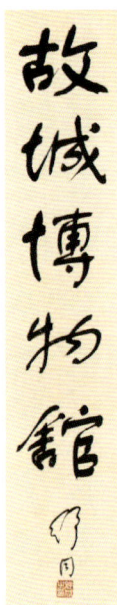

黎玉题词　　　　　舒同题词

【任仲夷题词】

任仲夷，中央顾问委员会委员。1986年4月25日访齐古都，题词：宝宝宝，尽是宝。

任仲夷题词

【石一宸题词】

石一宸，少将，中国军事科学院顾问。1989年参观齐国故城遗址博物馆题词：齐鲁之光。

石一宸题词

【刘海粟题词】

刘海粟，著名书画家，上海书画协会名誉主席。1983年11月19日参观东周殉马坑题词：殉马奇迹天下无。

刘海粟题词

【启功题词】

启功，清末皇室成员。著名教育家、古典文学家、书法家。由于彤先生捐赠。

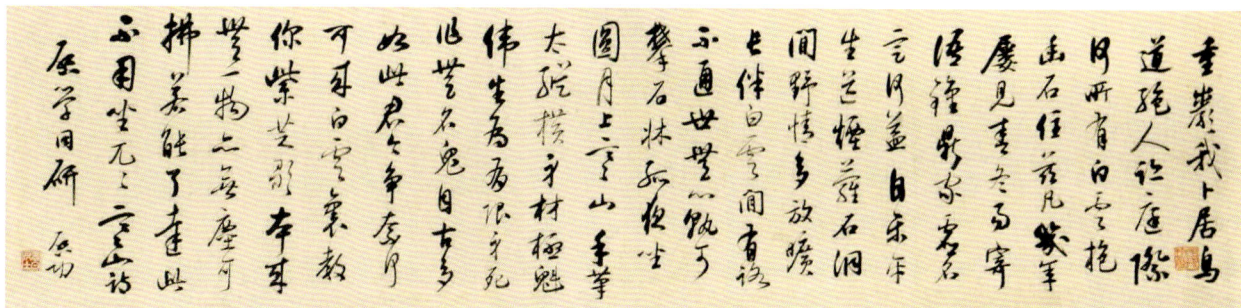

启功题词

【商承祚题词】

商承祚，著名古文字学家、金石学家、书法家。1986年冬为齐国故城遗址博物馆题词：齐琼元府。

商承祚题词

【黄胄题词】

黄胄，著名书画艺术大师。1984年11月参观齐国故城遗址博物馆题词：处处是珍宝。

黄胄题词

【朱学达题词】

朱学达，著名书法家。1985年秋参观齐国故城遗址博物馆题词：借古开今。

【王漱石题词】

王漱石，著名书画家，题词：战马熊嘶。

朱学达题词　　　　　　王漱石题词

【欧阳中石题词】

欧阳中石，著名书法家。1987年春参观东周殉马坑题词：俨然仪仗，显见其威。

欧阳中石题词

第十二节　近现代重要藏品

【贾振琨遗像】

贾振琨（1879～1912年），字次瑶，临淄县端智乡南马坊（今齐都镇南马坊村）人，清光绪末年附生，留学日本，入早稻田大学政法科。在日本加入同盟会，响应辛亥革命归国。1912年2月11日，在诸城被害。此遗像是他在诸城起义时寄给家人的。

贾振琨

【邓恩铭砚台、墨盒】

邓恩铭是中国共产党山东地区主要创始人之一，原籍贵州省荔波县。曾于1924～1926年间在寿光做党的地下工作，以写字画掩护个人身份，字画由地下交通员张法先出售，以此筹集活动经费。此为当时的遗物，由临淄区交通局离休干部张法先捐献。现藏于淄博市博物馆。砚台两方，石质，皆为圆形。其一，直径22.3厘米，厚4.8厘米。其二，直径11.3厘米，厚3.1厘米。墨盒一个，木质，长9.7厘米，宽9.4厘米，高3.3厘米，盒盖嵌银丝图案。

【李曦晨遗像】

李曦晨，原名李世光。1931年在山东省第四师范学校参加中国共产党，曾担任共青团益都县委负责人，并经常为该校地下党创办的《赤锋报》写文章，宣传马列主义，揭露旧社会的丑恶现象。

李曦晨

【《血花》半月刊】

1938年秋，八路军山东人民抗日游击第三支队十团政治处编印《血花》半月刊，宣传抗日救国。此刊油印，每期600份。初为16开本，后改为32开本。1938年底，与中共临淄县委合办，改为《前锋报》。1940年并入《群众报》。现藏于山东省图书馆。

【立功奖状】

在抗日战争和解放战争期间，临淄区有5000余名青年参军入伍，有1600余名优秀儿女为国捐

立功奖状

躯，并有许多人英勇作战，屡立战功，为党的革命事业和祖国的解放立下了不朽功勋。此"立功奖状"，是程树德同志荣立三等功的奖状。

【支前民工立功奖章】

临淄人民在解放战争中，发扬拥军光荣传统，积极支援前线作战。1946～1949年期间，为支援鲁南、潍县、济南、淮海、渡江等战役，先后出民工民夫6.39万余人次，都圆满地完成了支前任务，有10000余人立功受奖。

支前民工立功奖章

第六章　革命史迹及代表性建筑

【概述】

　　临淄人民具有反抗压迫的光荣传统。历史上曾出现过北魏时期的高阳农民暴动、清末朱仲平领导的黑旗军起义。20世纪上半叶，许多革命志士为反帝反封建而英勇奋斗，用生命和鲜血维护了祖国和人民的尊严。其间遗存着众多的重要历史事件纪念地、纪念性建筑及烈士墓，成为历史的见证和对后代进行爱国主义教育的基地。

第一节　重要历史事件纪念地

【高阳农民暴动遗址】

　　位于齐故城西北约20千米，今朱台镇北高阳村。南北朝中叶，由于战争连年不断，灾荒严重，劳苦人民饥寒交迫，怨声载道。北魏延兴元年（471年）秋，高阳村农民封辨发动了千名农民暴动，拒交官粮，反抗服役，深受广大农民拥护。后虽在青州官兵围攻下失败，但对封建官府统治是一次严重打击。

高阳农民暴动遗址

【黑旗军起义旧址】

　　黑旗军起义的旧址凤凰山，位于齐故城西约15千米，今凤凰镇金召村以东。清咸丰十一年（1861年）秋，朱仲平聚众于此山，举起了反帝反封建的农民革命义旗。因旗绣一"黑"字为号，故人称为"黑旗军"。

　　朱仲平，临淄县傅家庙村（今齐都镇傅家庙村）人。边老九，召口村（今凤凰镇召口村）人。他们志同道合，精研武术，经常日耕于野，夜习武术于茅舍。在太平天国和宋景诗领导的农民起义影响下，于1861年春在召口村组织农民起义，几个月时间发展到数百人。同年秋，在凤凰

黑旗军起义旧址

山举起义旗，公开与封建官府、地主豪绅作对，把地主的财产分给农民。八月下旬，黑旗军攻下临淄城，又进攻青州城，未下，退至南部山区。后在清军与地主武装的围攻下失败。

【红枪会聚义旧址】

位于齐故城西南11千米，今辛店街道王朱村。1927年，蒋介石叛变革命，北伐战争失败，国内军阀混战，地方土匪横行，催款逼粮，抓丁拉夫。临淄地区广大农民不堪忍受其饥饿、凌辱，在崔云端等人的领导下，发动了以拒官抗粮、剪除土匪祸乱为宗旨的红枪会起义。

崔云端，益都人，以传教形式联络农民。初期活动于益都县（今青州市）朱良村一带，1927年到临淄县王朱村（今辛店街道王朱村）设坛聚众，组织农民建立红枪会。当时以王朱村为中心方圆三、四十里的农民，云集于此，纷纷要求入会，力量迅速壮大。1928年12月30日（农历十一月十九日），红枪会攻打益都县警备队，未克。1929年3月2日（农历正月二十一日），又攻打临淄城，未克败退。后在县警备队的镇压下，红枪会自行解散。

红枪会聚义旧址

【临淄青年学生抗日志愿军训团成立旧址】

临淄县立第二小学，位于县城西关，即今齐都镇西关小学。抗日战争初期，三支队十团的前身"临淄青年学生抗日志愿军训团"，就在此诞生。

1937年"七七事变"后，日本侵略军长驱直入，华北、华东大片国土沦于敌手。在这民族危亡的紧要关头，临淄县教育界进步人士李人凤、陈梅川、崔栋生等，响应中国共产党的号召，与共产党员李世光（李曦晨）、李清桂等，于1937年10月以临淄县立第二小学为基地，以青年教师、学生为主体，组织建立起120人的"临淄青年学生抗日志愿军训团"。这是临淄地区第一支抗日武装。1938年1月，被编为"鲁北地区第三游击区三大队"，李人凤任大队长。1938年7月，整编为"八路军山东人民抗日游击第三支队第十团"，李人凤为团长，陈兴为政治委员，刘斗辰为副团长，李世光为政治处主任。这支部队成为三支队的主力之一，在渤海地区坚持平原作战，为民族解放事业立下了不朽功勋。

1999年1月，公布为区级文物保护单位。

临淄青年学生抗日志愿军训团成立旧址

【矮槐树战斗旧址】

矮槐树村，今属辛店街道，位于齐故城西南，南紧傍胶济铁路，东西古大道穿越村中，系重要交通地段。1938年1月5日，李人凤率领临淄青年学生抗日志愿军训团，在矮槐树村与合顺店村之间伏击了沿胶济铁路东犯的日军先遣分队，击毙日军分队长吉田藤太郎，打死打伤日军十余名，缴获日军军旗、手枪、指挥刀、图囊、望远镜等战利品一宗。

这次战斗，打响了清河平原抗日第一枪，也是日军入侵山东境内遭到的第一次武装打击，挫伤了敌人的锐气，唤醒了工农大众，推动了临淄地区抗日救国运动的发展。

1999年1月，公布为区级文物保护单位。

矮槐树战斗旧址

【十二中队创建旧址】

抗日武装十二中队创建地石家毛托小学，位于今辛店街道石家毛托村西北角。

1937年，广大工人、农民、教师和青年学生，纷纷响应中国共产党的号召，在日军侵占的沦陷区，点燃抗日烽火。原辛店通惠小学校长石潇江和石一宸等进步教师、青年十余人，与中共山东省委派往长山中学的廖容标、姚仲明取得联系，开始组建抗日武装。1938年2月13日晚，正式宣布起义，队伍拉向黑铁山。这支队伍被授名为"山东人民抗日救国军第五军第十二中队"，同年夏季，改编为"八路军山东人民抗日游击第三支队第八团第二营"，石潇江任营长，石一宸任副营长，宋亮任教导员。1939年9月与第四支队合编，转战在鲁中南山区，为巩固与扩大抗日根据地立下了丰功伟绩。

1999年1月，公布为区级文物保护单位。

【临淄一大队创建旧址】

位于今朱台镇南部，乌河北岸的上河头村。1938年4月，共产党员许云轩为扩大抗日武装力量，将临淄四区召口、中埠、上河头、高阳一带的地方武装组织起来，创建了"临淄一大队"。6月，奉命编为"八路军山东人民抗日游击第三支队特务二营"。1939年秋，又被编为"八路军山东纵队第三支队基干一营"，成为三支队的主力之一，在清河平原抗日战场上屡建奇功。

【北海银行清河分行地下印刷所旧址】

位于今皇城镇许家庄东北角，为地下洞室建筑。在地下10米深处，分两室，一为印刷车间，长7米，宽4米，高3米左右；二是休息室，或称裁纸贮存室，在印刷车间西北，长6米，宽3米，高2.5米左右，与印刷车间相通。两室四周墙壁用砖石砌成，水泥填缝。室顶呈拱形，用水泥密封。设有两个洞口，其一在离印刷车间东南40米处的许绍先家旧楼内的西墙下；另一处位于休息室西北15米处的许同芳空闲院内的西屋里。另外还设有两个通气孔，分别通向村外的两口水

十二中队创建旧址

北海银行清河分行地下印刷所旧址

井内。解放后，各洞口均已填死。

1940年7月，中共清河地委根据上级的指示，决定建立北海银行清河分行。根据当时的环境，需要找个易于隐蔽、不易被敌人发现的地方建造北海银行清河分行印刷所。决定设在位于淄河南岸的革命根据地临淄县第二区雪宫乡许家庄。同年11月份开始印刷"益寿临广流通辅币"，票额分一角、二角、五角、一元等几种，钞票用64开道林纸双面印刷。1941年4月，由于环境恶化，转移外地。

印刷所在此期间，约印制票额1000万元左右，流通在广饶、寿光、邹平、长山、临淄、桓台、高苑、博兴、蒲台、垦利等县的市场上，对巩固抗日根据地、从经济上战胜敌人、保障人民群众利益起了积极作用。此处遗址为研究临淄地区的抗日战争史提供了实物依据。

1984年7月，公布为市级文物保护单位，并竖立石质标志。

【刘培桐故居】

位于今齐都镇刘家庄，地处村西头，张皇路西南侧，交通较为便利，曾是抗日战争时期八路军和地下党的一个货物转运站。现有四合院一所，原东南大门一座，南屋三间，砖砌基础，土木结构，两门两窗，过道式房。房屋东西长10.4米，南北宽4.45米，建筑面积46平方米。

刘培桐（1908～1940年），字海州，著名烈士。1937年，在北平国民大学（中国大学）学习，七七事变后，参加中华民族解放先锋队，支援抗战。北平失陷后，他辍学回到老家，后考入第三路军政训班学习。1937年10月，刘培桐随政训班到聊城参加抗战。不久，加入中国共产党。1938年初，他被调到政训处濮县（今属河南省范县）办事处工作。1939年1月，又调到鲁西区党委机关，后任青委副书记。1940年3月，任中共鲁西区第四（运东）地委书记。1940年6月14日，在荏平小张庄突围战中壮烈牺牲。

现房屋为其孙刘英居住。

2010年7月，公布为市级文物保护单位，并竖立石质标志。

【苇子河会议旧址】

苇子河村位于齐故城北15千米处，今敬仲镇西部，在抗日战争初期，该村属抗日根据地。

1938年10月，日本侵略军占领武汉以后，回师华北，进行所谓"整肃作战"，对平原地区进行扫荡，胶济铁路沿线各县城均被敌人占领。清河区的部分抗日部队已转移到胶济铁路南的山区活动。面对急剧恶化的形势，中共清河特委根据上级指示，在苇子河村召开了一次重要会议。这次会议由清河特委书记霍士廉和三支队司令员杨国夫主持，特委成员赵明新、李云鹤及临淄县委书记马巨涛、寿光县委书记张文韬、广饶县委书记相炜、长桓县委书记孙

刘培桐故居

苇子河会议旧址

铁民、益都县委书记胡维鲁，以及高苑、桓台、长山等地的共产党员一百余人参加了会议。会上，由霍士廉传达了省委书记郭洪涛关于《目前战争形势及我们当前任务》的报告，研究部署了发展武装、建立群众抗日团体、开展敌后游击战争、准备坚持长期艰苦斗争等各项任务。会后，迅速扭转了清河区的局势。这次会议，对建立清河区抗日根据地、发展壮大抗日武装具有十分重要的意义。

【岳家庄伏击战旧址】

敬仲镇岳家庄位于齐故城北6000米处，村西依广辛公路（原辛石公路），系临淄北去必经之处。1939年1月5日，三支队十团以三个连的兵力，配合民兵抬枪队，在此发起了阻击日军北进的伏击战。歼敌百余人，击毁敌汽车七辆，缴获枪支弹药一宗。

这次战斗是十团进行反"扫荡"取得胜利之后，又一次对敌人主动出击而获胜。战斗不仅给日军以沉重打击，而且大大鼓舞了人民群众抗日救国的斗志，同时也对增强清河区军民抗战胜利的信心起了重要作用。

1999年1月，公布为区级文物保护单位。

岳家庄伏击战旧址

【临淄县抗日民主政府成立旧址】

位于齐故城西北19千米，朱台镇大夫店村。

1939年7月7日，临淄县在大夫店村召开了各界社会名流和群众团体代表大会，经过民主酝酿协商，选举出了以王兴国（伏伯言）为县长的"临淄县抗日民主政府"，下设秘书、民政、财粮、司法、教育等5科，后又增设了武装科。这是清河区第一个抗日民主政府，也是临淄自古以来的第一个人民政府。它对发动人民群众支援抗日战争、巩固革命根据地起到了重要作用，曾获得清河区抗日模范县之称。

1999年1月，公布为区级文物保护单位。

临淄县抗日民主政府成立旧址

【三支队兵工厂旧址】

位于今皇城镇郑家辛村。抗日战争初期，临淄青年学生抗日志愿军训团迅速扩大为抗日武装，为适应战争急需，于1938年2月建立了军械修理所。"军训团"整编为三支队十团后，军械修理所扩展为自制武器弹药的工厂，后改为三支队兵工厂。

兵工厂厂址原处于村西一所宅院内，院长20米，宽17米。有北屋4间，土砂轮半个，当时铸造的生铁炮一尊。现已无存。

1988年3月，公布为区级文物保护单位。

第二节 纪念性建筑

【临淄烈士陵园】

临淄区烈士陵园始建于1978年，坐落在原辛店镇北侧（今临园新村东北角），占地4333.35平方米，主体建筑有烈士纪念塔和烈士纪念堂两部分。纪念塔高11米，方柱形，砖石结构，表面以水泥着青石纹，正面镌刻"革命烈士纪念塔"，背面镌碑文；塔座宽4米，高1.5米，正面刻"中共临淄区委员会、临淄区革命委员会敬立"字样。革命烈士纪念堂为9间，297平方米。堂内悬挂着毛泽东主席题词"死难烈士万岁"和1671名烈士的英名，并有李人凤、石潇江、李曦晨、边树生、甘云卿、陈大学、王明贞、胡春梅、崔英顺、寇芝田等十位著名人物的遗像及主要事迹简介。纪念堂后有烈士墓37座。

临淄烈士陵园

烈士纪念塔碑文：

临淄历史悠久，文化灿烂，且富革命传统。早在第一次国内革命战争时期，临淄的志士仁人，就开始接受和传播马克思列宁主义，并在白兔丘、中埠一带发展和建立中国共产党的组织，领导农民运动，点燃新民主主义革命火炬。

1937年"七·七"事变后，在中国共产党领导下，临淄地区的共产党员和进步人士，为了救国救民，相继组织了"临淄青年学生抗日志愿军训团""山东抗日救国军第五军第十二中队"等人民武装。1938年1月，临淄人民子弟

兵，在矮槐树村与日寇交锋，旗开得胜，首战告捷，鼓舞了民众，震惊了敌人，揭开了清河平原抗日战争的序幕。此后，临淄人民团结一致，前赴后继，浴血奋战，为抗日战争的胜利做出了卓越贡献。解放战争时期，临淄人民响应党的号召，5000余名青年参军作战，60000余名民兵民工支援潍坊、济南、淮海和渡江战役。同全国人民一道，推翻了蒋介石的反动政权，迎来了新中国的诞生。

革命胜利是来之不易的。在半个多世纪的斗争中，临淄有1600余名优秀儿女以身殉国，他们用鲜血和生命谱写了许多可歌可泣的英雄诗篇。他们忠于党，忠于人民，忠于无产阶级革命事业。他们的英名与日月同辉，光照千秋，永远镌刻在人民历史的丰碑上。

挥泪继承烈士志，敢教日月换新天。革命后辈，要永远继承和发扬战争年代英雄们那种敢于拼搏敢于胜利的精神，团结奋斗，大展宏图，为建设高度民主，高度文明的社会主义祖国而奋发努力。

革命烈士永垂不朽！

中共临淄区委
临淄区人民政府
1986年8月（重修）

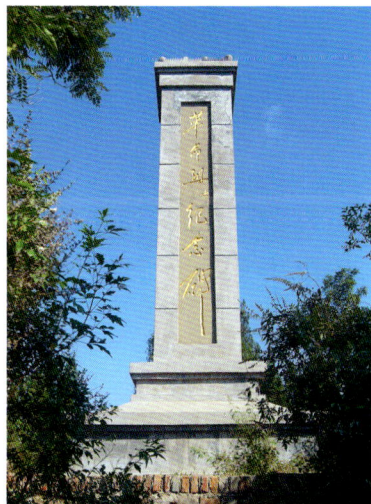

烈士纪念塔

为适应城区建设需要，1994年，临淄区烈士陵园迁建于临淄城区东外环路北侧，东临淄河，南望牛山，占地3.33万平方米。按规划已完成烈士纪念塔、烈士纪念堂、烈士墓区、干部骨灰堂等项目建设，建筑面积1500平方米。烈士纪念塔高23米，正面、背面分别镌刻着"革命烈士纪念塔"、"革命烈士永垂不朽"字样。纪念堂建筑面积594平方米，陈展了50名烈士的英雄事迹，汉白玉碑镌刻着1688名先烈英名。烈士墓区占地约2万平方米，安葬着1440位先烈英灵。陵园以褒扬烈士、教育后人为宗旨，每年清明节、七一、八一等重要节日，定期在此举行悼念活动。

2012年6月，公布为区级文物保护单位。

【路山展览馆】

边树生（1948～1970年），今凤凰镇东召口村人，一等功臣。1968年3月入伍。1970年12月15日，在焊接坦克部件时突然乙炔回火爆炸，时任

班长的边树生为保护战友壮烈牺牲。

为集中展示边树生烈士的英雄事迹，便于群众凭吊烈士，1975年1月，原路山公社在愚公山顶修建展览馆一处。有四合院型平房27间，建筑面积625平方米。建烈士纪念碑一座。展览室内陈列着由济南军区装甲兵司令部赠送的边树生烈士塑像一尊和《边树生烈士事迹介绍》版面74块。1994年12月撤馆。边树生烈士生平事迹现陈列于临淄区烈士陵园。

【边树生烈士纪念碑】

位于今凤凰镇愚公山南麓，东召口村东，原为路山展览馆建筑之一。碑呈方塔形，通高10米，宽1.5米，方座高2米，宽4米，系砖石结构。碑正面、背面皆镌刻"革命烈士纪念碑"字样。

边树生

边树生烈士纪念碑

第三节　烈士墓

【贾振琨墓】

位于今齐都镇南马坊村西，1976年封土已平，1997年6月公布为市级文物保护单位，并立石碑一通。

贾振琨（1879～1912年），字次瑶，临淄县端智乡南马坊（今齐都镇南马坊村）人，清光绪末年附生，留学日本，入早稻田大学政法科。在日本留学期间，深受革命思潮的影响，逐步树

贾振琨墓

立起革命理想，加入同盟会。1911年回国后，参加辛亥革命运动，回山东投入推翻清政府的斗争。1912年2月11日，在诸城被害。其光辉事迹在我国革命史上留下了浓墨重彩的一笔。

【李世光墓】

位于今齐陵街道朱家终村南果园内。墓东面是沟壑，西面是大路，墓高约0.6米，面积约3平方米。墓呈圆顶形，封土较少，顶部野草丛生，墓两侧栽有两棵大松树。

1988年3月，公布为区级文物保护单位。

李世光，又名李曦晨，字梅秋，今齐陵街道齐家终村人。1931年在山东省第四师范学校加入中国共产党。1937年抗日战争爆发后，与李人

凤、陈梅川等创建了"青年学生抗日志愿军训团"，后编为三支队十团。先后担任十团政治处主任、独立团政委等职。1939年12月在章丘西周峪战斗中牺牲，时年28岁。

李世光墓

第七章 博物馆·纪念馆

【概述】

　　古代齐国是中国传统文化的隆盛之地，以其兼容并蓄、学术自由而著称于世，是一种地域性强、具有早期东方沿海文明特点的古代文化类型，其内容丰富，影响深远。作为齐文化的发祥地，临淄拥有众多的人文景观。为了集中展示齐国的悠久历史和齐文化的博大精深，临淄区先后依托齐故城遗址、殉马坑、车马坑、太公衣冠冢、管仲墓等文物古迹，修建博物院、博物馆、纪念馆，基本形成了具有本地特色的博物馆群。

第一节 博物馆

　　从20世纪70年代开始，临淄区委区政府就注重齐文化旅游景点的开发利用，着手修建各类博物馆。至80～90年代，区内的博物馆群已初具规模。而随着齐文化博物院的兴建，标志着临淄地区齐文化的开发利用又进入了一个崭新的历史时期。

【齐文化博物院】

　　临淄齐文化博物院位于太公湖北岸姜太公铜像以北高台之上，2012年10月开始动工兴建。主要包括齐文化博物馆、足球博物馆、民间博物馆群、文化市场等四个部分，规划占地面积29.71万平方米，建筑面积13.3万平方米。临淄齐文化博物院的建设，标志着临淄区齐文化开发和旅游业发展又进入一个新的层次，对提升临淄的知名度将起到积极作用。

　　齐文化博物馆 建筑面积3.5万平方米，是一座集文物收藏、展陈、保护、研究、教育、休闲功能为一体的综合博物馆，是代表临淄形象的

齐文化博物院

地标性建筑。

足球博物馆　中国体育博物馆临淄分馆·足球博物馆建筑面积1.3万平方米，浓缩了中国蹴鞠文化史、体育文化史和世界足球史，是一部立体的足球文化百科全书。博物馆分室内和室外两大部分，集展陈区、功能区、设备区、休闲娱乐等多功能为一体，是一座全面展示蹴鞠文化和世界足球发源地的主题公园。

民间博物馆群和文化市场　建筑面积共约8.5万平方米，由9组相对独立的建筑组成。

【齐国故城遗址博物馆】

位于齐国故城宫城遗址东部，齐都镇西关村北，距今临淄城区5000米，占地近2万平方米。汉阙式花岗岩大门，古城堡式主体建筑，全国十大异型博物馆之一，1984年5月兴建。博物馆以齐国故城大城与小城相互衔接的特殊形制为外形建造，青砖砌垒，形似古城堡。总建筑面积2600平方米，顶高15米。馆内陈列以史为纲，以时代先后为序，以纵为主，纵横结合，重点突出，内容丰富，形式多样，灵活、生动、形象。共分15个展厅，通过300多件（套）珍贵文物和大量的文献资料，并辅以模型、沙盘、雕塑、照片、图表、壁画、灯箱等传统艺术形式和音响、灯光、电影、电视、动画等现代艺术手段，全面系统地介绍了齐国的政治、经济、文化、艺术、科技、军事和礼俗，记述了齐国的产生、发展、兴盛、衰亡史，反映了齐文化在华夏文化中所占的重要地位。馆内装饰古朴、典雅，与齐国历史十分吻合、协调，是全国最佳陈列设计之一，在内容和形式设计上可以使人们在轻松愉悦的气氛下了解历史，增长知识，接受教育，受到启迪。2001年，博物馆的齐国历史陈列获国家文物局评选的全国十大陈列展览精品提名奖。

齐国故城遗址博物馆除文物陈列以外，还辖有临淄东周墓殉马坑、临淄石刻艺术陈列馆、姜太公祠、孔子闻韶处、城墙遗址、排水道口等文物旅游景点。

临淄东周墓殉马坑　位于齐都镇河崖头村，齐国故城大城东北部。1964年，对齐国故城遗址进行全面勘探时发现一座大型东周时期墓葬。1972年，对该墓进行了挖掘清理，发现该墓多次被盗，随葬品荡然无存，唯周围的殉葬马匹保存完好。

殉马坑成"Ⅱ"形围绕在该墓的东、西、北三面。东西各长70米，北面长75米，全长215米，宽5米。东面早年被毁。1964年发掘了北面54米，发现殉马145匹。1972年又发掘清理了西面南端30米，发现殉马83匹。据此排列密度推算，全部殉马当在600匹以上。马分两行，马头向外，昂首侧卧作奔走状，在最前面的五匹，颈部系有铜铃。殉马排列井然有序，个个呈临战威姿。经鉴定，殉马多数是6～7岁口的壮年马，系人为处死后人工排列而成。据考证，该墓的主人

齐国故城遗址博物馆

临淄东周墓殉马坑

应是齐景公。齐景公是姜齐的第25代国君，在位58年，他"好治宫室，聚狗马，奢侈，厚赋重刑"，十分腐化。他特别喜欢马，在宫中有专门为他养马的人，如果马死了，养马的人就要被处死。在当时，600多匹马可装备150多辆战车，相当于一个小诸侯国的全部军力。由此可见当时齐国经济的发达、军力的强盛，以及齐景公生活的奢侈。

1982年，经国家文物局批准，在墓葬西面南端就地建起了临淄东周墓殉马坑展厅，建筑面积760余平方米，在36.5米坑道中展出殉马106匹，并且采取了防腐、防风化等保护措施。

临淄东周墓殉马坑自开放以来，引起国内外各界人士的极大关注，吸引了众多游人前来参观。著名绘画大师刘海粟先生看后，即席挥毫写下了"殉马奇迹天下无"的赞语。国际友人奥地利前总统基希施莱格博士看后，写下"这是一个给人深刻印象的、真正独一无二的历史遗址"的赞语。许多党和国家领导人也曾慕名前来参观，给予高度评价。

临淄石刻艺术陈列馆　位于齐故城宫城中心，齐都镇西关村北侧。1985年在齐都镇西关北侧的原西天寺旧址上修建而成，是一处寺院与园林相结合的别具风格的陈列馆。分散在临淄各处的石刻造像、碑碣、石雕、墓志等珍贵文物都被集中保存在这里，包括东汉造像以及康山寺、西天寺、金陵寺、施福寺的石佛造像，阿育王塔级等各时代的珍贵石刻文物100余件。两侧碑廊里陈列着种类繁多的石刻，有佛像、翁仲、石狮、石羊，也有碑碣墓志。有汉代画像石墓门，也有新近刻制的人物故事。其镌刻艺术和书法风格，都各具特色，代表着每个时代的雕刻艺术水平。院内中间，南北中轴线上矗立的两尊丈八佛像，是本馆陈列的主体。后边一尊北魏石佛，系西天寺遗物，为全国重点文物保护单位。前面的一尊系原康山寺（也称东寺）内的遗物。这两尊佛像，体形高大，神态各异，富有时代特征和艺术价值。

城墙遗址　位于齐都镇长胡村东偏南300米处。系大城西墙南端与小城北墙交接的一段，保存较好。1984年对解剖揭示的一段进行了建房保护。

城墙遗址

临淄石刻艺术陈列馆

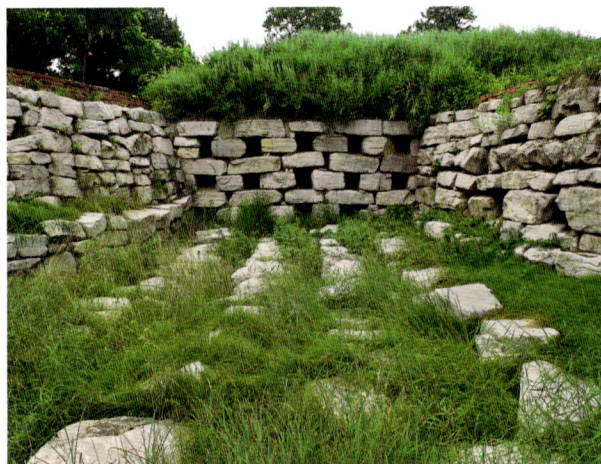

排水道口

排水道口　位于凤凰镇王青村东南。系大城西墙北部排水口，可将水由城内直接排入城西系水河。1980年发掘清理，东西长43米，南北宽7米，深3米，用天然巨石垒砌而成，水口分上下3层，每层5个方形水孔，孔内石块交错排列，水经孔内间隙流出，人却不能通过。1981年修建院墙保护。

姜太公祠　位于今闻韶街道勇士生活区南部，桓公路与遄台路交汇处东南侧。1992年6月依托姜太公衣冠冢而建，次年9月建成，总占地面积3万平方米。姜太公祠是当时淄博市唯一的一处省政府规定的道教活动场所。

姜太公是中国历史上著名的政治家、军事家，被历代帝王尊为武圣，民间将太公传为神上神。姜太公死后按周礼返周而葬，齐人思念太公恩德，葬衣冠于此。太公祠是一组中国传统的中轴对称、殿堂庙宇建筑，由祠堂、道院、太公衣冠冢三组建筑物构成，整个建筑显得古香古色，井然有序。大门前面为四柱七楼式木质牌坊，上题"天齐至尊"4个大字。大门门楣悬有中国宗教学会会长赵朴初题写的"姜太公祠"金字大匾。主殿正中供奉着姜太公彩绘圣像，两侧供奉有齐国的第二代国君齐丁公和第十六代国君齐桓公的圣像。殿壁壁画则反映了姜太公的一生主要经历和生平事迹。从主殿穿堂而过，便是太公衣冠冢，墓前石坊横眉上的"周师齐祖"更是高度

概括了姜太公一生的丰功伟业。姜太公祠东侧是丘穆公祠，该祠是1995年6月丘穆公一百代孙、台湾丘氏宗亲会邱正吉先生到临淄寻根祭祖时捐资修建的。在穆公祠东配殿内陈列着姜姓源流考和姜氏宗谱。穆公为姜太公三子，曾领镇营丘（临淄），其后裔皆以丘、邱为氏。台湾地区与东南亚各国的姜太公后裔近年来纷纷到临淄寻根祭祖，并在每年的八月初三姜太公圣诞日举办隆重的祭祖庆典活动。

【临淄中国古车博物馆】

坐落在后李文化遗址上，位于今齐陵街道后李官庄村西北，济青高速公路126千米处。1990年5月，山东省考古工作队配合济青高速公路建设，在今齐陵街道后李官村发现一处春秋时期的大型车马坑，并对其进行了全面发掘。经过发掘发现，整个车马坑殉马数量之多、规模之大、时代之早、保存之完好，尚属国内罕见，有极高的文物考古和观赏价值，被列为1990年全国十大考古发现之一。

1994年，以春秋车马坑为依托，以中国古车文化为主题，集中全国各地出土的不同类型、不同时期的车马进行复制、陈列，建成临淄中国古车博物馆。1994年11月2日，中共中央政治局委员、全国人大常委会副委员长田纪云，原国务委员张爱萍分别题写了馆名。该馆占地1.36万平

姜太公祠

临淄中国古车博物馆

方米，建筑面积3600平方米，是中国第一家最完整、最系统、集考古发掘现场与文物陈列于一体的展示古车发展史的博物馆。馆内分地上古车陈列展厅和地下出土春秋殉车马展厅两部分，中间有过廊连为一体。古车馆主题展厅为仿传统木结构覆斗式造型，面积2300平方米，分上下两层。以时代先后为序，通过大量的文物实物、模型、古车复原、照片、图片和文字，展示了车、轿、辇的产生、发展以及在战争、交通、生活中的作用。地下春秋殉车马展厅为后李春秋殉车马的发掘现场，就地保护在跨度为15米的高速路道桥之下，车马坑南北排列两排，有战车10辆，马32匹，规模之大，配套之齐全，马饰之精美，为当代全国之冠。也许是历史沧桑的巧合，在这里，地上是横贯东西的济青高速公路，现代化的汽车风驰电掣；地下则静静躺卧着2600年前的古代车马。上下几千年，二者合为一体，动静结合，形成了强烈的对比，令人感悟到历史车轮疾驶的独特意境。

【临淄足球博物馆】

位于临淄中心城区，区行政办公中心东500米，临淄大道南侧。是世界上首家全面展示中国足球几千年演进历史和世界足球发展风貌的专业足球博物馆。该馆为两层楼建筑，面积2500平方米，分古代足球和现在足球两大部分，共10个展览单元，陈列了古今中外150多件珍贵文物和300多幅历史图片，复原场景20多个，系统展示了2400多年以来足球的起源、发展和传播过程。它浓缩了中国的蹴鞠文化史、民俗发展史、体育文化史和世界足球史，是一部立体的足球文化百科全书。

2004年7月15日，时任国际足联主席的布拉特先生在北京庄严宣布，足球起源于中国淄博临淄，中国古代的蹴鞠就是现代足球的起源。2007年，足球起源地的标志性纪念物——"圣球之源"永久性地落户于国际足联总部大厦，成为临淄走向世界的一大见证。

临淄足球博物馆

第二节　民办博物馆

临淄历史悠久，文物众多。区委区政府历来十分重视文物古迹的保护和发掘，充分发挥它们在宣传和发扬齐文化优秀传统中的作用，投资兴建了一批博物馆群，吸引了众多的海内外游客到临淄参观游览，对宣传和普及齐文化、提高临淄在国内外的知名度起了重要作用。但是，临淄毕竟是全省乃至全国闻名的文物大区，单靠政府投资建设显然满足不了各种各类文物展示的需要。对此，为了尽可能全面地展示临淄辉煌灿烂的历史和精美绝伦的文物，临淄的有志之士在政府优惠政策的感召下，竞相投资兴建民营博物馆，近年先后建起了古钱币、瓦当、地方志等数十家有特色的博物馆、美术馆、艺术馆，为宣传临淄、展示齐文化作出了积极贡献。

【齐鲁美术馆】

位于临淄城区，行政办公中心东南500米，临淄大道南侧。由淄博中兴实业总公司投资兴建，2004年6月建成开馆。是中国美术家协会设在京外的首家民营美术馆，也是中国美术家协会齐鲁创作中心所在地。以陈列、展览、交流、收藏为重点，带动其他功能的全面协调运作。它是中国美术家协会国内艺术品典藏、研究、展示和公民美术素质教育的一个新的重要基地，已成为艺术创作、艺术信息传播和美术家协会文化交流的活动中心，成为展示我国文化艺术和社会教育水平的一个窗口。

齐鲁美术馆

该馆占地面积约26万平方米，建筑面积1.5万平方米，设有4个大型多功能艺术展厅，配备先进的照明系统、中央空调、自动化管理系统。馆内还设置了设施先进的会议室、艺术家工作室、中心画室、画家客房，可以举办多种规模的学术交流，承接国内外各种大型艺术展览。同时还创建了大型专业艺术网站——齐鲁美术网，为艺术家提供了一个国际信息交流的平台。

【方志馆】

位于今朱台镇小高家村，农民收藏家高玉森创办。共分为两部分：三层藏书楼一座，约1000平方米，题名"弘阳藏志楼"；集书画展览、文物收藏等于一体的多功能场馆一个，约2000平方米。

方志馆

高玉森，今朱台镇小高家村人。从20世纪80年代至今，已收藏各类图书180余书橱，合计2.6万余册。其中，文史小说及其他资料8000余册，省市县（区）三级志书及部分江河山川志1.8万余册。

高玉森不仅收藏地方志，还喜欢收藏清代、民国时期的名人墨宝。他选收约600名清代及近代名家的书法作品，结集出版《弘阳博物馆珍藏中国名家书法》一书，对全面、深入了解清代书坛风气提供了重要参考依据。

【瓦当艺术馆】

位于临淄城区牛山路西段，仿古式三层楼建筑的二楼。由临淄齐瓦当收藏家王也创办，1999年建成开馆。

瓦当是中国古代建筑上的一种构件，俗称"猫头"，主要起到保护屋檐椽头免遭风雨侵蚀、延长建筑物寿命的作用。瓦当最早出现于西周，战国秦汉时期得到长足发展，面纹也变得丰富多彩，不拘一格，并形成了以齐、秦、燕为主

瓦当艺术馆

流的中国瓦当系列。

齐瓦当是指以齐国故都临淄为主要集散地、其范围涵盖齐境内广大地区所出土的瓦当。年代为西周、春秋战国至两汉时期，时间跨度约千年。它经历了由素面无纹饰到手工刻绘，再到模具制作的整个发展过程，无论是在图像的丰富性还是在图案的多样性上，都达到了先秦史上前所未有的高度，形成了现实主义和浪漫唯美主义相结合的艺术风格。

该馆现藏有西周、春秋战国至汉代不同时期的瓦当700余种，1000余件。其中许多是孤品和珍品，为以往著录所未见。自开馆以来，先后有几十位著名学者、鉴定家、书法家为馆内藏品题词。全国各地及港、澳、台、日、韩等一些国家和地区有名的汉学家、收藏家也纷至沓来，感受齐文化的深厚底蕴，一睹齐瓦当的艺术风采。

2002年12月，由齐国瓦当艺术馆精心捶拓、国家文物局出版的十卷本《齐瓦当拓本集》正式出版。该书由著名历史学家李学勤作序，中国书协主席沈鹏先生撰写书评，著名学者、鉴定家、书法家任继愈、张中行、文怀沙、蒋维崧、徐邦达、史树青、杨仁恺、欧阳中石、冯其庸、罗哲文等分别题写书签。该拓本集以丰富翔实的资料，对务实、开放、创新的齐文化作了一次图像化的旁证和诠释，填补了齐文化开发利用上的空白。

【南金博物馆】

位于凤凰镇南金村中心广场，由南金村暨南金兆集团投资兴建，2008年开工建设，2012年8月建成开馆。占地面积7400平方米，总投资620万元。主要由8个展厅组成，分序厅、旧村沙盘厅、农家小院厅、生产用具厅、沧海桑田厅、新民风貌厅等，陈列从民间收集的各个时期的民俗实物展品，同时布展南金村不同时期的旧村风貌、企业创业史以及新农村建设等内容。2012年9月，被列为临淄区关心下一代教育基地和临淄区青少年革命传统教育基地。

南金博物馆

第三节 纪念馆

临淄区内的纪念馆建设较少，除贾思勰纪念馆外，最著名的当属管仲纪念馆。

【管仲纪念馆】

含中国宰相馆。位于今齐陵街道北山西村村西，牛山北麓。2003年5月，临淄区人民政府与北山西村联合投资，依托省级文物保护单位管仲墓而建，2004年建成。管仲是我国春秋时期伟大的政治家、军事家、思想家和经济学家。他辅佐齐桓公励志改革、富国强兵、九合诸侯、一匡天下的丰功伟业和他的民为邦本、礼法并用、通商惠贾、开放务实的深邃思想，赢得了世人的讴歌和后人的礼赞。孔子称之以"仁"，梁启超誉之为"中国之最大的政治家"、"学术思想界一巨子"。管仲死后，葬于牛山北麓，这就是著名的管仲墓。管仲纪念馆以管仲墓为依托，以《管子》思想为基础，以管仲的生平为脉络，通过多种艺术手段，展现了天下第一相的辉煌一生和历史功绩。

该馆占地面积20万平方米，分为馆区和园区两部分。馆区占地面积5万平方米，由五厅（管鲍之交、桓公拜相、管仲治齐、首霸春秋、光照千古等5个展厅）、一祠（管仲祠）、一墓（管仲墓）及中国宰相馆组成。园区占地面积15万平方米，主要是广场、绿地及配套设施等。规划布局采用中轴对称与园林分散相结合的方式，整体建筑采用挺拔、简洁的仿汉代风格造型，使其具有传统美的同时，更赋予了现代建筑文化的特色。

中国宰相馆是管仲纪念馆的一部分，集中展示了中国古代宰相文化及历代名相的生平事迹和历史贡献等。

管仲纪念馆

第八章　文物管理·齐文化研究

【概述】

　　新中国成立后，党和人民政府对文物保护工作极为重视。建立健全了文物管理机构，不断加强文物考古工作，及时公布各级文物保护单位。成立齐文化研究机构，深入开展齐文化研究，取得了丰硕成果。

第一节　文物管理

一　文物管理机构

　　临淄是文物大区。建国后，历届党委政府都十分重视文物管理工作，当作一件大事来抓。特别是改革开放以来，文物考古工作更凸显其重要性，得到了各级各部门的关注和支持。

【组织机构沿革】

　　20世纪50年代初，临淄的文物管理工作由县文教科领导，文化馆兼管。自1952年始，文化馆专设一名馆员分管文物工作，并先后聘请宋誉卿、于爽亭、路子润等几位热爱文物工作的老同志负责具体业务工作。同时，开办了简易的文物陈列室，农历每月逢五、逢十西关大集开放，宣传教育群众。"文化大革命"开始后被迫停止展出。

　　1972年，夏天磄任文物专职干部，办公室设在省文化局临淄文物工作队处。

　　1975年7月，临淄区文物管理所正式建立，隶属区革委政治部领导，马福进任所长，在编人员4人。

　　1978年，张建平任所长。

　　1978年冬，于临淄县城西北角、齐故城大小城墙衔接处，新建临淄区文物管理所办公室，面积4500平方米。并于院内建起文物陈列楼一座，面积420平方米。

　　1980年，李荣富任所长，工作人员增至6人。

　　1983年，文管所晋升为区直副科级单位，李文森任书记兼所长，工作人员增至9人，分设业务、行政、保卫等三个股和文物陈列室、殉马坑、排水道口等三个管理点。

　　1989年，杨英吉任所长。

　　1984年5月，齐国故城遗址博物馆正式建立，张龙海任馆长，杨英吉任副馆长。1992年，杨英吉任馆长。1999年，张志义任馆长。2004年，韩伟东任馆长。

　　1984年11月，于西天寺旧址处，辟建临淄石刻艺术陈列馆，面积4500平方米。从1985年4月始，先后将散落在区内的石刻造像、碑志等陆续迁入其内。

　　1992年4月，临淄区文物保护管理所更名为临淄区文物旅游管理局，隶属区文化局领导，薛东升任局长，郑德新任副局长。

1993年5月，成立临淄区文物勘探领导小组，郑德新、刘国昌任组长，朱玉德、王居正为成员。成立临淄文物勘探队，隶属区文物旅游局管理，朱玉德任队长，王居正任副队长。

1993年10月，因机构改革，区文化局与区体育委员会合并成立临淄区文化体育委员会，文物旅游局撤销。

1994年4月，成立临淄区文物保护稽查队，王居正兼任队长，朱子伟任副队长。

1995年8月，文化、体育分家，改称临淄区文化旅游局，设文物管理科。

2002年，临淄区成立旅游局，文化、旅游分家，文化旅游局改为文化局，内设文物管理科。

2003年12月11日，成立临淄区文物管理局，为文化局正科级内设机构，同时挂"临淄区申报世界文化遗产办公室"的牌子，增加事业编制5名，领导职数一正两副，同时撤销区文化局文物管理科。

2004年2月，于洪亮兼任临淄区文物管理局局长、临淄区申报世界文化遗产办公室主任，韩伟东兼任区文物管理局副局长。

2004年12月，临淄区文物管理局班子调整，于洪亮兼任局长，韩伟东、王辉任副局长。

2007年3月，临淄区文物管理局班子调整，毕国鹏兼任局长，韩伟东、王辉任副局长。

2011年5月4日，成立齐文化博物院建设领导小组。宋振波任组长，孙海青、王克林任副组长。

2011年9月22日，成立齐文化博物院，为区文化出版局所属正科级财政拨款事业单位，编制30人。同时，将齐国故城遗址博物馆调整为齐文化博物院管理的股级内部机构。

2012年2月15日，齐文化博物院领导班子组建，马国庆任院长，韩伟东任党支部书记，朱淑菊、王永军任副院长。

2012年3月，临淄区文物管理局班子调整，毕国鹏兼任局长，贾健任副局长。

2013年3月，临淄区文物管理局班子调整，毕国鹏兼任局长，韩伟东、贾健任副局长。

2013年8月1日，齐文化博物院首次面向社会公开招聘5名全额事业编制讲解员。

2013年9月10日，临淄区文物管理局班子调整，韩伟东任局长，贾健任副局长。

【文物保护委员会】

临淄县文物管理委员会名单（1957年12月公布）

主任委员：徐文美

副主任委员：张鹏仞

委　　员：刘同福　孙学泽　郭洪辉
　　　　　王俊德　邱俊岭　冯文海
　　　　　路子润　宋誉卿　郑茂温
　　　　　孙向科　葛本成　徐维勤
　　　　　冯保元

临淄区文物管理委员会名单（1982年公布）

主　　任：赵洪祥

副主任：王光生　侯祖武

委　　员：宋允安　李汉英　李荣福　宋士福
　　　　　张龙海　张可鉴　张宝芝　张洪学
　　　　　吴振声　徐国斌　樊调章

临淄区文物保护管理委员会名单（1987年6月11日公布）

主　　任：韩家华

副主任：李荷兰　张宝芝　张洪学

委　　员：宋梦鹤　王厚发　张象寅　刘静明
　　　　　张肇龙　徐熙春　王若谦　于尚儒
　　　　　路堂友　魏玉清　朱元政　张龙海

临淄区文物保护管理委员会名单（1997年6月10日公布）

主　　任：李建美

副主任：王秀荣

委　员：齐兴茂　郑德新　张海萍　冷光聚
　　　　赵增明　赵振华　蔡衍福　赵殿国
　　　　王相国　杨滨洲　李凌云　刘　勇
　　　　路百鸣　孟洪兰　李德胜　于赛玲
　　　　刘素梅　徐家平　李朝美

路百鸣　李德胜　刘瑞卿　王爱花
于洪泉　李朝美

临淄区文物保护管理委员会名单（2003年4月30日公布）

主　任：张士友

副主任：于洪亮

委　员：郑德新　王方诗　王国栋　杨文俊
　　　　赵增明　陈志平　王　锋　赵殿国
　　　　王惜春　王志信　李凌云　刘　勇
　　　　路百鸣　姜爱荣　刘瑞卿　王爱花
　　　　刘在民　李朝美

临淄区文物保护管理委员会名单（2002年3月28日公布）

主　任：王秀荣

副主任：于洪亮

委　员：齐兴茂　郑德新　王国栋　杨文俊
　　　　赵增明　陈志平　王　锋　赵殿国
　　　　王相国　王志信　李凌云　刘　勇

二　文物考古工作

【调查与发掘】

临淄的文物考古调查工作早在20世纪30年代就已经开始，著名考古学家李济、吴金鼎、王献唐等人都曾来临淄做过实地考察。

1940年和1941年，日本学者关野雄曾连续三次到临淄调查，收集文物、测量残垣，并根据残壁进行临淄故城的复原研究，撰写了《齐都临淄的调查》一书。

新中国成立后，党和政府对临淄齐国故城遗址的保护十分重视，曾组织人力、物力，有计划、有重点地进行过多次调查与发掘。1958年，山东省文物管理处派杨子范、袁明到临淄，对故城遗址进行了初步调查试掘，并写出了《山东临淄齐国故城试掘简报》一文。

1961年3月国务院公布临淄齐国故城为全国第一批重点文物保护单位后，1964年夏，山东省文化局组织临淄文物工作队，在中国历史博物馆、文博研究所、北京大学历史系、河北省文物工作队等单位的协助下，对齐国故城进行了大面积普探，并对小城西墙、小城东北角和阚家寨作坊遗址、安合铸钱遗址等进行重点发掘。在河崖头村发现了东周五号大墓随葬马坑，并对其进

行第一次发掘，在墓北面54米的地段中，清理出随葬马145匹。1966年5月普探工作基本结束后，又于1972年春～1973年5月，对五号大墓进行发掘。通过普探和重点发掘，基本查明了故城的范围、形制和城墙的保护状况，初步掌握了城内的文化层堆积、交通干道、排水系统、手工业作坊、宫殿建筑和墓葬的分布情况，初步取得了一些成果，发表了一批重要的勘探、发掘报告，如《临淄齐国故城勘探纪要》《临淄齐国故城钻探实测图》《齐故城五号东周墓及大型殉马坑的发掘》《田齐王陵考》等。同时，通过普探进一步促进了文物保护工作，确定了54处重点保护区，树立了保护标志，基本做到了"四有"（有保护范围、有科学记录档案、有保护标志、有保护组织）。

在对齐国故城进行普探试掘的同时，1965年冬，北京大学考古专业实习的师生，对临淄的淄河、乌河两岸进行了重点调查与试掘。在淄河两岸发现了后李官庄、薛家庄、崔傅庄、于家庄、锡腊营、尧王庄、大夫观、葛家庄、苏家庙子等十几处古文化遗址，在桐林、田旺发现了龙山文化遗址。

1971年冬～1972年春，山东省博物馆发掘清理了郎家庄东周殉人墓。发现殉人26具，出土陶、铜、漆、玉石器及水晶饰品等1000余件。

1975年冬，为配合辛店发电厂建设，清理发掘北朝崔氏墓14座，出土崔鸿、崔混等6方墓志和一批文物。1983年4月，辛店发电厂油罐三区施工中，又发现北朝崔猷墓志。它们为考察和研究当时社会状况和书法艺术提供了重要资料。

1976年春，山东省文物局在临淄举办考古培训班。学习期间，发掘清理了桓公台以北的汉代宫殿建筑遗址。从此遗址布局来看，建筑规模宏大，结构严谨。其下层便是东周时期的宫殿基址，石柱础仍保留着原来整齐的形态。并探知桓公台周围有11处建筑遗址。

1978年11月～1981年9月，为配合铁路部门施工，淄博市博物馆在原大武公社窝托村南，勘探发掘西汉墓的5个陪葬坑（器物坑、兵器坑、殉狗坑、车马坑、弓箭坑），出土重要文物1.2万余件。其中，龙纹矩形铜镜和鎏金花纹银盘属罕见的艺术珍品。根据墓葬的规模、形制和出土器物的年代，经考证，为汉齐王墓。

1979年秋，山东省文化局文物工作队发掘大夫观东周墓。同时发掘齐故城西北部排水道口，并进行了修复，建立保护院墙。1980～1981年，发掘东古城村北东周墓葬90余座。

1981年，山东省文化局文物工作队发掘大城东北部东古城村东200米处的一段城墙遗址，发现此城墙曾在西周、春秋、秦汉时期进行过多次修筑。1982年又发掘清理了小城北墙与大城西墙的结合处。此处城墙残高5米左右，大城西墙被夹在小城北墙中。由此推知，大城建筑年代早于小城。同年对桐林（田旺）龙山文化遗址进行了发掘，出土了一批重要器物。

1984年6月9日～7月22日，为配合乙烯工程建设，在第二化肥厂以南的两醇工地进行抢救性发掘，清理春秋战国墓葬321座，出土文物2000余件。同时发掘乙烯厂区1～6号墓其中5座，出

土文物200多件，其中有些器物在临淄还是首次发现。

1984年冬～1985年冬，山东省文物考古研究所组织力量对辛店乙烯生活区工地进行探掘，探出墓葬3800余座，发掘1600余座。从墓葬形制和出土器物分析，此地为两汉时期的平民墓地。这对研究古代葬俗和器物分期具有重要意义。

1986年，山东省文物考古研究所对稷山墓群中的2、3号墓进行了发掘。除在2号墓8米深处发现一套排列整齐的微型车马器外，两墓室均为空墓。原因待考。

1987年，全区第二次文物普查，新发现古文化遗址90余处。至此，在临淄地区共发现大汶口文化遗址12处，龙山文化遗址26处，商代文化遗址6处，周代文化遗址69处，汉代遗址40处，南北朝及唐、宋遗址9处，共计162处。

1988年，为配合济青高速公路建设，山东省文物考古研究所对后李官庄遗址进行发掘，发现大汶口文化、龙山文化、岳石文化、西周等时期的墓葬、房屋、窖穴、城墙、城壕等遗迹。发现了一种早于北辛文化时期的、具有独特文化面貌的新石器时代早期遗存——后李文化。这是山东地区发现规模最大的古文化遗址之一，也是山东地区目前已知最早的新石器时代文化遗址。

1990年，在后李遗址北部发现春秋车马坑。内有车10辆，马32匹。同时，对位于田齐王陵区19号取土场进行勘探发掘，清理战国时期的大型墓4座。二号墓墓室内随葬20余辆独舟马车，12个殉人。墓北殉葬坑内有马69匹，并出土一大批珍贵文物，与后李车马坑一同被评为1990年全国十大考古发现。

1992年，淄博市博物馆、齐国故城遗址博物馆配合临淄水泥厂建设进行勘探发掘，出土各类重要文物1000余件。山东省文物考古研究所同时对田齐王陵区进行大规模调查勘探，勘探面积560万平方米。通过勘探发现，临淄的四王冢、二王冢和青州市的点将台墓、南辛庄墓、田和冢

同属田齐王陵墓群。

2002年，北京大学考古系、山东省文物考古研究所、临淄区文化局联合对桐林（田旺）遗址进行考古发掘。

2003~2005年，国家文物局委托北京大学和山东省文物考古研究所在临淄举办田野考古培训班，在桐林（田旺）遗址进行发掘培训。

2004~2006年，中日合作对临淄齐故城出土汉代镜范进行研究，研究报告《山东省临淄齐国故城汉代镜范的考古学研究》一书，2007年1月由科学出版社出版。

2007年，进行第三次文物普查，新发现文物点163处。

2011年秋~2013年，中国社会科学院考古研究所、山东省文物考古研究所、临淄区文物管理局联合在齐国故城大城东北部冶铸遗址分布密集的阚家寨村南一带进行大规模的考古调查、勘探和发掘。这是国内外古代铜镜铸造作坊遗址的首次科学发掘，发现冶铁遗存、铸铜遗存和窑址等多种文化遗存，挖掘出土镜范残块100多件，科学证明了临淄是汉代铜镜铸造中心之一，对汉代青铜冶铸业研究具有十分重要的意义。

2012年，山东省文物考古研究所、临淄区文物管理局联合对临淄齐国故城10号宫殿基址进行考古发掘，确认此为战国时期齐国的一处重要宫殿遗址。发现保存较好的大型彩绘木门遗迹一处，出土板瓦、筒瓦、瓦当等大量建筑材料及40余件铜制文物，对研究战国时期齐国宫殿建筑具有重要价值。

2013年1月，临淄区文物考古工作人员在稷下街道范家新村以北配合工程施工发现一处遗址。经钻探，初步确认该遗址是一处近似方形的城址。是年9~12月，山东省文物考古研究所和临淄区文物管理局联合对该城东墙进行了试掘，基本上搞清了东城墙的结构和年代，确认范家遗址是一处商代城址，属山东省境内首次发现，意义重大。

【征集与陈列】

临淄现有馆藏文物2万余件，均是从考古发掘、缉私收缴及工农业生产建设中不断出土的大量文物中甄选出来的精品，集中展示了半个世纪以来文博事业的辉煌成就。

1963年，今稷下街道商王庄村民在村西务农时，发现一枚战国时代嵌金银镶绿松石铜镜，属当世出土圆镜之魁。1964年，在淄河西岸，因土崖塌陷，发现西周铜器12件，其中一件大铜盂重35.5千克，时为山东省出土青铜器中最大最重的一件。

20世纪70年代，在废旧收购站，发现一件铜带钩，通体嵌金丝银线，背嵌银质铭文"丙午钩口含珠手抱鱼"，为汉代工艺品中的上乘之作。

1982年，临淄砖厂职工齐中华在商王庄村西厂内取土时，发现一件战国金银错镶嵌铜牺尊，捐献到区文物管理所，获得区委区政府的表彰及物质奖励。

1983年，齐陵公社梁家终村村民在开山采石时，炸开一座洞石古墓，出土汉代珍贵文物70余件。其中，齐国故城遗址博物馆收藏56件。1986年，南仇镇南仇村村民在田间耕作时，发现齐刀币50枚。同年，在临淄三中建校施工中，发现齐刀币148枚。1987年，敬仲镇张王村村民在村东发现齐刀币40枚。

1997年，齐都镇龙贯村村民韩如水在淄河滩发现一柄青铜剑，捐献到齐国故城遗址博物馆，获得区政府表彰及物质奖励。此剑经专家考证为战国时期的燕郾王剑，为研究齐燕两国关系和文化交流提供了珍贵的实物资料。

2013年，稷下街道陈家徐姚村民孙凤鸣将家中屋前台阶上的鱼化石捐赠给了齐国故城遗址博物馆。这是全区目前发现的唯一一块鱼化石。

此外，临淄文物稽查队在严厉打击盗墓团伙和走私文物活动的同时，也收缴了许多珍贵文物。1990年，某一走私诈骗犯骗走一宗文物后潜逃，文物稽查队协助临淄公安分局，迅速将其抓获，诈走的13件珍贵文物如数追回。1996年1月，经群众举报，摧毁了一盗掘古墓、走私文物、持刀抢劫犯罪团伙，抓获团伙成员7名，追缴文物93件。2000年8月，经群众举报，临淄文物稽查队在临淄公安分局的配合下，破获一起团伙盗墓案，追回珍贵文物26件。

1992～2013年，临淄文物稽查队共收缴文物数百件，有效地保护了文物古迹，打击了盗墓和文物走私犯罪活动。文物部门充分发挥这些珍贵文物的作用，对广大群众进行历史唯物主义和爱国主义教育。

1952年，文物管理部门在县文化馆建立简易的文物陈列室，在城关大集上对外开放。1980年，建起文物陈列楼，陈列展出临淄出土文物。1987年，齐国故城遗址博物馆新建2600多平方米的文物陈列馆。1997年，对文物陈列馆进行大规模改造，通过大量珍贵文物和文献资料、模型、沙盘、雕塑、照片以及电视、电影、声光控等现代化展示手段，全面细致地反映了齐国近千年的辉煌历史和灿烂文化。

1983年，在发掘东周墓随葬马坑基础上，建起临淄东周墓殉马坑，吸引了众多的中外游客前来参观。许多党和国家领导人也慕名前来。著名绘画大师刘海粟看后写下了"殉马奇迹天下无"的赞语。

1992年，依托姜太公衣冠冢，建起姜太公祠，后又引进外资建起丘穆公祠。1994年又建起临淄中国古车博物馆。2004年，依托管仲墓建起管仲纪念馆。孔子闻韶处、齐故城城墙遗址、齐故城排水道口、晏婴冢等文物遗迹也都建房（墙）保护，并相继开放。

临淄出土文物还曾多次外出展览。1986年，临淄文物首次赴日本展出。1989年，临淄区人民政府与北京故宫博物院在北京故宫举办"临淄齐都文物展览"。在以后的十九年中，临淄文物先后到德国、意大利等国家及台湾地区展出，引起国内外众多名士和考古学者的极大关注。

2010年4月22日，齐国故城遗址博物馆藏品银豆（又称汉代波斯多瓣银盒），作为山东省唯一一件文物参展上海世界博览会。

【整理与研究】

临淄文物自汉代就零星散记于志书或史籍中，研究专著很少。从目前所掌握的资料看，民国初年王献唐撰写的《临淄封泥文字叙》是较早研究临淄文物的专著。

1958～1973年，各级文物考古部门对临淄齐国故城进行多次勘探调查和发掘，取得一些重大成果，发表了一批重要勘探、发掘报告。

1994～1996年，山东省文物考古研究所同日本土井滨遗址、人类学博物馆，利用临淄出土的周至汉代人骨资料与日本弥生时代的人骨资料，从体质人类学、牙齿人类学、分子遗传学和考古学等方面进行比较研究，编辑了《探索渡来弥生人大陆区域的源流——山东省合作研究报告》，于2000年用中、日两国文字在日本出版。

1996～1999年，山东省文物考古研究所同德国波鸿鲁尔大学联合，利用航空摄影考古方法，开展对临淄地区古墓葬的勘察研究。建立了临淄文物考古信息系统，用GPS卫星定位系统寻找封土已经消失的墓葬位置，并依据影像图判释分析墓葬的形制、大小及周围环境等，取得重大的研究成果，于2000年编辑出版了《中国临淄文物考古遥感影像图集》一书。

1997年，淄博市博物馆与齐国故城遗址博物馆合作，整理出版了《临淄商王墓地》一书。齐国故城遗址博物馆积极从事临淄文物的整理研究，编辑出版了《临淄文物志》《临淄文物集粹》等重要著作。

2007年，《临淄齐墓》（第一集）考古发掘报告出版。

2013年，《临淄齐故城》考古发掘报告出版。

新中国成立以后的60多年中，广大文物考古工作者经过多年的努力，发表出版研究论文、专著450余篇（部），其中在省以上报刊（出版社）发表350余篇（部），为临淄文物工作和齐文化的研究做出了突出贡献。

【第三次文物普查】

临淄区第三次全国文物普查工作，自2007年4月启动，至2010年3月通过省第三次全国文物普查领导小组整体验收，历时3年，顺利完成。

改革开放以来，我国的经济、社会发生了巨大变化，人们对文化遗产内涵的认识也发生了深刻变化，乡土建筑、工业遗产、文化景观、文化线路、文化空间、老字号等等都成为文化遗产的重要组成部分，而这些品类在前两次文物普查中限于当时的认识水平没有得到应有的重视，导致大量文化遗产在相当长时期内没有纳入文物保护工作的范围，故以往登记的普查成果很难准确反映临淄区文化遗产的实际状况。

2007年4月4日，国务院、省、市《关于开展第三次全国文物普查的通知》下发后，中共临淄区委、区政府高度重视，成立了由区政府分管区长任组长，区直有关部门、各乡镇（街道）负责人为成员的"临淄区第三次文物普查领导小组"。设立了办公室，具体负责普查工作的组织和实施，协调解决普查工作中的有关问题。组建了普查队伍，设专家组、野外普查组、资料组等工作机构。制定了《临淄区第三次全国文物普查实施方案》和普查工作制度，构建起了区、镇（街道）、村、引导员四级文物普查体系。

临淄区第三次全国文物普查共普查文物点474处。其中，新发现文物点163处，复查311处。古遗址共调查181处，其中新发现43处，复查138处。近现代重要史迹共调查20处，其中新发现10处，复查10处。古建筑共调查75处，其中新发现66处，复查9处。古墓葬共调查181处，其中新发现33处，复查148处。石窟寺及石刻共调查17处，其中新发现11处，复查6处。填写《第三次全国文物普查不可移动文物登记表》400余份，写普查日志20本，拍摄图片资料3000余张，绘制区位图、平面图100余幅，基本做到图纸完整规范，照片准确反映文物的位置、环境、本体及结构特征。采集遗址文物标本数万片，达100余盒。编写了《临淄区第三次全国文物普查工作报告》，它不仅是全面了解齐文化遗迹资源的权威资料，也为研究制定全区经济社会发展与文物保护事业发展战略、规划、政策和决策提供了科学依据。

此次开展全国性的文物普查运用了现代化的数据采集技术，制定了更加细致科学的普查规范、标准，登录内容更为全面系统，政府投入力度更大、参与人员数量更多。归纳起来，主要表现为以下几个方面：一、摸清了家底。通过本次文物普查，全区摸清了自己的家底，对于怎样保护好这些珍贵的资源、怎样利用这些资源为社会造福，政府拥有了一本科学而精细的参考书，制定政策也有了依据。二、锻炼了队伍。这次普查，也是全区文博系统的大练兵活动。通过普查，全区文物工作者的整体素质得到了显著提高，为下一步全区文物工作的开展打下了人才基础。三、改善了工作环境。与以往普查所不同的是，本次普查更加倚重现代科技手段，配置了笔记本电脑、数码相机、GPS、打印机、扫描仪等现代化办公设备，工作质量和效率显著提高。四、地方政府也不同程度地认识到文物工作的重要性，文物部门获得了更加宽松和有利的工作氛围。五、提高了全民参与文化遗产保护的认识。文物普查是一项重要的全民工程，文物普查的过程，也是对广大民众宣传文物保护、普及文化遗产知识的过程。全民参与文物保护，参与文化遗产保护，是这次文物普查的又一重要收获，也为今后文物工作的顺利开展营造了一个良好的社会环境。

三　各级文物保护单位

全国重点文物保护单位名单（6 处）

临淄齐国故城　田齐王陵　桐林（田旺）遗址　后李遗址　西天寺造像　临淄墓群

士故居　齐都天主教堂

省级文物保护单位名单（9 处）

董褚遗址　大蓬科遗址　稷山墓群　高阳故城　徐王遗址　薛家遗址　金岭镇清真寺　淄源桥　公泉峪古建筑群

市级文物保护单位名单（30 处）

北海银行地下印刷所旧址　金陵寺石佛造像　北魏石佛造像　兴福寺石佛造像　安平故城　西周村窑址　小杜家遗址　石佛堂遗址　贾振琨墓　锡腊营遗址　邵家圈制陶作坊遗址　尧王遗址　齐都王氏庄园　临淄县衙大堂　崖傅遗址　北霸遗址　天齐渊　谭家庙遗址　许家遗址　褚家遗址　南马遗址　临淄七孔桥　双龙桥　北刘征村民居建筑群　临淄金山寺　业旺西村民居建筑群　左家庄石刻造像　淄河铁路桥　刘培桐烈

区级文物保护单位名单（47 处）

石庙孝陵遗址　荣家庄遗址　双庙遗址　岳家庄遗址　东周傅庄遗址　王家庄遗址　邵家圈遗址　宁王遗址　赵氏商行楼　蒙古族碑　坡子摩崖石刻　石鼓　马莲台碑　牛山碑　金岭桥　李世光墓　申桥　单家庄古槐　临淄城里古槐　三支队兵工厂旧址　临淄抗日民主政府成立旧址　临淄青年学生抗日志愿军训团旧址　十二中队成立纪念碑　矮槐树战斗遗址　岳家庄伏击战遗址　蔡王遗址　前李遗址　西路遗址　瑟雅遗址　梧台村遗址　刘家庄窑址　大夫店遗址　后佛寺遗址　王旺庄遗址　王营村窑址　天堂寨明清建筑群　窝托村丁氏楼　北田旺村官桥　边河村养心书斋　圣佛山古建筑群　西张村菩萨庙　义和村孙公墓道碑　邹阳故里碑　戒赌碑　临淄烈士陵园　太河水库三干渠　范家遗址

各级文保单位一览表

级别	序号	名称	类别	年代	地址	公布时间	批次
国家级	1	临淄齐国故城	古遗址	周	齐都镇	1961年3月4日	第一批
国家级	2	田齐王陵	古墓葬	战国	齐陵街道	1988年1月13日	第三批
国家级	3	桐林（田旺）遗址	古遗址	龙山文化	朱台镇 凤凰镇	2001年6月25日	第五批
国家级	4	后李遗址	古遗址	大汶口文化	齐陵街道	2006年5月25日	第六批
国家级	5	西天寺造像	石刻	北魏	临淄石刻艺术陈列馆	2006年5月25日	第六批
国家级	6	临淄墓群	古墓群	周、汉	临淄区	2013年5月	第七批
省级	1	董褚遗址	古遗址	龙山文化	稷下街道	1992年6月20日	第二批

省级	2	大蓬科遗址	古遗址	商	皇城镇	1992年6月20日	第二批
省级	3	稷山墓群	古墓葬	汉	齐陵街道	1992年6月20日	第二批
省级	4	高阳故城	古遗址	北魏	朱台镇	2013年10月10日	第四批
省级	5	尧王遗址	古遗址	商	稷下街道	2013年10月10日	第四批
省级	6	薛家遗址	古遗址	大汶口文化	齐陵街道	2013年10月10日	第四批
省级	7	金岭镇清真寺	古建筑	清	金岭回族镇	2013年10月10日	第四批
省级	8	公泉峪古建筑群	古建筑	明	金山镇	2013年10月10日	第四批
省级	9	澅源桥	古建筑	明	辛店街道	2013年10月10日	第四批
市级	1	北海银行地下印刷所旧址	近现代重要史迹及代表性建筑	抗日战争	皇城镇	1984年7月	第一批
市级	2	金陵寺石佛造像	石窟寺及石刻	北魏	临淄石刻馆	1984年7月	第一批
市级	3	北魏石佛造像	石窟寺及石刻	北魏	临淄石刻馆	1984年7月	第一批
市级	4	兴福寺石佛造像	石窟寺及石刻	明	临淄石刻艺术陈列馆	1984年7月	第一批
市级	5	安平故城	古遗址	春秋	皇城镇	1984年7月	第一批
市级	6	西周村窑址	古遗址	战国	敬仲镇	1997年6月19日	第二批
市级	7	小杜家遗址	古遗址	龙山文化	稷下街道	1997年6月19日	第二批
市级	8	石佛堂遗址	古遗址	北魏	齐都镇	1997年6月19日	第二批
市级	9	贾振琨墓	近现代重要史迹及代表性建筑	民国	齐都镇	1997年6月19日	第二批
市级	10	锡腊营遗址	古遗址	春秋	皇城镇	2006年6月5日	第三批
市级	11	邵家圈制陶作坊遗址	古遗址	春秋	齐都镇	2006年6月5日	第三批
市级	12	齐都王氏庄园	古建筑	明	齐都镇	2006年6月5日	第三批
市级	13	临淄县衙大堂	古建筑	明	齐都镇	2006年6月5日	第三批
市级	14	徐王遗址	古遗址	龙山文化	朱台镇	2010年7月16日	第四批

市级	15	崖傅遗址	古遗址	龙山文化	皇城镇	2010年7月16日	第四批
市级	16	北霸遗址	古遗址	周	敬仲镇	2010年7月16日	第四批
市级	17	天齐渊	古遗址	周	齐陵街道	2010年7月16日	第四批
市级	18	谭家庙遗址	古遗址	东周	齐都镇	2010年7月16日	第四批
市级	19	许家遗址	古遗址	春秋	皇城镇	2010年7月16日	第四批
市级	20	褚家遗址	古遗址	战国	敬仲镇	2010年7月16日	第四批
市级	21	南马遗址	古遗址	战国	齐都镇	2010年7月16日	第四批
市级	22	临淄七孔桥	古建筑	清	稷下街道	2010年7月16日	第四批
市级	23	双龙桥	古建筑	明	齐陵街道	2010年7月16日	第四批
市级	24	北刘征村民居建筑群	古建筑	清	金山镇	2010年7月16日	第四批
市级	25	临淄金山寺	古建筑	清	金山镇	2010年7月16日	第四批
市级	26	业旺西村民居建筑群	古建筑	清	金山镇	2010年7月16日	第四批
市级	27	左家庄石刻造像	石窟寺及石刻	元	金山镇	2010年7月16日	第四批
市级	28	淄河铁路桥	近现代重要史迹及代表性建筑	清	齐陵街道 稷下街道	2010年7月16日	第四批
市级	29	刘培桐烈士故居	近现代重要史迹及代表性建筑	民国	齐都镇	2010年7月16日	第四批
市级	30	齐都天主教堂	古建筑	民国	齐都镇	2010年7月16日	第四批
区级	1	石庙孝陵遗址	古遗址	龙山文化	齐陵街道	1988年3月30日	
区级	2	荣家庄遗址	古遗址	周	皇城镇	1988年3月30日	
区级	3	双庙遗址	古遗址	商	敬仲镇	1988年3月30日	
区级	4	岳家庄遗址	古遗址	春秋	敬仲镇	1988年3月30日	
区级	5	东周傅庄遗址	古遗址	周	敬仲镇	1988年3月30日	
区级	6	王家庄遗址	古遗址	龙山文化	稷下街道	1988年3月30日	

区级	7	邵家圈遗址	古遗址	周	齐都镇	1988年3月30日	
区级	8	宁王遗址	古遗址	周	朱台镇	1988年3月30日	
区级	9	赵氏商行楼	古建筑	清	金山镇	1988年3月30日	
区级	10	蒙古族碑	石窟寺及石刻	元	齐陵街道	1988年3月30日	
区级	11	坡子摩崖石刻	石窟寺及石刻	明	金山镇	1988年3月30日	
区级	12	石鼓	石窟寺及石刻	汉	闻韶街道	1988年3月30日	
区级	13	马莲台碑	石窟寺及石刻	清	齐陵街道	1988年3月30日	
区级	14	牛山碑	石窟寺及石刻	清	齐陵街道	1988年3月30日	
区级	15	金岭桥	古建筑	明	金岭回族镇	1988年3月30日	
区级	16	李世光墓	近现代重要史迹及代表性建筑	民国	齐陵街道	1988年3月30日	
区级	17	三支队兵工厂旧址	近现代重要史迹及代表性建筑	抗日战争	皇城镇	1988年3月30日	
区级	18	申桥	古建筑	元代	凤凰镇	1988年3月30日	
区级	19	单家庄古槐	其他	明代	雪宫街道	1988年3月30日	
区级	20	临淄城里古槐	其他	明代	齐都镇	1988年3月30日	
区级	21	临淄抗日民主政府成立旧址	近现代重要史迹及代表性建筑	民国	朱台镇	1999年1月11日	第二批
区级	22	临淄青年学生抗日志愿军训团旧址	近现代重要史迹及代表性建筑	民国	齐都镇	1999年1月11日	第二批
区级	23	十二中队成立纪念碑	近现代重要史迹及代表性建筑	民国	辛店街道	1999年1月11日	第二批
区级	24	矮槐树战斗遗址	近现代重要史迹及代表性建筑	民国	辛店街道	1999年1月11日	第二批
区级	25	岳家庄伏击战遗址	近现代重要史迹及代表性建筑	民国	敬仲镇	1999年1月11日	第二批
区级	26	蔡王遗址	古遗址	龙山文化	敬仲镇	2012年6月2日	第三批
区级	27	前李遗址	古遗址	龙山文化	齐陵街道	2012年6月2日	第三批
区级	28	西路遗址	古遗址	春秋	凤凰镇	2012年6月2日	第三批

区级	29	瑟雅遗址	古遗址	战国	金山镇	2012年6月2日	第三批
区级	30	梧台村遗址	古遗址	战国	凤凰镇	2012年6月2日	第三批
区级	31	边河村养心书斋	古建筑	清	金山镇	2012年6月2日	第三批
区级	32	圣佛山古建筑群	古建筑	清	金山镇	2012年6月2日	第三批
区级	33	刘家庄窑址	古遗址	战国	齐都镇	2012年6月2日	第三批
区级	34	大夫店遗址	古遗址	汉	朱台镇	2012年6月2日	第三批
区级	35	后佛寺遗址	古遗址	汉	齐陵街道	2012年6月2日	第三批
区级	36	王旺庄遗址	古遗址	南北朝	朱台镇	2012年6月2日	第三批
区级	37	王营村窑址	古遗址	清	朱台镇	2012年6月2日	第三批
区级	38	天堂寨明清建筑群	古建筑	明清	金山镇	2012年6月2日	第三批
区级	39	窝托村丁氏楼	古建筑	清	辛店街道	2012年6月2日	第三批
区级	40	北田旺村官桥	古建筑	清	凤凰镇	2012年6月2日	第三批
区级	41	义和村孙公墓道碑	石窟寺及石刻	清	朱台镇	2012年6月2日	第三批
区级	42	邹阳故里碑	石窟寺及石刻	清	辛店街道	2012年6月2日	第三批
区级	43	戒赌碑	石窟寺及石刻	清	凤凰镇	2012年6月2日	第三批
区级	44	临淄烈士陵园	近现代重要史迹及代表性建筑		辛店街道	2012年6月2日	第三批
区级	45	太河水库三干渠	近现代重要史迹及代表性建筑		金山镇	2012年6月2日	第三批
区级	46	西张村菩萨庙	古建筑	清	金山镇	2012年6月2日	第三批
区级	17	范家遗址	古遗址	商	稷下街道	2013年12月4日	第四批

注：临淄区第一批文物保护单位于1956年9月4日公布。1988年3月30日公布的35处区级文物保护单位无批次。

第二节　齐文化研究

齐文化是齐地先民在改造自然、改造社会的长期实践中所创造的物质文化和精神文化的总和，包括政治、经济、军事等各个方面。是在融入先齐东夷、姜炎、商、周等多个民族文化基础上发展起来的各种文化的多元复合体，具有开放、务实、兼容、变革等文化特征。

早在姜太公封齐建国之初，就采取"因俗简礼"的政策，更多地保留了东夷滨海文化的特点。另一方面，以太公为首的姜炎贵族，在转徙东进过程中，受到商文化的巨大影响，自身文化面貌发生变化，形成了独具特色的带有大量商文化因素的姜炎文化，成为齐文化形成的重要渊源之一。至于周文化，在周初"普天之下，莫非王土"的情势下，对齐文化的形成具有决定性的影响。春秋前期，齐桓公在管仲的辅佐下，对内实行改革，稳定局势，通货积财，富国强兵；对外"尊王攘夷"，九合诸侯，一匡天下，登上霸主尊位。在文化上促进了西周以来东夷文化与周文化在齐地的融合，使齐文化在长期的东西文化交流、融合中更具活力，并真正成熟起来。春秋末期，晏婴在为齐相的数十年中，坚持以礼治国，以更现实、更注重实际的态度倡导民本思想，提出一系列保民、爱民措施和主张。坚持义利并重的价值观念，使齐文化崇尚功利的特色在价值取向上愈益鲜明地呈现出来，促进了周文化在齐国的进一步渗透、融合，为齐文化的进一步发展奠定了基础。威宣之际，扩置稷下学官，各国学者纷至沓来，各学派之间展开各种形式的讲学、研讨、争鸣活动，使稷下成为当时的文化教育中心和学术争鸣之地，也使齐文化的发展达到鼎盛时期。

齐文化的发展历时800余年，虽然在各个不同的历史时期有着不同的文化特点，但仍有一些共同的特征，表现出迥异于其他地域文化的鲜明特点，可概括为三个方面：其一，经济上更注重物质生产，提倡农商并重。太公时期因地制宜，制定了"通商工之业，便鱼盐之利"，劝女工"极技巧，宜桑麻"等经济政策，使齐国的鱼盐、纺织、畜牧等得以迅速发展。桓公称霸，进一步发展这一政策。田氏代齐，继续坚持农商并重，致使威宣之时，临淄成为"车毂击，人肩摩，连衽成帷，举袂成幕，挥汗成雨，家敦而富"、人口数十万的商品经济发达的商业城市。其二，在政治上坚持尊贤尚功的灵活用人机制。太公立国时就鲜明提出"尊贤而尚功"，齐桓公不记管仲箭杀之仇，齐威王烹阿大夫而赏即墨大夫等，都表现出齐国在用人上举贤不避卑贱，尚功多由事绩，只要需要，均可重用，因此出现了一批为齐国建功立业的名将、重臣。其三，在学术上兼容并包，表现为多变性和融合性。太公实行修道术、尊贤智、尚有功策略，与老子的道家思想颇为接近；管仲提倡富国强兵，为后代法家之先祖；晏婴力倡节俭，任贤爱民，儒、墨思想兼而有之。战国时期，稷下学官汇集了道、法、儒、名、兵、阴阳等百家之学，各种思想纷纷亮相齐国舞台，全面呈现出齐文化兼容并包的特色。这种学术思想上的百家争鸣、兼容并包，是齐文化的一个显著特点，也是齐国社会稳定、经济繁荣的必然结果。

公元前221年，秦统一中国，齐国灭亡。统一后的齐文化在秦文化的建构过程中，获得了新的发展际遇。统一初期，齐文化以其阴阳五行、神仙方术、齐地儒学等鲜明的文化特点，为秦所重用。后期，秦、齐文化的冲突加剧，"焚书"由齐儒生之议引发，"坑儒"所杀多为齐方士，齐文化受到严重的打击和摧残。但由于秦祚甚短，齐文化以其巨大的生命力仍直接影响了汉初文化的建构，得以在汉初获得迅速的发展，并融入到中华民族文化中，成为中国传统文化的重要组成部分。

【齐文化研究社】

临淄区齐文化研究社成立于1988年5月26日。理事会设社长、副社长、秘书长、副秘书长。分别于1993年、1999年、2004年、2010年进行了换届选举。现为第五届，共有社员115人。

齐文化研究社是适应改革开放的新形势，

为了研究、发掘、利用齐文化为社会主义"三个文明"建设服务而组建的。它贯彻"百花齐放、百家争鸣"的方针，团结区内外广大热心齐文化研究的同志，研究齐文化，开发齐文化，古为今用，面向现实，理论联系实际，为文化强区建设做出了积极的贡献。

该社自成立以来，共组织召开各类国际、国内齐文化研讨会20余次，出版齐文化普及知识读本和论文专著30余部（本），其中《齐文化与现代文明》获山东省第七届精神文明精品工程奖，多部获市、区级精品工程奖。年年被评为淄博市社科联先进学会。现在，区齐文化研究社已发展成为一个在省内外有一定影响的民间群众性学术团体。

【齐文化研究中心】

临淄区齐文化研究中心成立于2003年3月22日，为正科级全额预算管理事业单位，隶属中共临淄区委宣传部。研究中心下设办公室、齐文化研究开发部、《齐文化》编辑部、齐文化资料室等四个科室。以"抢救史料、综合研究、普及知识、服务现实"为宗旨，主要负责齐文化和齐地文化的研究、开发、宣传，齐文化精髓与现代文明相结合的研究、宣传、普及以及齐文化研究成果的运用等工作。

研究中心齐文化资料室目前共收集有关历史文化书籍5000余册，征集古书籍200余册。

《齐文化》是研究中心创办的综合型双月刊。该刊物融知识性、趣味性及较高的学术品位于一体，系统地介绍齐文化的发展历程。刊物为16开本，每期约10万字，印刷3000册，发行至全国文化部门和省、市、区各级领导及有关部门。

第九章　历史文化名城保护

【概述】

临淄是华夏文明的发祥地之一，源远流长的齐文化是中华民族传统文化的重要组成部分，在中国文化发展史上占有重要位置。国务院分别于1961年和1994年1月公布齐国故城遗址、田齐王陵为全国重点文物保护单位。

1994年1月4日，临淄等37个城市被国务院批准为国家历史文化名城。

第一节　历史文化名城申报

临淄区委区政府十分重视文物资源的开发利用，不断加强对文物古迹的保护工作，早在第三批中国历史文化名城公布之前，即按照《中华人民共和国文物保护法》和建设部、国家计委《关于印发〈建设项目选址规划管理办法〉的通知》（建规【1991】538号）等文件精神及淄博市委市政府关于建设工业名城、商业名城和文化名城决策精神，在"保护、研究、开发、利用"八字方针指导下，研究制定了保护文物古迹、建设历史文化古城的措施，确立了"发展成为工商业繁荣、基础设施完善、旅游业发达的现代化文明城区"的总体建设目标。为了实现这一目标，1988年制定并开始实施《齐国故城遗址博物馆建设十年规划》，1992年6月完成《申报国家历史文化名城文本资料》并申报，1993年2月委托北京大学环境科学中心等五个科研单位制定《临淄区开发齐文化发展旅游业总体规划》，1994年1月4日被国务院批准为国家历史文化名城。

第二节　历史文化名城批文

国务院批转建设部、国家文物局
关于审批第三批国家历史文化名城和加强保护管理请示的通知（1994年1月4日）

国务院同意建设部、国家文物局《关于审批第三批国家历史文化名城和加强保护管理的请示》，现转发给你们，请研究执行。

在建设具有中国特色社会主义的宏伟事业中，既要重视物质文明建设，又要重视精神文明建设。我国的历史文化名城体现了中华民族的悠久历史、灿烂文化和光荣革命传统，保护历史文化名城是社会主义精神文明建设的重要内容。各地区、各部门要按照《中华人民共和国文物保护法》《中华人民共和国城市规划法》等有关法规和本通知的要求，切实处理好历史文化名城的开发建设与保护抢救工作的关系，把历史文化名城保护好、建设好、管理好。

建设部、国家文物局
关于审批第三批国家历史文化名城和加强保护管理的请示（1993年6月10日）

1982年和1986年，国务院先后批准了两批共62个城市为国家历史文化名城，这对促进文物古迹的保护抢救，制止"建设性破坏"，保护城市传统风貌等起了重要作用。

我国地域辽阔，历史悠久，除已批准的国家历史文化名城外，还有一些城市文物古迹十分丰富，具有重要历史文化价值及革命纪念意义。为进一步保护好这些城市的历史文化遗产，我们从1991年起即请各省、自治区、直辖市人民政府在认真调查研究的基础上，慎重提出第三批国家历史文化名城推荐名单。对各地区提出的推荐名单，经有关城市规划、建筑、文物、考古、地理等专家，按照《国务院批转建设部、文化部关于请公布第二批国家历史文化名城名单报告的通知》文件关于审定国家历史文化名城的原则，进行反复酝酿，讨论审议，提出37个城市，建议作为第三批国家历史文化名城（名单附后），报请国务院审核批准并予以发布。

为了加强历史文化名城的保护管理，要认真做好以下工作：

一．提高对保护历史文化名城重要性的认识。近年来，城市开发建设速度很快，一些历史文化名城，片面追求近期经济利益，在建设时违反城市规划和有关法规规定的倾向又有所抬头，必须引起各级政府和有关部门的高度重视，及时予以纠正和处理。历史文化名城体现了中华民族的悠久历史、灿烂文化及光荣革命传统，是我国宝贵的财富，也是建设社会主义现代化城市的优势。各级领导要充分认识当前做好保护历史文化名城工作的重要性和紧迫性，从国家和民族的长远利益以及城市发展的全局出发，肩负起历史赋予的责任。

二、认真贯彻"保护为主、抢救第一"的方针，切实做好历史文化名城的保护、建设工作。要加强文物古迹的管理，搞好修缮。文物古迹尚未定级的要抓紧定级，并明确划定保护范围和建设控制地带。在涉及文物古迹的地方进行建设和改造，要处理好与保护抢救的关系，建设项目要经过充分论证，并严格按照《中华人民共和国文物保护法》和建设部、国家计委《关于印发〈建设项目选址规划管理办法〉的通知》等规定履行审批手续。今后审定国家历史文化名城，要按照条件从严审批，严格控制新增的数量。对于不按规划和法规进行保护、失去历史文化名城条件的城市，应撤销其国家历史文化名城的名称；对于确实符合条件的城市，也可增定为国家历史文化名城。

近期内，各历史文化名城要对保护工作进行一次自查，重点检查文物古迹的保护、抢救情况，以及各项建设与改造是否符合保护规划要求等，并将检查结果报建设部、国家文物局。

三、抓紧制订历史文化名城的保护管理办法，使保护工作走上规范化、法制化的轨道。要抓紧组织编制、修订和审批历史文化名城保护规划。第一二批国家历史文化名城保护规划尚未报批的，应尽快报送审批。第二批国家历史文化名城保护规划，要在1994年底前编制完成，并按规定上报审批。历史文化名城的重点区域还要做出控制性详细规划。各项开发建设必须符合保护规划的要求，规划确定的有关控制指标，必须严格执行。城市规划和文物保护主管部门有责任检查督促保护规划的实施。有些文物古迹集中，并有反映某历史时期传统风貌和体现民族地方特色的街区、建筑群等的地方，虽未定为国家历史文化名城，但这些地方的文物、街区、建筑群等也是重要的历史文化遗产，同样具有珍贵的保护价值，各地要注意重点保护好它们的传统建筑风格和环境风貌。

保护历史文化名城需要一定的资金，各有关地方人民政府和城市规划、文物保护等有关部门应给予积极支持。各地要根据实际情况，制定有关政策，动员社会力量，促进历史文化名城的保护工作。

附件　第三批国家历史文化名城名单（37个）

正定　邯郸　新绛　代县　祁县　哈尔滨

吉林　集安　衢州　临海　长江　赣州　青岛

聊城　邹城　临淄　郑州　浚县　随州　钟祥

岳阳　肇庆　佛山　梅州　海康　柳州　琼山

乐山　都江堰　泸州　建水　巍山　江孜　咸阳

汉中　天水　同仁

第三节　历史文化名城保护规划

为了加强对国家历史文化名城的保护，1998年6月，临淄区文化旅游局编制了《临淄齐国故城大遗址保护方案》。2001年3月，编制了《临淄齐国故城遗址保护规划》。2013年6月，《临淄齐国故城保护总体规划》通过国家文物局审核。由于临淄区尚未有历史文化名城保护规划，现摘要淄博市历史文化名城保护规划中有关临淄的部分。

淄博市总体规划（摘要）

第十七章　历史文化名城保护

第一节　历史文化价值

第191条　1994年淄博市临淄区被批准为国家历史文化名城。

第二节　保护规划原则

第193条　保护规划原则：

1．尊重历史，全面、整体地保护名城、文物古迹和人文环境。

2．结合组合式城市的特点，正确处理保护与建设、保护与利用、旅游与开发、继承与创新、远期与近期、整体与局部的关系。

3．努力为文物古迹的保护、旅游资源的开发创造条件，从而提高淄博市的知名度，推进淄博市的对外交流与自身经济、文化的发展。

4．保护和发展民俗文化，将历史传统与时代精神融为一体，突出完善城市的特色和风貌。

第194条　文物古迹保护规划原则：文物古迹保护范围划分为绝对保护区、建设控制区和环境协调区三级。

1．绝对保护区：该区是各级文物保护单位的直接用地地段或所在地人民政府根据有关规定划定的保护范围。在此范围内，严格按《文物保护法》和名城保护规划的要求，禁止新建任何与保护文物古迹无关的项目，不得改变和破坏历史上形成的格局和面貌。

2．建设控制区：该区在绝对保护区的外围地带。为文物古迹创造良好的展示环境，遵循城市美学的原则，除在展露文物古迹的最佳方位留出适当的空间和场地外，可以兴建形体、色彩与文物古迹相协调的新建筑，但必须保留有足够的防火间距，并禁止一切可能危害文物古迹安全的活动。

3．环境协调区：该区在建设控制区的外围。它是在较大的地域范围内烘托文物古迹而划定的，应作为文物古迹与外围城市环境相协调的过渡地带。

第195条　自然风景名胜区保护范围分为三级。其具体规定为：

1．绝对保护区：该区是指无需再经建设或稍事修葺，就可直接观赏游览地形、景观性强的地区。在该范围内，不得破坏原有地形地貌，对植被的保护尤为重要，对游人的活动也要加以规范。该区内任何建设都要从维护景观的完美和生态的平衡来考虑。该区内的文物古迹不另划绝对保护范围。

2．建设控制区：该区为在绝对保护区的外

围可以进行建设地带。但有碍观瞻和游览的建设必须禁止。

3．环境协调区：该区是指主要游览路线的主要游览点上目所能及的在建设控制区外的地域，在该区范围内应能保持自然景观构图的和谐与完美。

第三节　保护规划

第196条　保护规划重点是：一城、两带、四区。

第197条　"一城"是指国家历史文化名城临淄。

1．古城保护：齐国故城内已探明的48处重点文物的保护范围为绝对保护区，区内不得修建任何建筑物，原有建筑物应限期改造、拆除或迁移，农业生产的耕作深度不得超过40厘米；自城墙墙基外120米范围内的整个故城及其附近部分用地划为建设控制区，远景考虑建设为遗址公园，区内村庄严格控制其向外扩展，远期考虑搬迁，内部相关建设须经有关部门勘测并批准后方可进行；齐国故城南部与城区之间结合临淄古墓群的三级保护划定为环境协调区。

2．古墓群保护：田齐王陵中"二王冢""四王冢"及三个封土的侍妾冢延边界10米内为绝对保护区，"二王冢"周围500米、"四王冢"周围1500米范围内为建设控制区；稷山墓群各墓葬从边界线起10米内为绝对保护区，从绝对保护区界限起200米内为建设控制区，井山、稷山两座山的边界划定为环境协调区；临淄墓群古墓区中的各古墓自边界起10米内为绝对保护区。在其外围结合实际情况以绿地为主划定建设控制区。城区外的古墓应参照《淄博市文物管理办法》，并依据实际情况予以具体保护。

3．古文化遗址保护：临淄古文化遗址主要有桐林田旺遗址、董褚遗址、大蓬科遗址、后李遗址等162处。自各遗址边界起10米范围内为绝对保护区，在绝对保护区界限外按级别确定100米～200米内为建设控制区。

4．其他文物古迹保护：依据有关规定，按照级别划定保护范围，原则上实行三级保护。

5．城区传统风貌保护：城区总体布局及景观风貌设计应将临淄悠久的历史文化传统与时代建设的需要相结合，创造出具有其特有文化内涵与历史传统风貌的城市功能和环境。

第198条　"两带"是指集自然景观特色与丰富的历史文化内涵于一体的孝妇河风光带和淄河风光带。

沿孝妇河与淄河两岸设置10～50米宽的绿化带，并以绿带与水体为纽带将沿线各文物古迹及景区贯穿起来；流经郊区河段采用宽阔的自然绿化及农田绿化，并辅之以部分人工绿化作为绿化手段，形成一种自然的山水、田园景观；流经城区河段根据具体地段具体情况，采用绿化林荫道、绿化带、公园、公共游园等多种形式，严格控制沿河建筑的高度、色彩、体量等，丰富城市的轮廓线，满足城市居民的需求，完善河流景观。

第210条　公共设施

4．临淄城区：依托现有牛山路、闻韶路、桓公路的商业设施，强化其中心功能，并沿道路和四边延伸，完善齐鲁化工城、齐国商城，部分建成309国道北侧迎宾路以东的化工产品批发市场；建设新的行政中心，形成晏婴路集中的区属行政办公地带，改造闻韶路西侧体育场地用地，部分建成309国道北、雪宫路西侧的体育中心。

附　录

一　临淄区（县）重要文物政令

临淄县人民委员会
关于在农业生产建设中保护文物的通知

县直各单位，各区公所，各乡人民委员会：

我县在合作化与农业生产的高潮中，打井、开渠、筑路、平整土地等各项农业建设，正在迅速而广泛地进行。由于我县系齐国故城，历史悠久，被保存在地上地下的古代文化遗址、古墓葬、古建筑、碑碣等遍布全县，其中有许多是非常珍贵的，是对我国历史和文化进行科学研究最宝贵的资料，也是向广大人民进行爱国主义教育最有力的实物例证。但是目前有的农业社在生产过程中，已经发生了破坏文物的严重情况，区、乡领导尚未引起应有的重视。根据国务院与省人民委员会关于在农业生产建设中保护文物的指示精神，结合我县情况必须采取紧急措施，大力宣传在农业生产建设中开展群众性的文物保护工作。特作如下通知，希即认真贯彻执行。

（一）各区、乡、农业生产合作社，必须根据需要迅速将保护文物工作纳入农业建设的全面规划中去。各地农业生产合作社，对本社范围内文物保护单位，负有保护责任，根据情况应建立文物保护小组，经常检查保护情况。由于农业生产建设范围空前广阔，农村的文物保护工作必须发挥广大群众所固有的爱护乡土革命遗址和历史文物的积极性。加强领导和宣传，使保护文物成为广泛的群众性工作。只有这样做才能适应今天的新情况，才能真正达到保护文物的目的。区、乡、社应通过各种会议向干部、小学教师、广大群众进行经常与广泛的保护文物的宣传，使保护文物成为群众性的工作，以求得从根本上防止破坏事件的发生。

（二）各区、乡接此通知后，在半月以内将各地区之古代文化遗址、古墓葬、碑碣等进行调查登记，一面指定有关单位负责保护，一面报县。报县的文物须写明其名称、年代、性质、位置（何区、何乡、何村）及现状和保护方法。在调查中可指定专人负责，并运用社会力量协助办理。

（三）各地、各部门如必须在文物所在地区内进行基本建设，或一般性的文物妨碍当地进行生产建设，需要进行清理、发掘、拆除迁移等工作时，应在确定施工路线及施工地区之前，将有关情况报县以便转报省文化局批准后，方可动工。对于具有重大价值的文物，由省文化局转请中央文化部处理。

（四）在打井、开渠等工程中，发现古墓、文化遗址等文物，应暂时停工，如文物在土内的位置尚未移动或仅露出一部分，不要将文物取出，一面依照原样进行保护，一面将有关情况逐级上报。在未接到上级提出的处理意见之前，不得挖掘与破坏。如为一般性文物即可由县组织力量进行清理，如系重要文物，报告省文化局处理。

（五）各地对群众送县集中保存的文物，应在文物上附一标签，记明出土地点、时间和伴随文物出土时有关情况，作为研究参考之用。

（六）县、区人民银行，供销合作社，在兑换金、银和收买旧货中，如发现古代文物器具，应立即保护并与文化部门联系处理，切勿损失。

（七）地下蕴藏的文物，都是国家的文化遗产，任何个人或单位不得据为己有，为全民所共有。在农业生产建设中，如果有所发现应该立即报告县文化部门，并且把出土文物移交文化部门保管。各级国家机关工作人员，各级农业社组织和农民由于及时报告情况或其他努力，因而使重要的文化遗迹和文物得以保存者，应由文化部门予以表扬或奖励；对于文化遗迹和文物采取粗暴态度，以致造成不可弥补的损失者，应该由文化部门提请监察部门予以适当处分，情节重大者依法移交人民法院判处。目前各地应检查一切古墓葬、古文化遗址，如有破坏者必须立即命令停止，然后对已经破坏的有价值的古墓葬、古文化遗址，要迅速查清情况追究责任，提出处理意见上报，以便及时研究处理。

1956年7月2日

临淄县人民委员会
关于公布第一批文物保护单位的通知

县直各单位，各区公所、乡人民委员会：

兹依照省人民委员会公布我县第一批文物保护单位特予公布。各区、乡应立即将公布列出的文物单位所在地，树立标志加强保护，不得损坏、挖掘。如其中文物对生产建设没有妨碍应坚决保护，如确实有碍生产建设者应该尽可能纳入农村绿化或其他建设的规划，加以保存和利用，其必须移动或处理的须报县转省文化局决定，不得自行处理。另外对我县已进行普查登记之文物亦应各地自行作出标志加以保护。关于本县所登记之文物单位待报省批示后再作正式公布。

今后各地要普遍地开展保护文物的宣传教育工作，提高群众爱护祖国文化历史遗产的热情，发挥群众保护文物的积极性，在群众自觉自愿的原则下，可组织保护文物小组，以进行经常的保护工作，务使所有有价值的历史和革命文物受到妥善保护。

1956年9月4日

附：文物保护单位目录

临淄县文物保护单位目录（第一批）

序次	名称	所在地	时代	备考
1	临淄故城	北里许	周汉	遗址尚存，今县城所在地，即齐城南一部分
2	画邑	西北20里西安城东	周	
3	营丘	南北2里	周	
4	葵丘	西	周	
5	袁娄	西	周	古地名
6	稷下	北古齐城西	周	

7	东安平古城	东10里	汉	又名石槽城，城址犹存
8	西安古城	西北40里	汉	
9	高阳故城	西北30里，水之阳	刘宋	遗址尚存
10	渑水故城	西北30里	隋	
11	古墓群	南门外大道偏东		一基三冢，传为周代齐三士，与《梁父吟》及《水经注》所核方位不合
12	古墓	东3里郎家庄东		传为周齐杞梁墓
13	古墓	东9里刘下营庄西		传为周齐黔敖墓
14	古墓	西20里愚公山右		传为周齐王蠋墓
15	古墓	西愚公谷东		传为周愚公墓
16	古墓	安平城中石槽盛西里许		传为周齐田单墓，清光绪末，曾发现铜器
17	古墓	城南丁家冢		或以为周齐丁公冢
18	古墓	西六社七区		俗呼为灵王冢
19	古墓	路山区小张王村		传为周公冶长墓，曾被破坏，发现方格花纹砖，已制止
20	古墓	南三社		传为赵李牧墓
21	古墓	东门外		传为秦王翦墓
22	古墓	五路口庄东里许		传为汉蒯彻墓
23	古墓	牛山西终村		传为汉终军墓
24	古墓	高阳城畔		传为晋刘伶墓，又以为周杜康墓
25	古墓	南马坊村南		有石羊华表之属，传为唐房玄龄墓
26	古墓	西偏南		曾因用砖被破坏，已制止堵好
27	古墓	东门外		传为狼（疑作郎）御史墓，有石人石马曾被破坏，未见有砖
28	齐桓公墓	东南15里鼎足山	周	

29	齐五公墓	东南10里	周	葬孝、昭、惠、顷、灵五公
30	齐庄公墓	临淄故城西北4里	周	
31	齐四王墓	城南10里牛山	周	葬威、宣、湣、襄四王，亦曰四豪冢
32	高敬仲墓	东北20里白兔丘庄	周	
33	管仲墓	东南23里牛山北	周	
34	隰朋墓	东北7里	周	
35	晏婴墓	古齐城北3里	周	
36	麻希孟墓	麻王庄附近	宋	
37	石羊	西关石羊口		汉以下古文物
38	经幢	西关西天寺		六朝八面经幢
39	石龛	城东南梁王终村稷山上	六朝	刻有画像并有孔大夫三字，据传齐宣王于此立孔子庙
40	大石佛	城南三合终村东山坡	北魏	立佛一躯，下有石座通刻供养人姓名，旁有题记
41	石佛	西关西天寺	北魏	同上

临淄县人民委员会布告
（63）临办字第102号

我县丰富的革命文物和历史文物，是国家的宝贵财产。切实保护好这些文物，对于促进我国科学研究和社会主义文化建设，以及向广大人民进行革命传统教育与爱国主义教育，起着重要作用。为加强文物保护管理，特布告如下：

一、一切在地下遗存的文物都属国家所有。凡是具有历史、艺术、科学价值的文物，都由国家保护。

二、严禁在革命遗址、古遗址、古墓葬上用土、挖沟、打井、刨石、烧窑、开荒种地；严禁任意拆除现有烈士祠堂、石刻、石坊、石塔、古建筑等。如果因建设工程的特殊需要，对文物进行发掘，平毁或迁移时，必须报县人民委员会批准。建设现场发现的文物，一律交文化主管部门处理，任何单位和个人不得占有。

三、一切文物，都由所在地人民公社、生产队、机关、学校、团体负责保护和管理。大力提倡在遗址、墓葬上植树造林。林业收入归绿化单位集体所有。

四、保护文物，人人有责。对保护文物有功或者捐献重要文物的单位或人员，给予表扬或奖励。对破坏、损毁和盗窃文物者，应按情节轻重，给予适当的处分。

此布

县长　谭少贤
1963年7月7日

淄博市临淄区文化局、淄博市公安局临淄分局
关于文物古迹保护管理的通告

我区是齐国故都所在地，是全国和省级重点文物保护单位，历史悠久而富有文化遗产，保存在地上地下的文物古迹极为丰富，遍于全区。为了加强对这些文物古迹的保护管理，杜绝破坏文物古迹事件的发生，现根据国务院有关文物保护管理的政策法令和中华人民共和国刑法等有关规定作如下通告：

一、各级领导、各公社、派出所、文化站，特别是负有文物保护管理任务的社队领导，一定要把文物的保护管理作为日常重要工作去抓，加强对这项工作的领导，不断向群众宣传党和国家的政策法令，提高群众的法制观念，使保护好文物古迹的工作成为每个公民的自觉行动和群众的光荣职责。

二、严禁任何单位和个人在重点文物保护区内和古墓上施工有碍文物保护和古迹风貌的任何形式的建筑物。严禁在古冢周围翻地、打井和用土。未经文物部门同意，任何生产队不得擅自在文物保护区内开辟土场。如有违反规定者，要没收工具，按土方罚款并责令立即修整复原，追究领导责任。对于唆使、怂恿、支持用土者要从严处理。对古墓葬上已有的建筑物，限期无条件搬迁拆除，逾期不迁者按延长的天数罚款。对不听劝阻、谩骂殴打管理人员者，要按情节轻重依法处理。对故意破坏国家保护的珍贵文物名胜古迹者要依法惩处。

三、一切地下文物都属国家所有。任何单位和个人不得擅自挖掘和据为己有。严禁买卖或变相盗卖出土文物。对于违反保护文物法规盗卖珍贵文物者，要依法追究法律责任。

四、凡是国家明文公布的各级重点文物保护单位和其他具有历史、艺术和科学价值的文物以及为保护文物、美化环境而设置的各种标志、碑碣、栽培的树木花草和有关建筑，一律不得拆毁、攀折或改作他用。如有损坏者，视情节给以赔偿、罚款或其他处罚。

五、工农业、水利、交通、国防、城市建设等部门，在进行大规模施工时，应事先会同文物部门共同协商工程范围内的文物保护、勘探、发掘等措施，并按规定纳入工程预算计划。在双方未取得一致意见之前，建设部门不得强行动工。在一般建设工程或农业生产中，如发现古墓葬、遗址、化石及铜、陶、玉、瓷器等文物时，应立即报告文物主管部门。如遇有重要发现，应立即停工向文化行政部门报告，待文物部门处理后方可继续施工。

六、各供销社采购站、代购点要在废品回收时认真注意文物的拣选。对拣出的文物，应立即联系由文物部门鉴定后付收购价格提取。如遇持有重要或数量相当多的文物销售主，一定要问明来由及姓名住址后方可收购，并及时报告文物主管部门共同协商妥善处理。

七、对一切流散文物，如金银器皿、珠宝、玉、翠、瓷器、古砚、书画等日用装饰艺术品，任何个人和单位一律不准收购和兑换，统由区文物部门或市文物商店议价收购。要坚决打击和取缔文物走私、投机倒把和黑市交易，并严禁外地文物部门或其他单位来我区收购文物商品。

八、一切出土文物在尚未发表资料和正式鉴定之前，任何其他部门和个人，未经文物部门允许，一律不准随意拍照、复制拓片，更不允许撰文发表，违者给以经济处罚。

本通告自公布之日起执行。

1981年4月15日

淄博市公安局临淄分局、淄博市临淄区文化局
关于进一步加强保护文物古迹的通告

近几年来，在党和政府的领导下，我区各社队、各有关单位为保护齐国故城等重要文物古迹做了大量工作，取得了显著成绩。这是我区文物工作的主流。但是，按照国家颁布的"文物保护法"来检查，目前仍然存在一些破坏文物古迹的现象，如：有的在古城墙和古墓上开荒种地；有的为扩大责任田劈削墙基、墓基；有的在齐故城重点保护范围内深挖取土；有的在古迹围墙、建筑物和碑志上乱刻乱画或砸毁文物标志。这些破坏行为，与当前迅速发展的旅游事业极不适应，有损于社会主义祖国的崇高声誉，是国家文物保护法所不能容许的。因此，我们重申1981年6月联合通告的所有条款并根据国家文物保护法的基本精神和当前我区的实际情况再作如下通告：

一、不准在现存齐故城城墙和古墓上开荒种地。其周围种植，限定在城墙和古墓基二米以外；有围墙的古墓，限定在墙基一米以外。

二、不准在古墓、城墙上挖穴穿洞。在重点保护范围和城墙、古墓二十米以内，种地深挖不得超过四十公分，更不准取土、打井、打墼。

三、古墓和城墙等处所植的花木，严禁攀折、砍伐和放牧。所在种地农户要更加强保护，不得损伤。

四、不准在古墓、城墙一百米以内建窑、建房，已有的砖窑、石灰窑必须在指定的时间内无条件搬迁。

五、严禁玷污文物古迹。不准在古迹保护建筑物、石碑、石佛和保护标志上涂抹刻画。

六、不准在名胜山泉开山凿石。

以上通告，自公布之日起实行，对违犯者视情节给以经济处罚或依法惩处。

1983年9月

临淄区人大常委会
关于加强文物保护工作的决议
（1986年5月20日区第十届人大常委会第十四次会议通过）

临淄区第十届人大常委会第十四次会议，听取、审议了区文化局关于贯彻执行《中华人民共和国文物保护法》和文物保护工作情况的汇报。会议认为，区政府和文化行政管理部门，认真贯彻执行文物保护法，在文物古迹的保护管理方面做了大量工作，取得了很大的成绩。但在文物保护管理方面也还存在一些亟待解决的问题。某些单位和个人法制观念淡薄，无视文物保护法，破坏文物古迹，倒卖国家文物的现象时有发生。为了严肃认真地贯彻执行《中华人民共和国文物保护法》，进一步加强我区文物古迹的保护工作，经临淄区第十届人大常委会第十四次会议研究，特做如下决议：

一、充分认识加强文物保护工作的重大意义。临淄是齐国故都，历史悠久，文物众多，素有"宏大的地下博物馆"之称，是全国文物密集地区之一，也是全国重点文物保护单位。临淄地区丰实而宝贵的文物，不但有很高的观赏价值，而且具有极其重要的研究价值。认真保护管理好这些文物，对于研究临淄地区的古代历史和近代革命历史，向广大人民群众进行爱国主义、历史唯物主义和革命传统教育，对于开发旅游资源，促进国际友好往来，对于促进我区的社会主义物质文明和精神文明建设，都具有十分重要的意义。全区广大干部和群众必须进一步提高对文物保护工作重要性的认识，不断增强保护国家文物

的自觉性和责任感，为我区的文物保护工作做出贡献。

二、广泛深入地宣传贯彻执行《中华人民共和国文物保护法》。国家颁布的文物保护法，是文物保护工作的准则与指南。认真贯彻执行文物保护法，是做好文物保护工作的保证。各级人民政府、文化行政管理部门、机关、团体、学校、厂矿企事业单位和乡村，要把宣传文物保护法纳入普法教育的议事日程，利用报告会、广播、黑板报、墙报等多种形式认真进行宣传，使文物保护法的基本精神达到家喻户晓，老幼皆知。在全区形成学法、知法、懂法、守法的良好社会风尚，使文物保护法等国家法律在本地区、本单位得到遵守和执行。

三、落实文物保护措施。一切机关、组织和个人都有保护国家文物的义务。文化行政管理部门要制定文物保护工作的规划，文物古迹所在地单位或个人要制定出具体保护措施，层层落实文物保护责任制。任何机关、组织和个人不得破坏文物古迹的环境风貌和保护标志。

严禁在文物保护区内搞非法建筑物，经国家批准的建设项目，涉及文物保护单位的，应事先会同文化行政管理部门确定保护措施或进行勘探和考古发掘，并列入规划，列入设计任务书，由区文化行政管理部门出具准予施工证明书后，城乡建委方能办理批准手续，建设银行方能拨款。

各乡、镇供销社采购站，不要收购出土文物。对掺杂在废品中的文物要认真进行拣选，由文物部门进行鉴定后，按国家规定付费提取。所有文物统一由文物部门征集或收购，任何组织和个人都不准私自倒卖、盗卖、走私国家文物。

公安、司法、工商和文化行政管理部门要密切配合，确保文物保护法的实施。对肆意破坏文物古迹、倒卖和走私国家文物的犯罪分子要坚决打击；对乱挖古墓、古迹者，视情节轻重，依法惩处。对保护文物有功者，要给予表彰和奖励。

四、进一步提高文物管理人员的政治素质和业务素质。文物保护管理是一门科学。目前，我区专业人才少，很不适应文物保护工作的需要，文化行政管理部门要采取措施，进一步提高现有文物管理人员的政治和业务素质，人事、劳动部门也要注意配合文化行政管理部门选拔一定数量的热心文物事业的、具有一定文物管理业务知识的中青年干部和职工，充实文物管理工作队伍，以适应文物事业发展的需要。

五、进一步加强对文物保护工作的领导，建立健全文物管理机构。我区文物保护工作面广量大，文物保护设施发展缓慢。区、乡（镇）人民政府都要调整充实或设立文物管理委员会，切实加强对文物保护工作的领导，及时解决文物保护工作中的困难和问题，逐步改善文物管理工作的条件，使临淄成为宣传、研究齐国文化的中心。

临淄区文化局
关于密切注意防止破坏文物古迹，加强文物市场管理的通知

各乡镇文化站、文物保护小组：

最近以来，各地挖墓盗宝文物走私案件时有发生，给文物的保护管理造成严重损失。特别我区是齐国故城所在地，地上地下文物丰富，价值地位高，国际国内影响极大。为加强文物管理，防止破坏文物古迹和文物走私事件的发生，特作通知如下：

一、继续深入地宣传、贯彻《中华人民共和国文物保护法》，加强文物古迹和文物市场的管理。各乡、镇文化站，要在文物普查的基础上建立健全文物保护组织。落实任务，明确责任，确保文物安全。

二、密切注意文物古迹的安全，凡到文物古迹和重点保护区内游览者，要查问其意图和身份。发

现问题及时报当地政府和文化主管部门。凡进行勘探发掘，必须持有文化主管部门的介绍证明，否则要立即制止，并上报主管部门进行处理。

　　三、如发现挖墓盗宝，哄抢地下文物，非法收购文物等事件，要尽快报告当地政府及公安、工商行政管理部门，并采取有力措施，严肃处理。同时要及时报上级主管部门。

1987年4月14日

区级重点文物保护单位（35处）

（1988年3月30日临政发24号文件公布）

序号	名称	时代	地址	备注
1	石庙孝陵遗址	新石器时代	齐陵镇石庙孝陵村	其范围100米×100米
2	后李官庄遗址	新石器时代	齐陵镇后李官庄	南北100米×东西100米
3	薛家庄遗址	新石器时代	齐陵镇薛家庄	东西250米×南北150米
4	锡腊营遗址	周代	皇城乡锡腊营	东西200米×南北200米
5	大蓬科遗址	周代	皇城乡大蓬科村南	南北600米×东西300米
6	荣家庄遗址	周代	皇城乡荣家庄	南北200米×东西400米
7	许家庄遗址	周代	北羊乡许家庄	东西400米×南北100米
8	双庙遗址	商代	敬仲镇双庙村	东西300米×南北200米
9	岳家庄遗址	周代	敬仲镇岳家庄	东西200米×南北300米
10	东周傅庄遗址	周代	敬仲镇东周傅庄	东西50米×南北250米
11	西周傅庄遗址	周代	敬仲镇西周傅庄	东西200米×南北500米
12	北伯遗址	周代	敬仲镇北伯王村	东西300米×南北100米
13	王家庄遗址	新石器时代	孙娄乡王家庄	东西100米×南北100米
14	小杜家庄遗址	新石器时代	孙娄乡小杜家庄	东西800米×南北150米
15	谭家庙遗址	周代至汉	齐都镇谭家庙	东西200米×南北500米
16	邵家圈遗址	周代	齐都镇邵家圈	东西450米×南北300米
17	尧王庄遗址	商代	永流乡尧王庄	东西100米×南北80米

18	宁王遗址	商代	高阳乡宁王村	东西250米×南北210米
19	三支队兵工厂旧址	抗日战争	北羊乡郑家辛	
20	白龙庙、亚圣庙	明至清	南仇镇	
21	赵氏商行楼	清代	南仇镇南仇村	
22	王氏楼	清代	齐都镇红卫中学	
23	石佛堂石佛	北魏	齐都镇石佛堂	佛像两尊
24	蒙古族碑	元代	齐陵镇刘家营	
25	坡子摩崖石刻	明代	边河乡坡子村	
26	石鼓	汉代	永流乡石鼓村	刻有汉画及佛像
27	马莲台碑	清代	齐陵镇	
28	牛山碑	清代	齐陵镇牛山	
29	金岭桥	明代	金岭回族镇	
30	矮槐树桥	明代	大武乡矮槐树村	又称淄源桥
31	申桥	元代	路山乡西申桥村	
32	贾振琨墓	民国	齐都镇南马坊村	墓土已平，需修复
33	李世光墓	抗日战争	齐陵镇朱家终村	
34	单家庄古槐	明代	辛店镇单家庄	
35	临淄城里古槐	明代	齐都镇临淄城里	

临淄区人民政府
关于基本建设项目施工前进行文物勘探发掘的有关规定

第一条　临淄是齐国故都所在地，是文物古迹集中地区，为保护历史文化遗产，妥善处理文物保护与基本建设和生产建设的矛盾，根据《中华人民共和国文物保护法》及其他有关规定，结合我区的实际情况，制定本规定。

第二条　区文物旅游局是本区文物行政主管部门。

第三条　保护国家文物古迹是公民应尽的

义务。全区一切机关、团体和个人都要认真贯彻执行《中华人民共和国文物保护法》及其有关文物保护法规，严格遵守本规定。

第四条　在我区范围内进行基本建设时，建设单位在选址和定点的同时，必须到区文物行政主管部门申请办理文物调查和勘探、发掘手续。经勘探发掘之后，方可到有关部门办理征地和施工许可手续。

区城乡建委在下达的"选址征询意见表"中增加文物主管部门意见栏。

第五条　在下列基本建设项目施工前，建设单位也要按照第四条的规定到区文物局办理调查和勘探发掘手续。

（一）铁路、城乡道路、管道铺设、新建水池等建设项目需占用土地时；

（二）原有临时房拆迁、重建，面积超过50平方米的永久性建设项目；

（三）其他可能大量破坏文化层的基本建设项目。

第六条　凡在全国、省、市、区四级文物保护单位保护范围和建设控制地带内，村办企业、村庄的村民个人的建设用地，须事先到区文物主管部门申请办理文物勘探手续后，方可办理用地和施工手续。

第七条　加强对古文化遗址和古墓葬的保护。新建砖瓦厂必须到文物主管部门办理勘探发掘手续，其起土范围须经文物部门勘探并确认非古文化遗址和古墓葬区后方可办理使用手续。

原有的砖瓦厂，坐落在重要遗址保护范围内或建设控制地带的，由区文物行政主管部门责令其限期搬迁。其他原有砖瓦厂在土方开拓以前，必须到区文物主管部门办理文物勘探或发掘手续，并不得超越划定的用地范围。

第八条　区文物行政主管部门接到办理文物勘探发掘申请后，要及时办理报批手续，并组织进行文物调查和勘探发掘，并在一周内作出明确答复。

第九条　凡在基本建设和生产建设中不履行以上手续的单位，土地管理部门、城乡建委均不得办理其他任何手续。对强行施工的单位，文物主管部门和有关部门应责令其停工，并视情节给予经济处罚，待补办手续后，方可继续施工。

第十条　违法强行修建的建筑物和构筑物必须无条件拆除，其经济损失由建设单位自负。对于因施工破坏文物的环境风貌和影响、危害文物安全的，按有关法律规定处罚。

第十一条　本规定由区文物旅游局负责解释。

第十二条　本规定自公布之日起执行。

1993年5月4日

临淄区人民政府办公室
关于在我区范围内古墓、古遗址周围埋设界桩、标志的通知

各乡镇人民政府，区政府有关部门、各有关单位：

我区是齐国故城所在地，灿烂的齐文化为我区留下了宝贵的财富，地上地下文物众多，素有"地下博物馆"之美称，是国家重点文物保护单位，180余座（处）古墓、古遗址分散在全区18处乡镇，文物保护管理工作面广量大。为了进一步落实好《文物保护法》和《中华人民共和国文物保护法实施细则》，加强对文物的保护管理，确保文物的安全，经研究决定在所有古墓、古遗址周围2米处埋设界桩和标志。希接此通知后，各有关部门和单位要协助文物保护单位做好此项工作，不准以任何借口设置障碍，阻挠埋桩。

1993年7月5日

临淄区人民政府
关于限期迁移古墓葬、古台址上新建坟墓的通告

临淄古墓群、古台址是省级重点保护文物，其历史悠久，内涵丰富，有较高的考古研究、旅游价值。在各级党委、政府的领导下，我区对临淄古墓群、古台址的保护工作取得了显著的成绩。但是，近年来，个别村民在古墓群、古台址上新建坟墓、烧香、烧纸，严重破坏了文物古迹的本来面貌和自然环境。根据《中华人民共和国文物保护法》《山东省文物保护条例》《淄博市文物保护管理办法》有关规定特作如下通告：

一、全区范围内在古墓葬、古台址一百米以内所有新建的坟墓，不论时间早晚，一律在一九九五年六月三十日前无条件迁移。墓主迁坟时不得再扩大挖掘范围，不得损坏周围树木。如有违反者视情节轻重给予处罚。逾期不迁移的，一律按无主坟墓处理。

二、自通告之日起，在以上范围内新建坟墓的，墓主必须立即无条件迁移，同时处200元罚款。

三、在迁移坟墓期间，墓主及亲属无理取闹，故意设置障碍，妨碍工作人员执行公务的，按《中华人民共和国刑法》第一百七十四条、《中华人民共和国治安管理条例》第二十五条依法惩处。

四、本通告自公布之日起施行。

1995年3月27日

临淄区文物保护管理实施细则
临政发【1997】80号

第一章　总则

第一条　为了加强文物的保护和管理，根据《中华人民共和国文物保护法》《山东省文物保护管理条例》《淄博市文物保护管理办法》等法律法规，结合我区实际，制定本细则。

第二条　在本区行政区域内，下列文物受国家保护：

（一）具有历史、艺术、科学价值的古文化遗址、古墓葬、古台址、古建筑、石窟寺和石刻；

（二）与重大历史事件、革命运动和著名人物有关的，具有重要纪念意义、教育意义和史料价值的建筑物、遗址、纪念物；

（三）历史上各时代珍贵的艺术品、工艺美术品；

（四）重要的革命文献资料以及具有历史、艺术、科学价值的手稿、古旧图书资料等；

（五）反映历史上各时代、各民族社会制度、社会生产、社会生活的代表性实物，具有科学价值的古脊椎动物化石和古人类化石以及近现代优秀建筑同文物一样受国家保护。

第三条　区文化旅游局是本区文物保护管理的行政主管部门，依法对全区的文物保护工作实施管理、监督和指导。

第四条　公安、城建、土地、工商、民政等行政管理部门，按照各自职责，协同文物行政管理部门做好文物保护管理工作。

第五条　乡镇人民政府、城市街道办事处和村民委员会、居民委员会负有保护当地文物的责任，应根据文物保护需要成立相应的文物保护组织。

第六条　任何单位和个人均有保护文物的义务，有权制止和举报违反文物保护管理法律、法规的行为。

任何组织或者个人不得以任何手段破坏文物。

第二章　不可移动文物管理

第七条　本区行政区域内所有不可移动文物

的保护管理纳入城乡建设规划，纳入历史文化名城保护规划，并根据下列要求由区文物行政管理部门会同区城建管理部门划定保护范围和建设控制地带。

（一）单体的革命遗址、纪念建筑、古建筑从边界起二十米内为保护范围，从保护范围边界线起一百米内为建设控制地带；

（二）群体的革命遗址、纪念建筑、古建筑，从边界线起三十米内为保护范围，从保护范围边界线起二百米内为建设控制地带；

（三）古文化遗址、古墓葬、石刻，从边界线起十米内为保护范围，从保护范围边界线起单体的一百米以内、群体的二百米以内为建设控制地带。

第八条 文物重点保护乡镇，在制定村镇建设规划时，须主动征求区文物保护管理部门的意见，在进行村镇建设时，应当严格执行村镇建设规划。

第九条 在文物保护单位的保护范围内，严禁存放易燃、易爆、有毒、有腐蚀性等危害文物安全的物品，严禁建窑、取土、挖渠、开山、采石、凿井、开矿、毁林等危害文物安全的活动。

第十条 在文物保护单位的保护范围内，不得进行其他工程建设，因特殊需要在保护范围内进行工程建设的，必须经原公布重点文物保护单位的人民政府和上一级文物行政管理部门批准。

我区齐国故城四十八处重点遗址保护范围内，不得修建任何建筑物、构筑物，农业生产耕作深度不得超过四十厘米。

第十一条 新发现不可移动的文物，由区文物行政管理部门确认并公布为文物暂保单位，视为区级重点文物保护单位予以保护。

文物暂保单位公布后，应在两年内完成鉴定工作。根据鉴定结果，由区人民政府确定公布或上报为各级重点文物保护单位，或撤销保护。逾期不公布上报的，暂保单位撤销。

第十二条 重点文物保护单位的维修、维护、复建等不得改变文物原状，其文物维修、复建方案应按文物保护单位的级别报该级文物行政管理部门批准。

第十三条 因建设工程特殊需要而必须搬迁拆除文物保护单位的，应报原公布文物保护单位的人民政府和上一级文物行政主管部门批准，所需经费由建设单位承担。

经批准迁移或拆除的文物保护单位，必须经文物行政管理部门进行拍照、测绘或进行考古发掘、保留必要的图纸资料后方可施工。拆除的构件、材料具有文物价值的，由文物保护管理部门收藏。

第十四条 文物保护单位必须建立完善的文物档案，必须按级别竖立保护标志和保护界桩，落实保护组织和保护人员。

第三章 馆藏和流散文物管理

第十五条 文物收藏单位均须执行国家有关文物藏品规定，建立、健全藏品档案，并将三级以上文物藏品档案和藏品目录，报区公安部门及区文物行政管理部门备案。

第十六条 文物收藏单位应建立严格的管理制度，实行岗位责任制，采取有效措施，防火、防盗、防止和控制自然力对文物的损害，确保文物安全。

第十七条 任何单位来本区进行文物交换、调拨、借用、借展时，必须报区文物行政管理部门并经区政府批准后，方可办理有关手续。

第十八条 社会流散文物，由区文物行政管理部门指定的单位收购或征集。允许销售的文物，由文物行政管理部门批准设立的国有文物商店统一经营。未经批准的，任何单位或个人不得从事文物购销活动。

第十九条 经市文物、工商行政管理、公安部门批准，可以设立文物监管品市场，专营一九一一年以后境内外制作、生产、出版的文物监管品，经营文物监管品的单位和个人必须经市文物行政管理部门批准，公安部门备案，方可到工商行政管理部门办理注册登记手续。

第二十条 公安、工商行政管理及其他有关部门依法没收的文物,应当妥善保管,并在处理终结后三个月内归还原收藏单位或无偿移交文物行政管理部门。

第四章 考古勘探与发掘管理

第二十一条 凡在本区范围内进行考古勘探、发掘的单位在进行勘探、发掘工作前,必须向区文物行政管理部门交验《中华人民共和国考古发掘证照》或《山东省考古勘探许可证》副本。

勘探或发掘工作结束后,应在十五日内向区文物行政管理部门报告勘探、发掘情况,提出处理意见,妥善处理勘探、发掘现场。

第二十二条 凡在本区新建砖瓦窑场,进行基本建设和生产建设的,选址定点前,须经区文物行政管理部门对工程内用地进行文物调查、勘探,确认无文物埋藏,并在《选址征询意见表》上盖章,规划管理部门方可发给《建设工程规划许可证》。调查、勘探中发现文物,应由区文物行政管理部门和建设单位共同协商处理办法。

按照前款进行的文物勘探和考古发掘,所需经费由建设、生产单位承担。

第二十三条 任何单位和个人在生产、建设中发现文物,必须立即停工,保护现场,并及时报告区文物行政管理部门,不得擅自处理。

区文物行政管理部门接到报告后,应及时组织考古人员到现场进行抢救发掘,并同时办理考古、发掘报批手续。

第二十四条 国内外电影、电视摄制单位借用文物保护单位拍摄电影、电视剧时,应提出具体计划,报区文物行政管理部门审核审批。

第五章 文物保护经费管理

第二十五条 文物保护管理经费、文物事业费列入区财政预算。

博物馆、文物管理单位的文物征集费在区财政预算中单列,应予以保证。

文物维修费列入区城市维护费内。对重点文物的维修经费,应予以保证。

第二十六条 用于文物保护管理的各项经费由区文物行政管理部门管理使用,专款专用。

文物企业事业单位的收入,主要用于发展文物事业。

第六章 奖励与处罚

第二十七条 有下列事迹之一的单位和个人,由区政府或区文物行政管理部门给予表彰和奖励:

(一)宣传、执行文物保护法律、法规成绩显著的;

(二)为保护文物与违法犯罪分子作坚决斗争的;

(三)发现文物及时上报或抢救文物有功的;

(四)将个人收藏的重要文物捐献给国家的;

(五)对文物保护、利用提出有价值的建议并被采纳的;

(六)在文物安全保卫、缉查走私和打击非法经营文物的工作中有显著成绩的。

第二十八条 有下列行为之一的由文物行政管理部门根据《淄博市文物保护管理办法》,按以下规定予以处罚:

(一)在本区进行工程建设违反本细则第二十二条规定的,应责令其立即停工,可以并处五千元以下罚款;

(二)在齐国故城四十八处重点遗址保护范围进行农业生产,其耕作深度超过四十厘米,使文物受到破坏者,应限期改变耕作方式,可以处二百元以下罚款;

(三)未按规定使用维修重点文物保护单位,或改变文物原状的,应责令其停止使用,赔偿损失,可以并处二万元以下罚款;

(四)未经批准,利用文物保护单位拍摄电影、电视剧的,应责令其停止拍摄,没收其胶片和录像带,可以并处二千元以下罚款。

第二十九条 有下列行为之一的,由区文

物行政管理部门根据《山东省文物保护管理条例》，按以下规定，予以处罚：

（一）在文物保护单位的保护范围内存放易燃、易爆、有毒、有腐蚀性等危害文物安全物品的，建窑取土、挖渠、开山、采石、凿井、开矿、毁林或擅自兴建工程以及有其他危害文物安全活动的，责令其停止非法活动，赔偿损失，并可处以一万元以下罚款；

（二）在建设、生产中发现文物不采取保护措施、继续施工、生产造成文物破坏或损失的，责令其停止施工和生产、赔偿损失，并视情节处二万元以下罚款；

（三）齐国历史博物馆等国家指定的文物收藏单位将文物藏品出售或者私自赠送给其他全民所有制博物馆、图书馆等单位的，责令追回出售、赠送的文物，没收其非法所得或者处以二万元以下罚款，对主管人员和直接责任人员由其所在单位或者上级机关给予行政处分。

第三十条　在地下、水下及其他场所发现文物隐匿不报，不上交国家的，由公安部门根据《淄博市文物保护管理办法》规定，追缴非法所得的文物，并给予警告或处以二百元以下罚款。

擅自移动、损坏文物保护标志、界桩的，故意污损国家保护的文物或破坏名胜古迹环境风貌尚不够刑事处罚的，由文物部门或公安部门根据《淄博市文物保护管理办法》规定，处以五百元以下罚款或责令赔偿损失，恢复原状。

第三十一条　未经文物行政管理部门批准和工商行政管理部门登记，私自从事文物购销活动的，经文物行政管理部门会同工商行政管理部门检查认定，由工商行政管理部门根据《山东省文物保护管理条例》规定，没收其非法所得和非法经营的文物，并可处以二万元以下罚款。

第三十二条　罚没款一律上缴财政、任何单位和个人不得截留挪用。

第三十三条　当事人对行政处罚决定不服的，可以在接到处罚决定通知书之日起十五日内，向作出处罚决定机关的上一级机关申请复议；对复议决定不服的，可以在接到复议决定书之日十五日内，向人民法院起诉。当事人逾期不申请复议，也不向人民法院起诉，又不履行处罚决定的，由作出处罚的机关申请人民法院强制执行。

第三十四条　有下列行为之一的，由司法机关依法追究刑事责任：

（一）贪污或者盗窃国家文物的；

（二）走私国家禁止出口的文物或者进行文物投机倒把活动情节严重的；

（三）故意破坏国家保护的珍贵文物或者名胜古迹的；

（四）盗掘古文化遗址、古墓葬的；

（五）国家工作人员玩忽职守，造成珍贵文物损毁或者流失的。

（六）违犯其他文物保护管理行为的。

文物工作人员对所管理的文物监守自盗的，依法从重处罚。

第七章　附则

第三十五条　本细则由区文化旅游局负责解释。

第三十六条　本细则自公布之日起施行。临政发[1993]26号《临淄区关于基本建设项目施工前进行文物勘探发掘的有关规定》同时废止。

1997年7月9日

临淄区文化旅游局、淄博市公安局临淄分局
关于严厉打击挖掘、破坏古文化遗址和文物走私倒卖活动的通告

临淄区是国家历史文化名城，历史悠久，文物浩繁，古文化遗址遍布全区，有较高的考古研究价值，是重要的文化遗产。在各级党委和政府的领导下，我区对古文化遗址的保护工作取得了显著成绩。但是近几年来，个别单位和个人不经文化行政管理部门的同意，在古遗址上擅自兴

建工程，私自挖掘文物并进行走私、倒卖等犯罪活动，严重违反了文物保护法。根据《中华人民共和国文物保护法》《山东省文物保护条例》《淄博市文物保护管理办法》有关规定，特作如下通告：

一、任何单位和个人在古文化遗址上的非法挖掘活动应立即停止，如有违反者，依法严惩。

二、任何单位和个人立即将私自挖掘的文物上交文化行政管理部门。

三、出土文物归国家所有，生产和建设中出土的文物应主动上交国家，任何单位和个人严禁私自买卖，如有违反者，没收出土文物并依法追究法律责任。

四、全体公民立即行动起来，严厉打击文物走私倒卖活动，各级组织和个人对一切破坏文物的行为都有制止的权利。

五、每个公民都有保护文物的权利和义务。对主动上交出土文物，积极举报文物走私、倒卖活动，举报重要线索者，依照有关规定给予奖励。

1997年9月17日

临淄区人民政府
关于公布临淄区第二批区级文物保护单位的通知

各乡镇人民政府，各街道办事处，区政府各部门，有关企事业单位：

临淄是齐国故都，历史悠久，文化灿烂，现有国家重点文物保护单位2处，省级6处，市级以上13处，区级44处。但目前作为文物重要组成部分的革命文物尚未列入保护范围。近几年来，随着经济发展、旧村改造，基本建设规模日益扩大，一些与近现代具有重要影响的历史事件相关的遗址遭到不同程度的损坏。这些革命文物深刻的内涵，直接体现了临淄人民热爱祖国、抵御外侮的爱国主义精神，追求真理、无私奉献、勇于牺牲、战斗不止的革命英雄主义精神，自尊自信、自立自强、励精图治、奋发向上的艰苦奋斗精神，是最宝贵的精神财富。这些革命文物在精神文明建设中具有不可替代的特殊地位。

为切实保护现有的革命文物，发挥革命文物作用，现将第二批重点文物保护单位予以公布。各单位接通知后，要对在本行政区域的文物保护单位纳入规范化管理，并与区文物主管部门密切配合，做好该保护单位的保护范围划定、保护标志、建立档案等工作。在村、镇进行建设规划时，区文物主管部门要统筹做好文物保护工作。

附：临淄区第二批重点文物保护单位名单

1999年1月11日

临淄区第二批重点文物保护单位名单

1. 临淄抗日民主政府成立旧址（朱台镇大夫店村）。

2. 苇子河会议旧址（敬仲镇西苇村）。

3. 临淄青年学生抗日志愿军训团成立旧址（齐都镇西关小学）。

4. 十二中队成立旧址（大武镇石家毛托）。

5. 城西民站（齐都镇刘家庄）。

6. 矮槐树战斗遗址（大武镇矮槐村）。

7. 岳家庄伏击战遗址（敬仲镇岳家庄）。

8. 天主教堂（齐都镇西门）。

临淄区人民政府
关于加强古遗址保护工作的通告

临淄区是国家历史文化名城，历史悠久，文物浩繁，古文化遗址遍布全区。近期，随着经济发展和农业产业结构调整，古文化遗址遭受到不同程度的破坏，特别是国家级重点文物保护单位齐国故城，其耕作深度已危及文化层的安全。为加强古遗址保护，做好文物保护和管理工作，根据《中华人民共和国文物保护法》《山东省文物保护条例》《淄博市文物保护管理办法》有关规定，特作如下通告：

一、任何单位和个人在古文化遗址上不得进行其他工程建设。如有违反者，依法予以处理。

二、临淄齐国故城四十八处重点遗址保护范围内，不得修建任何建筑物和构筑物，农业生产的耕作深度不得超过四十厘米，严禁使用大型机械取土打棚。

三、出土文物归国家所有，生产和建设中出土的文物应主动上交国家，任何单位和个人严禁私自占有和买卖。如有违反者，没收出土文物并依法追究法律责任。

四、任何单位和个人均有保护文物的义务。对主动上交文物，积极举报文物走私、倒卖活动，有举报重要线索者，依照有关规定给予表彰和奖励。

2000年9月13日

临淄区机构编制委员会
关于成立临淄区文物管理局的通知

各有关部门：

为进一步加强我区的文物管理和保护工作，适应当前我区建设历史文化名城、历史文化保护区的工作需要，经区委常委会研究，决定成立临淄区文物管理局，为文化局正科级内设机构，同时挂"临淄区申报世界文化遗产办公室"的牌子，增加事业编制5名，领导职数一正两副，同时撤销区文化局文物管理科，并收回2名行政编制。所需人员由组织人事部门统一调配或考录。

其主要职责是：

一、执行国家有关文物和博物馆工作的法律、法规和规章、政策，并监督检查；拟订文物和博物馆工作的有关规定；编制文物、博物馆事业的发展规划。

二、负责申报推荐文物保护单位和世界文化遗产工作；研究提出历史文化名城、历史文化保护区保护方案并监督实施；划定文物保护单位的保护范围；研究提出划定文物保护单位周围的建设控制地带的意见；审核建设控制地带内的建设工程。

三、指导、协调临淄地区博物馆业务工作；核准博物馆设立、主要事项变更；组织开展博物馆间的交流与协作；负责全区的博物馆建设。

四、负责文物建筑维修、抢险加固和迁（复）建工程审核报批工作，并组织验收；审核文物保护单位的迁移、改建和拆除工程。

五、负责本区的考古调查、勘探和发掘工作；研究提出保护地下文物丰富地区的意见；负责出土文物的调拨、收藏。

六、负责文物行政执法工作，配合有关部门查处有关文物的违法违章案件。

七、负责管理全区文物市场，对旧货市场实施文物监管；负责文物商店的申报和监管工作。

八、负责文物保护的宣传工作；组织与国内外及香港特别行政区、澳门特别行政区和台湾地区的文物交流和展示活动。

九、规划、指导本区文物、博物馆系统专业人员培训工作；组织文物、博物馆系统开展文物科学研究和文物科学保护工作。

十、指导乡镇级有关部门的文物保护管理工作。

十一、承办区委、区政府和文化局交办的其他事项。

2003年12月11日

临淄区人民政府办公室
关于加强全区文物工作的意见

各乡镇人民政府、街道办事处，各开发区管委会，区直各部门，有关企事业单位：

为有效地保护和利用文物资源，加快文化强区建设的步伐，为申报世界文化遗产奠定基础，现就加强我区文物工作提出如下意见：

一、认真贯彻文物保护法，严格落实"五纳入"

按照《中华人民共和国文物保护法》和《国务院关于加强和改善文物工作的通知》（国发〔1997〕13号）要求，采取切实有效的措施，严格落实文物工作"五纳入"。即将文物保护事业纳入当地国民经济和社会发展计划，纳入城乡建设规划，纳入财政预算，纳入体制改革，纳入各级领导责任制。今后将随财政收入的增长不断增加对文物保护的投入。各乡镇、街道要结合实际，安排文物保护专项经费，将其纳入本级财政预算，并随当地财政收入的增长而增加。各文物保护单位的事业性收入，应严格遵循《中华人民共和国文物保护法》的有关规定，专门用于文物保护工作，任何单位和个人不得侵占、挪用。要抓好《中华人民共和国文物保护法》的宣传和落实工作，将其列入普法教育规划。要采取各种措施，使各级、各部门和广大干部群众知法、懂法、守法，在全社会树立起"保护文物，人人有责"的观念。

二、落实责任，全面启动申遗工作

今后一个时期，我区文物工作应以申报世界文化遗产为总目标，坚决贯彻"保护为主、抢救第一、合理利用、加强管理"的方针，正确处理好保护、研究、开发、利用之间的关系，走出一条历史文化遗产和现代化要求相协调的城市化之路。区委、区政府作出申遗的决策是一种战略选择，是责任政府的具体体现。申遗应重点做好四方面的工作：首先，要建立一个比较完整的法律法规体系。启动制定省、市对临淄文物遗迹的法律和行政法规。制定完善临淄总体规划，加快制定临淄区历史文化名城规划、临淄环境保护规划、齐国故城、田齐王陵、桐林（田旺）遗址及其他文物遗迹的保护管理总体规划。第二，开辟一条稳定、充裕、多元的资金投入渠道。由财政局牵头，通过财政划拨、招商引资、社会捐助等形式筹措一定数额的专项资金，确保申遗基础工程建设和环境治理工作高效有序地向前推进。第三，加大对申遗工作的宣传教育力度。通过大讨论、知识竞赛、编写教材的形式，广泛宣传申遗的基础知识、工作动态，制作以齐文化为主题的高品位的影视文化作品，以形成良好的舆论氛围，扩大齐文化的影响。第四，因申遗工作时间长、程序复杂、工作任务繁重，需要协调各方面的工作关系。因此，各级政府和有关部门要高度重视世界遗产的申报工作。要按照责任分工，做好申遗领导小组部署的工作，积极争取将申遗工作列入省、市工作重点。要成立申报世界文化遗产工作委员会宣传工作小组、资金筹措小组、文物保护小组、环境治理小组等工作组织，适时成立申报世界文化遗产重大工程和环境治理指挥部，抽调相关部门得力人员联合办公，以加大工作力度，加快工作进程。

三、健全文物管理机制，加强文博队伍建设

文物工作是一项政策性、业务性很强的工作，健全机构，稳定队伍，增强素质直接关系文博事业的发展。各级政府要依据《中华人民共和国文物保护法》和国家文物局《关于进一步加强文物行政执法工作的通知》要求，认真落实文物管理机构，充实必要的工作人员，文物管理工作要做到有编制、有人员、有经费。要进一步强化文物局的管理职能和执法力度，赋予区文物局在基本建设审批程序中的首批权。要根据工作需要配备文物专业技术人员，成立由公职人员组成的文物执法大队和文物勘探发掘队。

各级政府和有关部门要切实帮助文物部门和文博工作人员解决工作和生活中存在的实际问题，为文物工作队伍稳定和整体素质提高，提供良好环境和必要条件。要努力探索一套适合文博事业发展规律的人才培养制度，多形式、多层次、多渠道解决人才短缺问题。对一些特殊的文物保护技术、文物修复传统技艺、文物鉴定、古建筑和石刻修复等，要坚持"馆校结合"、"师承制"等多种方式，解决后继乏人的问题。要注意培养和引进各类急需人才，特别是既懂行业管理、经营管理，又有专业知识的复合型人才。区文物行政部门要协助审查重大工程项目方案和规划、工程、陈列、安全防护及考古发掘方案。

四、正确处理文物保护与经济建设的关系

各级、各部门要坚持"保护为主，抢救第一，合理利用，加强管理"的文物工作方针，按照既有利于文物保护，又有利于经济建设和提高人民群众生活水平的原则，妥善处理好文物保护与经济建设的关系，把文物的有效保护和合理利用纳入当地国民经济和社会发展规划。

一要正确处理文物保护与基本建设的关系。文物行政部门要牢固树立为经济建设服务的意识，考古调查、勘探、发掘工作应坚持以配合基本建设为主，要依据《中华人民共和国文物保护法》发挥提前介入的职能。进行大、中型基本建设，建设单位应当事先报请文物行政部门组织从事考古发掘的单位在工程范围内有可能埋藏文物的地方进行考古调查、勘探。凡因进行基本建设和生产建设需要的考古调查、勘探、发掘，所需费用由建设单位列入建设工程预算。建设单位在工程预算批准后，应主动配合文物行政部门做好前期的考古调查、勘探、发掘工作。建设部门在办理施工许可证前，要征求文物行政部门意见。

二要正确处理文物保护与城市建设的关系。各级政府在编制和调整城乡规划、旧城改造、房地产开发、交通道路建设中，要加强对文物古迹、文化遗址、古墓葬区等文物单位以及历史文化名城标志性建筑及其周边环境和传统街区的保护。各级城乡规划部门要会同文物行政部门制定历史文化名城、地下文物埋葬密集区和各级文物保护单位的保护范围及建设控制地带，并将其作为城乡总体规划和详细规划的强制性内容。涉及不可移动文物的各类城乡建设项目的立项审批，要征求文物行政部门的意见。

三要正确处理文物保护与旅游发展的关系。文物是旅游业的重要载体，旅游是发挥文物功能的重要渠道。合理利用好文物资源将为发展我区旅游支柱产业发挥重要作用。旅游发展要严格遵循"保护为主，抢救第一，合理利用，加强管理"的文物工作方针，任何活动不得对文物造成损害。文物部门要有精品意识，集中力量打造殉马坑扩建、兵家城建设等一批精品项目，促进齐文化旅游业可持续发展。

五、加强管理，切实保证文物安全

各级政府和有关部门要在有效保护、加强管理的前提下，合理利用文物资源，充分发挥文物的社会教育、历史借鉴和科学研究功能，实现社会效益和经济效益的协调统一。要严厉查处因单纯追求经济效益而破坏文物的做法，不得以转让、抵押、承包、出租等方式将文物保护单位交由企业经营，不得擅自改变文物保护单位的管理体制。凡在文物保护单位保护范围内的维修和建设项目必须依照《中华人民共和国文物保护法》的规定，履行相应的报批手续。

要加强对濒临毁坏的重要文物古迹和馆藏文物的抢救维修和修复。要统筹规划、讲求实效，抓好全区的文物抢救工作，重点支持亟需抢救且有利于打造文物旅游景区的文物保护单位和项目。加快推进完成文物保护单位"有专门机构或专人管理、有必要的保护范围、有标志说明、有记录档案"的"四有"工作，到2005年底完成全区省级以上文物保护单位的"四有"工作。

各级政府特别是文物行政部门要高度重视文物安全工作，加大投入力度，加强安全防范基础设施建设，采取技防与人防相结合，层层建章立制。政府文物行政部门是文物行政执法的主体，公安、工商、计划、财政、建设、国土、旅游等部门要加强协作，密切配合，形成合力，严厉打击破坏、盗窃和走私文物的违法犯罪活动。公安机关应在重要的文物保护单位、文物收藏单位以及文物犯罪活动多发地区加强防范，必要时可设立专门的公安派出机构。文物行政部门要加强对文物市场的管理，规范文物拍卖活动。

加强文物的对外交流工作。充分利用我区文物资源优势，积极开展对外文物交流与合作，广泛争取国家组织、友好国家和海外华人、港澳台同胞对我区文博事业的了解和支持，以文物为媒介，让世界了解临淄，让临淄走向世界。

六、加快建立具有齐文化地方特色的博物馆体系

博物馆是实现文物合理利用的重要场所。

要加快推进"临淄博物馆群"建设，把临淄建成具有鲜明特色和独特风格的齐文化"临淄博物馆群"。加快齐景公殉马墓博物馆扩建、田齐王陵森林公园、齐国故城大遗址公园等文物景点的开发建设工作。各级政府和有关部门要积极支持博物馆群的建设，力争尽快形成我区的博物馆群，打出龙头项目，带动我区旅游业的发展。充分发挥博物馆、纪念馆的宣传教育作用，使之成为社会主义精神文明建设的重要阵地，成为青少年爱国主义教育基地和科学研究基地。

七、切实加强近现代文物工作

切实加强对近现代文物工作的领导和统筹规划。各级政府和近现代文物使用单位对革命旧址、革命纪念建筑物负有保护和维修责任，对有重要历史价值的革命旧址、革命纪念建筑等要进行重点保护。

2004年5月24日

临淄区人民政府
关于做好第三次文物普查工作的通知

各乡镇人民政府、街道办事处，各开发区管委会，区政府有关部门，各有关企事业单位：

为认真贯彻落实《国务院关于开展第三次全国文物普查的通知》（国发【2007】9号）、《山东省人民政府关于落实国发【2007】9号文件精神认真做好第三次文物普查工作的通知》（鲁政发【2007】48号）和《淄博市人民政府关于做好第三次文物普查工作的通知》（淄政发【2007】74号）等文件精神，切实做好我区的第三次文物普查工作，现就有关事项通知如下：

一、目的和意义

文物是国家不可再生的文化资源。文物普查是国情国力调查的重要组成部分，是确保国家历史文化遗产安全的重要措施，是我国文化遗产保护的重要基础工作和重要战略工程。开展文物普查，不仅能够全面掌握不可移动文物的数量、分布、特征、保存现状和环境状况等基本情

况，为准确判断文物保护形势、科学制定文物保护政策和规划提供依据，并且在提高文化遗产保护工作整体水平，提升全民文化遗产保护意识，促进经济社会全面、协调和可持续发展等方面，都具有十分重要的意义。开展文物普查，有利于发掘、整合和合理利用我区文物资源，核定公布一批区级文物保护单位，为申报市级、省级文物保护单位和遴选申报第七批全国重点文物保护单位做好准备；有利于锻炼和培养一支爱好文物保护工作、能更有效地做好文物保护工作的文物工作队伍。各级、各有关部门要充分认识第三次文物普查工作的重要性、紧迫性和艰巨性，密切配合，通力协作，广泛动员社会各界和广大人民群众共同关注、积极参与，努力拓展文物普查的广度和深度，扩大文物普查的影响范围，将普查工作推向深入。

二、任务和要求

根据国务院、省政府的统一部署和工作要求，我区本次普查的范围是全区行政区域内的地上、地下和水下的不可移动文物。本次普查遵循"有文必查、应保尽保"的原则，突出"资源"和"整体保护"的目标理念，以调查、登录新发现的不可移动文物和历史文化街区、村镇为重点，同时对已知文物点和各级文物保护单位进行复查，并对已公布的文物保护点、文物保护单位以及建国以来历次文物普查登记的情况进行复查。要了解不可移动文物本体及环境的基本情况，尤其是量化指标、保存状况和环境现状及其变化情况，摸清文物所有权、使用权及其管理使用情况等。结合我区实际，重点做好大遗址和遗址群、跨区、县的线形遗址和遗迹、古城址和墓葬群、古代手工业遗存的调查登录。要重视近现代优秀建筑、工商业遗产、传统民居、文化景观、乡土建筑、老字号等新型文物的登记工作，加强内河湖泊、丘陵等容易遗漏和普查难度较大区域的工作力度。通过普查，全面掌握我区不可移动文物的数量、分布、保存情况和环境状况，正确评估我区现在不可移动文物的生存状态，为构建科学有效的文化遗产保护体系提供依据。

三、普查计划和工作重点

根据国家统一部署，本次普查从2007年4月开始，到2011年12月结束。普查标准时点为2007年9月30日。我区的普查工作分三个阶段进行：

第一阶段：2008年1月以前，为开展培训、试点工作阶段。主要任务是按照市统一部署组织培训，并制发《实施方案》。

第二阶段：2008年2月～2009年12月，为普查实施阶段。主要任务是落实《实施方案》，以乡镇、街道为基本单元，实地开展文物调查。所获取的信息数据资料要求真实、完整、科学、规范。要抓好普查数据质量这一中心环节，提高普查信息精确度和工作效率。

第三阶段：2010年1月～2011年12月，为资料汇总整理阶段。主要任务是汇总普查数据、建设普查数据库、公布普查成果、进行工作总结。

四、组织领导和宣传保障

此次普查涉及面广、时间长、任务重，为确保普查各项任务的顺利完成，各级、各有关部门要切实加强对文物普查工作的组织领导，认真落实好以下几项工作：

（一）组织保障。为加强组织领导，区政府决定成立临淄区第三次文物普查领导小组，负责普查工作的组织和实施，协调解决普查工作中的有关问题。领导小组由王克林副区长任组长，区政府有关部门及各乡镇、街道有关负责人为成员。领导小组办公室设在区文物局，具体负责普查的日常工作。领导小组将根据普查结果，编制普查档案和普查报告，及时公布区内的不可移动文物名录。领导小组同时下设专家指导组，承担业务咨询、普查质量监督评估等工作。各乡镇、街道也要建立起相应的普查领导小组及办公室，以便快速高效地开展我区行政区域内的文物普查工作。各有关部门要各司其职、各负其责、通力协作、密切配合，主动协调和落实职责范围内的普查工作任务。

（二）宣传保障。各级、各有关部门要将宣传动员作为一项重要工作，贯穿普查工作的全过程。要充分运用电视、广播、报刊和互联网等多种形式，广泛深入地宣传文物普查的重要意义和有关要求，使普查工作家喻户晓、深入人心，努力营造全社会共同关心、参与文物保护的良好氛围。广泛动员社会力量，鼓励和吸收一些热心文物保护的志愿者加入普查队伍，发挥业余文保员队伍的作用，确保普查工作取得实效。

五、质量控制和填报管理

要高度重视普查工作质量，对普查工作的各阶段实行全过程的质量控制和管理，确保普查资料、信息及普查成果的真实、完整和科学。质量控制范围包括普查野外到达率、调查区域覆盖率、普查资料信息登记录入、数据整理汇总等各技术环节。要充分运用现代科技手段，利用信息网络、遥感、地理信息系统和全球卫星定位系统等现代科技手段，提高普查的时效性和相关标本、数据采集的真实性、完整性。

凡在我区境域内使用和管理不可移动文物的单位和个人，都必须按照《中华人民共和国统计法》《中华人民共和国文物保护法》的有关规定和此次普查的具体要求，配合普查机构按时、如实填报普查信息，确保普查质量。各级普查机构要通过实地调查，准确填报普查信息，确保普查质量。普查机构及其工作人员要妥善保存普查数据和资料，对普查中涉及的国家秘密，必须履行保密义务。

附件：

临淄区第三次文物普查领导小组成员名单

组　　长：王克林

副组长：王德怀　毕国鹏　张希扬

成　　员：王令民　徐东华　吕少玲　韩桂美
　　　　　于立军　石清广　于子玉　孙小宁
　　　　　李凌云　张海萍　李咏芹　韩伟东
　　　　　王　辉　齐　明　王林华　崔　敏
　　　　　徐学建　王效礼　邵建英　陈华君
　　　　　孙秀萍　王丽华　朱建平　田成岳
　　　　　王万光　梁　冰　张洪瑾

普查领导小组办公室设在区文物管理局，毕国鹏同志兼任办公室主任。普查工作结束后，该领导小组自行撤销。

2008年1月8日

临淄区人民政府办公室
关于成立齐文化博物院建设领导小组的通知

各镇人民政府、街道办事处，各开发区管委会，区政府各部门，有关企事业单位：

为确保齐文化博物院建设工程的顺利实施，经区政府研究，决定成立齐文化博物院建设领导小组。现将领导小组成员名单及主要职责公布如下：

一、领导小组成员名单

组　　长：宋振波

副组长：孙海青　王克林

成　　员：翟慎民　杨晓军　赵启敏　王立明
　　　　　李文远　王卫东　刘洪志　朱春光
　　　　　刘卫东　张海萍　毕国鹏　杨　健
　　　　　崔　谦　马国庆　王文博　路新民
　　　　　于爱文　庞庆林　王德玉　李锡君
　　　　　李　东　杨立海　韩伟东

领导小组下设办公室，办公室设在区文化出版局，毕国鹏同志兼任办公室主任，马国庆、韩伟东兼任办公室副主任。

二、领导小组主要职责

1．负责协调上级主管部门的工作业务关系；组织召开各部门负责人员联席会、工程建设调度会。

2．负责协调组织工程招投标工作，全过程监督招投标行为，做到公开、公正、透明；负责工程施工管理及工程建设重要变更项目的审批。

3．负责检查、督促、考核各部门工作职责落实情况；定期召开工程施工管理会议，通报工程重大事项、工程进度。

三、相关成员单位主要职责

稷下街道办事处：负责协调项目建设用地的村居工作，搞好土地征用、地上附属物的赔偿清理工作，为项目建设提供和谐的周边环境，保证工程建设顺利进行。

临淄公安分局：负责项目实施过程中的安全保卫工作。

区发展和改革局：负责建设项目计划立项批复工作；争取国家、省、市的政策和资金支持。

区财政局：负责协调建设资金按计划、按时间到位，保证建设资金需求。

区人力资源和社会保障局：负责审核征地方案中有关被征地农民社会保障政策并实施。

区住房和城乡建设局：负责协调工程建设的手续办理及费用减免工作，做好工程质量监督，负责组织过程性质量检查和竣工验收，保证工程质量；负责齐文化博物院外围道路规划、建设施工。

临淄规划分局：负责建设项目规划论证批复，办理《建设项目选址意见书》《建设用地规划许可证》《建设工程规划许可证》；负责协调各单体施工设计的报批，工程规划放线等涉及规划部门各项环节的验收。

临淄国土资源分局：负责办理项目建设用地征用手续、地价评估、地上附属物的赔偿，保证项目建设用地按时到位；办理民办博物馆群的土地划拨手续。

区文化出版局：负责齐文化博物院建设的相关筹建工作；牵头做好工程建设的规划设计、工程施工、工程监理等各项工作；征集、清理修复文物，搞好齐文化博物院陈列布展工作。

区体育局、区足球产业开发领导小组办公室：配合做好足球博物馆的方案设计、陈列布展等相关工作。

临淄供电部：负责项目建设区域内的高压电线及农用电线的迁移，保证工程顺利施工；负责项目建设施工用电及运行用电的计划协调、安装等工作。

区政府招投标中心：负责组织协调项目建设的各项招投标工作。

区监察局：负责工程建设招投标及工程建设的监督检查工作，提高工程建设透明度。

2011年5月4日

临淄区人民政府
关于扶持民办博物馆入驻齐文化博物院的意见

各乡镇人民政府、街道办事处，各开发区管委会，区政府各部门，各企事业单位：

根据国家文物局、民政部、财政部、国土资源部、住房和城乡建设部、文化部、国家税务总局《关于促进民办博物馆发展的意见》（文物博发【2011】11号）和《淄博市人民政府关于促进我市民办博物馆和民间文物经营活动发展的意见》（淄政办发【2008】42号）文件精神，为促进我区民办博物馆事业发展，经区政府研究，决定在齐文化博物院内规划建设民办博物馆群，鼓励民办博物馆入驻齐文化博物院。现制定扶持意见如下：

一、齐文化博物院各民办博物馆所占用土地，首先划拨到齐文化博物院，民办博物馆主体建成后1年内，办理土地出让手续，使民办博物馆取得项目建设所需土地使用权。土地使用权一次签约出让年限为40年。土地出让成本民办博物馆业主承担原则上不超过20万元/亩，其余部分作为扶持资金由区政府承担。出让的土地使用权可以抵押。

二、民办博物馆建设项目手续办理过程中的区级行政事业性收费予以减免。区民政、文物部门要按照《民办非企业单位登记管理暂行条例》和《博物馆管理办法》等有关规定协助办理注册登记等相关手续，做好民办博物馆的登记、年检、执业和监督管理工作。

三、各民办博物馆由区政府统一规划设计、统一组织招标、统一标准要求，民办博物馆业主要严格按评审通过的设计方案组织施工。

四、建成后的民办博物馆可出租部分场地从事文化经营，但出租面积不得超过博物馆使用面积的40%。出租经营项目必须经区政府主管部门批准。

五、建成后的民办博物馆展览面积必须达到使用面积的50%以上，每年开放时间要在300天以上。所有馆内展品须经区主管部门鉴定评估后方可展出。

六、民办博物馆建设严格执行《博物馆建设用地指标》的规定，严禁改变博物馆土地用途。民办博物馆因故终止6个月以上或变更博物馆用途，其用地由区政府依法收回。

2011年7月2日

临淄齐王陵文化旅游区管理规定

第一条　为了加强对齐王陵文化旅游区的保护与管理，合理开发风景区资源，根据有关法律、法规，结合本区实际，制定本规定。

第二条　本规定所称的齐王陵文化旅游区（以下简称风景区），辖区范围包括：刘家终村、齐家终村、梁家终村、北山西村、淄河村、南山村、北山东村等区域。

第三条　凡在风景区范围内从事有关活动的单位和个人，均须遵守本规定。

第四条　景区办公室（以下简称景区办公室）是风景区的管理机构，组织实施本规定。

第五条　风景区内的所有单位和个人应当服从景区办公室在风景区规划、资源保护、开发建设、经营活动、环境卫生、污水处理和公用设施等方面的统一管理。

第六条　风景区内，任何单位和个人不得擅自新建或者扩建房屋和设施，在原址、原规模维修的，必须报景区办公室审批后，方可施工；经上级部门批准建设的项目，经景区办公室备案后，方可施工。

第七条　风景区内，任何单位和个人使用的水、电等公用设施，全部纳入景区办公室的管理，公用设施（水、电等）的接入必须经景区办公室核准后，附近村委电工方可接入；擅自私自接入者，追究其村委主要负责人的责任。

第八条　风景区内名胜资源实行有偿使用制度。利用风景资源而受益的单位和个人，应当按规定向景区办公室交纳风景名胜资源有偿使用、道路卫生、污水处理等费用，专项用于风景区的保护、建设和管理。

第九条　风景区内严禁下列行为：

（一）在文物、景物上涂写、刻画、张贴，攀折、采摘花卉；

（二）擅自摆摊设点，倾倒垃圾、排放污水；

（三）毁林开垦、建坟立碑、砍柴、放牧、燃烧荒草、垃圾；

（五）在禁火区内动用明火、损毁景物、林木植被和公用设施；

（六）有关法律、法规禁止的其他行为。

第十条　进入风景区的车辆，应当服从景区办公室的管理。机动货车、重型车辆应当在景区办公室办理景区通行证后，方可进入景区。

第十一条　在风景区内设置户外广告载体、标牌、标语的，应当经景区办公室同意，并办理有关手续，严禁私自设置。

第十二条　在风景区内严禁占用、挖掘道路，采取沙土。确需上述施工的，应当经景区办公室同意，并办理有关手续。

第十三条　景区办公室应当采取有效措施，管理好风景区内的环境卫生和饮食服务卫生工作。风景区内所有单位和个人应当做好责任区内的环境卫生工作。

第十四条　在景区内的林木，任何单位和个人不得擅自砍伐。确需采伐、更新的，由景区办公室预审，报林业部门审批后方可实施。

第十五条　景区办公室应当加强风景区的治安、安全工作，保证游客安全和景物完好，建立和维护良好的公共秩序。

第十六条　违反本规定，有下列行为之一的，由景区办公室责令其限期改正，赔偿经济损失，可以并处罚款：

（一）攀折、刻划树木、采摘花卉、禁火区内动用明火、损毁公用设施的，处以五十元以上一千元以下罚款。

（二）侵占风景区土地进行违法建设的，责令其限期退出所占土地，拆除违法建筑，并根据情节轻重，处以每平方米一百元以上二百元以下罚款。

（三）擅自开垦土地和采沙取土的，责令其限期恢复原状，并处以二百元以上二千元以下罚款。

（四）损毁景物、林木植被、倾倒垃圾、排放污水污染破坏环境的，处以二千元以上三万元以下罚款。

第十七条　当事人对行政处罚决定不服的，可以依法申请复议或者提起诉讼。当事人逾期不申请复议，也不提起诉讼，又不履行行政处罚决定的，景区办公室可申请人民法院强制执行。

第十八条　本规定自2012年5月1日起施行。

2012年4月30日

临淄区人民政府
关于公布临淄区第三批区级文物保护单位的通知

各镇人民政府、街道办事处，各开发区管委会，区政府各部门，各企事业单位：

第三次全国文物普查以来，我区又陆续发现了众多文物古迹。为进一步加强文物保护工作，现将第三批区级文物保护单位予以公布。各级各部门要认真贯彻"保护为主，抢救第一，合理利用，加强管理"的方针，对文物保护单位纳入规范化管理，采取切实可行的保护措施，妥善处理好文化遗产保护与经济社会发展的关系，并与区文物行政主管部门密切配合，做好文物点的保护范围划定及档案建立、保护组织确定等工作，确保文物事业更好发展，为我区文化强区建设奠定坚实基础。

2012年6月2日

附：临淄区第三批区级文物保护单位名单

临淄区第三批区级文物保护单位目录

序号	名称	类别	年代	位置
1	蔡王遗址	古遗址	龙山	敬仲镇蔡王村
2	前李遗址	古遗址	龙山	齐陵街道前李村
3	西路遗址	古遗址	春秋	凤凰镇西路村
4	瑟雅遗址	古遗址	战国	金山镇瑟雅村
5	梧台村遗址	古遗址	战国	凤凰镇西梧台村
6	刘家庄窑址	古遗址	战国	齐都镇刘家庄
7	大夫店遗址	古遗址	汉代	朱台镇大夫店村
8	后佛寺遗址	古遗址	汉代	齐陵街道西龙池村

9	王旺庄遗址	古遗址	南北朝	朱台镇王旺庄
10	王营村窑址	古遗址	清代	朱台镇王营村
11	天堂寨明清建筑群	古建筑	清代	金山镇天堂寨
12	窝托社区丁氏楼	古建筑	清代	辛店街道窝托社区
13	北田旺村官桥	古建筑	清代	凤凰镇北田旺村
14	边河村养心书斋	古建筑	清代	金山镇边河村
15	圣佛山古建筑群	古建筑	清代	金山镇南术南村
16	西张村菩萨庙	古建筑	清代	金山镇西张村
17	义和村孙公墓道碑	石刻	清代	朱台镇义和村
18	邹阳故里碑	石刻	清代	辛店街道辛店街村
19	戒赌碑	石刻	清代	凤凰镇寇家村
20	临淄烈士陵园	近现代重要史迹		辛店街道
21	太河水库三干渠	近现代重要史迹		金山镇

临淄区人民政府
关于禁止在文物保护单位保护范围和建设控制地带内建设高温蔬菜大棚等项目的通知

各镇人民政府、街道办事处，各开发区管委会，区直各部门，有关企事业单位：

近年来，在新农村建设和农业产业结构调整中出现在各级文物保护范围和建设控制地带内盲目开发、违法建设、搭建高温蔬菜大棚等损坏文物遗迹现象，为切实加强文物保护工作，根据《中华人民共和国文物保护法》《山东省文物保护条例》《淄博市文物保护管理办法》《临淄区文物保护管理实施细则》等法规规定，结合我区实际，现就禁止在各级文物保护单位保护范围和建设控制地带内建设高温蔬菜大棚等项目通知如下。

一、明确各级文物保护单位保护范围和建设控制地带

（一）区级文物保护单位：革命遗址、纪念建筑、古建筑从边界线起20米内为保护范围，从保护范围边界线起100米内为建设控制地带；古文化遗址、古墓葬、石刻从边界线起10米内为保护范围，从保护范围边界线起100米内为建设控制地带。

（二）市级以上文物保护单位：保护范围以《淄博市人民政府关于公布市级以上重点文物保护单位保护范围的通知》（淄政发〔2005〕16号）为准。

二、严格建设项目审批程序

各镇、街道不得在各级文物保护单位保护范围和建设控制地带内规划建设高温蔬菜大棚等不利于文物保护的项目。任何单位和个人未经区文物主管部门和规划部门审核批准，不得在各级文物保护单位保护范围和建设控制地带内建设高温蔬菜大棚或其他建筑物、构筑物等设施。

（一）严禁任何单位、组织或个人在各级文物保护单位保护范围和建设控制地带内擅自进行爆破、钻探、挖掘等作业或者栽植、移植大型乔木、修建构筑物。严禁擅自建窑、取土、采石、开矿、毁林、排污、深翻土地或实施与文物保护无关的其他建设工程，禁止规划建设高温蔬菜大棚。

（二）《临淄齐国故城保护总体规划》于2013年7月以《山东省人民政府办公厅关于实施鲁国故城等遗址保护规划的通知》（鲁政办发〔2013〕88号）公布实施，要求逐步拆除齐国故城遗址内现有的蔬菜大棚，禁止建设高温蔬菜大棚，在齐国故城内农业生产的耕作深度不得超过40厘米。

三、严格履行考古勘探手续

《淄博市文物保护管理办法》规定我区为文物密集区，全区范围内新建砖瓦窑场、进行基本建设和生产建设的，选址定点前，须经区文物主管部门对工程范围内用地进行文物调查、勘探，确认无文物埋藏的，出具相关证明后，规划管理部门方可办理规划手续；有文物埋藏的，要进行考古发掘，所需费用由建设单位列入建设工程预算；禁止在各级文物保护单位保护范围和建设控制地带内规划建设道路、新建居民小区、建设工业园区等不利于文物保护的项目。

四、做好文物保护的基础工作

区文物主管部门要划定并公布各级文物保护单位的保护范围和建设控制地带，树立文物保护标志，搞好档案记录。各镇、街道和相关部门要加大宣传教育力度，设置专门机构，保证每处文物保护单位至少有一名保护员看护管理。

五、严格执法管理程序

对违反文物保护法律法规的，由区文物主管部门、公安部门进行查处，根据《中华人民共和国文物保护法》《山东省文物保护条例》《淄博市文物保护管理办法》等法律法规，依法追究相关单位和个人的责任。

六、纳入责任目标管理考核体系

各镇、街道负责本行政区域内各级文物保护单位的文物保护工作。区文物保护管理委员会负责协调、解决涉及文物保护的重大事项，区文物主管部门负责对全区各级文物保护单位实施监督管理，区住建、公安、规划、国土、农业、工商等部门根据各自职责，会同区文物主管部门做好文物保护管理工作。将文物保护工作纳入对各镇、街道年度目标管理考核办法，列入无分值年度重点工作专项考核。

2013年9月5日

临淄区人民政府
关于公布临淄区第四批区级文物保护单位的通知

各镇人民政府、街道办事处、各开发区管委会、区直各部门，有关企事业单位：

范家遗址位于稷下街道办事处范家村北，临淄区文物管理局在对淄博敬业燃料有限公司香榭天都建设工程工地进行考古勘探时，发现在4号楼座基槽北部有城墙夯土遗迹，经山东省文物考古研究所对城址进行考古调查和勘探发掘，探明城址近似方形，长约200米，宽约200米。经山东省文物局组织专家鉴定确认是一处商代晚期到西周早期城墙遗址，在临淄甚至山东地区所仅见，为探讨齐国早期都城——营丘提供了重要信息。为加强文化遗产保护，现将范家遗址公布为第四批区级文物保护单位。

2013年12月3日

附件：

临淄区第四批区级文物保护单位名单

名称	类别	年代	位置
范家遗址	古遗址	商	稷下街道范家村

二　重要文章选登

临淄齐国故城勘探纪要

群　力

临淄齐国故城是国务院公布的全国重点文物保护单位。位于今临淄城的西部和北部，东临淄河，西依系水（即今俗名泥河），南有牛山、稷山，东北两面是辽阔的原野，北距渤海百余华里。《史记·齐太公世家》记载齐国第七个统治者齐献公由薄姑迁都于此，时间约在公元前9世纪50年代。自此以后，经春秋战国时期至公元前221年秦始皇灭齐止，临淄作为姜齐与田齐的国都达630余年之久，是我国规模最大的早期城市之一。故城包括大城和小城两部分。小城在大城的西南方，其东北部伸进大城的西南隅，两城衔接（图一）。大城南北近九华里，东西七华里余；小城南北四华里余，东西近三华里。两城的总面积达60余平方华里。自1964年夏天开始，山东省文化主管部门组成了文物工作队，在中国历史博物馆、文博研究所、北京大学历史系、中国科学院考古研究所、河北省文物工作队等单位的协助下，对临淄故城进行了普探，至1966年5月，普探工作告一段落。无产阶级"文化大革命"期间又在此基础上继续进行勘察和试掘工作，特别是1971年冬季，山东省革命委员会在临淄城举办了文物干部学习班，配合农田基本建设，调整了保护范围，再一次进行发掘，发现了西周晚期的地层，为故城的始建年代提供了重要线索。通过这一系列工作，大体上查明了故城的范围、形制和城墙的保存情况，初步了解到城内的地层堆积、交通干道、排水系统、手工业作坊、宫殿建筑和墓葬等遗存的分布情况，从而使我们对临淄故城的面貌获得了一个概括的认识，为今后的考古发掘和研究工作打下了有利的基础。

下面主要介绍临淄故城的勘探资料，以供研究参考。

城墙形制

临淄故城的城墙地面上还保存着不少断垣残迹，有许多已湮没地下，少数地方因挖土和河水的冲刷，已无痕迹。钻探表明，故城四周不很规整，有的呈直线，有的沿河岸筑成蜿蜒曲折的城墙。城墙全部夯筑而成。大小城总周长约21433米（按四周城墙的外皮计算，下同）。小城周长约7275米。东墙2195米，呈直线。其北部墙基宽38米，南部的1000余米，全部为今临淄城的西墙所压。小城南墙长1402米，亦呈直线，其中部墙基宽28米。小城西墙全长2274米，曲折多弯，墙基宽一般在20余米至30余米。小城北墙呈直线，长1404米，大部城墙地面有残迹，是小城城墙保存最好的一段，也是墙基最宽的一段，其北门以西宽28米，北门以东宽55、67米。

大城周长14158米。西墙长2812米，南端在小城北门以西100余米处同小城北墙相接，墙基宽32至43米。北墙长3316米，随着系水的弯曲，西部筑成一个拐弯。城墙宽：一、二段（从西往

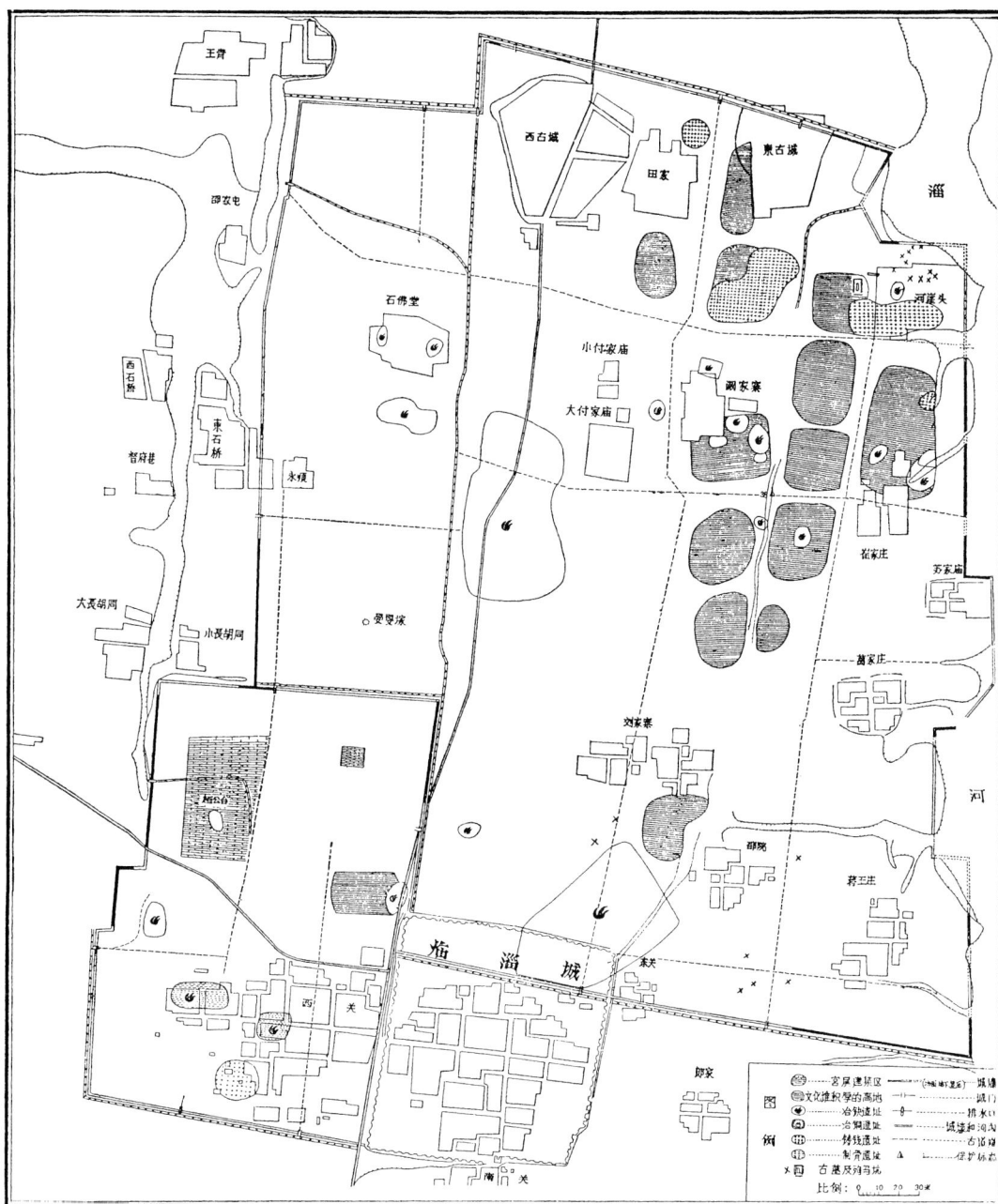

图一　临淄齐国故城钻探实测图

东计算）33至43米，三段25至34米　东墙从东古城以东的东北角开始，沿淄河西岸南下，蜿蜒曲折，极不规则。东墙全长约5209米。由于河水的长年冲刷和通向淄河的一些断沟的破坏，东墙不少地方已无遗迹存在。但大部墙基夯土仍在，所损坏的部分尚能大体复原。东墙基宽一般在20至26米之间，只有苏家庙村东，南北向的一段较宽，在30至33米之间。南墙长2821米，呈直线，

西端与小城东墙相接，西南角被元代临淄城西墙所压，南墙基宽17至23米，个别地方宽25米，为全城最窄的一段。

由于城墙不很规则，所以城墙拐角共有24处，其中有14处拐角保存比较完整。拐角有四种形制：即内外角作弧形拐弯；内角呈弧形、外角呈方形拐弯；内外角都作方形拐弯；内角呈方形，外角呈弧形拐弯。从拐角的内角可以看出

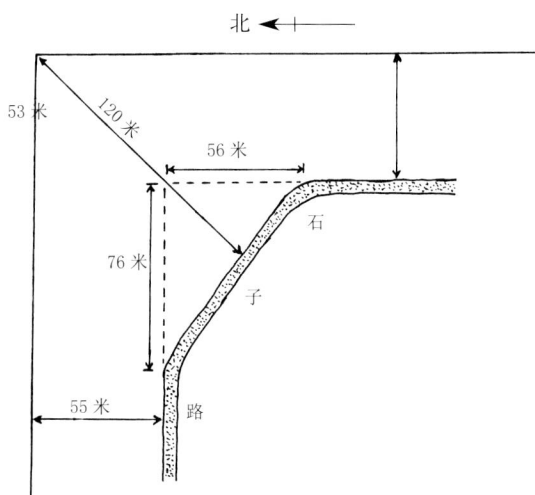

图二　齐临淄故城小城墙东北角示意图

有两种情形，即凡是拐角向城内伸进的，内角都作方形拐弯；拐角向城外突出的，内角都作弧形拐弯。这种现象可能是因为筑成城墙后，在后一类的拐角里面继续打夯用以加固城角的缘故，因而里角成了弧形。而对向城内伸进的拐角则不便在里面打夯加固，但可以从外面加固，所以这类拐角的外角也有弧形的。内角作弧形转弯的城拐角，在两旁城墙开始转弯处，距两旁城墙里皮延长线的交会点一般是20米左右至30多米，并不对称。如大城西北角在西墙上开始转弯处为13米；

在北墙上开始拐弯处距墙皮延长线的交会点分别为56、76米，拐角以外东、北两墙的宽度分别为53、55米，而从外角经里皮延长线的交会点至城墙里皮的距离达120米（图二）。此外，沿拐角里皮，在深0.7至0.9米有一层碎石，宽约5至6米，沿北墙向西伸出500余米，沿东墙往南未作细探，可能是沿城的一条石子路，这在其他的拐角处没有发现。推测小城东北角上原有建筑物。大城东墙七、八两段的拐角上（在蒋王村东北方向），有一座夯土台遗迹，应是建筑台基。

城门探出十一座。其中小城城门五座：东、西、北门各一座，南门两座；大城城门六座：东、西门各一座，南、北门各二座。十一座城门中有十座保存着门道的遗迹，有一座（大城东门）的门道现已成断沟，门道遗迹已不存在。小城东门在东墙偏北，北距东北角约600米，门道宽14、长40米，门道外口两侧的城墙向前凸出（图三）。此门通向大城，门道大部分压在东辛公路之下。小城南墙东门东距小城东南角330米左右，门道宽8.2、长42米。南墙西门西距小城西南角460米，门道宽13.7、长25米。小城西门在西墙南部，西墙一段的北头，门道宽约20.5、长33米，门内南侧有一夯土基址与城墙相连（图

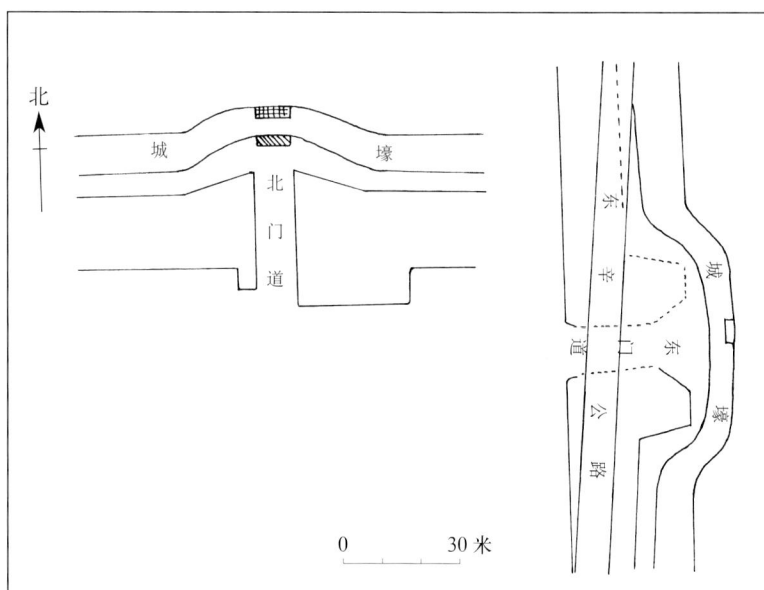

图三　齐故城小城城壕与东门、北门关系示意图

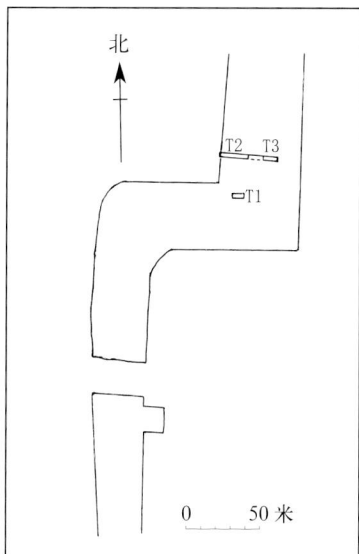

图四　齐故城小城西门钻探实测图

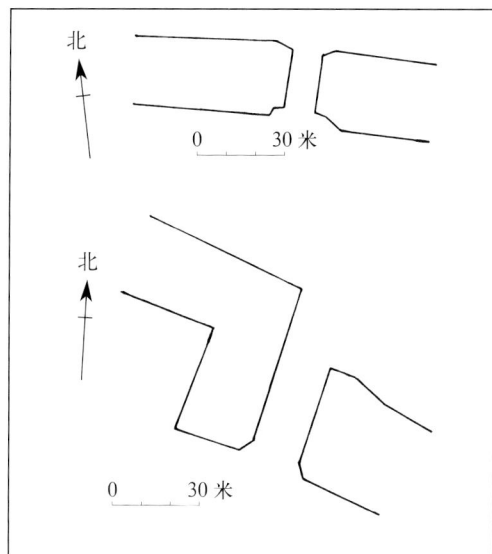

图五　大城南西门（上）大城北墙东门（下）

四）。小城北门在北墙偏西处，东距东北角770米，门道宽10、长86米，门道外口的两侧城墙向前凸出，里口两侧有夯土基址与城墙相连，当是城门的附属建筑。门道两壁一米上下有石块，从前有人曾经在门道西北角起过石头，据说底下有石墙，门道两旁以石垒砌。小城各门门道的堆积大体上浅者70～80厘米，深者一米上下即见路土。西门有两层路土，下层距地表1.7米左右，路面以石子铺成。南墙西门和小城东门门道的路面均发现石块。北门较特殊，路土下为一层一米多厚的夯土，这或者是门道的路基打了夯，或者该门可能是后期建造的，这层夯土是原来城墙的墙基。究竟如何，目前尚难断定。

大城西门在西墙南部，南距大城西南角783米，门道宽11米余，长约25米。北墙西门在北墙一段偏东处，西距西北角579米，门道宽13米多，长约23米。北墙东门在北墙中部偏东，东距东北角899米，门道宽17米，长34米。南墙东门东距东南角1020米左右，门道宽11米多，长19米。南墙西门距西南角890米左右，门道宽13米，长23米。大城东门在东墙北部河崖头村东南的断沟处，门道已被破坏，普探时在沟底发现一些大块自然石，正对这方向有一连贯东西的大道（详下），应是东墙的一座城门。自此向南至大

城东南角，直线距离尚有3000米，还应有一座城门。近来曾在葛家庄东南断沟北侧的城墙上发现以自然石垒砌的石墙，估计大城原来至少应有七座城门。

大城尚留有门道遗迹的五座城门，只有南墙西门门道的里外口比较整齐，呈方角；其余四门，或里口，或里、外口均向两侧扩大，是否破坏所致，尚不清楚（图五）。大城北墙东门的形制特殊，门道两侧的城墙不对称，西侧城墙靠北，东侧城墙靠南，而为使有对称的门壁，西侧城墙向南加筑一段，而成为"凸"形。该五座城门门道的堆积，北、西两门较浅，0.6米见路土，0.9米为生土，其余都在两米以上。

故城遗留门道遗迹的十座城门，除小城北门以外，其余九门门道的路土都与生土相接，已经探明的与这些城门相连的道路，也在生土之上。因此，除小城北门还不能肯定以外，其余的九门应是在建城时同时建筑的[1]。

在故城的城墙上发现了四处排水道口，其中小城和大城的西墙各有一处，大城北墙两处。小城西墙的排水道口在西墙偏北，宽15米左右，大城西墙的排水道口靠近西北角，宽11至17米，呈内窄外宽的喇叭口形，大城北墙西部的排水口，在北墙一段的东端，宽约15米，东部的排水

道口在北墙三段偏东，宽18米左右。这些排水道口用未经修整的大石块堆砌。由于排水口较宽，每一排水口应当另有若干排水孔，顶部以木覆盖，以承托城墙。

故城在不临河的城墙外围都挖有城壕（护城河）。大城的北壕东通淄河，西接系水；南城壕东与淄河相通，西面则与小城东墙南部的城壕[2]相接。壕宽25至30米，中部深3米以上。小城南墙与西墙的城壕较狭，宽13米左右，距离墙外皮约10米。小城的西城壕自西南角向北约800米处，与古系水相接，此处有泉，即系水的源头所在。《左传》杜预注，说"申池"就在这一带。普探时仍是一片沼泽，应是齐君的一处园囿[3]。小城的东墙和北墙在大城以内的部分也有城壕，且比小城南、西的城壕宽出将近一倍，达25米左右。联系到特别宽大的小城东北角，似应有角楼之类的建筑，以及通向大城的小城东门与北门的那种加固措施，可见小城与大城相接处的防卫措施特别加强，也说明了当时统治阶级与被统治阶级之间的阶级斗争是十分尖锐激烈的。小城东门和北门的外口两侧的城墙向外凸出，城壕在通过东门和北门处绕一拐弯，宽度显著变狭（图三），这显然是为了便于架桥。在正对城门的城壕两岸，地下发现有石块和夯土，应是桥墩遗迹。这段城壕在东北角与大城西部的南北河道（详下）相连。

交通干道与排水系统

交通与排水是城市布局中的重要问题，钻探资料表明临淄故城对交通与排水已有了比较规整、比较科学的安排。

这次发现了十条干道，其中小城三条，大城七条。小城南面东门大道，由城门向北保存约1200米，多被临淄西关所压，因而出现时断时续的现象。路宽8米，深一般为一米上下。这一道路是小城东南部的交通干道，从方向判断，应与小城之东门相通。但东门现在是一片洼地，已

无道路存在。小城西门的大道，由西门向东长约650余米，东端与北门大道衔接，宽17米，西部深1.6至2米余，东部深1米左右。在西门附近路面铺设石子。小城北门大道，由北门向南尚存1430米，路宽6至8米，深1米左右。此路可能通向南墙西门。但南墙西门以里的道路仅保存了百余米，其间尚有500余米，已遭坏破。

大城东部南北大道，自南墙东门通向大城的东北方向，在河崖头村西南角与东门里的东西大道相接，全长3300余米，路宽20米，北部深2米左右，南部深3米左右。大城中部南北干道，连接南墙西门和北墙东门，全长近4400米，中间有两处拐弯，路宽20米，北端近门处深2米，南端深近3米。大城北部东西干道，自东门西行略偏西北，直至西墙，长约3600米，路宽15米左右，深1米以上至2米多。此路可能与北墙西门大道（南北向）相接，后者现存约650米，宽6米多。大城中部东西干道，东起崔家庄以东城墙附近的断沟，西行穿过崔家庄，经阚家寨、付家庙庄南，在付家庙村西南，稍偏西北方向至南北河沟中断，长2500米，路宽17米左右，深2米上下。大城西门大道，由西门向东长约1000米，在一冶铁遗址的西缘中断，路宽10余米至20米，路浅者不足1米，深者近3米。此外，在离南墙200～300米左右有一条大体上与大城南墙平行的大路，长约1900米，处于2～3层堆积之间，西墙附近为一条与城墙平行的南北向道路，南通小城北门，宽4至6米，处于下文化层之上。

以上十条道路，除后两条和小城北门干道可能是晚期的道路外，其余的路土都在生土之上，绝大部分都与城门相通，应是齐故城内早期的主要交通干道。

城内已探明两处排水系统，大小城内各有一条。小城的排水系统在西北部，起自"桓公台"东南方向，经"桓公台"的东部和北部通向小城西墙的排水口，流入泥河，全长700米，现地面上仍有显著的遗迹。河道宽约20米，深3

米左右，河道两岸地下发现断断续续的夯土，宽1米，河道与"桓公台"周围的建筑群有联系。大城西部有一排水系统，由一条南北河道及东西河道组成。南北河道在小城东北角与小城东墙、北墙的城壕相接，向北直通大城北城西部的排水口，流入北墙城壕，长2800米，宽30米左右，深3米以上。河道北部又分出一支流，略偏西北方向通向大城西墙的排水口流入泥河，宽20米左右。大城西北部是最低洼的地方，因为一个排水口不能有效地排出暴雨所带来的大量积水，就又分出这条支流。这一排水系统大约沿用至解放前，即县志记载的北门河。此外，大城东部亦发现一段河沟，从东墙一段流入淄河。这段水道距北墙东部的排水口不远，水道向北通向排水口（因在村子下，未能钻探），结构与西部排水系统相同。

从上述部分资料，可见当时对于排水问题是很重视的。他们将天然的河流、城壕（护城河）和城内的河道紧密地联系在一起，构成了一个完整的排水网。

文化堆积与主要遗迹分布情况

（一）故城的地形及文化堆积概况

故城内地势起伏，小城中部、南部和"桓公台"周围地势较高，北部较低，东北部的大片地区，地势更为低洼。小城的文化堆积以中部、南墙的西门以东和"桓公台"周围较深，一般在2～3米之间，中部少数地方为1.5米，"桓公台"边沿处深近4米。小城的东北部和西南部文化堆积浅薄，一般为1米上下，地层简单，少数地方耕土下即为生土。

大城地形以西部南北河道以东地区较高，其中尤以大城东北部地势最高。南北河道以西地势较低，西北部地势低洼。西部虽较平坦，但也有起伏，东部地势起伏显著，高地连绵不绝。高地之间的低洼处，往往是古道路或古河沟。大城的地层堆积复杂。总之，在南北河道和小城东墙

以东部分，文化堆积厚，一般在2至3米之间，遗迹丰富，地层复杂。尤其是河崖头村西南和阚家寨村东北一带的"韩信岭"高地，文化堆积特别厚，一般为3至4米左右，往往有4至5层堆积，是故城文化堆积最厚最复杂之处。曾在阚家寨东南作过试掘，发现西周晚期、春秋、战国至汉的文化堆积，遗迹丰富。在"晏婴冢"以东的"东辛"公路两侧作过试掘，有春秋早期至汉代的地层，文化堆积也很复杂。大城西部南北河道以西地区，一般地层较浅，除石佛堂村所在的高地较深以外，一般都在1.5至2米左右，地层简单。据上可知，大城西部河道以东地区，曾是人口密集、长期居住的区域；河道以西地区，由于地势低洼，除一些居住点以外，是大片的空隙地。

（二）手工业作坊遗迹

故城内，已发现了冶铁、冶铜、铸钱和制骨等四种手工业作坊遗迹。其中以冶铁遗址发现最多，范围比较集中的有六处，小城两处，大城四处。

1．小城西部炼铁遗址。在小城西门东北200余米。范围南北约150、东西约100米，属于下层堆积（这一带有两层堆积，厚2米左右）。周围有许多夯土遗存，其间并有10米宽的道路通向西门。

2．小城东部炼铁遗址。在东门以南200余米，靠近东墙，南北约70，东西约60米，属第二层堆积（这里一般有3层堆积，厚2米左右），曾有一探孔在铁渣之下的路土中探出瓷片，可能是一晚期的炼铁遗址。

3．大城西部炼铁遗址。在大城南北河道以西，石佛堂村及村南一带，范围约4～5万平方米，属第三层堆积（这一带有3层堆积，厚两米上下），应是一东周晚期的炼铁遗址。

4．大城中部偏西的炼铁遗址。在南北河道以东，傅家庙村西和西南一带，面积约40余万平方米，属于下层堆积（这一带一般有两层堆积，厚1米多至2米）。

5．大城南部炼铁遗址。在小城东门以东，韶院村西，刘家寨村以南的大片地区都有炼铁遗迹存在，但中心地区似在大城南墙西门以内，大道的两侧，面积约40万平方米，属于二、三层堆积（这一带地层堆积都在2米左右至3米以上，一般都有三个地层堆积）。这是六处炼铁遗迹中规模最大，遗迹最丰富的一处。在遗址内，特别是它的北部一带有许多夯土基址，过去这一带曾发现过汉"齐铁官丞"、"齐采铁印"等泥封[4]，当是汉代的"铁官"所在。

6．大城东北部的炼铁遗址。在阚家寨村的东南和村北，崔家庄的东北和村北，河崖头村西等大片地区都有炼铁遗迹存在，分布比较广，但不集中。遗迹比较丰富处在崔家庄东北至村西北一带，面积约3～4万平方米，这一带地层堆积厚，高地一般都在3米以上，有三层堆积，炼铁遗迹属第二层，当属东周时期。

炼铜遗址。共发现两处，一在小城南部，一在大城东北部，属东周时期。小城南部炼铜遗址，在小徐村北部和西关石羊口北头。前者范围东西约80，南北100余米，属于下层文化堆积（这一带地层堆积3米左右，共两层）。后者范围东西约150，南北100米，层位与前者相同。大城东北部炼铜遗址，在阚家寨东南及东北方向的"韩信岭"一带，范围尚不清楚。据"韩信岭"高地的探孔的资料，铜渣、炉渣、烧土等发现于2～3层之间（这一带地层堆积有4层，第三层是灰绿土，质坚实，从试掘中知是春秋前期的地层）。

铸钱遗址。发现两处，一处"齐法化"铸址，另一处是西汉"半两钱"铸址。

"齐法化"铸址在小城南部居中安合村南，靠近城墙，范围东西南北各约200米左右，上层已受到严重的扰乱。

西汉"半两钱"铸址：在阚家寨村南一带，村南的东部和西部都有成批的"半两钱"范发现，耕土以下就是铸钱遗迹。

制骨作坊遗址。集中在大城东北部，北部亦有发现，范围较广，比较集中的有崔家庄村东北，河崖头村西南部，东古城村以南，田家庄村的东北等处。遗物丰富。

（三）宫殿建筑基址

小城的北部偏西有一座夯土台——"桓公台"，台高14米，基呈椭圆形，南北86米，建在生土之上，台面虽已失原形，但据痕迹仍可看出有三层，台南面有缓坡，东、西、北三面呈陡壁（图六）。东、北两面150米之外有河沟围绕着，那就是小城内的排水系统。台西面距小城西墙约300米。"桓公台"的周围有许多夯土基址。夯土遗存大部压在下层堆积以下的生土之上。从遗迹考察，这一带存在着以"桓公台"为主体建筑的大片建筑群，应是宫殿建筑基址（图七）。此外，在小城东北部现存一处30～40米见方的台址，俗称"金銮殿"，当是宫室建筑基址。

（四）墓葬

在故城的大城内发现了两处墓地。一处在大城的东北部河崖头村下及村西一带，另一处在大城南部刘家寨、韶院村南，南墙东门以里大道两侧。河崖头一带的墓地已探出大、中型墓20余

图六　齐故城桓公台全景（由西向东摄）

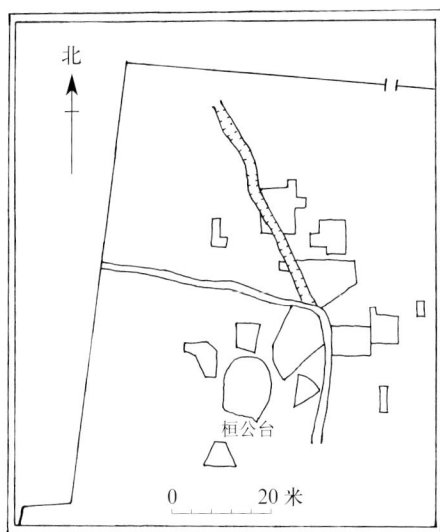

图七　齐故城小城西北部

座，有的大墓有南北墓道。河崖头村西的一座"中"字形石椁大墓，周围有大规模的殉马坑，殉坑的东、西、北三面相连，北面长54米，东西两面长70余米，南面20米，规模之大前所少见（图八）。从已清理的几座墓中所残存的小件铜器看，时代均属春秋前期，1964年还在这里发现了一批西周晚期铜器[5]，证明这里是一处西周到

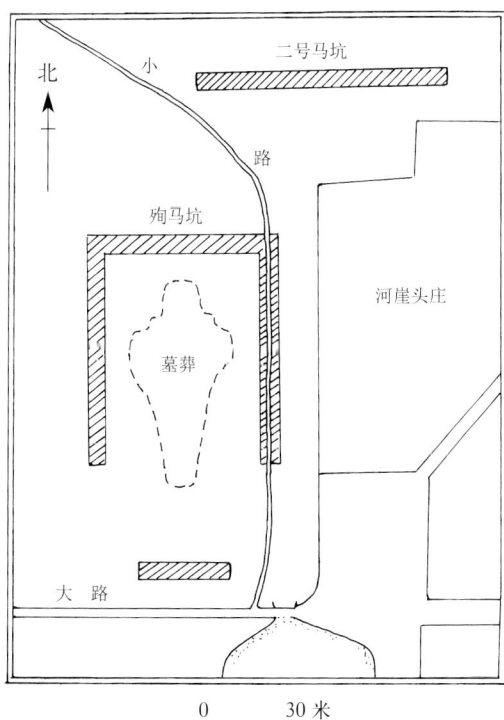

图八　齐城临淄"中"字形大墓钻探示意图

春秋时期齐国贵族的墓地。墓地在城内东北部，外有淄河围绕，这同燕下都将墓设在城内西北角一样，是为了更好地保护这些坟墓[6]。大城南部刘家寨一带的墓葬，清理过一座，属春秋时期。已经发现的南墙东门以里的墓都是积石、积蛤壳的中型墓，也是东周墓葬。此外，在大城北部傅家庙村和阚家寨村之间，在葛家庄东南靠近东墙一带，都发现随葬鼎、敦、舟铜器组合的春秋墓。城内这些并非属于王公墓葬的发现是值得注意的，它有助于我们了解当时城市的发展情形。至于大城西南部的"晏婴冢"，经钻探，证明不是墓葬。封土也未经过夯打，土质杂乱并含汉瓦，可能是汉代人修的一座纪念性的墓。

结　语

齐故城的勘探及试掘的资料与文献记载是相符的。在大城东北部发现的西周晚期的地层和铜器群为大城的建造年代提供了重要线索。而在大城东北部、南部、西部和小城南部等处的试掘中，普遍保存着丰富的东周时期的遗迹与遗物，表明现在保存的临淄故城主要属于东周时期。而秦汉时的临淄城，似乎完全沿用了齐故城，这从故城内特别是大城内遗留的丰富的汉代遗迹和遗物可以得到证明[7]。魏晋以后主要沿用着小城，大城已废弃不用。因为大城内基本上是汉以前的文化堆积，而小城尤其在小城南北部存在着较厚的唐、宋以后的文化层。元代新建的临淄城即现在的临淄城，其范围基本上在齐故城以外，它的西墙筑在故城小城的东墙上，北部仅压住故城不足百米。因此尽管齐临淄故城的延续时间很长，但总的来说，仍是保存较好的我国东周时期的一座大城市，地下保存着大量的遗迹遗物，这对研究我国古代史有着重要价值。

齐国是东周时期最强大的国家之一。春秋早期，齐兼并了周围的小国，公元前679年，齐桓公开始称霸，"挟天子以令诸侯"，公元前

567年齐灵公灭莱后，国土扩大到东海，占有整个山东北部地区，战国时期，齐更强盛。这使它的国都临淄成为当时重要的政治、经济和文化中心，也是列国中最繁华的都市之一。战国时期的苏秦这样描绘当时的临淄："临淄之中七万户……临淄甚富而实，其民无不吹竽、鼓瑟、击筑、弹琴、斗鸡、走犬、六博、蹴鞠者。临淄之途，车毂击、人肩摩，连衽成帷，举袂成幕，挥汗成雨，家敦而富，志高而扬。"[8]这段话我们当然必须用阶级观点作具体分析，而且显然是夸张的说法，但也并不是完全信口开河。所谈临淄户数，应大体同实际户数差不多。因为苏秦旨在说齐宣王合纵抗秦，他说的又是齐国的情况，如果根本不符合实际，那么，齐宣王是不会接受他的游说的。七万户，每户平均按四口计算，应有二十八万人。在两千多年前的一个城市，就到达了这样众多的人口，确实规模不小。据记载，齐国建国之初就很重视发展工商业，而东周时期临淄的工商业是很发达的。《史记·货殖列传》说临淄"女功极技巧"，所谓"冠带衣履天下"。临淄又是东周时期的重要文化中心，战国时期著名的"稷下学派"据说是因为他们居住在临淄的稷门附近而得名[9]。

毛主席教导说，在封建社会，"只有农民和手工业工人是创造财富和创造文化的基本阶级。"齐临淄城是当时的劳动人民用他们的智慧和血汗建造起来的。但是，这座号称东周时期最为繁华的城市却是统治阶级的天堂，劳动人民的地狱。城中的统治阶级食粱肉、衣文绣，过着骄奢淫逸的生活。"其民无不吹竽、鼓瑟、击筑、弹琴、斗鸡、走犬、六博、蹴鞠者"的情景，正是临淄"家敦而富、志高而扬"的统治阶级寄生腐朽生活的写照。当时齐国最高统治集团的生活更加荒淫糜烂。文献记载他们游猎无度，饮酒作乐，"日夜相继"，"宫室日更"，甚至他们的马也吃粮食，他们狗都披彩绣。人民则劳役不息。《晏子春秋》就有这样的记载："景公筑路

寝之台，三年未息，又为长庲（台名）之役，二年未息，又为邹之长涂。"[10]至今还保存在故城内外的桓公台、歇马台、雪台、梧台等大型建筑台址，就是他们残暴地奴役劳动人民的铁证。残酷的榨取和繁重无度的徭役给劳动人民带来了深重的苦难，把他们抛进了水深火热之中。他们全年微薄的收入三分之二被统治阶级所攫取，而全家的衣食只靠剩余的三分之一[11]，终年辛苦，好年成仍然"老小冻馁"，遇到荒年则"不免死亡"。在饥寒交迫之中，还要负担繁重的劳役，他们的景况是何等悲惨！

在这种情形下，齐国的阶级矛盾和阶级斗争是十分尖锐的。"国之诸市，屦贱踊（义足）贵"，就是当时临淄城内尖锐激烈的阶级斗争的反映。因为统治者对人民的反抗进行了残酷的镇压，人民被砍足（受刖刑）的很多，以至市上不仅有卖义足的，而且价格贵于屦，足见当时临淄阶级斗争的激烈和阶级压迫的残酷程度。在临淄故城大城西部的试掘中，在春秋时期的地层内就发现了一座骨架完好唯独没有左足的墓葬，这个墓主可能就是受了刖刑的人。他没有任何葬具和随葬品，甚至死后也没有可能埋到墓地之中，可以想见他生前的悲惨景象。但是，统治阶级的残酷镇压，决不能挽救他们注定灭亡的命运。尽管他们掌握着整套的国家机器，有着坚固的城池，但在奴隶起义和农民战争的熊熊烈火中，都逃不脱彻底覆灭的下场。正如毛主席指出的那样："你们看，几千年来，那些封建皇帝的城池宫殿还不坚固么？群众一起来，一个个都倒了。"历史的辩证法是不以统治阶级的意志为转移的。奴隶与奴隶主，农民与封建主，无产者与资产者之间阶级斗争的最终结局总是反动统治者的灭亡与被压迫被剥削者的胜利。齐临淄故城就是很好的见证。

注释：

[1] 《齐记》说齐城有十三门。齐城门见于《左传》《晏子春

秋》《战国策》等文献的有雍门、申门、杨门、稷门、鹿门、章华门、东闾门、广门等，皆未记确切方位，后人说法不一。比较肯定的只有小城西门曰申门，大城西门曰雍门，稷门为南门，广门为大城东门。

[2] 小城东墙南段因压在元临淄城西墙下，未探，据故城不临河的城墙都有城壕，推测东墙南段也应有城壕。

[3]《左传》文公十八年：齐懿公游于申池，邴歜、阎职弑懿公，弃于竹中。杜预注："齐南城西门名申门。齐城无池，惟此门左右有池，疑则即是。"

[4] 王献唐：《临淄封泥文字叙目》。

[5] 参见本刊本期《概述近年来山东出土的商周青铜器》。

[6] 河北省文物队：《河北易县燕下都故城勘察与试掘》，

《考古学报》1965年第1期。

[7] 参看王献唐《临淄封泥文字叙目》关于汉临淄城的考证。

[8]《战国策·齐策》苏秦说齐宣王。

[9]《史记·田敬仲完世家》载："宣王喜文学游说之士，自如驺衍、淳于髡、田骈、接予、慎到、环渊之徒，七十六人，皆赐列第为上大夫，不治而议论，是以齐稷下学士复盛，且数百千人。"刘向《别录》说："齐有稷门，齐之城西门也，外有学堂，即齐宣王立学所也，故称为稷下之学。"

[10]《晏子春秋校注》内篇谏下第七。

[11]《左传》昭公三年载晏婴语："民参其力二入于公，而衣食其一，公聚朽蠹，而三老冻馁，国之诸市，屦贱踊贵，民人痛疾而或燠休之。"

三 其他学术成果

有关临淄的部分文物考古信息、论著一览表

序号	名称	作者	刊物或出版社	时间
1	齐鲁封泥集存	罗振玉	上虞罗氏永慕园印	1913年
2	陈侯四器考释	徐仲舒	《历史语言研究所集刊》第三本第四分册	1933年
3	临淄封泥文字叙目	王献唐	山东省立图书馆编印	1936年
4	临淄小记	丁稼民	《禹贡》第七卷6、7合期	1937年
5	半瓦当の研究	（日）关野雄	岩波书店	1952年
6	齐都临淄の调查	（日）关野雄	《中国考古学研究》，东京大学出版会	1956年
7	山东临淄县发现古代石刻佛像	李克敏、台立业	《文物参考资料》	1956年第1期
8	山东临淄出土的铜器	杨子范	《考古通讯》	1958年第6期
9	齐国差跋	王国维	《观堂集林》，中华书局	1959年
10	齐侯壶跋	王国维	《观堂集林》，中华书局	1959年

11	齐量	上海博物馆	上海博物馆	1959年
12	齐侯	郭沫若	《殷周青铜器铭文研究》，科学出版社	1961年
13	陈喜壶	马承源	《文物》	1961年第2期
14	山东临淄齐故城试掘简报	山东省文物管理处	《考古》	1961年第6期
15	陈喜壶铭文考释	于省吾	《文物》	1961年第10期
16	齐国铸钱的三个阶段	王献唐	《考古》	1963年第11期
17	中国度量衡略论	陈梦家	《考古》	1964年第6期
18	临淄齐国故城勘探纪要	群力	《文物》	1972年第5期
19	概述近年来山东出土的商周青铜器	齐文涛	《文物》	1972年第5期
20	从山东出土的齐币看齐国的商业和交通	朱活	《文物》	1972年第5期
21	敔簋铭考释	郭沫若	《考古》	1973年第2期
22	临淄郎家庄一号东周殉人墓	山东省博物馆	《考古学报》	1977年第1期
23	齐侯鉴铭文的新发现	张剑	《文物》	1977年第3期
24	战国初齐桓公诸器续考	张光远	《故宫季刊》	1977年第12卷第2期
25	淄博市重要城镇的起源和发展	侯仁之	《历史地理学的理论与实践》，上海人民出版社	1979年
26	齐长城	张维华	《中国长城建制考》，中华书局	1979年
27	山东周代的齐国长城	王献唐	《社会科学战线》	1979年第4期
28	关于《临淄郎家庄墓地一号殉人墓》文中国子鼎的年代问题的商榷	亦晓	《考古》	1980年第1期
29	周汉临淄城郭形制及其府寺区之更徙	马先醒	《中国古代城市论文集》，台湾简牍学会印行	1980年

30	谈山东临淄齐故城出土的尖首刀化——兼论有关尖首刀化的几个问题	朱活	《考古与文物》	1980年第3期
31	春秋时期齐国故城的复原与城市布局	刘敦愿	《历史地理》，上海人民出版社	1981年11月创刊号
32	试论战国容量制度	丘光明	《文物》	1981年第10期
33	齐国故城巡礼	张峻声	山东人民出版社	1982年
34	春秋晚期齐庄公时庚壶考	张光远	《故宫季刊》	1982年第16卷第3期
35	齐国故城所体现的国家职能以及早期城市的特点	刘敦愿	《东汉论丛》	1982年第5期
36	山东陶文的发现和著录	李学勤	《齐鲁学刊》	1982年第5期
37	《考工记》齐尺考辨	闻人军	《考古》	1983年第1期
38	临淄北朝崔氏墓	山东省文物考古研究所	《考古学报》	1984年第2期
39	东周齐国贵族埋葬制度研究	靳桂云	《管子学刊》	1984年第3期
40	齐故城五号东周墓及大型殉马坑发掘	山东省文物考古研究所	《文物》	1984年第9期
41	田齐六陵考	张学海	《文物》	1984年第9期
42	山东省淄博市临淄区出土高子戈	李剑、张龙海	《考古》	1984年第9期
43	西汉齐王墓随葬器物坑	淄博市博物馆	《考古学报》	1985年第2期
44	莒丘地望考略	张学海、罗勋章	《中国古都研究》，浙江人民出版社	1985年
45	临淄北朝崔氏墓地第二次清理简报	淄博市博物馆	《考古》	1985年第3期
46	山东临淄出土宋代窖藏瓷器	淄博市博物馆	《考古》	1985年第3期
47	临淄出土的几件青铜器	李剑、张龙海	《考古》	1985年第4期
48	临淄国子墓和郎家庄墓的年代与墓主问题	王恩田	《考古与文物》	1985年第6期

49	齐国故城北发现有文字的陶豆柄	张龙海	《大众日报》	1985年11月8日
50	战国田齐桓公的"金"碗	陈芳妹	《故宫文物月刊》	1985年第3卷第1期
51	齐量新议	莫枯	《上海博物馆集刊》第三期，上海古籍出版社	1986年
52	齐陶新探（附益都藏陶）	孙敬明	《古文字研究》第14辑	1986年
53	从临淄陶文看衢里制陶业	高明	《古文字研究》第19辑	1986年
54	齐国陶文分期刍议	孙敬明	《古文字研究》第19辑	1986年
55	西汉齐王墓器物坑出土器铭考释	黄展岳	《中国考古学研究》	1986年
56	齐都古营丘试探	赵宋城	《东岳论丛》	1986年第3期
57	桐林田旺遗址	魏成敏	《管子学刊》	1987年创刊号
58	营丘考	张达民	《管子学刊》	1987年创刊号
59	谈谈齐国故城内铸钱遗址出土的刀币范	张龙海等	《中国钱币》	1987年第4期
60	山东临淄齐国故城北出土一批刀币	张龙海	《考古》	1987年第7期
61	齐国故城出土一套"数字铜钱"	张龙海、李剑	《文物》	1987年第9期
62	西汉齐王铁甲胄的复原	临淄区文管所等	《考古》	1987年第11期
63	山东临淄齐国故城西周墓	李剑、张龙海	《考古》	1988年第1期
64	齐都营丘续考	王恩田	《管子学刊》	1988年第1期
65	临淄出土战国编钟	杨英吉	《管子学刊》	1988年第2期
66	临淄齐故城内外新发现的陶文	孙敬明	《文物》	1988年第2期
67	临淄韶院村出土铭文石磬	张龙海	《管子学刊》	1988年第2期

68	齐长城是如何借助泰山地利的	华松	《管子学刊》	1988年第4期
69	论齐国钱范兼谈六字刀	朱活	《中国钱币》	1988年第1期
70	考古发现与齐币探索	孙敬明	《金融研究》	1988年齐币专刊（二）
71	临淄齐国故城的排水系统	齐故城遗址博物馆	《考古》	1988年第9期
72	临淄齐国故城内新出土的刀币钱范	张龙海、李剑	《考古》	1988年第11期
73	西汉齐王墓出土鎏金银盘的来龙去脉	张光明	《文物天地》	1989年第1期
74	营丘地望考	李学训	《管子学刊》	1989年第1期
75	稷下学宫遗址新探	李剑、宋玉顺	《管子学刊》	1989年第2期
76	牺尊	张龙海	《管子学刊》	1989年第3期
77	临淄两醇墓地发掘简报	魏成敏、朱玉德	《海岱考古》第1辑，山东大学出版社	1989年
78	临淄东古墓地发掘简报	魏成敏、朱玉德	《海岱考古》第1辑，山东大学出版社	1989年
79	陈齐六冢的年代与墓主	王恩田	《管子学刊》	1989年第3期
80	齐王墓器物坑铭文试析	李学勤	《海岱考古》第1辑，山东大学出版社	1989年
81	临淄巡古	王玉江	山东大学出版社	1989年
82	临淄近年来刀币的发现	张龙海、杨英吉	《管子学刊》	1989年第4期
83	从临淄商王村出土玉器论田齐玉器问题	张明东	《青年考古学家》总第2期	1989年
84	齐、燕、郜、滕陶文的分类与题铭格式——新编全本《季木藏陶》介绍	李零	《管子学刊》	1990年第1期
85	稷下寻迹	刘文熙、张龙海	《管子学刊》	1990年第3期
86	考古所见战国齐兵器种类及有关问题	杜宇等	《先秦军事研究》	1990年第5期

87	齐故城瓦当	李发林	文物出版社	1990年
88	齐国故城出土一套"数字铜钱"	张龙海	《中国钱币》	1990年第2期
89	营丘临淄一地说质疑	张建华、郑重华	《东夷古国研究》第2辑	1990年
90	济青公路考古发掘又有新成果——春秋中期大型车马坑为国内罕见	山东省文化厅	《中国文物报》	1990年7月26日
91	齐鲁及齐鲁币制	朱活	《考古与文物》	1990年第5期
92	临淄文物志	临淄文物志编辑组	中国友谊出版社	1990年
93	山东临淄出土一件有铭铜豆	张龙海	《考古》	1990年第11期
94	安平故城	张龙海	《管子学刊》	1991年第3期
95	本报评出十大考古新发现（五）后李春秋车马坑和2号战国大墓		《中国文物报》	1991年2月10日
96	临淄又发掘一座战国大墓	魏成敏	《中国文物报》	1991年7月28日
97	齐国故城遗址博物馆的建立与特点	杨英吉	《文物春秋》	1991年第4期
98	齐都临淄	曲英杰	《先秦都城复原研究》，黑龙江人民出版社	1991年
99	我省考古工作又一重大发现——田旺龙山文化城址面世	齐天	《大众日报》	1992年3月18日
100	齐国史	王阁森、唐致卿	山东人民出版社	1992年
101	燕齐兵器研究	黄盛璋	《古文字研究》第19辑，中华书局	1992年
102	燕齐陶文丛论	李学勤	《上海博物馆集刊》第六期，上海古籍出版社	1992年
103	临淄齐瓦当的新发现	张龙海	《文物》	1992年第7期
104	山东临淄后李遗址第一、二次发掘简报	王永波等	《考古》	1992年第11期
105	海岱地区史前考古的新课题——试论后李文化	王永波等	《纪念城子崖遗址发掘六十周年国际学术讨论会文集》，齐鲁书社	1993年

106	谈谈淄河流域的龙山文化	魏成敏	《纪念城子崖遗址发掘六十周年国际学术讨论会文集》，齐鲁书社	1993年
107	西河类型、后李文化的发现和意义	张学海	《中国文物报》	1993年1月31日
108	营丘补考	崔三益	《管子学刊》	1993年第3期
109	临淄出土青铜器	朱玉德	《管子学刊》	1993年第3期
110	齐国"因其俗，简其礼"政策的考古学观察	靳桂云	《管子学刊》	1993年第4期
111	临淄后李一号车马坑发掘与保护纪实	王守功	《文物天地》	1993年第2期
112	后李文化和北辛文化的关系	王永波	《中国文物报》	1993年4月18日
113	近年来齐墓的新发现及有关问题	思齐	《中国文物报》	1993年4月25日
114	山东临淄出土的汉代钱范	张龙海	《考古》	1993年第11期
115	齐故都临淄出土三百多件重要文物		《济南日报》	1994年1月11日
116	临淄殉车马的防潮保护	张龙海、郑德新	《中国文物报》	1994年1月23日
117	东周齐国贵族埋葬制度研究	靳桂云	《管子学刊》	1994年第3期
118	山东临淄后李遗址第三、四次发掘简报	王永波等	《考古》	1994年第2期
119	论海岱地区史前考古的新课题——论后李文化	王永波	《考古》	1994年第3期
120	临淄发现一批唐代佛造像	王新良	《中国文物报》	1994年6月12日
121	临淄战国齐车的发现与复原	魏成敏	《中国文物报》	1994年11月6日
122	临淄新发现的战国齐量	魏成敏	《考古》	1994年第11期
123	齐长城考略	罗勋章	（日）《古代学研究》第130期	1994年
124	山东临淄发现与桥梁币共出的魏布	陈旭	《中国钱币》	1995年第2期

125	试论齐国的墓葬特色	张明东	《管子学刊》	1995年第2期
126	介绍崔猷墓志铭	王新良	《书法》	1995年第3期
127	临淄与齐国	刘斌	山东大学出版社	1995年
128	临淄出土一批汉代青铜器	杨英吉	《管子学刊》	1996年第1期
129	齐都临淄户口考辨	韩光辉	《管子学刊》	1996年第4期
130	山东临淄新发现的战国齐量	魏成敏、朱玉德	《考古》	1996年第4期
131	齐国陶文地名考	王恩田	《考古与文物》	1996年第4期
132	齐币图释	张光明	齐鲁书社	1996年
133	田齐王陵初探	罗勋章	《中国考古学会第九次年会论文集》，文物出版社	1997年
134	东周齐国铜器的分期与年代	王恩田	《中国考古学会第九次年会论文集》，文物出版社	1997年
135	临淄商王墓地	淄博市博物馆等	齐鲁书社	1997年
136	齐国故城陶窑遗址	张龙海	《管子学刊》	1997年第3期
137	山东临淄周—汉代人骨体制特征研究及西日本弥生时代人骨比较概述	韩康信、（日）松下孝幸	《考古》	1997年第4期
138	山东淄博出土汉王凤三年铜薰炉	王新良	《考古》	1997年第12期
139	齐都临淄城	曲英杰	《齐文化丛书》第18卷，齐鲁书社	1997年
140	山东地区商周时期的人殉问题	魏成敏	《纪念刘敦愿先生考古文集》，三秦出版社	1998年
141	齐国瓦当艺术	安立华	人民美术出版社	1998年
142	山东齐国故城发现郾王职剑	张龙海等	《考古》	1998年第6期
143	山东淄博市临淄区齐国故城发现汉代镜范	张爱云等	《考古》	1998年第9期
144	《考工记·匠人》和齐国城建	刘斌	《中国科技典籍研究——第一届中国科技典籍国际会议论文集》，大象出版社	1998年

145	山东临淄金岭镇一号东汉墓	山东省文物考古研究所	《考古学报》	1999年第1期
146	山东淄博市临淄区南马坊一号战国墓	淄博市博物馆	《考古》	1999年第2期
147	山东临淄田旺龙山文化遗址植物硅酸体研究	靳桂云等	《考古》	1999年第2期
148	西汉时期日光大明草叶纹镜及其铸范的考察	白云翔	《考古》	1999年第4期
149	齐长城	路宗元	山东友谊出版社	1999年
150	新中国出土瓦当集录·齐临淄卷	山东省文物考古研究所	西北大学出版社	1999年
151	齐营丘、薄姑、临淄三都考	张学海	《张学海考古论集》，学苑出版社	1999年
152	齐鲁故城的基本格局和《管子》《考工记》的城建思想	张学海	《张学海考古论集》，学苑出版社	1999 年
153	齐鲁文化四题	张学海	《张学海考古论集》，学苑出版社	1999 年
154	齐长城肇建原因初探	国光红	《历史研究》	2000年第1期
155	山东临淄淄河店墓地二号墓	魏成敏	《考古》	2000年第10期
156	中国临淄文物考古遥感影像图集	山东省文物考古研究所	山东地图出版社	2000年
157	山东临淄战国、汉代墓葬初论	魏成敏	中日合作研究报告	2000年
158	探索渡来弥生人大陆区域的源流——山东合作研究报告	山东省文物考古研究所、（日）土井浜遗址、人类学博物馆	山东省文物考古研究所	2000年
159	山東省臨淄齊国故城出土の前漢鏡范とその問題について	白云翔	（日）《古代学研究》第149號	2000年
160	齐国玉器文化综论	李鸿雁	《管子学刊》	2001年第1期
161	山东临淄出土燕明刀范	陈旭	《中国钱币》	2001年第2期
162	中国第一部航空考古研究报告——《中国临淄文物考古遥感影像图集》		《中国文物报》	2001年9月7日
163	临淄文物集粹	齐国历史博物馆	齐鲁书社	2002年

164	遥感考古技术在山东的首次应用及其意义	李传荣	《齐鲁文博——山东省首届文物科学报告月文集》，齐鲁书社	2002年
165	山东临淄发现齐明刀	万泉	《中国钱币》	2002年第2期
166	海岱地区周代墓葬研究	王青	山东大学出版社	2002年
167	齐国货币研究	张光明	齐鲁书社	2003年
168	山东临淄清理两座大型殉人战国墓	王会田	《中国文物报》	2004年1月30日
169	姜太公志	刘斌	山东人民出版社	2004年
170	齐文化的考古发现与研究	张光明	齐鲁书社	2004年
171	鲁北地区商周时期海盐业的考古学研究	方辉	《考古》	2004年第4期
172	山东临淄齐国故城内汉代铸镜作坊址的调查	中国社会科学院考古研究所、山东省文物考古研究所	《考古》	2004年第4期
173	山东淄博市临淄区赵家徐姚战国墓	王会田	《考古》	2005年第1期
174	《管子》所载海盐生产的考古学新证	王青	《东岳论丛》	2005年第6期
175	山东省临淄出土一件汉代人物圆雕石像	王新良	《文物》	2005年第7期
176	临淄大武元代墓葬	魏成敏	《文物》	2005年第12期
177	山东临淄齐国故城汉代镜范的发现与研究	白云翔、张光明	《考古》	2005年第12期
178	山东临淄齐国故城出土汉代镜范的科学分析	刘煜、赵志军、白云翔、张光明	《考古》	2005年第12期
179	山东淄博市临淄徐家村战国西汉墓的发掘	王会田	《考古》	2006年第1期
180	山东北部商周盉形器的用途与产地再论	王青	《考古》	2006年第4期
181	山东北部商周时期海盐生产的几个问题	王青	《文物》	2006年第4期
182	山东临淄战国墓出土独辀车的初步研究	魏成敏	《东方考古》第2集	2006年

183	考古发现与齐史类征	孙敬明	齐鲁书社	2006年
184	陶文图录	王恩田	齐鲁书社	2006年
185	山东北部全新世的人地关系演变：以海岸变迁与海盐生产为例	王青	《第四纪研究》第26卷第4期	2006年
186	临淄齐国故城阚家寨铸镜作坊址调查	王会田	《山东临淄齐国故城汉代镜范的考古学研究》，科学出版社	2007年
187	临淄齐墓（第一集）	魏成敏、罗勋章	文物出版社	2007年
188	陶文字典	王恩田	齐鲁书社	2007年
189	临淄齐国故城的汉代镜范与山东地区出土的汉代铜镜	魏成敏	《山东临淄齐国故城汉代镜范的考古学研究》，科学出版社	2007年
190	海岱地区青铜时代考古	方辉	山东大学出版社	2007年
191	山东省临淄齐国故城出土镜范的考古学研究	山东省文物考古研究所、（日）奈良县立橿原考古学研究所	科学出版社	2007年
192	汉代临淄铜镜制造业的考古学研究	白云翔	《探古求原》，科学出版社	2007年
193	汉代临淄铜镜制造业的考古学研究及其意义	白云翔	《光明日报》	2007年7月6日
194	山东淄博市临淄区国家村战国墓	王会田	《考古》	2007年第8期
195	山东淄博市临淄城区一号战国墓的发掘	王会田	《考古》	2008年第11期
196	国家历史文化名城——临淄	齐文化研究中心		2008年
197	中国文物地图集·山东分册	山东省文物考古研究所	中国地图出版社	2008年
198	临淄汉代墓葬出土铜镜与齐城汉代铜镜铸造业	魏成敏	社科院考古所、（日）橿原考古所合作文集	2009年
199	山东鲁北临淄战国汉代墓葬出土的铜镜	魏成敏	《鉴耀齐鲁》，科学出版社	2009年
200	"美唐"遗址初探	王本昌、姜健、刘金波	中国古都学会2009临淄年会暨临淄先秦古都学术研讨会论文汇编	2009年

201	齐都临淄城门补考	王本昌	临淄与先秦古都学术研讨会暨中国古都学会2009年年会论文集	2009年
202	齐地考古与齐文化研究	张光明	中国戏剧出版社	2009年
203	齐都临淄	齐文化研究社	中央文献出版社	2009年
204	山东临淄齐国故城遗址出土西汉铜镜的铅同位素比值分析	崔剑锋、吴小红、白云翔、黄宝玲、古丽冰	《考古》	2009年第4期
205	山东淄博市临淄区国家村战国及汉代墓葬	王会田	《考古》	2010年第11期
206	齐国故都临淄	齐文化研究中心		2010年
207	山东淄博市临淄区孙家徐姚战国墓地	王会田	《考古》	2011年第10期
208	海岱地区周代墓葬与文化分区研究	王青	科学出版社	2012年
209	中国冶铁发源地研究文集	张光明	齐鲁书社	2012年
210	山东淄博市临淄区辛店二号战国墓	王会田	《考古》	2013年第1期
211	山东淄博临淄区元代墓葬发掘简报	王会田	《文物》	2013年第4期
212	山东淄博市临淄区刘家新村春秋墓	王永霞	《考古》	2013年第5期
213	临淄齐故城	山东省文物考古研究所	文物出版社	2013年

四　齐国年表

周代姜齐年表

序号	齐君号	名	世袭关系	在位时间	周王纪年	说明	备注
1	太公	尚		前1045～前1015年	武王二年～康王六年	康王六年卒	
2	丁公	伋	太公子	前1014～前1010年	康王七年～十一年	为王官，不就国。康王命丁公子季子即位，季子让位于叔父吕得	西周

3	乙公	得	丁公弟	前1010～前？年	康王十一年～？年	乙公封季子于崔地而为崔氏始祖		
4	癸公	慈母	乙公子	前？～前？年				
5	哀公	不辰	癸公子	前？～前867年	？年～厉王十一年			
6	胡公	静	哀公弟	前866～前859年	厉王十二年～十八年		西周	
7	献公	山	胡公弟	前859～前851年	厉王十八年～二十六年			
8	武公	寿	献公子	前850～前825年	厉王二十七年～共和二十三年			
9	厉公	无忌	武公子	前824～前816年	宣王四年～十二年			
10	文公	赤	厉公子	前815～前804年	宣王十三年～二十四年			
11	成公	脱	文公子	前803～前795年	宣王二十五年～三十三年			
12	庄公	购	成公子	前794～前731年	宣王三十四年～平王四十年	在位64年，为中国历史上在位时间最长的君主，号称小霸		
13	僖公	禄父	庄公子	前730～前698年	平王四十一年～桓王二十二年	号称小霸	前770年，周平王元年，周王迁东始 东周	前722年，周平王四十九年，春秋始 春秋始
14	襄公	诸儿	僖公子	前697～前686年	桓王二十三年～庄王十一年			
15		公孙无知	襄公叔子	前686～前685年	庄王十一年～十二年	无谥号		
16	桓公	小白	襄公弟	前685～前643年	庄王十二年～襄王九年	春秋首霸		
17		无诡	桓公子	前643～前642年	襄王九年～十年	无谥号		
18	孝公	昭	桓公子	前642～前633年	襄王十年～十九年			
19	昭公	潘	桓公子	前632～前613年	襄王二十年～顷王六年			
20		舍人	昭公子	前613年	顷王六年	无谥号		
21	懿公	商人	桓公子	前612～前609年	匡王元年～四年			
22	惠公	元	桓公子	前608～前599年	匡王五年～定王八年			

23	顷公	无野	惠公子	前598～前582年	定王九年～简王四年			
24	灵公	环	顷公子	前581～前554年	简王五年～灵王十八年			
25	庄公	光	灵公子	前553～前548年	灵王十九年～二十四年			
26	景公	杵臼	庄公弟	前547～前490年	灵王二十五年～敬王三十年			
27	晏孺子	荼	景公子	前489年	敬王三十一年			
28	悼公	阳生	景公子	前488～前485年	敬王三十二年～三十五年			
29	简公	壬	悼公子	前484～前481年	敬王三十六年～三十九年			
30	平公	鳌	简公弟	前480～前456前年	敬王四十年～贞定王十三年			前469年，周元王八年，战国始
31	宣公	积	平公子	前455～前405年	贞定王十四年～威烈王二十一年			
32	康公	贷	宣公子	前404～前386年	威烈王二十二年～安王十六年	前391年被田和迁至海滨，食一城		

周代田齐年表

序号	齐君号	名	世袭关系	在位时间	周王纪年	说明	备注	
1	太公	和		前386～前384年	安王十六年～十八年	前386年为齐侯	东周	战国
2	齐侯	剡	太公子	前383～前375年	安王十九年～烈王元年	前379年齐康公卒，姜齐绝祀		
3	桓公	午	太公子	前374～前357年	烈王二年～显王十二年			
4	威王	因齐	桓公子	前356～前320年	显王十三年～慎靓王元年			
5	宣王	辟彊	威王子	前319～前301年	慎靓王二年～赧王十四年			
6	湣王	地	宣王子	前300～前284年	赧王十五年～三十一年			
7	襄王	法章	湣王子	前283～前265年	赧王三十二年～五十年			
8	齐王	建	襄王子	前264～前221年	赧王五十一年～秦王政二十六年	前256年，周赧王卒，周祀绝		

注：《史记·六国年表第三》载：前385年，田和卒。前384年，田和子桓公午立。无齐侯剡。又据《战国策年表》载：前384年，田侯剡立，为元年。前375年，田桓公午立，为元年。今从《战国策》说。

秦末齐国年表

序号	姓名	在位时间	备注
1	田儋	前208年	自立为王
2	田假	前208年	齐王建弟
3	田巿	前208～前206年	田儋子
4	田都	前206年	
5	田荣	前206～前205年	
6	田假	前205年	第二次在位
7	田广	前205～前203年	田荣子
8	田横	前203年	田荣弟
9	韩信	前203年	

注：据《史记·田儋列传》、《汉书》卷十三整理。

汉代齐国年表

序号	谥号	姓名	在位时间	年数	备注
1	齐悼惠王	刘肥	前201～前188年	13	汉高祖之子
2	齐哀王	刘襄	前188～前179年	10	
3	齐文王	刘则	前179～前165年	14	
4	齐孝王	刘将闾	前164～前153年	11	
5	齐懿王	刘寿	前153～前131年	21	
6	齐厉王	刘次昌	前131～前126年	5	
7	齐怀王	刘闳	前117～前110年	8	汉武帝之子
8	齐哀王	刘章	25～46年	21	

9	齐炀王	刘石	46～70年	24	
10	齐王	刘晃	71～87年	16	
11	齐惠王	刘无忌	90～142年	52	
12	齐顷王	刘喜	142～147年	5	
13	齐王	刘承	147～206年	61	

注：据《史记·齐悼惠王世家》整理。

三国至晋齐王（侯）年表

序号	谥号	姓名	在位时间	年数	备注
1	齐侯	曹植	220～221年	2	
2	齐侯	曹真	227～230年	4	
3	齐侯	曹爽	230～249年	20	
4	齐王	曹芳	235～239年 254～265年	15	魏明帝之子，239～254年为魏帝
5	齐王	司马攸	265～283年	19	
6	齐王	司马冏	283～302年	20	
7	齐王	司马超	305～311年	7	

注：据"二十四史"整理。

后　记

　　《临淄文物志》重修工作自 2012 年 6 月开始，至 2014 年 12 月杀青定稿，历时近三年，数易其稿，终于付梓出版。

　　该书的编纂是临淄区文化出版局的一项重点工作，由区文物管理局承办，王方诗、王本昌两位同志主笔。在编纂过程中，得到了众多业内人士的热心帮助和鼎力支持：王晓莲负责本书编辑的协调工作，组织提供了基础资料；大事记部分，张文灼补充提供了大量资料，姜健查阅史料补写了部分条目，并对第四章石刻碑文部分提供了重要资料，对有关文字作了订正；第一、二、三、六、七章野外不可移动文物及其他照片由贾健、路百渠提供；第四、五章石刻、重要文物藏品的照片由朱玉德、李林璘提供，朱玉德对该二章的文字作了修定；第二章第三节已发掘墓葬的内容，王会田提供了重要资料。

　　初稿形成后，宋玉顺、郑德新、姜健、张文灼、朱玉德、房彬、王晓莲、王会田等同志认真审阅，提出了重要修改意见。几经修改完善，最终于 2014 年 7 月完成送审稿，送交文物出版社排出校样；然后邀请白云翔为该书作序，并请罗勋章、张学海、张光明、魏成敏等文物考古专家审定，提出修改意见；最后，房彬、王晓莲、王新良、王国坤、王会田等又对书稿作了细致校对，使该书更具科学性、专业性、权威性，更臻完善。

　　宋代郑樵《通志·总序》说："江淹有言：'修史之难，无出于志。'"《临淄文物志》的重修工作得到众多领导、专家、热心人士的关注和支持，凝聚着大家的心血，是通力协作的结晶。在此一并致谢！

　　由于水平所限，本书不足之处在所难免，敬请批评指正。

《临淄文物志》编委会

2015 年 3 月

责任编辑：秦　彧　王紫微

装帧设计：王紫微

责任印制：张道奇

图书在版编目（CIP）数据

临淄文物志/淄博市临淄区文物管理局编著．－北京：
文物出版社，2015.7
ISBN 978-7-5010-4128-2

Ⅰ．①临…　Ⅱ．①淄…　Ⅲ．①区（城市）－文物－
概况－淄博市　Ⅳ．①K872.523

中国版本图书馆CIP数据核字(2014)第249155号

临 淄 文 物 志

淄博市临淄区文物管理局　编著

文 物 出 版 社 出 版 发 行

（北京市东直门内北小街2号楼）

http://www.wenwu.com

E-mail：web@wenwu.com

北京荣宝燕泰印务有限公司印刷

新 华 书 店 经 销

889×1194　1/16　印张：19.5　插页：1

2015年7月第1版　　2015年7月第1次印刷

ISBN　978-7-5010-4128-2　定价：360.00元